चंचल चौहान

चंचल चौहान का जन्म एटा, उत्तर प्रदेश के एक गाँव में हुआ। उन्होंने दिल्ली विश्वविद्यालय से अंग्रेज़ी और हिन्दी में एम.ए. किया। अंग्रेज़ी के नाटककार आर्नल्ड वैस्कर पर पी-एच.डी. की उपाधि प्राप्त की। दिल्ली विश्वविद्यालय के एक कॉलेज में अंग्रेज़ी साहित्य के प्राध्यापक रहे। अब सेवानिवृत्त।

उनकी प्रकाशित रचनाएँ हैं—'मुक्तिबोध के प्रतीक और बिम्ब', 'आलोचना की शुरुआत', 'आलोचना यात्रा', 'हिन्दी कथा साहित्य : विचार और विमर्श' (आलोचना); 'खोलो बन्द झरोखे' (कविता-संग्रह); 'समकालीन सौन्दर्यशास्त्र' (सम्पादन); 'मार्क्सवाद और साहित्य' (अनुवाद)। कई पुस्तकों के सहयोगी सम्पादक रहे। 'प्रालोचन' पत्रिका का सम्पादन किया। 'उत्तरगाथा', 'नया पथ' और अंग्रेज़ी पत्रिका 'Journal of Arts & Ideas' के सम्पादन से जुड़े रहे।

सम्प्रति : स्वतंत्र लेखन।

ई-मेल : chanchalchauhan1941@gmail.com

साहित्य का दलित सौन्दर्यशास्त्र

चंचल चौहान

राधाकृष्ण पेपरबैक्स

राधाकृष्ण पेपरबैक्स में
पहला संस्करण : 2024

राधाकृष्ण पेपरबैक्स : उत्कृष्ट साहित्य के जनसुलभ संस्करण

राधाकृष्ण प्रकाशन प्रा. लि.
जी-17, जगतपुरी, दिल्ली-110 051
द्वारा प्रकाशित

शाखाएँ : अशोक राजपथ, साइंस कॉलेज के सामने, पटना-800 006
पहली मंजिल, दरबारी बिल्डिंग, महात्मा गांधी मार्ग, प्रयागराज-211 001
1, अनमोल सोराबजी सन्तुक लेन, धोबी तलाव, मरीन लाइंस, मुम्बई-400 002

वेबसाइट : www.radhakrishnaprakashan.com
ई-मेल : info@radhakrishnaprakashan.com

बी.के. ऑफसेट
नवीन शाहदरा, दिल्ली-110 032
द्वारा मुद्रित

मूल्य : ₹399

SAHITYA KA DALIT SAUNDARYASHASTRA
by Chanchal Chauhan

ISBN : 978-81-19989-66-9

दलित और सर्वहारावर्ग की वैचारिकी
और
संघर्षों से प्रतिबद्ध
प्रिय दोस्त बजरंग बिहारी तिवारी को

क्रम

कुछ हिन्दी रचनाओं पर प्रयोग

परिशिष्ट

भूमिका

मैंने दिल्ली विश्वविद्यालय से अंग्रेज़ी में एम.ए. करके यहीं एक कॉलेज में लेक्चरर पद पर नियुक्ति के बाद हिन्दी साहित्य में भी एम.ए. कर लिया। इस तरह दोनों भाषाओं के साहित्य का अच्छा-ख़ासा ज्ञान हासिल हो गया। हिन्दी साहित्य से प्रेम तो बचपन से ही हो गया था, कम उम्र में ही अक्षर ज्ञान के बाद जो कुछ कहीं भी मिल जाता, उसे पढ़ डालता। यह बुरी आदत अभी तक बनी हुई है। अपनी जीवन-यात्रा में जहाँ भी रहा, वहाँ के साहित्यिक माहौल में अपनी उपस्थिति दर्ज कराता रहा। दिल्ली के साहित्यिक माहौल में मेरी सक्रियता यों तो 1965 के बाद ही शुरू हो गई थी, मगर वह गोष्ठियों में अपने मित्र राजकुमार सैनी (अब दिवंगत) के साथ जाने और कविताएँ पढ़ने या बहस में हिस्सेदारी करने तक ही सीमित थी। इस सक्रियता से यह ज़रूर हुआ कि दिल्ली के लगभग उस समय के सारे जीवित और जीवंत साहित्यकारों से परिचय हो गया। फरवरी 1972 में किराए का मकान मिला मॉडल टाउन में, जहाँ हिन्दी के चोटी के साहित्यकार रहते थे। उनके यहाँ आना-जाना और उनसे मित्रता हुई, और इसी तरह हिन्दी साहित्य के वामपक्ष की ओर झुकाव भी उसी कालखंड में हुआ। उससे जुड़े देश-विदेश के साहित्य को, उसके दर्शनशास्त्र को पढ़ डाला। कुछ ही अरसे के बाद सर्वहारावर्ग की राजनीति के साथ अपनी प्रतिबद्धता सिर्फ़ शब्द में ही नहीं, कर्म में भी मेरे आचरण का हिस्सा बनने लगी।

यही वह दौर था जब मेरे रचनाकर्म में मार्क्सवादी आलोचना के प्रयोग शुरू हुए। हालाँकि मई 1972 में मेरी और राजकुमार सैनी की कविताओं का संयुक्त संकलन, 'प्रहार स्याह रात पर' प्रकाशित हुआ था, मगर दोस्तों ने लघुपत्रिकाओं में मुझसे आलोचनात्मक लेख लिखवाने शुरू कर दिये। मुक्तिबोध के 'अँधेरे में' पर नामवर सिंह के

भाष्य का विखंडन करते हुए एक लेख, कवि विजेन्द्र की पत्रिका, *ओर* में उसी बरस छपा। उसी में एक और लेख अशोक वाजपेयी की कृति, *फ़िलहाल* पर छपा। कई लेख इसी तरह लघुपत्रिकाओं में छपने शुरू हुए, दोस्तों ने प्रोत्साहित किया। मुक्तिबोध के प्रतीकों और बिम्बों का तर्कसंगत भाष्य करते हुए एक पुस्तक ही लिख डाली, जो 1976 में पहले एक लघु प्रकाशक ने छापी। बाद में यही, वाणी प्रकाशन से, *मुक्तिबोध के प्रतीक और बिम्ब* शीर्षक से आई। उसके बाद 1979 में दूसरी आलोचना पुस्तक, *जनवादी समीक्षा, नया चिन्तन नये प्रयोग* शीर्षक से प्रकाशित हुई। हिन्दी और अंग्रेज़ी में लेखों का सिलसिला चलता रहा। जो कुछ दुनिया के साहित्य में नया घटित हुआ, उस पर भी अपनी समझ का इज़हार करता रहा। कभी-कभी कविताओं में अपने समय में होने वाले शोषण-दमन के यथार्थ को शब्द देता रहा। ऐसी कुछ कविताओं का संचयन, *खोलो बन्द झरोखे* शीर्षक से 1982 में प्रकाशित हुआ। उसमें एक कविता 'रामदीन' दलित पर भी है। मगर उसमें नज़रिया सहानुभूति वाला ही है जो मेरे जैसे ग़ैरदलित लेखकों में देखा जाता है। हम जैसे बहुत से वाम लेखक दलितों-शोषितों को सामाजिक क्रान्ति की धुरी समझते हैं, जैसे नागार्जुन की 'हरिजन गाथा' में देखा जा सकता है। दलित लेखकों का 'स्व-अनुभूति' का लेखन तब तक प्रचलन में नहीं आ पाया था।

मनुवादी व्यवस्था में सदियों से पिसते हुए, शूद्र-अतिशूद्र की श्रेणी में डाले गए लोगों ने अभिव्यक्ति का अवसर मिलने पर भावपूर्ण रचनाएँ कीं। मध्यकाल के अनेक सन्त कवियों ने, ख़ासतौर से निर्गुण कवियों ने जात-पाँत के भेदभाव के विरोध में आवाज़ उठाई। फिर जोतिबा फुले ने उन्नीसवीं सदी में दलित समाज को 'ग़ुलामगीरी' की पहचान कराई, 'सत्यशोधक' बनने का सपना दिया। बाबा साहब आंबेडकर ने बीसवीं सदी में उनमें जागृति की नई चेतना पैदा की, जाति के कलंक से मुक्ति की कामना जगाई। इसी नव जागृति से पढ़े-लिखे दलित समाज ने अपने दमन-शोषण और उपेक्षा को साहित्यिक रचनाओं के माध्यम से वाणी दी। पहले मराठी आदि भाषाओं में नई दलित रचनाशीलता उभरी। फिर सारी भाषाओं में प्रस्फुटित हुई। मैंने इस दलित रचनाशीलता को लोकतांत्रिक चेतना के विकास के रूप में शुरू में ही पहचाना और इस पर लिखा भी। (इस पुस्तक के परिशिष्ट में मैं *कथा-क्रम* नामक पत्रिका के 'दलित

साहित्य विशेषांक' में प्रकाशित लेख दे रहा हूँ।) इस रचनाशीलता के विकास के लिए जब ख़ुद दलित रचनाकार अपने साहित्य की परख के लिए सौन्दर्यशास्त्र रचने की कोशिश में प्रवृत्त हुए तो उन्हें पढ़कर अहसास हुआ कि ज़रूरत सिर्फ़ दलित साहित्य के लिए ही आंबेडकरवादी सौन्दर्यशास्त्र रचने की नहीं है, इससे तो उसका स्कोप सीमित किया जा रहा है। मुझे लगा कि जो नया पर्सपेक्टिव जोतिबा फुले और आंबेडकर ने हमारे समाज को दिया है, उससे एक सार्वभौमिक 'दलित सौन्दर्यशास्त्र' की वैचारिकी निर्मित की जा सकती है; उसी विचार का यह प्रयोग है। इसलिए यह 'साहित्य का दलित सौन्दर्यशास्त्र' है, अकेले दलित साहित्य का नहीं जैसाकि कुछ रचनाकारों ने किया है। कैसा बन पड़ा है यह तो पाठक ही तय करेंगे।

पांडुलिपि देखने, टाइप की ग़लतियाँ सुधारने के लिए प्रिय मित्र भगवती प्रसाद शर्मा का दिल से आभार। राजकमल प्रकाशन समूह के अध्यक्ष व प्रबन्ध निदेशक अशोक महेश्वरी और सम्पादकीय निदेशक सत्यानन्द निरुपम ने जिस आत्मीय भाव से इस पुस्तक के प्रकाशन को वरीयता दी, उसके लिए उनका भी आभार।

25 दिसम्बर, 2022

—चंचल चौहान

साहित्य का दलित सौन्दर्यशास्त्र क्यों?

दुनिया के हर देश में साहित्य को देखने-परखने के कई नज़रिये अतीत से लेकर अब तक चर्चा में रहे हैं। मुख्यतया यह बहुलता दार्शनिक विश्वदृष्टियों के आधार पर विकसित हुई। जब से मानवसमाज वजूद में आया तभी से जीवन और जगत को देखने-समझने का कोई न कोई नज़रिया भी विकसित हुआ। दर्शनशास्त्र में इसी को विश्वदृष्टि कहते हैं। जब मनुष्य अपनी आदिम अवस्था को त्यागकर वर्गविभाजित समाज की मंज़िल में दाख़िल हुआ तो दार्शनिक विश्वदृष्टि में भी विभाजन हुआ और दोनों नज़रियों में टकराव होना शुरू हो गया। मोटे तौर पर यह विभाजन दर्शनशास्त्र में भाववाद और भौतिकवाद के बीच टकराव के रूप में देखा जाता है।

ग्रीक दर्शन के इतिहास को देखें तो पहले के दार्शनिक भौतिक जगत को वास्तविक जगत मानते थे, सृष्टि की रचना को भी पदार्थ में होनेवाले परिवर्तन के तौर पर देखते थे। ग्रीक समाज में दास व्यवस्था के चरम उत्कर्ष के काल में भाववादी दर्शन का वर्चस्व स्थापित हो गया जिसमें भौतिक जगत को मिथ्या और भावजगत को 'सत्य' बताया गया। भाववादी दर्शन दासों को अपने वश में रखने के लिए स्वामीवर्ग के दार्शनिकों ने गढ़ा, इसके अनुसार पदार्थ तो असत्य है, मिथ्या है, माया है, असली शाश्वत सत्ता तो 'भाव' यानी आइडिया की है। ग्रीक दर्शन में इस भाववाद का सबसे बड़ा दमदार पैरोकार प्लेटो था। इस भाववाद को विश्वदृष्टि के रूप में हम साहित्य, कला और तमाम वैचारिक अनुशासनों में देख सकते हैं, उसके आधार पर साहित्य का सौन्दर्यशास्त्र भी गढ़ा गया, प्लेटो के समय से लेकर आज तक इन दोनों विश्वदृष्टियों में परस्पर टकराव होता आ रहा है। मुख्यतया यह टकराव दो वर्गों के टकराव का ही प्रतिबिम्ब है। इसीलिए मार्क्स व एंगेल्स ने दुनिया को बताया कि 'मानव समाज का इतिहास वर्गसंघर्ष का इतिहास है' और इस संघर्ष और मानवसमाज के विकास में उत्पादन के साधनों और उत्पादन-सम्बन्धों में होने वाले बदलाव को केन्द्रीय महत्त्व दिया। हालाँकि इन दार्शनिकों ने पूरी दुनिया के समाजों का अध्ययन किया था, मगर उनकी वैचारिकी का आधार यूरोप के समाज ही थे।

भारत में भी ग्रीक समाज की तरह पहले वर्गविभाजन था, वेदों में स्वामी और दास वर्गों का उल्लेख मिलता है, लेकिन यहाँ बाद में वर्णविभाजन भी वजूद में आया और वही तमाम तरह की जातियों में बँटकर भारतीय समाज में गहरे तक बैठ गया जिसने नाबराबरी का एक विकट जाल फैला दिया जिसमें से निकल पाना आसान नहीं रह गया। भारत में इस नये तरीक़े के सामाजिक विभाजन की गहरी पड़ताल जोतिबा फुले और डॉ. आंबेडकर ने की। पश्चिम के देशों में मनुष्य मनुष्य के बीच नाबराबरी और शोषणपरक सामाजिक वर्गीय विभाजन रहा है, हमारे समाज की स्थिति में भी नाबराबरी और शोषणपरक व्यवस्थाएँ रही हैं जिनमें वर्गीय शोषण के साथ-साथ नाबराबरी पर टिका हुआ वर्णविभाजन भी शोषण का हथियार रहा है। इस व्यवस्था को हम मनुवादी या ब्राह्मणवादी व्यवस्था के नाम से जानते हैं जिसमें तरह-तरह की जातियाँ एक लम्बी सीढ़ी पर बिठा दी गई हैं, एक जाति उच्च स्थान पर और फिर धीरे-धीरे नीचे की ओर स्थान तय कर दिये गए हैं। जटिलता यहाँ तक बढ़ गई है कि हर जाति के भीतर भी गोत्र या किसी अन्य प्रकार की नाबराबरी मौजूद है। जिस जाति को समाज में जितना उच्च स्थान प्राप्त है, उसके भीतर उतनी ही ज़्यादा उपजातियाँ हैं जिनमें आपस में गोत्रसम्बन्धी या किसी अन्य प्रकार की नाबराबरी मौजूद है। ब्राह्मणों और क्षत्रियों में उपजातियों की संख्या बहुत अधिक है जबकि वैश्यों में उनसे कम और शूद्रों में उनसे भी कम। शूद्रों में भी मेहतर समाज में शायद ही उपजातियाँ हों और आदिवासी समाज में भी नहीं होंगी, ऐसा मेरा अनुमान है। इस तरह पूरा समाज जहाँ मनुष्य द्वारा मनुष्य के शोषण और नाबराबरी पर आधारित वर्गीय व्यवस्था के चंगुल में है वहीं हर स्तर पर सदियों से चली आ रही जातिगत नाबराबरी और परस्पर नफ़रत वाली मनुवादी व्यवस्था भी कैंसर की तरह समाज में मौजूद है। भारत में इस कैंसर ने उन समुदायों को भी अपनी चपेट में ले लिया जिनके संस्थापकों ने जातिप्रथा के ख़िलाफ़ विद्रोह का बिगुल फूँका था, जैसे कि सिख, जैन, मुस्लिम, ईसाई, बौद्ध आदि। यह अजीब विडम्बना है कि भारत में ये सब जातिबन्धनों से स्वयं अब मुक्त नहीं हैं।

विश्व में वर्गविभाजन की असलियत और उसमें शोषित समाज की पीड़ा का अहसास पूँजीवाद के उदयकाल में हुआ और उस अहसास को वैज्ञानिक विश्वदृष्टि में तब्दील करने का काम मार्क्स व एंगेल्स ने उन्नीसवीं सदी में किया, बीसवीं सदी में उस विश्वदृष्टि को और अधिक समृद्ध किया लेनिन ने। इसलिए आज दुनिया में उस वैज्ञानिक विश्वदृष्टि को मार्क्सवाद-लेनिनवाद कहा जाता है। हर दर्शनशास्त्र जीवजगत की व्याख्या अपने नज़रिये से करता है, वह सौन्दर्यशास्त्र की एक वैचारिकी भी निर्मित करता है जिसे उसी दर्शनशास्त्र के नाम से भी जाना जाता है। मसलन, मार्क्सवादी दर्शनशास्त्र की दृष्टि से जिस सौन्दर्यशास्त्र की वैचारिकी रची गई, उसे 'मार्क्सवादी सौन्दर्यशास्त्र' कहते हैं और सैकड़ों किताबें

व लेख इस वैचारिकी की व्याख्या और अमल को लेकर मिल जाएँगे। इसी तरह 'मार्क्सवादी समीक्षा' भी एक साहित्यिक वैचारिकी के तौर पर साहित्य की दुनिया में मौजूद है।

भारत में भी वर्गीय चेतना का अहसास 19वीं सदी में अस्तित्व में आए दो नये वर्गों यानी पूँजीपति और औद्योगिक मज़दूर वर्ग के उदय के साथ हुआ और उसी अहसास की वजह से दुनिया के बहुत से देशों की तरह ही दोनों वर्गों की राजनीतिक पार्टियाँ यानी कांग्रेस और कम्युनिस्ट पार्टी पैदा हुईं। पूँजीपतिवर्ग ने अपने हित के लिए वैचारिकी तलाश की तो मज़दूरवर्ग ने भी अपने हित साधन के लिए दुनिया में उपलब्ध वैचारिकी यानी मार्क्सवाद-लेनिनवाद को अपनाया। लेनिन तो उस समय जीवित थे और भारत की आज़ादी के संघर्ष की सफलता के लिए वे आशावान थे, बाल गंगाधर तिलक पर और बम्बई के मज़दूरों की हड़ताल पर उन्होंने लिखा भी। मार्क्स ने भी भारत के प्रथम स्वाधीनता संग्राम पर लिखा। साहित्य में इसी वैचारिकी ने प्रगतिवादी आन्दोलन को प्रेरित किया और उसका एक सौन्दर्यशास्त्र भी निर्मित हुआ जिससे साहित्यिक रचनाओं के सौन्दर्य की जाँच-परख नये सिरे से हुई। आज भारतीय भाषाओं के सारे साहित्यों की जाँच-परख में इस्तेमाल हो रहे मार्क्सवादी सौन्दर्यशास्त्र की सैकड़ों किताबें उपलब्ध हैं क्योंकि वह एक विकसित और समृद्ध वैचारिकी और वैज्ञानिक विश्वदृष्टि पर टिका हुआ सौन्दर्यशास्त्र बन चुका है। आज हर देश में मौजूदा युग के सर्वाधिक क्रान्तिकारी वर्ग यानी सर्वहारा वर्ग से प्रतिबद्ध अन्तर्राष्ट्रीय मेधावान मानव समुदाय रचनारत है।

भारत में जाति आधारित सामाजिक विषमता का गहरा अहसास जोतिबा फुले, सावित्रीबाई फुले, बाबा साहब आंबेडकर और पेरियार आदि को हुआ, जिनके चिन्तन और संघर्ष ने दलित समाज के भीतर दलित चेतना की मशाल जलाई और उसमें राजनीतिक-सामाजिक समझदारी भी पैदा की। उनकी मिली-जुली एक वैचारिकी ने भी आकार ग्रहण किया, जिसकी वजह से दलित समाज में पैदा हुए जिन लोगों को अच्छी शिक्षा-दीक्षा हासिल हो गई तो उन्हीं संवेदनशील रचनाकारों ने दलित समाज की अपनी प्रामाणिक व्यथा-कथा रची जिसे हम 'दलित साहित्य' कहते हैं।

दलित समाज के बुद्धिजीवियों को दलित साहित्य के लिए अलग से एक नये सौन्दर्यशास्त्र की रचना करने की ज़रूरत का अहसास होने लगा। मराठी में काफ़ी स्तरीय दलित साहित्य रचा जा चुका है, हिन्दी में भी अनेक प्रतिभावान दलित रचनाकारों की रचनाएँ प्रकाशित हो चुकी हैं, इसलिए उनकी व्याख्या और उनमें रचनात्मक सौन्दर्य की जाँच-परख के लिए एक अलग क़िस्म की सौन्दर्यशास्त्रीय वैचारिकी और समीक्षात्मक पहलक़दमी की ज़रूरत का अहसास दलित बुद्धिजीवियों को होने लगा। मैंने जिज्ञासावश यह खोज करने की कोशिश की कि दलित साहित्य

को जाँचने-परखने या व्याख्यायित करने के लिए दलित लेखकों का क्या कोई भिन्न सौन्दर्यशास्त्रीय नज़रिया है, उनमें से क्या किसी ने कोई नया आविष्कार या कोई नई अवधारणा या मापदंड निर्मित किये हैं? इसी खोज के दौरान मैंने हिन्दी दलित साहित्यकार ओमप्रकाश वाल्मीकि की पुस्तक, दलित साहित्य का सौन्दर्यशास्त्र और मराठी दलित साहित्यकार शरण कुमार लिंबाले की पुस्तक, दलित साहित्य का सौन्दर्यशास्त्र, दोनों ही खँगाल डालीं। दोनों ही लेखक बेहद सजग अध्येता और विचारक रहे हैं, दोनों ने ही विभिन्न दलित और ग़ैरदलित आलोचकों के उद्धरण देते हुए अपनी-अपनी शैली में दलित साहित्य का पक्ष रखा है, लेकिन ऐसा कुछ भी नया सौन्दर्यशास्त्र निर्मित होता नहीं दिखाई दिया जिससे दलित साहित्य का भाष्य करने में मदद मिल सके। हिन्दी दलित साहित्य के मुक़ाबले मराठी दलित साहित्य कहीं अधिक प्रौढ़ माना जाता है, इसलिए पहले मैं अपनी धारणा को स्पष्ट करने के लिए शरण कुमार लिंबाले के सौन्दर्यशास्त्र के, उन्हीं के द्वारा पेश, सारतत्त्व को यहाँ देना चाहता हूँ। उन्होंने लिखा :

> दलित साहित्य के मूल्यांकन के लिए निम्नलिखित कसौटियाँ निश्चित की जा सकती हैं :
>
> 1. कलाकार को अपने अनुभव के साथ ईमानदार होना चाहिए।
> 2. कलाकारों के अनुभवों का सार्वजनीकरण होना चाहिए।
> 3. कलाकार के अनुभव में प्रदेश की सीमा पार करने की शक्ति होनी चाहिए।
> 4. कलाकार का अनुभव किसी भी काल में ताज़ा लगना चाहिए।
>
> (दलित साहित्य का सौन्दर्यशास्त्र, पृ. 121)

यहाँ 'कलाकारों' से उनका आशय 'लेखकों' से है, संगीतकारों या फ़िल्म अभिनेताओं पर ये कसौटियाँ लागू नहीं होतीं। अपने सौन्दर्यशास्त्र को उक्त चार सूत्रों में बाँधकर शरण कुमार लिंबाले, अन्त में 'सवर्ण' समीक्षकों से अपना पथ अलग बताते हुए कहते हैं, 'अपना पथ अलग है। अपनी दिशा अलग है। तब अपने पथ पर चलना और अपनी दिशा की खोज करना इसमें ही अपनी सभी शक्ति ख़र्च करनी चाहिए'। (वही)

उक्त चार सूत्रीय सौन्दर्यशास्त्रीय कसौटियों पर बारीकी से ग़ौर करें तो यह समझने में देर नहीं लगेगी कि ये कसौटियाँ उसी समीक्षा-चिन्तन की प्रतिबिम्ब हैं जिसे वे 'सवर्ण' समीक्षा कहते हैं। पहली कसौटी 'अनुभव की ईमानदारी' है, इसे हमारे आधुनिकतावादी दौर में सभी ग़ैरदलित लेखकों ने 'अनुभूति की प्रामाणिकता' कहकर पेश किया था, महान मार्क्सवादी चिन्तक एंगेल्स ने, जो मार्क्स के सहयोगी सहचर थे और जन्मना उच्च वर्ग के थे, इस 'ईमानदारी' की कसौटी का उल्लेख मिन्ना काउत्स्की को 25 नवम्बर, 1885 को लिखे एक पत्र में किया था, जो उन्होंने

अपने समय व अपने देश में लिखे जा रहे दलित सर्वहारा उपन्यास पढ़ने के बाद लिखा था। एक दूसरे पत्र में भी जो मिस हार्कनैस को, अप्रैल 1888 में लिखा था, ईमानदार चित्रण को यथार्थवादी रचना के लिए एक कसौटी के रूप में पेश किया था। हिन्दी के महान मार्क्सवादी कवि चिन्तक मुक्तिबोध ने भी जो जन्मना मराठी ब्राह्मण थे अपने सौन्दर्यशास्त्रीय लेखन में 'ईमानदारी' की इस कसौटी पर बहुत विस्तार से लिखा, उनकी रचनावली के खंड-4 में उनके पाँच लेख इसी कसौटी पर हैं, 'घृणा की ईमानदारी', 'कलाकार की व्यक्तिगत ईमानदारी' (तीन लेखों की सीरीज़), 'व्यक्तिगत ईमानदारी और कला'। इनमें से पहला लेख हर दलित लेखक को ज़रूर पढ़ना चाहिए क्योंकि दलित लेखन में 'घृणा' एक कलात्मक मूल्य है, यह सवर्णों की सदियों की घृणा का प्रतिशोध है जिसे मूल्य के रूप में पहली बार दलित साहित्य ने रचा है, यह आश्चर्य की बात है कि इसे अपने सौन्दर्यशास्त्रीय चिन्तन में न शरण कुमार लिंबाले ने शामिल किया न ओमप्रकाश वाल्मीकि ने, (इसलिए फ़िलहाल इस अन्तर्दृष्टि पर मेरा कॉपीराइट समझा जाए!)

शरण कुमार लिंबाले की 'सार्वजनीकरण' नामक दूसरी कसौटी को भी बारीकी से देखें तो साहित्य का कोई भी सजग पाठक समझ जाएगा कि यह सवर्ण काव्यशास्त्र के रस-सिद्धान्त का 'साधारणीकरण' ही है जिसे लिंबाले जी ने अपने शब्दों में कसौटी बनाकर पेश किया है। पाश्चात्य काव्यशास्त्र में अरस्तू के 'विरेचन सिद्धान्त' से हमारे हिन्दी प्राध्यापकों ने इसे पुष्ट किया है, मार्क्सवादी चिन्तकों ने 'यथार्थवाद' की बहसों में इसे शामिल किया है, सवर्णों के महापूज्य कवि तुलसीदास भी 'सुरसरि सम सब कहं हित होई' यानी 'सार्वजनीकरण' को रचना की कसौटी मानते थे। इससे यह स्पष्ट है कि शरण कुमार लिंबाले की कसौटियाँ घूम-फिर कर भारतीय और पाश्चात्य सौन्दर्यशास्त्र से ही निकलकर आ रही हैं, कोई मौलिक शोध नहीं हो पाई है।

ओमप्रकाश वाल्मीकि तो अपनी किताब में, भारतीय और पाश्चात्य दोनों ही कसौटियों को ख़ारिज करते हैं :

> हिन्दी साहित्य का सौन्दर्यशास्त्र संस्कृत और पाश्चात्य सौन्दर्यशास्त्र पर आधारित है। इसलिए उसकी कसौटियाँ दलित साहित्य के मूल्यांकन में अक्षम साबित होती हैं। (पृ. 45)

मगर शरण कुमार लिंबाले उसी सौन्दर्यशास्त्र की साधारणीकरण की कसौटी अपना रहे हैं।

लिंबाले जी की तीसरी और चौथी कसौटी को एक साथ इस तरह कहा जा सकता है कि दलित साहित्य को 'देशकाल' अतिक्रमित करना चाहिए। यह कसौटी हर महान साहित्य पर लागू होती रही है। यह एक पहेली भी है, मार्क्स के सामने भी

यह पहेली थी कि क्यों हमें मानव सभ्यता के बचपन में रचे गए ग्रीक साहित्य और सदियों पहले के अनेक देशकालों में रचे गए साहित्यिक ग्रंथ आज भी मोहते हैं, सामाजिक व्यवस्थाओं के बदल जाने पर सौन्दर्य के पैमाने, हमारे आचार-विचार, हमारे नियम-क़ानून और हमारी सोच में आमूलचूल परिवर्तन आने के बावजूद हम पुराने देशकाल की रचनाओं को पढ़ते और सराहते हैं। इसी अनुभव से यह कसौटी बनी है कि महान साहित्य वह होता है जो अपने देशकाल का अतिक्रमण करता है। लेकिन यह कसौटी तो सर्वसमावेशी हुई, दलित साहित्य के लिए यह सवर्णों वाली कसौटी ही तो लिंबाले जी सुझा रहे हैं!

इससे यह निष्कर्ष निकालना क्या ग़लत होगा कि मराठी दलित साहित्य के सामने अभी भी एक वैचारिक चुनौती बनी हुई है कि उस साहित्य का आलोचनाशास्त्र क्या हो जो पारम्परिक सवर्ण आलोचनाशास्त्र से भिन्न हो और जो किसी दलित चिन्तक लेखक द्वारा रचित हो क्योंकि किसी ग़ैरदलित द्वारा रचा गया आलोचनाशास्त्र उस संवेदना की तह तक पहुँच ही कैसे पाएगा? कहीं ऐसा तो नहीं कि आलोचना के अलग 'टूल्स' तलाश करने की ज़िद ही मिथ्याचेतना पर टिकी हो जबकि जीवन व्यवहार में प्रयोग में आने वाले 'टूल्स' इस तरह की 'दलित' और 'सवर्ण' कोटि में नहीं बँटे हैं, रोज़मर्रा की भाषिक संरचनाएँ और बोली-बानी भी 'दलित' और 'सवर्ण' कोटि में नहीं बँटी हैं। मुझे लगता है कि इसीलिए अलग से एक नई कोटि की खोज सम्भव नहीं हो पा रही, क्योंकि दलित मध्यवर्ग की शिक्षा-दीक्षा भी उन्हीं स्रोतों से हुई जिनसे 'सवर्ण' लेखकों की। इसलिए चिन्तन की उसी सीमा में ही कुछ नया खोजने की कोशिश दलित लेखक करते हुए दिखाई देते हैं।

हिन्दी दलित साहित्य के लिए सौन्दर्यशास्त्र की रचना की कोशिश मरहूम ओमप्रकाश वाल्मीकि ने की। वे भी बहुपठित विद्वान और प्रतिभाशाली दलित लेखक थे। उनकी पुस्तक का नाम भी वही है, दलित साहित्य का सौन्दर्यशास्त्र जो उनकी प्रतिभा का प्रमाण है। उनकी किताब का एक ही अध्याय जो किताब के शीर्षक को जस्टीफ़ाइ करता है बहुत संक्षेप में दलित साहित्य को जाँचने-परखने के लिए कसौटियाँ निर्धारित करता है। मगर अफ़सोस, वे कसौटियाँ भी नई और अलग नहीं हैं। मुख्य रूप में वे कसौटियाँ दुनिया भर के जनवादी आलोचकों द्वारा 'रूपवाद' के ख़िलाफ़ किये गए संघर्ष का सारसंक्षेप हैं, सिर्फ़ शब्द नये कर दिये हैं, मसलन, अंग्रेज़ी के 'कंटेंट' को 'आशय' और 'फ़ार्म' को 'आकार' नाम दे दिया है :

> दलित साहित्य के सौन्दर्यशास्त्र पर विचार करने के लिए किसी भी कृति के 'आकार' और 'आशय' को दृष्टि में रखना होगा। जिस 'रूप' को हम देखते हैं वह उस कृति का 'आकार' होता है। 'आकार' में जो सारतत्त्व या सारत्व बोध विद्यमान होता है, वह 'आशय' कहलाता

है। हिन्दी साहित्य हो या संस्कृत साहित्य, वह आकृतिनिष्ठ ही है। वहाँ आकार की प्रधानता है। शब्द की रमणीयता समीक्षकों के लिए बौद्धिक विलास का काम करती है। (पृ. 49)

इस सिद्धान्त निरूपण के बाद वे भी जनवादियों की तरह रूपवाद का खंडन करते हैं और उसी तरह कंटेंट को प्रमुखता देते हैं। मराठी लेखक डॉ. म.न. वानखेड़े का जो उद्धरण वे देते हैं, वह इसी की पुष्टि करता है। इस तरह ओमप्रकाश वाल्मीकि मुख्यतया मार्क्सवादी सौन्दर्यशास्त्र की अवधारणाओं को अपनाते हैं। सुन्दरता वस्तु में है या देखने वाले की नज़र में, यानी वह विषयगत है या विषयीगत? ओमप्रकाश जी सही ही इस सौन्दर्यशास्त्रीय बहस में भौतिकवादी पक्ष लेते हैं। लेकिन उनका यथार्थवादी सौन्दर्यशास्त्र मौलिक नहीं है। सदियों से चले आ रहे वर्गसंघर्ष में जो सौन्दर्यशास्त्रीय मान्यताएँ और धारणाएँ भौतिकवादियों ने हमें विरसे के तौर पर दी हैं, वे ही उन्होंने पेश कर दी हैं। वे तो सारे साहित्य की व्याख्या में इस्तेमाल की जा रही हैं, दलित साहित्य के लिए अलग से कोई रचित सौन्दर्यशास्त्र नहीं बन पाया है। यह आकस्मिक नहीं है कि ओमप्रकाश वाल्मीकि के इस अध्याय का समापन जन्मना ब्राह्मण, एक मार्क्सवादी आलोचक मैनेजर पांडेय के उद्धरण से होता है। वाल्मीकि जी ने इस उद्धरण का इस्तेमाल अपने विचार की पुष्टि के लिए किया है।

इस पूरे फ़साने को पेश करने का मक़सद यह है कि हमारे दलित साहित्य के सामने आज जो चुनौती है वह है ठहराव की। इसी ठहराव का प्रतिबिम्ब हमें किसी नये सौन्दर्यशास्त्र के न रच पाने में दिखाई देता है। लगता है कि आत्मकथाएँ लिखने के बाद दलित साहित्य की क्षमताएँ चुक गईं। कविता में सदियों से चले आ रहे सवर्णीय अत्याचार का चित्रण और अपने आक्रोश की अभिव्यक्ति भी सबने ख़ूब कर ली। अब क्या करें? अब नया कथ्य क्या लाएँ, नया 'आशय' और नया 'आकार' क्या हो जो बासी न लगे? यह तो रचनात्मक साहित्य की हमेशा ही माँग रही है। आप अब न कबीर और रैदास को दोहरा सकते हैं न ओमप्रकाश वाल्मीकि को अगर लिखेंगे तो वह रचना 'जूठन' की जूठन होकर रह जाएगी। यह दलित लेखन के सामने सबसे बड़ा संकट है। बजरंग बिहारी तिवारी ने शरण कुमार लिंबाले से इस गतिरोध के बारे में एक सवाल, एक इंटरव्यू में पूछा था जो उनकी उक्त किताब में पुनर्प्रकाशित है। वे बहुत से कारण बताते गए, मगर अन्त में स्वीकार किया कि 'इस रुकावट को दूर करने के लिए गहराई से सोचने और लिखने की ज़रूरत है।' (पृ. 178)

मुझे लगता है कि दलित साहित्य का सौन्दर्यशास्त्र रचने के बजाय हम पूरे साहित्य के आकलन के लिए आंबेडकरवादी नज़रिये से 'साहित्य का दलित

सौन्दर्यशास्त्र' क्यों न रचें? जिस तरह मार्क्स के नज़रिये से दुनिया भर के साहित्य को देखने-परखने के लिए 'मार्क्सवादी सौन्दर्यशास्त्र' की रचना हुई जिसमें वर्ग चेतना के मूल आधार और सर्वहारावर्ग के प्रति प्रतिबद्धता की कसौटी से रचनाओं का आकलन-परीक्षण किया गया, उसी तरह वर्णव्यवस्था में निहित नाबराबरी के फ़लसफ़े को ध्यान में रखते हुए समूचे साहित्य को देखने-परखने के लिए 'दलित सौन्दर्यशास्त्र' की रचना की जा सकती है। ऐसा सौन्दर्यशास्त्र वैज्ञानिक दृष्टिकोण से इस नये अनुशासन को देखने-समझने की माँग करता है। इसलिए पहले यह देखें कि हमारी सौन्दर्यचेतना का विकास कैसे होता है।

सौन्दर्य-चेतना की रचना-प्रक्रिया

> साहित्यिक लोगों को यह सत्य स्वीकार करना होगा कि साहित्य की कोई कृति संकुचित शब्द-संरचना मात्र नहीं होती, बल्कि वह विभिन्न सामाजिक सत्यों की शाब्दिक अभिव्यक्ति होती है।
>
> —जीन बैल

किसी भी समीक्षा-प्रणाली के साथ एक सौन्दर्य-चेतना का सम्बन्ध होता है। रस, ध्वनि, वक्रोक्ति, अलंकार सम्प्रदाय हो या आधुनिक युग की नई समीक्षा के प्रतिमान, इनके पीछे एक वर्गीय सौन्दर्य-चेतना अवश्य काम करती रही है। भारत में वर्गीय संरचनाओं के साथ वर्ण आधारित सामाजिक संरचनाएँ भी मौजूद रही हैं, इसलिए यहाँ की सौन्दर्य-चेतना पर इस संरचना का यानी ब्राह्मणवादी मनुवादी संरचना का भी बहुत अधिक असर रहा है। अत: नये सौन्दर्यशास्त्र की पद्धति को कारगर बनाने के लिए यह जानना ज़रूरी होगा कि सौन्दर्य-चेतना कैसे बनती है। सौन्दर्य-चेतना, दरअसल, मनुष्य की समग्र-चेतना का ही एक अंग है। चेतना, एंगेल्स के शब्दों में, 'सदैव चेतन अस्तित्व' होती है। यह सचेतन अस्तित्व हवा में नहीं होता, बल्कि मनुष्यों के समाज में होता है। अत: वह अस्तित्व सामाजिक होता है। समाज वर्ग-विभक्त होता है तो चेतना के खंड भी वर्गीय होते हैं। भारत जैसे देश में वर्ग के साथ वर्णविभाजन भी है, इस प्रकार हमारे यहाँ की सौन्दर्य-चेतना का चरित्र वर्गीय और वर्ण आधारित भी होता है। यही कारण है कि सामन्ती युग में सौन्दर्य की जो धारणा रही थी, वह पूँजीवादी समाज में कुछ हद तक तो बदली, मगर ब्राह्मणवादी मनुवादी वैचारिक वर्चस्व के कारण उसके बहुत से अंश बने रहे। भवनों की जो बनावट उस समय सुन्दर मानी जाती थी, उसे आज कोई नहीं अपनाता। लेकिन सामाजिक रीति-रिवाजों में वह सौन्दर्यबोध जीवित रहा। यह तथ्य सौन्दर्य-चेतना के परिवर्तन का द्योतक है। यही बात काव्य आदि कलाओं पर भी लागू होती है। आज दोहा-चौपाई में कोई कवि कविता नहीं लिखता क्योंकि शिल्प के सौन्दर्य की धारणा भी बदल गई है।

चेतना की रचना कैसे हुई? मनुष्य ने इस प्रश्न के उत्तर खोजने की कोशिश अपने विकास के साथ प्रारम्भिक युगों में ही की थी। जीवन और जगत के बारे में,

पृथ्वी के विभिन्न समाजों में, दो प्रकार की दृष्टियों से विचार किया गया है। एक दृष्टि को भाववादी और दूसरी को भौतिकवादी कहा जाता है। ग्रीक-दर्शन में थेल्स से लेकर एनेक्सागोरस तक स्थूल जगत की रचना को लेकर काफ़ी माथापच्ची हुई। चेतन सत्ता ('नाउस') की कल्पना के बाद भाव को रचना का आधार मान लिया गया। वर्ग-विभक्त ग्रीक समाज में सुकरात और प्लेटो ने क्रमशः अवधारणा ('कंसैप्ट') और भाव ('आइडिया') को ही आत्यंतिक सत्य के रूप में प्रतिष्ठित किया और चेतना को उसी भावसत्ता का स्वरूप माना। तब से पाश्चात्य दर्शन में भाववाद और भौतिकवाद का संघर्ष चलता रहा जिसका वैज्ञानिक समाधान मार्क्सवाद के द्वंद्वात्मक भौतिकवाद में हुआ। पाश्चात्य दर्शनों की तरह भारतीय वाङ्मय में भी दो परस्पर विरोधी जीवन-दृष्टियाँ रही आई हैं। एक दृष्टि भाव या ब्रह्म को प्रमुख सत्ता मानती रही और दूसरी पदार्थ और प्रकृति को। रघुनाथ सफाया ने अपनी पुस्तक, इंडियन साइकोलॉजी (पृ. 45) में बताया है कि यजुर्वेद (अ.13.14) में सृष्टि की रचना 'पहले से व्याप्त पदार्थ' से मानी गई जिसे 'हिरण्यगर्भ' कहा गया :

हिरण्यगर्भः समवर्तताग्रे भूतस्य जातः पतिरेक आसीत्।
स दाधार पृथिवीं द्यामृतेमां कस्मै देवाय हविषा विधेम।

कुछ विद्वान इसे ऋग्वेद का सूक्त 10-121-1 बताते हैं, उसमें किसी दूसरे ऋषि ने सृष्टि के रचनाकार को 'सहस्रशीर्षा पुरुष' की संज्ञा दी। जहाँ वैदिककाल में मुख्य पहेली जगत या पदार्थ की रचना थी, वहाँ उपनिषद् काल से चेतना की रचना पर भी विचार शुरू हुआ। चेतना की रचना के बारे में भी वही विश्वदृष्टियाँ मिलती हैं। भाववादी लोग चेतना को ब्रह्म की ही दी हुई सत्ता मानते हैं, भौतिकवादी उसे पदार्थ की सत्ता मानते हैं। छांदोग्य उपनिषद् में मन को 'अन्नमय' कहकर उसका सम्बन्ध पदार्थ से जोड़ा गया है : 'अन्नमयं हि सौम्य मनः'। इस सत्य को प्रयोग द्वारा भी सिद्ध किया गया। श्वेतकेतु को पन्द्रह दिन खाना नहीं दिया गया तो वह सारा वेदज्ञान भूल गया और सोलहवें दिन जब उसे खाना मिला तो उसमें पुनः चेतना का संचार हुआ। दूसरी ओर, ऐतरेय उपनिषद् में ग्रीक दार्शनिक एनेक्सागोरस की तरह एक सर्वव्यापी चेतना को सृष्टि का नियामक तत्त्व माना गया जिसे 'प्रज्ञा' नाम दिया गया। यह उस समय की भाववादी चिन्तनधारा थी।

उपनिषद् काल के बाद के समय में भी ये दो दृष्टिकोण आपस में टकराते चले आए हैं। सांख्य दर्शन में चेतना और पदार्थ के परस्पर सम्बन्ध को समझने की कोशिश की गई। यह माना गया कि चेतना और पदार्थ स्वतंत्र हैं; न चेतना से पदार्थ बना है और न पदार्थ से चेतना। यह भाववाद का मिश्रण था। सांख्यकारिका में 'मनस' के बारे में काफ़ी हद तक भौतिकवादी दृष्टिकोण अपनाया गया है। दूसरी ओर, न्याय-दर्शन में भी चेतना को शरीरजनित नहीं माना गया, बल्कि उसे सर्व स्वतंत्र सत्ता प्रदान

की गई। वैशेषिकों ने इस स्वतंत्र सत्ता का निषेध किया। कणाद ने चेतना की रचना के बारे में काफ़ी हद तक भौतिकवादी नज़रिया अपनाया। न्याय-वैशेषिक दर्शन ने पदार्थ की सत्ता को प्रमुख माना और चेतना की सत्ता को गौण। मीमांसा दर्शन के चिन्तक कुमारिल और प्रभाकर के बीच भी भाववाद और भौतिकवाद का संघर्ष रहा। पूर्व-मीमांसाकारों ने 'मानसऽहंप्रत्यय' के सिद्धान्त द्वारा चेतना के व्यक्तिपरक और वस्तुपरक यथार्थ को समझने की काफ़ी कोशिश की और भाववाद से संघर्ष किया। मगर इस दृष्टिकोण को अद्वैतवादी उत्तर-मीमांसाकारों जैसे बादरायण आदि का समर्थन नहीं मिला; अत: भाववाद की ख़ूब प्रतिष्ठा हुई। बौद्ध-दर्शन ने, अपने अनेक अन्तर्विरोधों के बावजूद, काफ़ी हद तक यथार्थवादी नज़रिया अपनाया। इससे संघर्ष करते हुए अद्वैतवादी विशिष्टाद्वैतवादी भाववाद की प्रतिष्ठा में संलग्न हुए। इस भाववाद की सबसे बड़ी वकालत शंकर से लेकर रामानुज, माधव, भास्कर और निम्बार्क आदि ने की। इन सारे दार्शनिकों की चेतना पर तब तक ब्राह्मणवादी मनुवादी संस्कार हावी हो चुके थे, इसलिए इन दार्शनिकों के लिए भाव ही एकमात्र सत्य था, वे जीवन-जगत को मिथ्या क़रार देने लगे। दूसरी ओर, ब्राह्मणवाद से टकराने वाले हीनयान सम्प्रदाय के वैभाषिक चिन्तक चेतना के बारे में वस्तुवादी नज़रिया अपना रहे थे। जैन दार्शनिक चेतना की उत्पत्ति न शरीर से मानते थे और न मस्तिष्क से। वे उसकी स्वतंत्र सत्ता में विश्वास करते थे।

मार्क्सवाद को छोड़कर विश्व के अन्य सभी दर्शन आज भी चेतना को द्वंद्वात्मक प्रक्रिया न मानकर या तो सिर्फ़ विषयीगत मानते हैं या विषयगत। अब तक हुई विज्ञान की खोजों ने यह बात काफ़ी हद तक हमारे सामने अकाट्य सत्य के रूप में सिद्ध कर दी है कि चेतना भौतिक पदार्थ का ही विकसित रूप है। मस्तिष्क जो कि चेतना को उत्पन्न करता है, स्वयं विकसित भौतिक पदार्थों का ही जटिल पुंज है। चेतना को किसी पारलौकिक सत्ता जैसे आत्मा, ब्रह्म या ईश्वर द्वारा नियमित परिचालित मानना आज एक अन्धविश्वास के अलावा और कुछ नहीं कहा जाएगा। इस अन्धविश्वास को आज तक ब्राह्मणवाद ख़ूब फैला रहा है।

चेतना की रचना-प्रक्रिया को लेकर काफ़ी अनुसन्धान हो चुके हैं। रूस के प्रसिद्ध-मनोशरीरशास्त्र सेचेनोव ने चेतना की रचना-प्रक्रिया पर काफ़ी वैज्ञानिक विश्लेषण प्रस्तुत किया था। सेचेनोव के काम को प्रयोगों के आधार पर पावलोव ने पुष्ट किया और 'कंडीशंड रिफ़्लेक्स' के सिद्धान्त द्वारा चेतना की रचना-प्रक्रिया की गुत्थी सुलझाई। एस. कोश्तोयांत्स ने पावलोव की संकलित रचनाओं की भूमिका में लिखा :

> (सेचेनोव और पावलोव) के अथक परिश्रम से रूस के दार्शनिकों और प्रकृतिवादियों को सच्चे भौतिकवादी दर्शन का यह पाठ पढ़ा दिया कि भौतिक शरीर और चेतना के बीच द्वंद्वात्मक एकता होती है। इस अनुसन्धान ने, विज्ञान के क्षेत्र में एक ख़ास चरण में प्रवेश किया।

सोवियत रूस में हुए अनुसन्धानों से मनुष्य मस्तिष्क में रिफ़्लेक्स बनने की प्रक्रिया को स्क्रीन पर भी देख लिया गया। अत: वह वैज्ञानिक सत्य जिसे मार्क्सवाद के जन्मदाताओं ने अपने समय में समझ लिया था आज लेबोरेटरी के अनुसन्धानों द्वारा बार-बार प्रमाणित हो रहा है। एंगेल्स ने कहा था :

> यदि यह सवाल उठाया जाए कि विचार और चेतना क्या है और कहाँ से आते हैं तो इसका उत्तर स्पष्ट है कि वे मनुष्य के मस्तिष्क की उपज हैं और मनुष्य ख़ुद प्रकृति की ऐसी उपज है जो अपने परिवेश के साथ-साथ उसी परिवेश में विकसित हुआ है।

उन्होंने एक अन्य स्थल पर लिखा कि 'भौतिक इन्द्रियगम्य संसार जिसके हम सब भाग हैं, एक सचाई है। हमारी चेतना और सोच-समझ यद्यपि इन्द्रियबोध से परे लगती है मगर है वह भौतिक, शारीरिक अंग यानी मस्तिष्क की ही उपज। जगत चेतन से नहीं जन्मा है बल्कि चेतन स्वयं प्रकृति का सर्वोत्तम उत्पादन है।' मार्क्स ने भी कहा कि 'भाव मानव-मस्तिष्क में प्रतिबिम्बित भौतिक जगत ही होता है और वही विचार में बदल जाता है।' लेनिन ने इसी की पुष्टि करते हुए 'प्रतिबिम्बन सिद्धान्त' द्वारा चेतना की रचना-प्रक्रिया पर प्रकाश डाला। उन्होंने लिखा :

> हमारी चेतना बाहरी जगत का बिम्ब है और यह बात साफ़ है कि बिम्ब अपने वस्तुगत आधार के बिना अस्तित्व नहीं रख सकता और वस्तुगत आधार बिम्ब बनाने वाले से अलग स्वतंत्र होता है।

रूसी मनोशरीरशास्त्र पावलोव ने चेतना की रचना-प्रक्रिया को वैज्ञानिक रूप में द्वंद्वात्मक तरीक़े से परखा और व्याख्यायित किया। उनके अनुसार बाहरी जगत की वस्तु और मस्तिष्क के कोर्टेक्स के बीच क्रिया-प्रतिक्रिया होती है। तब उत्तेजना और वर्जना के ऐंटीथीसिस का संघर्ष होता है और इस प्रक्रिया द्वारा अस्थायी कनेक्शन बनते हैं जिन्हें उन्होंने 'कंडीशंड रिफ़्लेक्स' का नाम दिया। मस्तिष्क के विकास में कुछ स्थायी कनेक्शन भी बने चले आते हैं जिन्हें 'अनकंडीशंड रिफ़्लेक्स' कहा जाता है अर्थात् ये कनेक्शन अनुवंशी होते हैं। इन्हें मनुष्य ने पशु से मनुष्य में रूपान्तर के दौरान विकसित किया है।

चेतना चूँकि सक्रिय मस्तिष्क की क्रिया-प्रतिक्रिया का परिणाम है अत: उसकी रचना की शुरुआत कंडीशंड रिफ़्लेक्सों से होती है। मॉरिस कार्नफ़ोर्थ का कहना है कि 'जब कंडीशंड रिफ़्लेक्स बनने की प्रक्रिया में, उत्तेजना जो पशु में भी होती है, संकेतों ('सिगनल') का काम करने लगती है तो जीव इन संकेतों को पहचानने लगता है और अपने व्यवहार को उन्हीं के मुताबिक़ ढाल लेता है, उस समय नाड़ियों के जाल में एक नया गुण पैदा होता है जिसे चेतना कहा जाता है।' मेरा मानना है कि

इस चेतना का पहला चरण इन्द्रिय संवेदन ('सेंसेशन') का होता है जिससे संकेत प्रणाली की रचना होती है। संकेत प्रणाली के बार-बार घटित होने से अनुभव पैदा होता है। इन्द्रिय-संवेदन मस्तिष्क के विकास के साथ-साथ 'बोध' ('परसैप्शन') में बदल जाता है। अपनी विकास-यात्रा में मनुष्य की चेतना में पशु-मस्तिष्क की संकेत-प्रणाली के साथ-साथ एक और संकेत-प्रणाली विकसित हो गई जिससे भाषा का उद्‌गम हुआ। पावलोव ने कहा है कि 'विकसित पशु जब मनुष्य बना तो उसके उच्च नाड़ी-तंत्र में एक बहुत ही महत्त्वपूर्ण बढ़ोतरी हुई। अपने वाक् तंत्र द्वारा उसने पहली संकेत-प्रणाली के साथ-साथ शब्द-संकेत प्रणाली को जन्म दिया। अतः मनुष्य का बोलना 'दूसरी संकेत प्रणाली' बना। इसी प्रणाली के आधार पर मनुष्य मस्तिष्क में अमूर्त भाव, विचार, कल्पना और चेतना के विभिन्न स्तरों की क्रियाशील प्रणालियाँ विकसित हुईं।'

भाषा मनुष्य की दूसरी संकेत प्रणाली है जिसकी आवश्यकता मानव-समाज में पड़ती ही है। अतः समाज ने भाषा को व्यवस्थित किया। आवश्यकता और अवसर के अनुसार भाषा ने विकास किया और इसी प्रक्रिया में सामाजिक चेतना का निर्माण हुआ। समुदाय में रहने वाले मनुष्यों में सामुदायिक भावना का जन्म हुआ। जब समाज वर्ग-विभक्त हुआ और निजी सम्पत्ति की अवधारणा समाज में आई तो 'मैं'—भावना का जन्म हुआ। मानव-समाज में सौन्दर्य-चेतना का सम्बन्ध भी इसी विकास-क्रम से है। अपने अर्द्ध विकसित स्वरूप में मनुष्य ने सौन्दर्य को उन वस्तुओं और क्रियाओं से जोड़ा जो उसको उपयोगी लगीं। जिनसे उसे क्षति पहुँची, उनको असुन्दर माना। रूप, रस, गंध, स्वर, स्पर्श आदि में भी वह विभाजन प्रारम्भ में इन्हीं आधारों पर रहा होगा। बाद में मनुष्य ने सौन्दर्य को परिष्कृत अभिरुचि बना लिया। वर्ग-विभक्त समाज में सौन्दर्य-चेतना का नियंता प्रभु-वर्ग हो गया। अतः सौन्दर्य को व्यक्तिपरक कहा गया। सौन्दर्य को 'प्रियेषु सौभाग्यफला हि चारुता' (कालिदास) के रूप में परिभाषित किया गया। ऐतिहासिक विकास-क्रम में ऐसे लोग भी प्रस्तुत हुए जिन्होंने सौन्दर्य को वस्तुपरक बताया। यह द्वंद्व मूलतः भाववाद और वस्तुवाद का द्वंद्व था। एक ने कहा कि सौन्दर्य व्यक्ति की नज़र में है, दूसरे ने कहा कि वह वस्तु में है। ये दो अतिवाद थे। मार्क्सवाद ने बताया कि सौन्दर्य वस्तु और व्यक्ति की द्वंद्वात्मकता का परिणाम है। न व्यक्ति के बिना सौन्दर्य की अवधारणा हो सकती है और न सुन्दर वस्तु के बिना। दोनों की क्रिया-प्रतिक्रिया से ही सौन्दर्य की अवधारणा बनती है किन्तु सुन्दर वस्तु चेतना से अलग अस्तित्व रखती है।

वस्तु और व्यक्ति के सचेतन अस्तित्व के साथ ही सामाजिक अस्तित्व को नकारा नहीं जा सकता। सौन्दर्य-चेतना के विकास में मानव समाज को अनदेखा करने पर भाववादी निर्णय ही दिये जा सकते हैं। व्यक्ति की सौन्दर्य-चेतना किसी न किसी वर्ग (और वर्ण की भी) की सौन्दर्य-चेतना होती है। रूसी सौन्दर्यशास्त्र

वी. स्केतरश्चिकोव ने सौन्दर्याभिरुचि पर लिखे एक शोधपूर्ण लेख में कहा कि 'ऐसा कोई व्यक्तिगत सौन्दर्यात्मक मूल्यांकन न होता है और न हो सकता है जो तत्त्वत: किसी न किसी सामाजिक समूह के विचार को प्रतिबिम्बित न करता हो और न कोई सामाजिक सौन्दर्यात्मक मूल्यांकन व्यक्ति-सौन्दर्याभिरुचि को अनदेखा करके हो सकता है।'

स्पष्ट है कि साहित्य में व्यक्त सौन्दर्य का भी सामाजिक पक्ष होता है। वर्ग-समाज में सौन्दर्याभिरुचि वर्गीय होती है। भारत में उसकी प्रकृति वर्ण से भी जुड़ी होती है। ज़्यादातर शासकवर्ग की सौन्दर्याभिरुचि शासित वर्गों पर हावी रहती है। साहित्य में भी इसे बड़ी आसानी से देखा जा सकता है। यद्यपि इन अभिरुचियों का टकराव भी होता है, तथापि आधार से कट पाना सम्भव नहीं होता। तुलसी की सौन्दर्याभिरुचि अपनी सम्पूर्णता में उस समय के सामन्ती वर्ग और सवर्ण मनुवादी सामाजिक संरचना की सौन्दर्याभिरुचि है। उन्होंने उसे परिष्कृत करने व आदर्शीकृत करने की कोशिश की है। वे सुन्दरतम के पक्षधर हैं और वह सुन्दरतम उनकी सामाजिक सीमाओं में एक आदर्श राजा ही हो सकता था। कबीर की सौन्दर्याभिरुचि में भी सामन्ती अंश हैं किन्तु उनमें मनुवादविरोधी सामान्य जनजीवन की सौन्दर्य चेतना ज़्यादा है। वे ब्राह्मणवाद से सीधे टकराते हैं। अत: वहाँ अभिजात नख-शिख वर्णन नहीं है, वहाँ 'सोह नवल तनु सुन्दर सारी/जगत जननि अतुलित छवि भारी' नहीं है बल्कि 'चदरिया झीनी झीनी' है। उनका राम क्षत्रिय सामन्तपुत्र नहीं है। सामन्ती व्यवस्था में लघु हस्त कलाकार की इस सौन्दर्य-चेतना में प्रगतिशील दलित वर्गों की सौन्दर्य-चेतना का सामन्ती चेतना में मिश्रण है।

अत: सौन्दर्य-चेतना की रचना-प्रक्रिया में सामाजिक ऐतिहासिक वर्गों की भूमिका काफ़ी महत्त्वपूर्ण है। अब तक की भाववादी, रूपवादी समीक्षा ने सौन्दर्य के इस वर्गाधार और वर्णवाद की सदा अवहेलना की है। रचनाओं को सिर्फ़ व्यक्ति-सौन्दर्य-चेतना से परिचालित माना जाता रहा है। इसलिए कला की रचना-प्रक्रिया पर भी सही वैज्ञानिक ढंग से भाववादी, रूपवादी सौन्दर्यशास्त्रीय प्रणालियाँ विचार नहीं कर सकीं। जिस प्रकार प्राचीन भाववादी विचारक सौन्दर्य को आध्यात्मिक मानते थे, उसी प्रकार साहित्य में भी 'रसात्मक वाक्य' को सौन्दर्य का आधार माना गया। एक रूसी सौन्दर्यशास्त्री, ए. ज़िस ने कहा है कि 'भाववादी सौन्दर्यशास्त्र में सुन्दर वही है जो मनुष्य के आध्यात्मिक जीवन व मनुष्य की चेतना में निहित है और जिसका कोई वस्तुपरक आधार नहीं है।' मार्क्सवादी सौन्दर्यशास्त्र इस धारणा को एकांगी बताता है। बिना सुन्दर वस्तु के सौन्दर्य की कल्पना भी सम्भव नहीं। उसी प्रकार साहित्य में भी सौन्दर्य वस्तुपरक होता है, पाठक या सामाजिक मनुष्य उसे मस्तिष्क की आँख से देखता है। मस्तिष्क की आँख सामाजिक रिफ़्लेक्सों से नियमित होती है। अत: व्यक्ति-वस्तु की अन्त:क्रिया होती है। यह अन्त:क्रिया

ऐतिहासिक प्रक्रिया का भी हिस्सा होती है। यह बात व्यक्तिबद्ध मज़ावादियों को शायद समझ में न आए। उनसे अगर यह पूछा जाए कि सामन्ती युगों के साहित्य में नारी का जो नख-शिख वर्णन हुआ, जिसमें उसकी व्यक्तिसत्ता का नकार है क्या वही सौन्दर्याभिरुचि किसी विकसित पूँजीवादी या समाजवादी देश में है? यदि नहीं है, तो इसका कारण वे व्यक्ति-मनोविज्ञान में ढूँढ़ेंगे। क्या व्यक्ति-मनोविज्ञान आसमान से आता है और उसका सामाजिक ऐतिहासिक प्रक्रिया से सम्बन्ध ही नहीं होता?

पश्चिम में सौन्दर्य की अवधारणा पर प्लेटो ने सर्वप्रथम विचार किया। उन्होंने सुन्दर वस्तु और सौन्दर्य की अवधारणा को अलग-अलग माना। सुन्दर वस्तु का ज्ञान सच्चा ज्ञान न होकर मात्र एक मत (ओपीनियन) होता है और सौन्दर्य की अवधारणा का ज्ञान दार्शनिक ज्ञान होता है। सुन्दर वस्तुएँ बहुत हो सकती हैं किन्तु सौन्दर्य की अवधारणा एक होती है, अत: वही सत्य है, वस्तुएँ मात्र उसका एक आंशिक प्रतिबिम्बन हैं। भाववादी दर्शन की इस शुरुआत में अरस्तू ने वस्तुवादी दर्शन द्वारा सौन्दर्य को व्याख्यायित किया और उसे वस्तु की समानुपातिकता में निहित बताया। उन्होंने कहा कि 'सौन्दर्य आकार और व्यवस्थित परिमाण की देन है, इसलिए—

1. अति सूक्ष्म जीव में वह नहीं होता क्योंकि हमारी दृष्टि तुरन्त उसे अलगा नहीं पाती
2. अति विशाल जीव में भी वह नहीं होता, मसलन 1,000 मील लम्बे जीव में नहीं होता क्योंकि हम उसे सम्पूर्णता में नहीं देख सकते।' ऊपर से देखने में लगता है कि अरस्तू का यह औचित्य सिद्धान्त सिर्फ़ वस्तु के आकार-प्रकार तक ही सीमित है; मगर ऐसा नहीं है। अरस्तू मनुष्य या प्रेक्षक को भी नहीं भूलते। आख़िर ग्रीक समाज अपने युग के स्वामियों का प्रजातंत्र निर्मित कर चुका था और यह स्वाभाविक ही था कि उस समय की ग्रीक कला और सौन्दर्यबोध के बीच मनुष्य की भूमिका को पहचाना जाए। इसीलिए अरस्तू इस यथार्थ तक पहुँच रहे थे कि सौन्दर्य व्यक्ति और वस्तु के अन्त:सम्बन्ध और अन्त:क्रिया में है और जिसमें बल वस्तु पर अधिक है। यह सौन्दर्य के वस्तुगत नियमों की तलाश की पहली कोशिश थी। इस अवधारणा ने न सिर्फ़ कलाकारों को, बल्कि कवियों व नाटककारों को भी प्रभावित किया।

भारतीय काव्यशास्त्र में क्षेमेंद्र ने भी औचित्य-विचार चर्चा को सौन्दर्यशास्त्रीय मान्यताओं में प्रमुख स्थान दिया। क्षेमेंद्र का औचित्य से तात्पर्य था कृति का जीवन जगत के सदृश होना।

उचित प्राहुराचार्या: सादृशं किल यस्य यत्।
उचितस्य च यो भावस्तदौचित्यं प्रचक्षते।

अरस्तू का भी 'अनुकरण सिद्धान्त' जीवन-जगत के सादृश्य पर आधारित था। इसीलिए वे दो अतिवादों के बजाय 'स्वर्णिम मध्य मार्ग' के पक्षधर थे और सौन्दर्य-विषयक नियमों में उनका वही रुझान था। वर्ग-विभक्त समाजों में हर जगह सौन्दर्यशास्त्र वर्ग-विश्वदृष्टियों के आधार पर सौन्दर्य के प्रतिमान, जाने-अनजाने, गढ़ते रहे। आज भी वर्ग-दृष्टियों का संघर्ष चल रहा है। एक ओर, भाववादी-व्यक्तिवादी वर्ग विचारधाराएँ अनेक शक्लों में सौन्दर्य की अवधारणा को एकांगी रूप में व्याख्यायित कर रही हैं, तो दूसरी ओर, सर्वाधिक विकसित वैज्ञानिक विश्वदृष्टि मार्क्सवाद-लेनिनवाद के अनुसार जीवन-जगत के हर क्षेत्र को देखा-परखा जा रहा है जिसके तहत सौन्दर्य की वैज्ञानिक व्याख्या भी विश्व स्तर पर मानव-समाज के सर्वाधिक विकसित व प्रबुद्ध वर्गों द्वारा हो रही है। भारत में यह संघर्ष एक नया आयाम यानी वर्णविभाजन का आयाम लिये हुए है। शोषक वर्गों की मिथ्या चेतना के अधीन अभी भी भाववाद का प्रचार-प्रसार हो रहा है। उनके लिए अभी भी 'रूप कुरूप न कोय/जाकी रुचि जेती जितै तित तेती रुचि होय।' या फिर वे 'शुद्ध सौन्दर्य' के उपासक हैं।

रूसी सौन्दर्यशास्त्री, ए. ज़िस ने स्पष्ट कहा है कि 'मनुष्य के सौन्दर्य विषयक विचार उसके समूचे सामाजिक जीवन, उसकी जीवन प्रकृति, ऐतिहासिक परिस्थितियों, समाज की वर्ग-संरचना व राष्ट्रीय परम्पराओं आदि से निर्मित होते हैं।' सौन्दर्य के विचार हर युग की कलाओं व साहित्य में अभिव्यक्त होते हैं। आदिम युग की कलाकृतियों से लेकर आज तक की कलाकृतियों का वैज्ञानिक सौन्दर्यशास्त्रीय आकलन करें तो सौन्दर्य के ऐतिहासिक-सामाजिक आधार से अन्त:सम्बन्ध को देखने में मदद मिल सकती है। इसी प्रकार से साहित्य की कृतियों में अभिव्यक्त सौन्दर्याभिरुचियों का भी ऐतिहासिक सामाजिक आधार रहा है, भले ही वह सीधे-सीधे अभिव्यक्त न हुआ हो। दलितविरोधी सामन्ती सौन्दर्याभिरुचि से परिचालित साहित्य उन सभी शक्तियों को असुन्दर व गर्हित बिम्बों द्वारा चित्रित करेगा जिनसे उनका विरोध है। बिहारी के लिए इत्र की सराहना न करने वाला 'गँवई गाँव गँवार' ही होगा। सामन्ती सम्बन्धों को व्याख्यायित करने वाला साहित्य, भले ही जायसी द्वारा लिखा गया हो, उसमें 'शाहे वक़्त', शेरशाह सूरी सुन्दर का प्रतिमान होगा।

अपने युग के शोषक-शासक वर्गों से संघर्ष करती हुई सौन्दर्याभिरुचि भी रहती आई है। कबीर के लिए 'माया महाठगिनि' है, उनके लिए 'सापत, ताड़त, परुष कहंता/विप्र पूज्य अस गावहिं सन्ता' की तुलसी की मान्यताओं में सौन्दर्य नहीं है। अत: वे इस सौन्दर्यमूल्य पर प्रहार करते हैं। उनके अनुसार यदि 'विप्र' इतना श्रेष्ठ है तो वह 'अन्य मार्ग' से क्यों नहीं पैदा हुआ। वे कहते हैं, 'पंडित वाद वदै सो झूठा।'

कबीर की इस सौन्दर्याभिरुचि पर समाज के सवर्णों को एतराज़ हो सकता है, दलित समाज के पक्षधर पाठक को वह यथार्थ सुन्दर लगता है। यह सौन्दर्याभिरुचि का टकराव है।

साहित्य में इसी तरह वर्णआधारित वर्गीय सौन्दर्याभिरुचि काम करती है। यह सौन्दर्याभिरुचि विषयों के चुनाव से लेकर बिम्ब, प्रतीक व कथन भंगिमाओं तक के चुनाव में परिलक्षित होती है। धर्मवीर भारती के द्वारा यह चुनाव 'फ़ीरोज़ी होंठों' का हो या 'कनुप्रिया' का, वर्ग और वर्ण आधारित सौन्दर्याभिरुचि से मुक्ति सम्भव नहीं। नायिका में अपने ह्रासग्रस्त पूँजीवादी सामन्ती सौन्दर्यबोध का समावेश कर कवि ऐसे कथनों का चुनाव करता है :

तुम्हारे चन्दन कसाव के बिना मेरी देह-लता के
बड़े बड़े गुलाब धीरे-धीरे टीस रहे हैं
और दर्द उस लिपि के अर्थ खोल रहा है।

दूसरी ओर, मुक्तिबोध का वाचक भी 'दर्द' महसूस करता है; मगर वहाँ सौन्दर्यबोध 'चन्दन कसाव' का नहीं, 'यथार्थों' के कसाव का है :

मुझमें बिजली की घूम गई थरथरी
उद्दाम ज्ञान-संवेदन की फुरफुरी
हृदय में जगी
तन मन में कोई जादू की सी आग लगी
मस्तिष्क तंतुओं में प्रदीप्त
वेदना यथार्थों की जागी

धर्मवीर भारती की ही तरह अज्ञेय के सौन्दर्यबोध में भी सामन्ती मनुवादी अवशेष रूढ़ि बनकर प्रकट हुए हैं। उन्हें आधुनिक 'राजा ने आसन दिया' ही है, अतः उस सौन्दर्याभिरुचि का प्रचार-प्रसार करके मालिकों से उऋण भी होना है। सामन्ती सौन्दर्याभिरुचि ही उन्हें 'आँगन के पार' ले गई है क्योंकि उनका पालागनवादी वाचक जानता है :

कौन द्वारी
कौन अगारी, न जाने,
पर द्वार के प्रतिहारी को
भीतर के देवता ने
किया बार-बार पालागन

दूसरी ओर, मुक्तिबोध का वाचक किसी महल के 'द्वार के प्रतिहारी को' पालागन करके 'आसन' प्राप्त नहीं करना चाहता बल्कि :

धुँधलके में खोये इस
रास्ते पर बूढ़े से पटेल बाबा

ऊँचे से किसान दादा
वे दाढ़ीधारी देहाती मुसलमान चाचा और
बोझा उठाये हुए
माँएँ, बहनें, बेटियाँ...
सबको ही सलाम करने की इच्छा होती है।
सबको ही राम-राम करने को जी चाहता है जी।

वर्गीय वर्णआधारित सौन्दर्याभिरुचि इस प्रकार साहित्य में अभिव्यक्त होती ही है। जो कवि-रचनाकार वर्गभेद और वर्णभेद को समझकर शोषित जन-समूह के विकसनशील पक्ष के साथ तादात्म्य स्थापित कर लेते हैं वे धीरे-धीरे पतनशील सांस्कृतिक सौन्दर्याभिरुचि से भी मुक्त होने का प्रयत्न करते हैं और जो अज्ञान का गुहावास कर लेते हैं वे जाने-अनजाने शोषक वर्गों और मनुवादी सामाजिक संरचनाओं की पतनशील सौन्दर्याभिरुचि का शिकार हो जाते हैं और इस प्रकार विकसनशील नये मानव की सौन्दर्यचेतना के विकास को अवरुद्ध करते हैं। दलित सौन्दर्यशास्त्र इस तरह एक कसौटी बनकर समूचे साहित्य की नई विवेचना कर सकता है।

क्लासिकल विचारधारा : दलित उत्पीड़न का अस्त्र

दरअसल, दुनिया के कमोबेश सारे देशों में उत्पादन के साधनों पर क़ब्ज़ा बरक़रार रखने के लिए प्रभुवर्ग ने समाज के कमज़ोर हिस्सों को ग़ुलाम बनाकर रखा। अपने प्रभुत्व को मज़बूती प्रदान करने के लिए उनके चहेते कवि, कलाकारों और दार्शनिकों ने एक विचारधारा ईजाद की जिसे मैंने 'क्लासिकल विचारधारा' नाम दिया है क्योंकि इस विचारधारा ने भरे-पूरे दर्शनशास्त्र के रूप में सबसे पहले ग्रीक समाज में उस समय जन्म लिया जब वहाँ का समाज स्वामी और दास के रूप में वर्गविभाजित समाज की मंज़िल से गुज़र रहा था। सुकरात, प्लेटो और अरस्तू उसी क्लासिकल फ़लसफ़े के निर्माता दार्शनिक कहे जा सकते हैं। क्लासिकल विचारधारा का मूलमंत्र यह है जिसे एक अंग्रेज़ी कवि टी ई ह्यूम ने रोमांटिक विचारधारा से उसे अलगाते हुए इस तरह पेश किया कि क्लासिकल विचारधारा यह सिखाती है कि 'मानव अपनी सीमाओं का अतिक्रमण नहीं कर सकता।' (Human beings cannot transcend their limitations)

इस क्लासिकल विचारधारा को आधार बनाकर सारा ग्रीक साहित्य रचा गया जो यह सबक़ सिखाता है कि अगर कोई मानव अपनी सीमाओं का अतिक्रमण करता है तो उसे उसकी सज़ा मिलती है। यह विचारधारा ग़ुलामों को वश में रखने के लिए ईजाद की गई थी। हमारे देश के दलितों की तरह ग्रीक समाज में शिक्षा, दीक्षा और ज्ञान अर्जित करने की सुविधाओं से वंचित ग़ुलाम इस तरह दिमाग़ी तौर पर भी ग़ुलाम बना लिये गए कि उन्हें अपने बन्धन से मुक्त नहीं होना चाहिए, यदि ऐसा अतिक्रमण किया तो उन्हें दैव सज़ा देगा। ग्रीक साहित्य के सारे मिथक इस सत्य के प्रमाण हैं। अरस्तू ग्रीक साहित्य के जिस *इडिपस, द किंग* नामक नाटक को आदर्श रचना के रूप में, अपने काव्यशास्त्र में पेश करता है उसे दलित सौन्दर्यशास्त्रीय नज़र से एक बार देखें तो पाएँगे किस तरह क्लासिकल विचारधारा ग़ुल्ामों को वश में रखने के लिए प्रयोग की जा रही थी। इस नाटक के नायक, इडिपस के जन्म के समय एक ज्योतिषी यह बताता है कि यह बच्चा अपने पिता का क़त्ल करेगा और अपनी माँ के साथ सम्भोग। ये दोनों ही कृत्य उस समय के ग्रीक समाज में महापाप और समाज के लिए महाविनाशकारी माने जाते थे जिनसे

सूरज और चाँद तक काले पड़ सकते थे। यह इस नवजात शिशु की सीमा है। इस सीमा से उबरने के लिए उसका पिता जो कि एक राजा है अपने एक नौकर के हाथों दूर कहीं जंगल में मरने के लिए उसे छुड़वा देता है। वह शिशु बच जाता है और दूसरे नगर में उसका पालन-पोषण होता है। वह भरा-पूरा जवान हो जाता है तो वहाँ भी एक ज्योतिषी उसके बारे में वही बात दुहराता है। उस डर से वह वहाँ से भाग खड़ा होता है जिससे कहीं ग़लती से वह महापाप अनजाने उससे वहाँ न हो जाए। दूर कहीं एक चौराहे पर उसे अपना असली पिता मिल जाता है जिसके रथ की वजह से रास्ता अवरुद्ध होने के कारण उसका झगड़ा होता है और द्वंद्वयुद्ध में अनजाने वह अपने असली पिता की हत्या कर देता है। उसके बाद वह उसी पिता की राजधानी पहुँचता है जहाँ पहाड़ी पर एक स्फ़िनिक्स, अर्द्धनारी-अर्द्ध सिंहिनी की पहेली का सही जवाब देने से वह उस नगर के लोगों को उस नरभक्षिणी से मुक्ति दिलाता है, इसलिए उसे ही वहाँ राजा बना दिया जाता है, उसकी अपनी माँ इस तरह उसकी रानी बन जाती है और अपनी ही माँ से वह दो बेटियों का बाप बन जाता है। तब शुरू होता है प्लेग की बीमारी से महाविनाश और सोफ़ोक्लीज़ का नाटक यहीं से शुरू होता है, प्लेग किसके महापाप से फैला है इसकी छानबीन हो रही है, एक बूढ़ा जो यह सब जानता है इडिपस के बार-बार दबाव डालने पर बता देता है कि यह महापाप ख़ुद इडिपस से हो गया है। तब इडिपस पूरी छानबीन करता है और सत्य को स्वीकार करके अपनी दोनों आँखें फोड़ लेता है और उस महापाप के शमन के लिए राजधानी छोड़कर एक द्वीप पर दूर चला जाता है जिससे प्लेग की महामारी का शमन हो सके। इस तरह सन्देश यह जाता है कि इडिपस जिस सीमा का अतिक्रमण करने की कोशिश करता रहा, वह नहीं कर सका। जो नियति में था, वह टाला नहीं जा सका। भाग्यवाद क्लासिकल विचारधारा का केन्द्रीय तत्त्व है, ग़ुलामगीरी को शाश्वत बनाए रखने का अकाट्य औज़ार।

क्लासिकल विचारधारा ने सीमाओं का अतिक्रमण करने वालों को सज़ा देने के लिए 'भाग्य' या 'नियति' नामक अलौकिक शक्ति का भी आविष्कार करके इसमें जोड़ दिया था जिसका वही अर्थ ग्रीक साहित्य में भी था जो हमारे यहाँ संस्कृत में गीता में भी और तुलसी के *रामचरितमानस* में सुझाया गया था कि 'होइहि सोइ जो राम रचि राखा/ को करि तर्क बढ़ावहि साखा' या उर्दू के किसी शायर ने हमारे यहाँ प्रचलित कर दिया कि 'होता है वही जो मंज़ूरे ख़ुदा होता है।...'

ग्रीक साहित्य के सारे मिथक यही सबक़ सिखाते हैं कि मानव अपनी सीमाओं का अतिक्रमण करेगा तो सज़ा पाएगा, एस्ख़ाइलस की रचना, *प्रोमिथियस बाउंड* में प्रोमिथियस स्वर्ग से अग्नि चुराकर पृथ्वी पर लाता है तो उसे चट्टानों से बाँध दिया जाता है, क्योंकि वह सीमाओं का अतिक्रमण करता है। ईसापूर्व सन् 430 में प्रकाशित इस रचना के नायक को उन्नीसवीं सदी में शैले जैसे क्रान्तिकारी कवि ने

अपनी रचना, *प्रोमिथियस अनबाउंड* लिखकर आज़ाद कराया। इसी तरह का सन्देश इकारस के मिथक के माध्यम से दिया जाता है। इकारस अपने बन्धन से मुक्त होने के लिए अपने पिता से लकड़ी और मोम से बने पंख लगवाकर उड़ता है तो पिता के निर्देश का पालन न करते हुए वह सूर्य की तरफ़ चला जाता है जिससे उसके पंखों में लगा मोम पिघल जाता है और वह समुद्र में गिर पड़ता है। यानी मनुष्य अपनी सीमाओं का अतिक्रमण करने पर दंड पाता है।

स्वामी और दास के आधार पर विभाजित इस शुरुआती सामाजिक व्यवस्था में दासों को वश में रखने के लिए जो विचारधारा ईजाद की गई थी, वह उसके बाद समाज में आई सामन्ती व्यवस्था में नये रूप में जारी रखी गई जिससे दलित भूदासों पर प्रभुत्व रखा जा सके। ईसाई धर्म की मूल पुस्तक, बाइबिल में पहला ही अध्याय 'सृष्टि की रचना', एडम व ईव नामक मर्द और औरत की रचना और उनके रहने की जगह, ईडन गार्डन की रचना के बारे में है। यहाँ पहले दोनों इनसानों को यह हिदायत दी जाती है कि वे 'ज्ञान का फल' छोड़कर उस बग़ीचे में लगे कोई भी फल खा सकते हैं, वे वहाँ आराम से विचरण कर सकते हैं, उन्हें न तो मौत सताएगी और न पाप लगेगा। मगर ईश्वर ने, स्वर्ग से अपने शत्रु शैतान को युद्ध में परास्त करके नरक कुंड में फेंक दिया था, इसलिए शैतान ने ईश्वर से बदला लेने के लिए उसके हाथों बनाए इनसान को पहला 'पाप' करने को मजबूर कर दिया। उसने ईव को साँप का रूप धारण कर उस निषिद्ध फल को खा लेने को तैयार कर लिया, उसने बताया कि उसे खाने से वह मनुष्य न रहकर देवी स्वरूप बनकर स्वर्ग में देवताओं के बीच रहेगी यानी वह अपनी सीमाओं का अतिक्रमण कर जाएगी। उस भोली महिला ईव ने 'ज्ञान फल' खा लिया, उसने अपने साथी एडम को भी खिला दिया और इस तरह आदि मानव दम्पती ने बाइबिल के मुताबिक़ सीमा का अतिक्रमण करके 'आदि पाप' कर डाला। उन्हें इस बाग़ से बाहर कर दिया गया, उनके दो बच्चे हुए, इस तरह पूरी सृष्टि में पाप और मौत का खेल शुरू हो गया।

ईसाइयत ने व्यापारिक पूँजीवाद के उदय के साथ क्लासिकल विचारधारा को नया नाम दिया, 'चेन आफ़ बीइंग' यानी 'वजूद की ज़ंजीर', जिसके मुताबिक़ पूरी सृष्टि में दैव ने एक सीढ़ी की तरह सबके स्थान तय कर रखे हैं, उनमें आवाजाही सम्भव नहीं। सबसे ऊँचे स्थान पर ईश्वर, उसके नीचे देवगण, उसके नीचे मानव, उसके नीचे पशु, फिर पेड़-पौधे, फिर चट्टानें, सबसे नीचे पानी। इस व्यवस्था में नीचे वाला अपनी सीमा का अतिक्रमण करके ऊँची वाली श्रेणी में नहीं जा सकता। एडम और ईव का अपनी मानव वाली श्रेणी की सीमा का अतिक्रमण करके देवगण में शामिल होने का प्रयास उनके पतन का कारण बनता है। *बाइबिल* के इसी मिथक को थीम बनाकर मिल्टन ने अपना महाकाव्य *पैराडाइज़ लॉस्ट* लिखा। इसी मिथक

को इस्लाम ने भी क़बूल कर लिया और इस कहानी को क़ुरान शरीफ़ में जस का तस ले लिया। यह विचारधारा हर देश में ग़ुलामों को वश में रखने के लिए ईजाद की गई या अपना ली गई।

हमारे देश में भी क्लासिकल विचारधारा का उदय स्वामी और दासों में विभाजित समाज के दौर में हुआ। वैदिक साहित्य में 'स्वामी' और 'दासों' का उल्लेख मिलता है। उस समय वह वर्गविभाजित समाज था। बाद में सामन्ती समाज में उसी का विस्तार वर्णव्यवस्था में हो गया, *मनुस्मृति* उसी को संहिता के रूप में लागू करने का काम करती है। यह देखकर ताज्जुब होता है कि हमारे समाज में जो क्लासिकल विचारधारा वजूद में आई और आज तक जिसका वर्चस्व क़ायम है उसमें ग्रीक समाज से लेकर ईसाइयत और इस्लाम में निहित अंशों का समावेश है और उन सबका सारतत्त्व एक ही है कि मानव अपनी सीमाओं का अतिक्रमण नहीं कर सकता और अगर करेगा तो वह सज़ा पाएगा। हमारे यहाँ के मिथक भी ग्रीक मिथक की तरह यह सन्देश देते हैं कि मानव के भाग्य में जो लिख दिया गया है वह होकर रहेगा। उस सीमा का अतिक्रमण करने पर सज़ा मिलेगी। इकारस की तरह त्रिशंकु की उड़ने की इच्छा का वही हश्र होता है, जटायु भी अपनी सीमा का अतिक्रमण करने के लिए ही दंडित होता है, 'काटत पंख परा खग धरनी'। रावण को मारने का काम राम को दिया गया है, यह तय है। इसी तरह कंस को मारने का काम कृष्ण को दिया गया है। उस नियति को अतिक्रमित करने की सारी चतुराई धरी रह जाती है और अन्ततः होता है वही जो मंज़ूरे ख़ुदा होता है। यह नियतिवाद ग्रीक समाज की क्लासिकल विचारधारा से एकदम मिलता-जुलता है जिससे दासों को वश में रखा जाता था। इसका प्रचार भारत में महाकाव्यों के मिथकों के धुआँधार प्रसारणों और साधु-सन्तों के प्रवचनों तथा तमाम तरह के उत्सवों, त्योहारों आदि के माध्यम से आज भी हर समय होता रहता है जिसके आगे ज्ञान मार्ग और तर्कशीलता की रोशनी कुछ भी नहीं कर पाती। दलितों को दास बनाए रखने में इस विचारधारा से उसी तरह ख़ूब मदद मिलती है जिस तरह ग्रीक दासों को इसी से वश में रखा जाता था।

हमारे यहाँ ब्राह्मणवाद ने मनुस्मृति के माध्यम से उसी तरह की क्लासिकल विचारधारा को अपनाया जिसे ईसाइयत ने महारानी एलिज़ाबेथ के ज़माने में 'चेन ऑफ़ बीइंग' के नाम से प्रचारित किया था जिसमें यह बताया गया था कि ईश्वर ने सारी सृष्टि बनाई और हर अस्तित्वधारी वस्तु व जीव का स्थान निर्धारित कर दिया जैसाकि पीछे मैंने उल्लेख किया। इसमें यह और जोड़ दिया गया कि ईश्वर ने मानव समाज में सबसे उच्च स्थान शासक राजा या रानी को बख़्शा और उसके नीचे भूस्वामियों का, फिर प्रजा के दूसरे हिस्सों का। हमारे यहाँ कहा गया कि ब्रह्मा ने सृष्टि की रचना की तो इसी तरह की सीढ़ी बनाई जिसके सबसे उच्च सोपान पर

ब्राह्मण ख़ुद है और उसके नीचे बलशाली क्षत्रिय, फिर धनशाली वैश्य और अन्त में सबकी सेवा करने वाले शूद्र। इसमें भी अपनी सीमा का अतिक्रमण करना पाप माना गया। व्यास नाम के किसी सन्त की रची गीता में कृष्ण के मुँह से कहलावा दिया गया कि 'चातुर्वर्ण्यम् मया सृष्टम्'। अब भला किसकी हिम्मत जो ईश्वर की बात न माने? हमारे यहाँ उस विचारधारा में एक ख़तरनाक तत्त्व और जोड़ दिया गया, वह है पुनर्जन्म और अवतारवाद का तत्त्व जिसमें यह मान्यता है कि ईश्वर मनुष्य का रूप धारण कर धरती पर बढ़े हुए पाप दूर करने आता है। हर मनुष्य भी पुनर्जन्म पाता है, अवतार भी एक तरह का पुर्नजन्म ही है।

क्लासिकल विचारधारा को भयंकर रूप से पक्का बनाने का काम हमारे देश में इसी विश्वास ने कर दिया है कि सब अपने-अपने पाप का फल अपने जन्म में या अगले जन्म में भोगते हैं। बौद्ध धर्म जहाँ ब्राह्मणवादी वर्चस्व को चुनौती देता हुआ लगता है वहीं उसने पुनर्जन्म की मान्यता को खंडित नहीं किया, जिससे उलटे ब्राह्मणवाद को सुदृढ़ होने में मदद मिली, और आज तक पुनर्जन्म के विश्वास की वजह से वह अवाम में अपनी ताक़त बरक़रार बनाए हुए है। बौद्ध धर्म में भी 'चेन ऑफ़ बीइंग' के दस सोपान बताए गए हैं, हालाँकि उनका अलग-अलग तरीक़े से भाष्य किया गया है, लेकिन मनुष्य और मनुष्य के बीच नाबराबरी के सारे फ़लसफ़े दलित समाज को शासित और अनुशासित रखने के लिए ही गढ़े गए जिससे वे अज्ञान के अन्धकार में ही अपनी चेतना को क़ैद रखें और इन फ़लसफ़ों के माध्यम से पैदा किये गए डर से अपनी सीमाओं का अतिक्रमण न कर सकें। इस दर्शन से यह प्रचारित किया गया कि दलित के रूप में जन्म पाना उनका अपने ही पिछले जन्म के कर्मों का फल है, इसे वे मानते रहें और अनुशासित रहकर अपना अगला जन्म बेहतर बना सकें या मोक्ष प्राप्त करें, जहाँ सुख ही सुख है।

दलित सौन्दर्यशास्त्र की नींव क्लासिकल विचारधारा की पोल खोलने वाली या उसे 'डिकंस्ट्रक्ट' करने वाली इस नई दृष्टि पर रखी जा सकती है जिससे पूरी दुनिया के दर्शनों को और उस समाज के रचनाकर्म को नये सिरे से देखा जा सकता है। इनसान को ग़ुलाम बनाए रखने की क्लासिकल विचारधारा की पहचान ही इस दलित सौन्दर्यशास्त्र की आधारभूत प्रतिज्ञा है। इस सौन्दर्यशास्त्र को सिर्फ़ दलित साहित्य की जाँच-परख के लिए गढ़ना नाकाफ़ी है, मराठी और हिन्दी के दलित लेखकों ने या उनके हमदर्दों ने अब तक जो सौन्दर्यशास्त्रीय आधार गढ़ने के प्रयास किये हैं वे इसी मक़सद से हुए हैं। मेरी नज़र में दलित सौन्दर्यशास्त्र से दुनिया के सारे समाजों के साहित्य को नये नज़रिये से देखा और आलोचित किया जा सकता है। सोफ़ोक्लीज़ के ईसा पूर्व लिखे नाटक, *इडिपस द किंग* को भी, महारानी एलिज़ाबेथ के ज़माने में लिखे साहित्य, मसलन स्पेंसर की मशहूर कृति, फ़ेयरी क्वीन को, क्रिस्टोफ़र मार्लो के प्रसिद्ध नाटक, डॉ. फॉस्टस को, शेक्सपियर के नाटकों को,

मिल्टन के *पैराडाइज लॉस्ट* को, एलेक्ज़ेंडर पेप के *एस्से ऑन मैन* को फ़ील्डिंग, हार्डी, डिकेंस आदि के उपन्यासों को या फिर आधुनिक अंग्रेज़ी साहित्य के दिग्गज रचनाकारों जैसे इलियट, यीट्स आदि की रचनाओं को या अमेरिकन साहित्य के मशहूर रचनाकारों के साहित्य को, रूसी, जर्मन, पोलिश आदि तमाम भाषाओं और समाजों के साहित्य को, चीनी साहित्य को, और फिर भारत के बहुविध साहित्य को भी इसी तरह की नज़र से नये सिरे से देखा जा सकता है।

दलित सौन्दर्यशास्त्र का नैरेटिव अपने में इससे पहले के बहुत से ऐसे सौन्दर्यशास्त्रीय विचारों को आत्मसात् कर सकता है जो ग़ुलामों, शोषितों, वंचितों के पक्ष में अपने-अपने देशकाल में विकसित हुए। बाबा साहब आंबेडकर ने ख़ासतौर से यह अपने लेखन में किया था, दलित वंचित-शोषित के पक्ष में जो नारा रूसो से होता हुआ फ्रांस की क्रान्ति का मूलाधार बना, 'स्वतंत्रता, समता, बन्धुत्व', उसकी अनुगूँज बाबा साहब आंबेडकर के लेखन में हर क़दम पर दिखाई देती है। इसी नारे ने यूरोप में साहित्य, दर्शन और काव्यशास्त्र में भी यानी सौन्दर्यशास्त्रीय प्रतिमानों में भी आधारभूत परिवर्तन कर दिया। अंग्रेज़ी साहित्य में विलियम वड्‌र्सवर्थ की लिखी *द लिरिकल बैलड्स* की 'भूमिका' को गहराई से देखें तो साफ़ पता चलता है कि किस तरह प्रभुवर्गों की नवक्लासिकल विचारधारा के ख़िलाफ़ उसमें दलित-शोषित-वंचित मानव की पक्षधरता को सौन्दर्यशास्त्रीय प्रतिमान के तौर पर कवि ने प्रस्तुत किया। उस नये विमर्श को आज भी दुनिया भर में साहित्य आलोचना के विकास में दिलचस्पी रखने वाले विद्वान पढ़ते और विश्लेषित करते हैं। दलित सौन्दर्यशास्त्र को समृद्ध करने में वह 'भूमिका' बहुत मददगार है।

इसी तरह दुनिया भर में सर्वहारा की विचारधारा यानी मार्क्सवाद-लेनिनवाद को आत्मसात् करके जो मार्क्सवादी सौन्दर्यशास्त्र रचा गया और जिसमें अनेक महान विद्वानों ने योगदान दिया, जिन्होंने हेगेल के पूँजीवादी नज़रिये से रचित सौन्दर्यशास्त्र के भाववादी उपकरणों का निषेध करके वैज्ञानिक तर्कसंगत नई दृष्टि से सौन्दर्यशास्त्रीय मान्यताओं की रचना की, यह साहित्य शायद दुनिया भर में लिखे सौन्दर्यशास्त्रीय विमर्श से गुण और मात्रा में सबसे ज़्यादा होगा। यह भी दलित सौन्दर्यशास्त्र का हमजोली विमर्श है और इसकी मदद हिन्दी में ओमप्रकाश वाल्मीकि की इस विषय पर लिखी पुस्तक में साफ़-साफ़ झलकती है। यह एक सकारात्मक सोच है। मनुष्य को ग़ुलाम बनाए रखने की अनेक विचारधाराएँ मूल रूप में ग्रीक दासव्यवस्था के समय में ईजाद की गई क्लासिकल विचारधारा की ही शाखाएँ-प्रशाखाएँ हैं। इनका शिकार समाज के बहुसंख्यक अवाम हैं, दलित समाज इसका अपवाद नहीं है। इसकी पीड़ा भी दलित लेखन में झलकती है, इसलिए दलित साहित्य के लिए ही सीमित सौन्दर्यशास्त्र रचने की पहल दलित रचनाकारों ने की, उनके हमदर्द ग़ैरदलित भी इस मुहिम में शामिल हुए।

'दलित साहित्य का सौन्दर्यशास्त्र' पर स्वतंत्र पुस्तकों में से मुझे तीन देखने का मौक़ा मिला। ये पुस्तकें हैं : 1. शरण कुमार लिंबाले की पुस्तक, दलित साहित्य का सौन्दर्यशास्त्र (वाणी, 2000), 2. ओमप्रकाश वाल्मीकि की पुस्तक, दलित साहित्य का सौन्दर्यशास्त्र (राधाकृष्ण, 2001) 3. आर.डी. आनन्द की पुस्तक, दलित साहित्य का नया सौन्दर्यशास्त्र (परिकल्पना, 2019)। इसी विषय पर सम्पादित पुस्तकों में से दो देखने को मिलीं :

1. दलित साहित्य का सौन्दर्यशास्त्र, सं. डॉ. मुन्ना तिवारी (भारती, 2013)
2. अस्मितामूलक साहित्य का सौन्दर्यशास्त्र, सं. डॉ. कर्मानन्द आर्य (Marginalised Publications, 2018)

इनमें से शरण कुमार लिंबाले और ओमप्रकाश वाल्मीकि की किताबों पर मैं अपनी टिप्पणी विस्तार से पहले ही लिख चुका हूँ कि उनमें नई खोज कोई नहीं है, क्योंकि नज़र सिर्फ़ अब तक रचे गए दलित साहित्य पर टिकी है, सारे साहित्य को दलित दृष्टि से या फुले-आंबेडकर आदि के नज़रिये से देखने का कोई उपक्रम है ही नहीं। इसीलिए घूम-फिर कर काव्यशास्त्र के वे ही विचार नई बोतल में आ गए हैं जो उन्हें अपनी शिक्षा-दीक्षा में समाज से मिले हैं।

ये सभी पुस्तकें मुख्य रूप से दलित साहित्य में निहित आक्रोश व अन्य भावों की अभिव्यक्ति की व्याख्या के लिए एक साहित्यशास्त्र रचने की बालसुलभ कोशिशें हैं, किसी नये सौन्दर्यशास्त्र की रचना नहीं, जैसाकि ठीक ही बजरंगबिहारी तिवारी ने आर.डी. आनन्द की पुस्तक की भूमिका में कहा है कि 'मेरे ख़याल से इस किताब को सौन्दर्यशास्त्र से ज़्यादा आलोचना शास्त्र की किताब मानना उचित है।' (पृ. 7) लेकिन इन कोशिशों का भी एक महत्त्व है। दलित और सवर्ण लेखकों की एक भारी तादाद इन कोशिशों में शामिल है जिसके लिए दलित साहित्य मानो एक चुनौती है जिसके भाष्य के लिए एक नये आलोचनाशास्त्र का आविष्कार करना है। कमोबेश यह आकुल इच्छा शरण कुमार लिंबाले से लेकर आर.डी. आनन्द तक के लेखन में झलकती है। शरण कुमार लिंबाले अपनी पुस्तक का अन्त जिन वाक्यों में करते हैं, उनमें सवर्णों के आलोचनाशास्त्र से अलग रास्ते की खोज की वही इच्छा निहित है :

> अपना पथ अलग है। अपनी दिशा अलग है। तब अपने पथ पर चलना और अपनी दिशा की खोज करना, इसमें ही अपनी शक्ति ख़र्च करनी चाहिए। (पृ. 121)

डॉ. आर.डी. आनन्द इससे आगे जाकर सिर्फ़ साहित्यशास्त्र की अलग दिशा की खोज तक ख़ुद को सीमित नहीं रखते, वे इस खोज को सामाजिक बदलाव

यानी क्रान्ति की दिशा की खोज तक ले जाते हैं, जो कि वैज्ञानिक रूप में सही भी है, उसी से सौन्दर्यशास्त्र भी बदलेगा। वे मौजूदा व्यवस्था की जाँच-परख करके उसके शोषणपरक चरित्र को बेलाग तरीक़े से पेश करते हैं और क्रान्ति के लिए आंबेडकर के विचारों और मार्क्स के विचारों से लैस दलितों और ग़ैरदलित-शोषितों की एकजुटता का स्वप्न सँजोते हैं। इस तरह वे एक दिशा की खोज करते हैं जो आलोचनाशास्त्र में भी बदलाव लाएगी। सारे दलित लेखकों की तरह ही डॉ. आनन्द अपने जन्मना वर्ण को अतिक्रमित करके एक आधुनिक आर्थिक कैटेगरी के हिसाब से 'निम्न-मध्यवर्ग' में रूपान्तरित हो गए हैं। इसलिए उसी वर्ग की उस विचारधारा को भी आत्मसात् कर बैठे हैं जिसे 'सर्वनिषेधवाद' कहा जाता है जो साठोत्तरी दौर में अकविता की 'एंग्री यंग जेनरेशन' में उपजा था। अन्तर इतना है कि डॉ. आनन्द की घोषित प्रतिबद्धता 'सर्वहारा' व 'दलित' के प्रति है और इस शोषणपरक सामाजिक व्यवस्था से मुक्ति ही उनका स्वप्न है। अकविता के दौर में यह प्रतिबद्धता नदारद थी। डॉ. आनन्द में इसीलिए एक अन्तर्विरोध है। व्यवस्था से मुक्ति के लिए, एक वैज्ञानिक सोच लिये हुए वे सारे दलितों, वंचितों और शोषितों की विशाल एकता के पक्षधर हैं। वे लिखते हैं :

> जाति व्यवस्था आमने-सामने की लड़ाई नहीं है। यह एक व्यवस्था है। उस व्यवस्था के आधार को तोड़ना होगा। आधार को तोड़ने के लिए सभी जातियों के प्रगतिशील और क्रान्तिकारी साथियों को साथ लेना होगा। यदि दलित अकेला रहता है और विद्वेष से काम लेता है तो कमज़ोर होता जाएगा। (पृ. 247)

वे यह भी सलाह देते हैं कि '...ग़ुस्साया मत करो। हमें दोस्ती करनी सीखनी होगी'। यह सही सोच है। लेकिन पुस्तक का अन्त पूरी तरह ग़ुस्साये हुए सर्वनिषेधवादी एंग्री यंगमैन की विचारधारा से होता है जो आंबेडकर से लेकर उनके रचे संविधान को, संसद को, सारे कम्युनिस्टों व पार्टियों को पीटता जाता है। मुझे लगता है कि उन पर उस उग्रवादी कम्युनिज़्म की वह चेतना हावी है जो निम्न-मध्यवर्गीय वामचेतना मानी जाती है जिसे लेनिन ने अपनी प्रसिद्ध पुस्तक में 'बचकाना मर्ज़' कहा था और जिसकी वैचारिक गिरफ़्त में अनेक खेमों में बँटे नक्सली ग्रुप हमारे यहाँ हैं। सच्चाई तो यह है कि मौजूदा समाज के वर्गविभाजन और वर्णविभाजन को समझते हुए समाज के विकास की अगली मंज़िल का निर्धारण करना होता है और उस मंज़िल को हासिल करने के लिए दोस्त वर्गों की व्यापक एकता बनाने का श्रमसाध्य प्रयत्न करना होता है, संसद के भीतर, संसद से बाहर, सभी सामाजिक क्षेत्रों में, हर गली-नुक्कड़ पर, सभी संरचनाओं में, और साहित्य व सौन्दर्यशास्त्र व ज्ञान के सभी भागों-विभागों में भी यह संघर्ष

चलता है, बक़ौल कबीर, 'सार सार को गहि रहै, थोथा देय उड़ाय।' किताब के अन्त में ग़ुस्साए डॉ. आनन्द सलाह देते हैं कि 'छद्म' आंबेडकरवादियों से और 'छद्म' मार्क्सवादियों से बचकर रहो, मगर यह नहीं बताते कि एक-एक व्यक्ति की परख करने कौन निकलेगा और फिर 'सच्चे' होने का प्रमाणपत्र कौन देगा? वे यहाँ तक कहते हैं कि 'कम्युनिस्ट्स के घरों में जाकर देखो कि वह सर्वहारा संस्कृति को जीता है कि नहीं, उसके बच्चे कम्युनिस्ट चरित्र हासिल किये कि नहीं।...' क्या आनन्द जी के पास इतनी बड़ी इंस्पेक्शन टीम है कि वह इस देश के सारे कम्युनिस्टों के घर में ज़बरन घुसकर उनके आदेश को अमली जामा पहना सके? व्यक्ति-व्यक्ति पर आधारित नज़र से तो अपने अलावा सारे ही दोषी पाए जा सकते हैं, सर्वशुद्ध तो सोना, चाँदी, लोहा आदि धातुएँ भी नहीं होतीं तो आदमी की क्या बिसात। फिर ऐसा पारखी कहाँ से लाएँगे जो सभी इनसानों को और सभी धातुओं की शुद्धता तय करे। डॉ. आनन्द अपनी पुस्तक का अन्त इसी तरह की नसीहत से करते हैं :

> मार्क्सवाद को हमें छद्म लोगों से सीखने की ज़रूरत नहीं है। मार्क्सवाद उन पंडे-पुजारियों की ज़रूरत नहीं है। मार्क्सवाद बेहूदे लोगों की ज़रूरत नहीं है। मार्क्सवाद की ज़रूरत ग़रीबों, मज़लूमो, दलितों व शोषितों की ज़रूरत है; इसलिए मार्क्सवाद के लिए हमें किसी का इन्तज़ार नहीं करना चाहिए। मार्क्सवाद आंबेडरकरवाद की ज़रूरत है। छद्म मार्क्सवादियों से लड़कर मार्क्सवाद को मुक्त कराओ, क्योंकि मार्क्सवाद ही आंबेडकरवादियों को शोषण से मुक्त करा सकने में सक्षम है।

यहाँ आह्वान लोगों को छेंकने का है जबकि पृ. 247 पर ग़ुस्सा न करने की और सबको साथ लेने की, दोस्त बनाने की अपील थी। ग़ुस्से में किताब का अन्त करने से भाषा भी 'ज़रूरत' से ज़्यादा गड़बड़ा गई। सौन्दर्यशास्त्र की खोज ग़ायब हो गई।

इस विषय पर दो लेखों के संग्रह भी इसी दौरान देखे : एक डॉ. मुन्ना तिवारी द्वारा सम्पादित, *दलित साहित्य का सौन्दर्यशास्त्र*, दूसरा, डॉ. कर्मानन्द आर्य के सम्पादन में, *अस्मितामूलक साहित्य का सौन्दर्यशास्त्र*। दोनों संकलनों में इसी विषय पर आयोजित सेमिनारों में पेश किये गए लेखों को एक जगह पुस्तक रूप में प्रकाशित करा लिया गया है। दोनों में ही अकादमिक क़िस्म के आलेख हैं, किसी वैचारिकी की खोज का प्रयास नहीं है। कर्मानन्द आर्य की पुस्तक में दलित, आदिवासी, स्त्री और अन्य अस्मितामूलक विमर्शों जैसे ट्रांसजेंडर तक को शामिल किया गया है और इसमें लेखक भी कमोबेश इन्हीं विमर्शों के बीच के ही हैं। इन विमर्शों के विस्तार को समझने में यह संकलन मददगार है, लेकिन इनके लिए कोई वैचारिकी ईजाद नहीं की गई है, अकादमिक विवरण हैं, ख़ासतौर से प्रकाशित रचनाओं के

बारे में ही विमर्श को रखा गया है। इसमें दामोदर मोरे का लेख बहुत ही महत्त्वपूर्ण है और नये सौन्दर्यशास्त्र की रचना की पूरी सम्भावनाओं को दर्शाता है।

डॉ. मुन्ना तिवारी का संकलन मुख्य रूप से सवर्ण शोधार्थियों या प्राध्यापकों के लेखों का पिटारा है, जो शायद दलितों के साथ सहानुभूति रखते हों, लेकिन लेखन में उनके संस्कारों की, उनकी परम्परावादी सोच की झलक हर जगह मिलती जाती है। इसमें डॉ. विश्वनाथ तिवारी की तो प्रतिक्रियावादी सोच भी मौजूद है जो दलित समाज के लिए सबसे अधिक घातक है। वे अपने 'दो शब्द' में ही एक ब्राह्मण उपदेशक की तरह महीन तरीक़े से दलित लेखकों को तरह-तरह के उपदेश दे डालते हैं जिनमें सबसे महीन उपदेश यह है कि दलित लेखकों को राजनीति से दूर रहना चाहिए, राजनीति उन्हें 'रंगांध बनाएगी' (पृ. 9), दलित लेखकों के 'आचरण' को अपवित्र कर देगी, 'अर्थात वही सुखवादी, उपभोगवादी आचरण'। दलित लेखकों को वही ब्राह्मणवादी उपदेश कि 'सन्तन को कहा सीकरी सौं काम?' या तुलसी की मंथरा की तरह की चेतना का प्रचार कि 'चेरी छाँड़ि न होउब रानी'। इसमें वे अपनी 'रंगांध' भगवा रंग की राजनीति से प्राप्त 'सुखवादी, उपभोगवादी आचरण' छिपा जाते हैं। इसमें सबसे पहला लेख डॉ. मैनेजर पांडेय का है और महत्त्वपूर्ण है, पूरी सह-अनुभूति से लिखा हुआ। वे यह भी जानते हैं और ईमानदारी से स्वीकारते हैं कि सवर्णों द्वारा लिखे साहित्य में उनके जन्मजात संस्कारों और चेतना-अंशों के अवशेष बने रहते हैं। (पृ. 28)

दलित लेखक जिस तरह सदियों की ग़ुलामी की चेतना के बारे में सचेत होते हैं तो उनके लेखन में अभिव्यक्त वेदना का स्वरूप प्रामाणिक होता है, उसकी नक़ल की जा सकती है लेकिन कहीं कुछ ऐसा ज़रूर छूट जाता है, जो दलित चेतना से बने सौन्दर्यशास्त्र की आलोचना दृष्टि से पहचाना जा सकता है। यह देखना दिलचस्प होगा कि मैनेजर पांडेय के इसी लेख में दलितों का पक्ष लेते हुए वे एक पारम्परिक ब्राह्मण की तरह लिख बैठते हैं कि 'शूद्रों को जब देववाणी संस्कृत पढ़ने की ही छूट नहीं थी, तब वे उसमें अपने जीवन के बारे में साहित्य कैसे रच सकते थे?' (पृ. 23) इस लेख में इसी पृष्ठ पर आगे जहाँ भी 'संस्कृत' का उल्लेख है, उसके साथ 'देववाणी' जुड़ा हुआ है, क्या मैनेजर पांडेय मार्क्सवादी होकर देवी-देवताओं में आस्था रखते हैं? अगर नहीं तो इनसानों की भाषा 'देववाणी' कैसे हो गई? यह हर ब्राह्मण के संस्कारों में बैठा हुआ है कि संस्कृत 'देववाणी' है और लिपि 'देवनागरी' है। केरल के ब्राह्मण कहते हैं कि केरल 'देवभूमि' है। मार्क्सवादियों की आलोचना करते हुए डॉ. मैनेजर पांडेय ईमानदारी से यह स्वीकार करते हैं कि जातिवादी संस्कार के 'प्रभाव से मुक्त होना सहज और सरल नहीं है...वह उनके चिन्तन और लेखन में जाने-अनजाने गुप्त या प्रकट रूप में मौजूद रहता है।' (पृ. 28)

दलित सौन्दर्यशास्त्र की तलाश में लिखे इस अपार साहित्य का अध्ययन न तो सम्भव है और न अब उसकी ज़रूरत ही लगती है क्योंकि सारी कोशिशें दलितों के लिखे रचनात्मक साहित्य के लिए आलोचना शास्त्र तैयार करने की हैं जबकि शिक्षा-दीक्षा से जो लेखकों को मिला है, उसी का दायरा और उसी की मैथडोलॉजी उन्हें किसी नई वैचारिकी की गहरी तलाश करने से रोकती है। शौकिया उस पुराने दायरे को ही 'दलित साहित्य का सौन्दर्यशास्त्र' कहने की हड़बड़ी में सारे बौद्धिक लगे हैं। इस घटनाविकास का सकारात्मक पक्ष यह है कि ये कोशिशें एक उत्तेजक बहस को जन्म दे रही हैं, इसी बहस से सौन्दर्यशास्त्र की नई दृष्टि और नई दिशा के उभार की सम्भावना भी दिखाई दे रही है। मेरी यह किताब भी उसी सम्भावना की उपज मानी जा सकती है।

साहित्य का दलित सौन्दर्यशास्त्र : एक नया नज़रिया

जिस तरह मार्क्सवादी सौन्दर्यशास्त्र की वैचारिकी मार्क्स-एंगेल्स और लेनिन के ऐसे लेखन से निर्मित होती है जो सर्वहारावर्ग के नज़रिये से साहित्य व कला के बारे में हमें देखने को मिलता है, उसी तरह से दलित सौन्दर्यशास्त्र की वैचारिकी मुख्य रूप में जोतिबा फुले और बाबा साहब आंबेडकर के उस लेखन के आधार पर निर्मित होगी जो उन्होंने देश-दुनिया की बहुत सी रचनाओं के बारे में किया है। दलितों की 'ग़ुलामगीरी' को समझने और उसे दूर करने की उनकी विश्वदृष्टि का आधार है 'आलोचनात्मक यथार्थवाद' जिसके तहत वे साहित्य में ऐसे विचारों की आलोचना करते हैं जो उनके द्वारा प्रस्थापित आधारभूत मानव-मूल्यों यानी 'समता, स्वतंत्रता और बन्धुत्व' के ख़िलाफ़ प्रचलित हैं और जिनका समावेश जाने-अनजाने कृतियों में होता है। इस प्रक्रिया में वे कृतियों में अन्तर्विरोध भी रेखांकित करते हैं, यहाँ वे मार्क्सवादी सौन्दर्यशास्त्र के निकट होते हैं। जोतिबा फुले की कृति *ग़ुलामगीरी* के बाद इसका सबसे सटीक उदाहरण बाबा साहब आंबेडकर की पुस्तक, हिन्दू धर्म की पहेलियाँ (*रिडल्स इन हिन्दूइज़्म*) है। इसमें उन टूल्स का इस्तेमाल बाबा साहब ने किया है जिनके आधार पर हम दलित सौन्दर्यशास्त्र की वैचारिकी निर्मित कर सकते हैं। जिस तरह मार्क्सवादी सौन्दर्यशास्त्र की वैचारिकी मार्क्स-एंगेल्स की रचना, *जर्मन आइडियोलॉजी* में अपने सूक्ष्म रूप में निहित है जिसमें उन तमाम दार्शनिकों के विचारों का आलोचनात्मक जायज़ा लिया गया है जो समाज के प्रभुवर्ग के विचारों के असर में झूठ का सहारा लेते हुए रोज़ अन्तर्विरोधपूर्ण विचारधाराएँ परोस रहे थे। उसी तरह बाबा साहब आंबेडकर ने वेदों, उपनिषदों, ब्राह्मणग्रंथों और संहिताओं के आलोचनात्मक विश्लेषण से उनमें निहित तरह-तरह के झूठ और अन्तर्विरोध उजागर किये हैं जिन्हें देश के प्रभुवर्गों के सेवक बुद्धिजीवियों ने संस्कृत धर्मग्रंथों में समय-समय पर अपनी अज्ञानावस्था में प्रस्तुत किया। बाबा साहब पूरी तर्कपद्धति से सबूत देते हुए ब्राह्मणवाद के सामने सवाल पेश करते हैं, उसके खोखलेपन को उजागर करते हैं। साहित्य के दलित सौन्दर्यशास्त्र की प्रयोगशाला आंबेडकर की इसी कृति में छिपी हुई है, इसी में वह विश्वदृष्टि भी मौजूद है जिसे अपनाकर सारी दुनिया के साहित्य का एक नया विमर्श तैयार हो सकता है।

बाबा साहब आंबेडकर अन्तर्विरोध की जगह 'पहेली' यानी 'रिडल्स' का इस्तेमाल करते हैं। इन पहेलियों की पहचान वे अपनी ब्राह्मणवादविरोधी विचारधारा के नज़रिये से कर लेते हैं। ब्राह्मणवाद या मनुवाद भारत में उसी क्लासिकल वैचारिकी का देशज संस्करण है जिसका ईजाद सबसे पहले ग्रीक समाज में दासों को ग़ुलाम बनाए रखने के लिए किया गया था और जो विचारधारा ईसाइयत के आने पर भी बदले हुए रूप में दुनिया में बरक़रार रही और जो इनसान और इनसान के बीच नाबराबरी के नये-नये फ़लसफ़े पेश करती रहती है। इस क्लासिकल विचारधारा को समय-समय पर चुनौतियाँ मिलती रहीं, मगर अन्त में उसका वर्चस्व बार-बार क़ायम होता रहा। ऐसे उदाहरण दुनिया के बहुत सारे समाजों में देखने को मिलते हैं।

दुनिया में साहित्य के सौन्दर्यशास्त्र में इस विचारधारा को सबसे पहले चुनौती तब मिली जब पूँजीवाद औद्योगिक मंज़िल में दाख़िल हुआ क्योंकि आधुनिक विज्ञान से बनी मशीनरी के विकास के साथ समाज में वैज्ञानिक सोच का भी विकास हुआ। इस सर्वव्यापी विकास के बिना पूँजीवाद आगे नहीं बढ़ सकता था, इसलिए उसे क्लासिकल विचारधारा के ख़िलाफ़ नई सोच को प्रोत्साहन देना अनिवार्य था। कोई भी विद्वान शोधकर्ता इस प्रक्रिया को उस दौर में चल रहे तमाम विमर्शों में देख सकता है, चाहे वे विमर्श विज्ञान, समाजविज्ञान, दर्शन, साहित्य और सौन्दर्यशास्त्र आदि में चल रहे हों। इसका दिलचस्प उदाहरण, अंग्रेज़ी साहित्य के उस नये सौन्दर्यशास्त्र में देखा जा सकता है जो रोमानी कवि विलियम वड्र्सवर्थ ने द लिरिकल बैलड्स नामक काव्यसंकलन की भूमिका के तौर पर लिखा था। इसमें कवि, कविता, काव्यभाषा, काव्यवस्तु और रचना-प्रक्रिया के बारे में वे तमाम धारणाएँ उलट दी गई थीं जो क्लासिकल साहित्य के सौन्दर्यशास्त्र ने ग़ुलामी के दौर के समाज में गढ़ी थीं।

दुनिया भर में हर साहित्य के अध्ययन-अध्यापन में 'पाश्चात्य काव्यशास्त्र' का ज्ञान एकेडेमिक स्तर पर ज़रूर कराया जाता है। आधुनिक युग की लगभग सारी यूनिवर्सिटियों में किसी न किसी स्तर पर प्लेटो, अरस्तू के क्लासिकल सौन्दर्यशास्त्र से लेकर रोमांटिक काल के वड्र्सवर्थ, कोलरिज, आधुनिक समय के टी.एस. इलियट और आधुनिकतावाद, मार्क्सवाद, संरचनावाद, उत्तर-आधुनिकतावाद तक के आलोचनात्मक विमर्श का अध्ययन कराया जाता है। इन एकेडेमिक अध्ययनों में युवाओं को इन विमर्शों के गुण-दोष विवेचन तक सीमित रखकर परीक्षोपयोगी सामग्री के अध्ययन तक ही बंधित रखा जाता है। प्राध्यापकों के पास इन शास्त्रों को देखने की वह दृष्टि नहीं होती जो बाबा साहब आंबेडकर के पास वेद, पुराण, उपनिषद आदि को देखने की थी। विडम्बना तो यह भी है कि आरक्षण के माध्यम से दलित समाज से नियुक्त हुए प्राध्यापक

भी काव्यशास्त्र पढ़ाने के लिए उसी ढर्रे को अपनाने के लिए मजबूर हैं जो उन्हें सवर्ण समाज ने दिया है, जिसे उन्होंने अपने सवर्ण गुरुजनों से हासिल किया है, उनकी सेवा करके उन्हें प्रसन्न रखकर उन्हीं की पारम्परिक आलोचना दृष्टि हासिल की है, जो छात्रोपयोगी तो है, मगर वह दृष्टि आलोचनात्मक यथार्थवादी तो हो ही नहीं पाती। इसीलिए उसमें कोई नवोन्मेष नहीं हो पाता। छात्र समुदाय का हित भी ढर्रे की सामग्री आत्मसात् करने में है, शायद यह दबाव भी दलित प्राध्यापकों के मन पर रहता होगा जिसकी वजह से वे आंबेडकरवादी नज़रिये से साहित्य को न देखते-परखते हों। यह भी हो सकता है कि दलित प्राध्यापकों ने बाबा साहब आंबेडकर की उस आलोचनात्मक यथार्थवादी दृष्टि से सम्पर्क ही न साधा हो जो नई दृष्टि उन्होंने भारत के क्लासिकल संस्कृत साहित्य के मूलाधार को चुनौती देते हुए हमारे समाज को दी है, उनकी 'द रिडल्स' जैसी रचनाओं को पढ़ा ही न हो और ज्ञान की उसी दरिद्रता को आत्मसात् कर लिया हो जिसमें सवर्ण प्राध्यापक आत्ममुग्ध रहते हुए परम्परागत अध्यापन कर्म करते रहते हैं।

आइए, साहित्य के दलित सौन्दर्यशास्त्र के नज़रिये से पहले ग्रीक समाज के उस क्लासिकल काव्यशास्त्र का आलोचनात्मक आकलन करते हैं जिसकी रचना दो महान दार्शनिक प्लेटो और अरस्तू करते हैं। दोनों दार्शनिक उस ग्रीक समाज की देन थे जिसमें समाज ग़ुलाम और स्वामी के वर्गों में विभाजित हो गया था। यह समाज मानव सभ्यता की दूसरी मंज़िल था, जिसमें उत्पादन के साधनों पर क़ब्ज़ा स्वामीवर्ग का था, ग़ुलाम लगभग पालतू पशुओं की तरह थे। स्वामी उन्हें एक पशु की तरह बेच सकता था, मार सकता था, दहेज में दे सकता था, अगर भाग जाए तो प्रशासन उसे पकड़कर वापस स्वामी को सौंप सकता था। हमारे यहाँ भी दास-दासी दहेज में देने का उल्लेख तुलसीदास ने अपने *रामचरितमानस* में किया है, पहले शिव-पार्वती के विवाह में लिखा है कि पार्वती के पिता ने शिव को दहेज में सामान के साथ दास और दासियाँ दीं :

दासी दास तुरग रथ नागा। धेनु बसन मनि वस्तु बिभागा॥
अन्न कनकभाजन भरि जाना। दाइज दीन्ह न जाइ बखाना॥

(बालकांड, दोहा 100 के बाद)

इसी तरह राजा जनक भी अपनी बेटियों के विवाह में दास-दासियाँ दहेज में देते हैं उसका विस्तार से वर्णन है :

बिबिध भांति मेवा पकवाना। भोजन साजु न जाइ बखाना॥
भरि भरि बसहं अपार कहारा। पठई जनक अनेक सुसारा॥

तुरग लाख रथ सहस पचीसा। सकल सँवारे नख अरु सीसा॥
मत्त सहस दस सिंधुर साजे। जिन्हहि देखि दिसिकुंजर लाजे॥
कनक बसन मनि भरि भरि जाना। महिषीं धेनु बस्तु बिधि नाना॥

दाइज अमित न सकिअ कहि दीन्ह बिदेहं बहोरि।
जो अवलोकत लोकपति लोक सम्पदा थोरि॥ 333॥

दासी दास दिये बहुतेरे। सुचि सेवक जे प्रिय सिय केरे॥

यशपाल ने अपने उपन्यास, दिव्या में भी दास व्यवस्था का उल्लेख किया है। जो समाज दास व्यवस्था से गुज़रता है उसमें क्लासिकल विचारधारा का वर्चस्व होता है। बजरंग बिहारी तिवारी की हाल ही (जनवरी 2020) में प्रकाशित पुस्तक, केरल में सामाजिक आन्दोलन और दलित साहित्य में विस्तार से केरल में अठारहवीं-उन्नीसवीं सदी तक चली आ रही दास प्रथा का प्रामाणिक वर्णन मिलता है। आश्चर्यजनक बात यह है कि उस समाज में भी दासप्रथा को जीवित बनाए रखने के लिए परशुराम का मिथक गढ़ा गया। एक तरह से क्लासिकल विचारधारा ही वहाँ भी ब्राह्मणों के दिमाग़ में आ गई। दलित सौन्दर्यशास्त्र इस वर्चस्ववादी विचारधारा में अन्तर्निहित 'ग़ुलामगीरी' के सारतत्त्व की पहचान करने की प्रविधि है। कबीर के बाद हमारे यहाँ आधुनिक युग में जोतिबा फुले ने प्लेटो की शैली में 1873 में प्रकाशित छोटी-सी पुस्तक, ग़ुलामगीरी में इस वर्चस्ववादी विचारधारा की पहचान की थी। इसी नज़रिये से बाबा साहब ने भारतीय धर्मग्रंथों में निहित झूठ का तर्कसंगत विश्लेषण किया था। आइए, हम ग्रीक समाज के प्लेटो और अरस्तू के काव्यशास्त्रीय और सौन्दर्यशास्त्रीय विचारों की देख-परख इसी आलोक में करें।

दासों को वश में रखने के लिए क्लासिकल विचारधारा पहला काम यह करती है कि वह वस्तुसत्य को यानी भौतिक दुनिया के अस्तित्व को नकारती है। दर्शनशास्त्र में यह द्वंद्व आदिकाल से चला आ रहा है, वस्तु या पदार्थ सत्य है या विचार, जिसे दर्शनशास्त्र में मैटर और आइडिया के बीच के द्वंद्व की तरह पेश किया जाता है। प्रभुवर्ग के हितों के समर्थक दर्शनशास्त्र आइडिया को सत्य और पदार्थजगत या भौतिक जगत को असत्य या मिथ्या बताते हैं। प्लेटो अपनी काव्यशास्त्रीय और सौन्दर्यशास्त्रीय मान्यताओं में आइडिया को सत्य और भौतिक वस्तुओं को असत्य बताता है। उसका कला के बारे में 'अनुकरण सिद्धान्त' इसी फ़लसफ़े पर आधारित है। उसकी मशहूर कृति, द *रिपब्लिक* के दसवें अध्याय में उसके 'अनुकरण सिद्धान्त' का प्रतिपादन है। इसमें वह 'आइडिया' को सत्य मानता है, वस्तुजगत को मिथ्या। उसके मुताबिक़ कवि कलाकार उस सत्य की

नक़ल नहीं करते जो 'आइडियल' है यानी जो 'भाव' है, वे तो उस वस्तु की नक़ल करते हैं जो ख़ुद आइडिया की नक़ल है। मसलन, जो वस्तु बढ़ई बनाता है उसका 'आइडिया' पहले ईश्वर ने बनाया, उसे ही वह आकार देता है, तो उस वस्तु का 'आइडिया' ही मूल सत्य है, लकड़ी की वह वस्तु यानी पलंग या मेज़ तो असत्य है। वह तो असल की नक़ल मात्र है। बढ़ई के उदाहरण के बाद प्लेटो एक चित्रकार का मज़ाक़ उड़ाता है, वह तो और भी सत्य से दूर होता है, क्योंकि वह बढ़ई की बनाई हुई उस लकड़ी की वस्तु की नक़ल करता है, जो ख़ुद 'भाव' की नक़ल है, तो वह नक़ल की नक़ल करता है। फिर वह कवि की खिल्ली उड़ाता है, कहता है कवि उस पेंटर की कलाकृति की नक़ल करता है। इसलिए वह सत्य से तिहरी दूरी पर होता है। प्लेटो के अनुसार कवि झूठ गढ़ता है। दरअसल, प्लेटो को महाकवि होमर पर ग़ुस्सा आता है, क्योंकि वह देवताओं में युद्ध होता हुआ दिखाता है। प्लेटो के गणतंत्र में युद्ध या संघर्ष की वकालत करने वाला कवि निषिद्ध होना चाहिए। प्लेटो को यह डर है कि होमर के महाकाव्य को सुनकर दास कहीं स्वामियों के ख़िलाफ़ न खड़े हो जाएँ। प्लेटो सारे कवियों को अपने गणतंत्र से बाहर रखने की पैरवी नही करता। ऐसे कवियों के पक्ष में है जो स्वामियों के तहत दासों को अनुशासनबद्ध रहने की नसीहत देने वाले गीतों की रचना करते हों। उन्हें वह अपने गणराज्य में प्रश्रय देने की वकालत करता है जो पाठक को अनुशासन में रखें।

इस सबके लिए क्लासिकल विचारधारा दुनिया के हर समाज में यह प्रचार करती है कि आइडिया ही सत्य है, पदार्थ की सत्ता है ही नहीं, वह 'असत्' है, 'ब्रह्म सत्यं जगत मिथ्या।' तुलसीदास ने भी इसे प्रचारित किया—

उमा कहहुँ मैं अनुभव अपना, सत हरि भगति जगत सब सपना।

या फिर

गो गोचर जहँ लगि मन जाई। सो सब माया जानेउ भाई॥

दास समाज में प्रभुवर्ग की प्लेटो वाली इस भाववादी विचारधारा को संसार की सृष्टि के बारे में भी प्रचारित किया जाता है। बाइबिल के पहले ही अध्याय की शुरुआत की तीसरी पंक्ति से सूक्ष्म रूप में यह प्रचार होने लगता है कि संसार की रचना ईश्वर के 'शब्द' से हुई है, बाबा साहब ने वेदों, ब्राह्मणग्रंथों, पुराणों और उपनिषदों आदि में सृष्टि की रचना के जो परस्पर विरोधी प्रसंग शोध करके दिये हैं उनमें भी 'आइडिया' से विश्व की रचना का उल्लेख आता है। ये प्रसंग बाबा साहब की किताब *हिन्दू धर्म की पहेलियाँ* की 'तीसरी पहेली' के अन्तर्गत आते हैं। यह किताब भारत सरकार के अधीन गठित 'डॉ. आंबेडकर प्रतिष्ठान द्वारा प्रकाशित

सम्पूर्ण *वाङ्मय* के आठवें खंड में शामिल है। 'तीसरी पहेली' के इस अंश को ज़रा ग़ौर से पढ़िए :

> शतपथ ब्राह्मण कहता है कि : 'पुरुष प्रजापति की इच्छा हुई, 'मेरी अभिवृद्धि हो, मेरा विस्तार हो'...उन्होंने सर्वप्रथम पवित्र त्रिवेद विज्ञान प्रज्ञा की रचना की। यह उनका आधार बना।...उन्होंने वाच यानी वाणी से जल की रचना की। उन्होंने वाच की भी रचना की थी... (*डॉ. आंबेडकर सम्पूर्ण वाङ्मय,* खंड 8, पृ. 26-27)

यहाँ भी प्लेटो की तरह 'प्रज्ञा' या 'वाच' से पदार्थ की रचना, प्रजापति की वाणी से, सोचने से कि 'एकोहं बहुस्याम' से सृष्टि की रचना हुई। यहाँ बाइबिल के पहले अध्याय में दी गई सृष्टि की कहानी के भावसाम्य को आसानी से समझा जा सकता है जिसे *क़ुरान शरीफ़* में भी शामिल कर लिया गया। इस सोच का आधार दास व्यवस्था में तैयार किया गया वही प्लेटो का भाववादी दर्शन है। प्लेटो 'प्रज्ञा' की भी बात करता है जब वह कवि और कविता की रचना-प्रक्रिया के बारे में अपने भाववादी विचार पेश करता है, जिस पर अलग से चर्चा की ज़रूरत होगी।

साहित्य के दलित सौन्दर्यशास्त्र का पहला सोपान रचना में भाववादी दर्शन की पहचान है, क्योंकि भाववादी दर्शन दासों को अपने अधीन हमेशा बनाए रखने के लिए गढ़ा गया था और आज भी अपना वर्चस्व बनाए हुए है।

दूसरा सोपान प्लेटो के शिष्य अरस्तू के *काव्यशास्त्र* की जाँच-परख से निकलता है। अरस्तू ने एक काम अच्छा ज़रूर किया कि उसने अपने गुरु प्लेटो के अनुकरण सिद्धान्त को विखंडित कर दिया और कला को प्रकृति यानी भौतिक जगत की अनुकृति बताकर अपनी बेहतर तर्कशक्ति का परिचय दिया, लेकिन उसने दासों को बन्धन में बनाए रखने वाली क्लासिकल विचारधारा को ग्रीक त्रासदी के बारे में आलोचनात्मक विमर्श के ज़रिये और अधिक परिपुष्ट कर दिया। उसने सोफ़ोक्लीज़ के त्रासद नाटक, *इडिपस द किंग* को आदर्श नाटक का दर्जा दिया क्योंकि उसमें क्लासिकल विचारधारा का सबसे अधिक मज़बूत सारतत्त्व मौजूद है जो दासों को यह सिखाता है कि 'मनुष्य अपनी सीमाओं का अतिक्रमण नहीं कर सकता, अगर वह ऐसा करता है तो सज़ा पाता है।' 'नियतिवाद' या 'भाग्यवाद' सारे ग्रीक साहित्य में तथा उसके मिथकों में सर्वव्यापी है, जिसका उल्लेख मैं कई बार कर चुका हूँ। इसका इस्तेमाल दुनिया भर में स्वामियों ने दासों को वश में रखने के लिए किया है। भारत में तो यह महामारी की तरह हर जगह संक्रमित है जिसे फैलाने में तमाम बाबा, मनुवादी विचारक, प्रचारतंत्र, महाकाव्यों के अखंडपाठ कराने वाले कथावाचक, टीवी सीरियल, अनेक फ़िल्में बनाने वाले लगे हैं। हर गली मुहल्ले में कोई न कोई यह कहते हुए मिल जाएगा कि 'होइहि सोइ जो राम रचि राखा/को

करि तरक बढ़ावहि साखा'। यहाँ नियतिवाद का पोषण और तर्क का निषेध दिमाग़ में भरा जाता है, '**होता** है वही जो मंज़ूरे ख़ुदा होता है'। यह आकस्मिक नहीं है कि कोरोना वायरस **को** रोकने के लिए जब शासकवर्ग ने लॉकडाउन लगाया तो सरकारी-ग़ैरसरकारी कमोबेश सभी टीवी चैनल *रामायण, महाभारत, विष्णु पुराण,* आदि पर आधारित हिन्दू मिथकों का प्रसारण करके दर्शकों के दिलोदिमाग़ में वही क्लासिकल विचारधारा मज़बूत करने लगे जो शोषितों और दलितों के ख़िलाफ़ ईजाद की गई थी और जिसे पहले से ही अनेक धार्मिक चैनल हर रोज़ प्रसारित करते आए हैं। भारत में नियतिवाद को दृढ़ करने के लिए 'अवतारवाद' का फ़लसफ़ा इसमें और जोड़ दिया गया जिससे ज्ञानमार्गी निर्गुण सत्यशोधक विचारचिन्तन की काट होती रहे।

निष्कर्ष यह कि साहित्य का दलित सौन्दर्यशास्त्र क्लासिकल विचारधारा के इस नियतिवादी-भाग्यवादी-अवतारवादी सारतत्त्व की पहचान करके इसके प्रति आलोचनात्मक यथार्थवादी रुख़ अख़्तियार करेगा।

सम्पत्तिशाली प्रभुवर्ग ने वंचितों पर अपना वर्चस्व बनाए रखने के लिए सामाजिक सोच में नियतिवादी सारतत्त्व को किसी न किसी रूप में ज़िन्दा रखा, यह सोच उनके लिए रक्षा कवच बन गई, भौतिक शक्ति बन गई। भारत में तो सवर्ण मनुवादी सोच का वर्चस्व इसीलिए है क्योंकि नियतिवाद, भाग्यवाद, अवतारवाद से लेकर पुरानी मिथकों का राजनीतिक इस्तेमाल तक सत्तालोलुप संगठन धड़ल्ले से कर रहे हैं। इस अवैज्ञानिक सोच को मज़बूत करने में सारा मीडिया, सारे धर्म प्रचारक लगे हुए हैं। जब-जब इस सोच को चुनौती दी गई तब-तब इसे साम, दाम, दंड, भेद से दबा दिया गया। भारत में ही नहीं, पश्चिम में भी ऐसा घटित हुआ। ब्रिटेन में जैसे-जैसे व्यापारिक पूँजीवाद से शुरू होकर वहाँ का समाज औद्योगिक पूँजीवाद में प्रवेश करने लगा तो वैज्ञानिक सोच, तर्कशीलता समाज में फैलने लगी, यूनिवर्सिटियाँ बन चुकी थीं, नई शिक्षा-दीक्षा शुरू हो चुकी थी। नवजागरण की लहर चल रही थी, लोकतांत्रिक मूल्य अँकुराने लगे थे। उन्हें कुचलने के लिए अंग्रेज़ी साहित्य में अठारहवीं सदी में 'नवक्लासिकल साहित्य' का नारा दिया गया। अतीत के ग्रीक साहित्य का अनुसरण करने, उसी विचारधारा के आधार पर साहित्य रचने की सलाह सत्ताधारी वर्गों के पोषक रचनाकारों ने देना शुरू कर दिया। अलेक्ज़ेंडर पोप नामक प्रतिक्रियावादी अंग्रेज़ी कवि ने 'एन ऐस्से ऑन मैन' नामक लम्बी कविता या तुकबन्दी लिखकर क्लासिकल विचारधारा को एक दार्शनिक जामा पहना दिया। उसे बोलिंगब्रोक नाम के एक अधकचरे दोस्त दार्शनिक व 'टोरी' पार्टी के नेता को समर्पित किया जो ख़ुद उसी सोच को ही प्रचारित कर रहा था। यह एक कवि की बात नहीं थी, पूरे समाज की चेतना पर नवक्लासिकल विचारधारा का वर्चस्व पुनः स्थापित हो चुका था, लोकतांत्रिक

उभरती पूँजीवादी शक्तियाँ पराजित हो चुकी थीं, सामन्तवाद ने पुनः अपना वर्चस्व क़ायम कर लिया था।

इस वर्चस्व को चुनौती तब मिली जब 1789 में फ्रांस के उभरते प्रगतिशील पूँजीवाद ने 'समता, स्वतंत्रता, बन्धुत्व' का नारा देकर क्रान्ति द्वारा सामन्ती व्यवस्था ध्वस्त कर दी। तब रूसो जैसा दार्शनिक इसी नई मुक्तिकामी विचारधारा का पैरोकार बनकर उभरा। इस नई सोच का असर अंग्रेज़ी साहित्य पर भी पड़ा। रोमानी कविता का दौर शुरू हुआ जिसने क्लासिकल विचारधारा के परखचे उड़ा दिये। अठारहवीं सदी के 'नवक्लासिकल' पैटर्न और उसकी जकड़बन्दी व रूढ़िवादी वैचारिकी की धज्जियाँ उड़ने लगीं। विलियम ब्लेक ने ग़रीब दलितों की वेदना व्यक्त करना शुरू किया। दुनिया की पहली दलित कविता का रचयिता विलियम ब्लेक को माना जाना चाहिए जिन्होंने चिमनी साफ़ करने वाले दलित बच्चों पर अद्‌भुत कविताएँ लिखीं। ग्रेट ब्रिटेन के 'ग्रेट' होने पर तंज़ किया, 'क्या ऐसा देश महान हो सकता है जहाँ के बच्चे भूख, क़र्ज़ और ग़रीबी से मर रहे हों?'

विलियम ब्लेक के बाद विलियम वड्‌र्सवर्थ ने क्लासिकल विचारधारा से पहले ख़ुद को मुक्त किया क्योंकि पहले वे भी उसके असर में थे। बाद में दलितों और वंचितों पर कविताएँ लिखीं, फिर नया काव्यशास्त्र रचा। वह काव्यशास्त्र हमारे दलित सौन्दर्यशास्त्र का एक हिस्सा है क्योंकि वह उन्हीं लोकतांत्रिक मूल्यों की आधारभूमि पर निर्मित हुआ जिन्हें हम बाबा साहब आंबेडकर के सारे लेखन में मोतियों की तरह पिरोया हुआ देखते हैं, समता, स्वतंत्रता, बन्धुत्व। वड्‌र्सवर्थ को नये मूल्य फ्रांस की क्रान्ति से मिले थे, रूसो के दर्शन से उन तक पहुँचे थे जिसने कहा कि 'हम सब जन्म के समय स्वतंत्र होते हैं, फिर ज़ंजीरों में जकड़ लिये जाते हैं।'

वड्‌र्सवर्थ ने साहित्य के सौन्दर्यशास्त्र में किस तरह क्लासिकल विचारधारा की मान्यताएँ ख़ारिज करके तर्कसम्मत नये जनवादी मूल्यों के प्रकाश में कवि, कविता, और काव्यभाषा तक को परिभाषित किया, यह देखना दिलचस्प होगा। प्लेटो कवि को 'दैवी शक्ति से प्रेरित' इनसान मानता था। भारतीय समाज के मुहावरे में वह उसे ब्राह्मण मानता था। वड्‌र्सवर्थ ने इस मान्यता को उलटते हुए कहा कि कवि आम इनसानों के बीच एक आम इनसान है। इसी तरह कविता के बारे में धीरोदात्त नायक, उदात्त भाषा, शैली आदि की तमाम मान्यताओं को विखंडित करके कविता के केन्द्र में साधारण जन, उसकी बानी बोली, उसकी छवि को स्थापित किया। कविता के छंदों में भी अठारहवीं सदी के नवक्लासिकल 'हीरोइक कपलेट' (नायकोचित दोहे) की जो जकड़बन्दी थी, उससे उसे मुक्त किया, लोकजीवन में मौजूद 'बैलड' आदि छंदों को अपनाया। प्रतीकों और बिम्बयोजना में भी सामन्ती बन्धनों से मुक्ति का अर्थ देने वाले बिम्बों और प्रतीकों का चुनाव शुरू किया। विलियम ब्लेक पहले

ही इस तरह के प्रयोग करने लगे थे। सारे रोमानी कवि मुक्ति के प्रतीक के रूप में आकाशचारी बिम्बों को रचनाओं में दे रहे थे जैसे हवा, चिड़िया, बादल, चाँद, सितारे, इन्द्रधनुष। इनसानी दुनिया से साधारण जन, जैसे बच्चे, बच्चियाँ, मेहनतकश किसान, भिक्षुक, गड़रिये आदि काव्यविषय बनने लगे, पहले के राजकुमार और शहरी अभिजन कविता से ग़ायब होने लगे जो अठारहवीं सदी तक आवश्यक काव्यविषय माने जाते थे। गाँव देहात का कविता में प्रवेश तब वर्जित था। वड्सवर्थ ने गाँव देहात के मेहनतकशों को धीरोदात्त नायक का दर्जा दिया, कहा कि वे प्रकृति के सीधे सम्पर्क में रहते हैं, इसलिए पतित दुनिया से दूर वे ही पवित्र आत्मा हैं, उन्हीं की बानी-बोली हमें कविता में लेनी चाहिए। एक कविता में वड्सवर्थ ने गड़रिये का ऐसा चित्र खींचा है जैसे वह ईसा मसीह की आभा से युक्त कोई देवदूत ही हो। प्रकृति को मुक्ति के प्रतीक के रूप में चित्रित किया। प्रकृति ऊँच-नीच, छुआछूत, स्वामी-दास, शोषक-शोषित जैसे मानवनिर्मित बन्धनों से मुक्त है। यह आकस्मिक नहीं है कि सभी रोमानी कवियों ने (भारत में भी) आकाशचारी बिम्बों, ख़ासकर बादल, चिड़िया, हवा, इन्द्रधनुष आदि का प्रयोग अपनी रचनाओं में किया, समाज में दबे-कुचले जन उनकी रचनाओं के केन्द्र में आए।

यूरोप में क्लासिकल विचारधारा से टकराव का यह पहला महत्त्वपूर्ण पड़ाव था। दलित सौन्दर्यशास्त्र इस नये सौन्दर्यशास्त्र से उसी प्रकार प्रेरणा लेता है जिस तरह बाबा साहब आंबेडकर ने उसी दौर के नये लोकतांत्रिक मूल्यों, यानी स्वाधीनता, समानता, बन्धुत्व को अपनी नई चेतना का आधार बनाया, भले ही उन्होंने इन मूल्यों को फ्रांस की क्रान्ति के बजाय बुद्ध दर्शन से आत्मसात् किया हुआ बताया, परन्तु हैं तो वे नये मूल्य ही, जो क्लासिकल विचारधारा से जुड़े साहित्य के सौन्दर्यशास्त्र की जगह नये सौन्दर्यशास्त्र का बीजवपन करते हैं जिसमें आमजन के साहित्य और उसी की बानी-बोली यानी उसी दलित शमित जीवन को साहित्य में पहली बार केन्द्रीय स्थान मिलता है, जैसाकि वड्सवर्थ के सौन्दर्यशास्त्रीय चिन्तन में दिखाई देता है।

पूँजीवाद के उभार के दौर में सभी साहित्यों में एक नई गद्यविधा—यानी आधुनिक कथा साहित्य—ख़ासकर 'उपन्यास' का जन्म होता है जो क्लासिकल विचारधारा से प्रेरित महाकाव्यों को इसलिए अपदस्थ कर देता है क्योंकि महाकाव्यों में धीरोदात्त नायक, अभिजन समाज व उनके युद्ध व प्रेम की गाथाओं को धीरोदात्त शैली में रचने का सौन्दर्यशास्त्रीय फ़रमान होता था, जबकि आधुनिक उपन्यास व कहानियों में उसी दौर से इस रवैये के ख़िलाफ़ विद्रोह दिखाई देता है। हेनरी फ़ील्डिंग को अंग्रेज़ी उपन्यास का पिता कहा जाता है, अठारहवीं सदी में ही प्रकाशित उसके उपन्यास, टॉम जोन्स का नायक एक अवैध सन्तान है जिसे हरामी औलाद के तौर पर हमारे यहाँ भी हेय समझा जाता है। बाद में उन्नीसवीं सदी में तो खुलकर क्लासिकल

विचारधारा से रचे जा रहे साहित्य को समाज ख़ारिज करने लगा जिसकी झलक हम विलियम ब्लेक में पहले देखते हैं, बाद में विलियम वड्र्सवर्थ में जिन्होंने नया काव्यशास्त्र रचकर साहित्य में साधारण जन, ख़ासकर गाँव-देहात के मेहनतकश दलितों को साहित्य के केन्द्र में ला दिया। बाद में शैले ने भी क्लासिकल जकड़बन्दी में बँधे ग्रीक नायक प्रोमिथियस को मुक्ति दिलाने के मक़सद से पूरी एक रचना इसी थीम पर रची। उस दौर के कथा साहित्य में भी चार्ल्स डिकेन्स, टॉमस हार्डी आदि कथाकारों में तो मज़दूर, वंचित, दलित, ग़रीब किसान आदि ही उपन्यास व कहानियों के नायक के रूप में सामने आने लगे। ये घटनाएँ दलित सौन्दर्यशास्त्र की वैचारिकी के विकास के लिए याद की जानी चाहिए।

अज्ञान से ज्ञान की ओर, असत्य से सत्य की ओर, अलौकिक से लौकिक की ओर मनुष्य को ले जाने वाले सौन्दर्यशास्त्र की परम्परा से दलित सौन्दर्यशास्त्र ख़ुद को जोड़ता है। वह अतर्क पर आधारित भाववादी चिन्तन परम्पराओं को ख़ारिज करता है, क्योंकि वे परम्पराएँ दुनिया के उन तमाम समाजों में स्वामीवर्ग, सम्पत्तिशाली वर्ग का हितसाधन करती आई हैं। बाबा साहब आंबेडकर ने ख़ुद गहन अध्ययन करके भारतीय समाज में व्याप्त ब्राह्मणवादी विचारधारा से निर्मित सौन्दर्यशास्त्र के मकड़जाल का विखंडन किया, प्रतीकात्मक प्रतिरोध के तौर पर *मनुस्मृति* जलाकर यह सन्देश दिया कि ग़ैरबराबरी का फ़लसफ़ा अब स्वीकार्य नहीं होगा।

पश्चिम में फ्रांस की पूँजीवादी क्रान्ति ने सामन्ती व्यवस्था को ध्वस्त किया तो बन्द अक्ल का ताला भी खुलने लगा। निराला की कविता याद करें तो राजे ने अपनी रखवाली के लिए ब्राह्मणों (यानी ज़रख़रीद बौद्धिकों) से क्लासिकल विचारधारा के जो ग्रंथ लिखवाये थे, उनकी पोलपट्टी भी खुलने लगी। उन्नीसवीं सदी में ज्ञानमार्ग को और अधिक प्रशस्त करने में पश्चिम में जिन वैज्ञानिक विचार वाले विद्वानों ने योगदान दिया उनमें चार्ल्स डार्विन, कार्ल मार्क्स और उनके सहयोगी फ्रेडरिक एंगेल्स का नाम उल्लेखनीय है क्योंकि इन विद्वानों के विचार असत्य का घटाटोप छाँटने में हमारी मदद करते हैं। इनसे जो नया ज्ञान दुनिया को हासिल हुआ, वह भी ब्राह्मणवाद से वैचारिक संघर्ष के बहुत काम का है। इसीलिए वह दलित सौन्दर्यशास्त्र की वैचारिकी की निर्मिति में उसी तरह सहायक है जिस तरह हमारे यहाँ भी कबीर, नानक, जोतिबा फुले, सावित्रीबाई फुले, पेरियार, बाबा साहब आंबेडकर व अन्य ब्राह्मणवादविरोधी समाज सुधारकों का भारतीय चिन्तन।

चार्ल्स डार्विन ने अपनी शोध से सारी दुनिया में मनुष्य की रचना के बारे में सभी धर्मों की क्लासिकल विचारधारा के द्वारा फैलाए गए झूठे प्रचार को मनगढ़ंत साबित कर दिया। उनका, जीवों के उद्विकास (The Origin of species) का सिद्धान्त धर्मग्रंथों में लिखे सृष्टि सिद्धान्त को धूल में मिला देता है जिसमें ईश्वर की भूमिका कहीं नहीं आती। डार्विन ने इस तरह ख़ुद ईश्वर के अस्तित्व को ही ख़ारिज

कर दिया जिसकी वजह से पूरे ईसाई जगत में खलबली मच गई। भोले जन ईश्वर के होने में सन्देह करने लगे। ईसाइयत ने ग्रीक क्लासिकल विचारधारा को नया स्वरूप देकर जो सीढ़ीनुमा अस्तित्व का ढाँचा खड़ा किया था वह भी डार्विन के उद्विकास के सत्य के सामने आने से भरभराकर ध्वस्त हो गया। सीढ़ीनुमा कल्पित ढाँचे में सबसे उच्च स्थान पर ईश्वर, उसके नीचे देवगण, उसके नीचे मानव, फिर पशु, उसके नीचे वनस्पति, उसके नीचे पाषाण, अन्त में जल बताया गया। ईसाइयत ने प्रचारित किया कि इसमें नीचे वाला उच्च सीढ़ी पर नहीं जा सकता, यदि वह इस तरह की कोशिश करता है तो उसका पतन ही होगा। डार्विन का उद्विकास का सिद्धान्त कहता है कि एक जीव से दूसरा जीव और पशु से मनुष्य बन सकता है। एक पूरी पुस्तक मनुष्य के उद्विकास पर भी डार्विन ने लिखी, बाद में अन्य विचारकों ने वैज्ञानिक समझ के आधार पर जो भी विचार आगे बढ़ाये, उनसे बाइबिल व क़ुरान और भारतीय प्राचीन संस्कृत धर्मग्रंथों में लिखे, सृष्टि और मनुष्य के अस्तित्व में आने के बारे में सारे कपोलकल्पित वर्णन झूठे साबित हो गए।

पशु अवस्था से आगे जाकर जब मनुष्य आदिम अवस्था में दाख़िल हुआ तो समाज की अवधारणा बनी। इस समाज का विकास किस तरह और किन कारकों से हुआ, इसका अध्ययन और वैज्ञानिक विश्लेषण मार्क्स-एंगेल्स ने किया। सम्पत्ति की अवधारणा के साथ किस तरह समाज में वर्गविभाजन हुआ, इसकी पूरी पड़ताल और अपने समय तक की दुनिया की व्याख्या इन महान दार्शनिकों ने की, लेकिन उन्होंने पक्ष चुना आधुनिक सर्वहारावर्ग का। इसलिए दलित सौन्दर्यशास्त्र की वैचारिकी उनके विचारों से भी सुदृढ़ होगी ही। बीसवीं सदी में मार्क्सवाद में नया विचार जोड़ा लेनिन ने, उन्होंने पूँजीवाद की अगली मंज़िल साम्राज्यवाद के रूप में पहचानी उनके विचारों से पहली बार दुनिया में अक्टूबर क्रान्ति के द्वारा सर्वहारावर्ग ने ज़ारशाही व पूँजीवादी ताक़तों को पराजित कर शोषितवर्गों की समाजवादी व्यवस्था क़ायम की। रूस के दलित समाज में जन्मे, एक मोची पिता और धोबिन माँ के बेटे और सर्वहारा के प्रतिनिधि स्टालिन ने सोवियत कम्युनिस्ट पार्टी में सर्वोच्च स्थान हासिल करके नई व्यवस्था का नेतृत्व किया, फ़ासीवाद को शिकस्त देकर सोवियत संघ को विश्व की एक बड़ी सैनिक व आर्थिक ताक़त बना दिया। इसीलिए मार्क्सवाद-लेनिनवाद मिलकर बीसवीं सदी की ऐसी वैचारिकी बने जिसने आज की दुनिया को समझने की दृष्टि दी जिससे प्रेरित होकर कई दूसरे देश क्रान्ति के पथ पर चले और कामयाब हुए। चूँकि यह विज्ञान भी क्लासिकल विचारधारा से मानव मुक्ति का एक कारगर साधन है, इसलिए दलित वैचारिकी के काम का है। इसकी ज़रूरत का अहसास कई दलित विचारकों को भी है जो उचित ही है।

मार्क्सवादी सौन्दर्यशास्त्र पर दुनिया के अनेक महान विद्वानों ने मोटी-मोटी किताबें लिखीं, अनेक तरह की बहसें हुईं, उन सबको कोई देखना चाहे, और एक

जगह जुटाए तो एक बहुत बड़ी लाइब्रेरी बन जाएगी। सारी सैद्धान्तिकी का सार यह है कि कला को यथार्थवादी होना चाहिए, समाज में जो घटित हो रहा है उसे वैज्ञानिक नज़रिये से देखते हुए शोषित-दमित-दलित के पक्ष में खड़े होकर विश्लेषित-संश्लेषित करना चाहिए। रचना में शोषकवर्ग के विचार हो सकते हैं, शोषित के भी हो सकते हैं, दोनों का घालमेल भी हो सकता है, जिसे हम अन्तर्विरोध कहते हैं। इन सबकी तर्कसंगत, वैज्ञानिक जाँच-परख और आलोचनात्मक यथार्थवादी विश्लेषण-संश्लेषण करना मार्क्सवादी सौन्दर्यशास्त्रीय वैचारिकी का हिस्सा है। लेनिन के इस योगदान को 'प्रतिच्छवि का सिद्धान्त' ('रिफ़्लेक्शन थियरी') कहा जाता है। यह दलित सौन्दर्यशास्त्र की वैचारिकी का अभिन्न हिस्सा होगा ही। जोतिबा फुले और बाबा साहब आंबेडकर ने दलित के पक्ष में खड़े होकर उन प्राचीन धर्मग्रंथों में निहित समाज की प्रतिच्छवि को सबके सामने उद्घाटित कर दिया जिनके असर में सदियों से दलित समाज गुलामी के मैले की टोकरी अब तक ढोये चला आ रहा है। दलित सौन्दर्यशास्त्र दुनिया के साहित्य में निहित गुलामगीरी की क्लासिकल विचारधारा की पहचान करने में सक्षम है, यह एक नया साहित्यिक सौन्दर्यशास्त्रीय 'टूल' हो सकता है। इसमें ज्ञान के वे सभी अध्ययन शामिल होंगे जो मनुष्य और मनुष्य के बीच नाबराबरी और गुलामगीरी से मुक्ति का सपना हमें देते हैं।

दलित सौन्दर्यशास्त्र : कविता की रचना-प्रक्रिया

जिस तरह दलित सौन्दर्यशास्त्र के नज़रिये से हम विश्वसाहित्य को देख-परख सकते हैं और उसमें निहित ग़ुलामगीरी के विचारों की पहचान कर सकते हैं, उसी तरह कविता की रचना-प्रक्रिया पर हुए आलोचनात्मक विमर्श की व्याख्या भी इसी नज़रिये से की जा सकती है, बल्कि यह भी एक ज़रूरी दायित्व है। इससे यह समझने में मदद मिलेगी कि किस तरह कवि और कविता की रचना-प्रक्रिया के बारे में क्लासिकल विचारधारा ने झूठ का सहारा लिया या अपने अधकचरे ज्ञान का परिचय दिया। मनुष्यों ने अति प्राचीन काल से लेकर आज के युग तक कविता की रचना-प्रक्रिया के रहस्य को जानने की कोशिश की। यह सिलसिला चलता आ रहा है। दास व्यवस्था से संचालित समाजों के प्रभुवर्ग से जुड़े दार्शनिकों ने कविता की रचना-प्रक्रिया को 'ईश्वर प्रदत्त प्रतिभा' के द्वारा किये गए रचनात्मक कर्म के रूप में समझाकर छुट्टी ले ली थी। ग्रीक दाससमाज में प्लेटो ने कवि कौ दैव प्रेरित (divinely inspired) माना और हमारे यहाँ राजशेखर ने काव्यपुरुष की उत्पत्ति सरस्वती से मानी। यह प्रभुवर्ग की सोच से परिचालित व्याख्या थी जिसमें कवि की प्रतिभा और उसकी कला को अलौकिक प्रभु से जोड़ दिया। दलित सौन्दर्यशास्त्र की वैचारिकी इसे ख़ारिज करती है।

सभ्यता और संस्कृति के समकालीन दौर में कविता की रचना-प्रक्रिया को मौटे तौर से दो रूपों में व्याख्यायित किया जा रहा है। संसार भर में कुछ लेखक रचना-प्रक्रिया को व्यक्तिमनोविज्ञान के आधार पर और कुछ लेखक रचना-प्रक्रिया को व्यक्ति व समाज की क्रिया-प्रतिक्रिया के आधार पर व्याख्यायित करते हैं। फ्रायड ने व्यक्ति मनोविज्ञान को आधार मानकर कहा कि 'मन की अचेतन क्रिया की समझ ने हमें पहली बार कवि के रचना कर्म के सारतत्त्व को जानने के क़ाबिल बनाया।' मन को खंडित मानने वाले इस मिथ्या मनोविज्ञान के आधार पर ही रचनाकार और रचना को यानी भोक्ता मन और रचयिता मन को अलग-अलग मानकर रचना-प्रक्रिया को हवाई तरीके से व्याख्ययित किया गया। ग़ुलामगीरी के पक्ष में खड़े अंग्रेज़ी कवि टी.एस. इलियट और हिन्दी में उनके नक़लची हिन्दी कवि अज्ञेय ने रचना-प्रक्रिया की मिथ्या चेतना को ही प्रचारित-प्रसारित किया।

अज्ञेय इस विषय पर लिखकर अपनी 'ईश्वर प्रदत्त प्रतिभा' के आदिम भाववाद की जड़ता का परिचय दे रहे थे। जब रचना-प्रक्रिया पर तर्कसंगत तरीक़े से दलित-शोषित मानवता के पक्ष में खड़े रचनाकारों ने अपने विचार रखने शुरू कर दिये तो वे चिन्तित हो उठे कि लोग समाज की रचना से लेकर कलाओं की रचना के बारे में क्यों सोचने लगे हैं। वे चाहते रहे कि इस विषय में अज्ञान का अन्धकार ही फैला रहे तो शुभ हो। अपने एक निबन्ध 'रचना और प्रक्रिया' में उनकी यह चिन्ता साफ़ उभरती है। वे कहते हैं कि—

> यह बात हम ख़ासतौर से कहना चाहते हैं कि रचना-प्रक्रिया के अन्तिम विश्लेषण का यह प्रयत्न जोख़िम से भरा हुआ है और समकालीन साहित्य, साहित्य ही क्यों, सभी कलाओं को काफ़ी क्षति पहुँचा चुका है।

अज्ञेय स्वयं तो त्रिशंकु की 'रूढ़ि और परम्परा' से लेकर जोग लिखी तक रचना-प्रक्रिया के बारे में असंगत, अतार्किक व भाववादी विश्लेषण देने का अधिकार रखते रहे, लेकिन दुनिया भर में हो रहा हर वैज्ञानिक सोच-विचार उन्हें 'क्षति' पहुँचाने वाला लगने लगा। वे चाहते थे कि आमजन रचना-प्रक्रिया को 'ईश्वर प्रदत्त प्रतिभा' की देन ही मानते रहें, वे कहते हैं :

> अनुभव की अद्वितीयता और अर्थ की साधारणता प्रतिभा के ये दो इष्ट हैं, या कहा जाए कि इन दो ध्येयों का योग ही उसका इष्ट है। जिस प्रक्रिया से यह योग सिद्ध होता है, वही रचना-प्रक्रिया है।

इस तरह दुनिया भर में ग़ुलामगीरी के पक्षधर व्यक्तिवादी-भाववादी लोग कविता की रचना-प्रक्रिया को सिर्फ़ व्यक्ति के भीतर व्याप्त अलौकिक दैवी प्रतिभा के द्वारा किया गया कर्म मानते रहे हैं। वे व्यक्ति-अनुभव को भी 'अद्वितीय' (यूनीक) और उसकी अभिव्यक्ति को भी 'अद्वितीय' और स्वयं को भी 'अद्वितीय' यानी अकेला, समाज से परे, वर्गों से परे मानते रहे हैं। इस तरह वे रचनाकारों को, ब्राह्मणवादी मनुवादी 'कविर्मनीषी-स्वयंभू' होने का दंभ पालने और व्यापक समाज द्वारा पूजनीय बने रहने के लिए बरगलाते हैं। इसका सीधा अर्थ होता है—शोषित-दलित वर्गों के कवि रचनाकारों को मुक्तिकामी संगठन व उनके अपने ही शिविर से उन्हें दूर करने व उन्हें अकेली मौत मरने के लिए उकसाना। इस तरह अपने वर्ग व समाज के साथ दग़ा करने के लिए प्रेरित करना।

फ्रायड, बर्गसां और क्रोचे के द्वारा गढ़े गए सौन्दर्यशास्त्र और कला विषयक मान्यताओं का खोखलापन आज उजागर हो चुका है, विश्वस्तर पर आज रचना-प्रक्रिया के सम्बन्ध में वैज्ञानिक विचार सामने आ रहे हैं। आज कविता की रचना-प्रक्रिया को ज्ञान से परे व परम रहस्यमय मानना व 'नेति-नेति' का जाप करना मूर्खता के

अलावा और क्या कहा जाएगा? जहाँ अज्ञेय एंड कम्पनी कविता की रचना-प्रक्रिया के बारे में रहस्यों का घटाटोप खड़ा करते हैं और 'व्यक्ति अनुभव' को 'अद्वितीय' मानते हैं, वहाँ ग़ुलामगीरी के विरोध में खड़े मुक्तिबोध वैज्ञानिक विचारधारा से लैस होने के कारण 'व्यक्ति अनुभव' को 'बाह्य का आभ्यंतरीकरण' मानते हैं। वे प्रतिभा को ईश्वर प्रदत्त न मानकर अर्जित विवेक मानते हैं। मुक्तिबोध कहते हैं :

> काव्य-रचना केवल व्यक्तिगत मनोवैज्ञानिक प्रक्रिया नहीं, वह एक सांस्कृतिक प्रक्रिया है और फिर भी वह एक आत्मिक प्रयास है, उसमें जो सांस्कृतिक मूल्य परिलक्षित होते हैं, वे व्यक्ति की अपनी देन नहीं, समाज की या वर्ग की देन हैं।

आज यह बात वैज्ञानिक प्रयोगों से व तर्कसंगत ज्ञान से साबित हो चुकी है कि आदमी अपने आसपास की दुनिया से जो रिफ़्लेक्स अर्जित करता है, वे ही उसके ज्ञान, अनुभव और संस्कार, भाषा और अन्य विचारसम्पदा, यहाँ तक कि संवेदन और सौन्दर्य की रुचि निर्मित करते हैं, आत्मिक प्रयास (subjective initiative) द्वारा वह व्यापक समाज में उपलब्ध ज्ञान व परम्परा को अर्जित भी करता है और उसका संशोधन-सम्पादन करके आवश्यकतानुसार उसमें इज़ाफ़ा भी करता है। वर्गों और जातियों-उपजातियों में ग़ैरबराबरी के आधार पर बँटे समाज में विचार और ज्ञान की प्रकृति भी वर्गीय होती है, वह वर्णव्यवस्था की क्लासिकल विचारधारा से प्रभावित भी होती है। ऐसे लोग जो वर्गचेतस् नहीं होते, नाबराबरी के विचारों के असर में होते हैं, वे परस्परविरोधी वर्गों की और सदियों से चली आ रही ब्राह्मणवादी क्लासिकल विचारसम्पदा अर्जित व आत्मसात् कर लेते हैं। वर्गचेतस् होने पर और ब्राह्मणवादी क्लासिकल विचारधारा से मुक्त होकर वे नाबराबरी के यथार्थ को समझने लगते हैं। शोषण और सामाजिक असमानता पर आधारित समाजों में शोषकवर्गों के विचारों का प्रभुत्व रहा आया है क्योंकि प्रभुत्वशाली शोषकवर्ग शिक्षा, संस्कृति, धर्म आदि व अन्य प्रचारसाधनों जैसे रेडियो, टेलिविज़न, अख़बार, साहित्य आदि द्वारा अपने यथास्थितिवादी या प्रतिगामी मनुवादी विचार लादने की कोशिश करते हैं। मगर इन विचारों से संघर्ष करने वाली प्रगतिकामी शक्तियों की भूमिका भी नदारद नहीं होती, संघर्षी विचार भी रहते हैं, इस तरह का द्वंद्व समाज में सांस्कृतिक विकास प्रक्रिया को आगे बढ़ाता है। मुक्तिबोध कविता को इसी अर्थ में सांस्कृतिक प्रक्रिया मानते हैं। साथ ही उसे दैवी चीज़ न मानकर व्यक्ति के प्रयास के रूप में भी स्वीकार करते हैं। अत: यह स्पष्ट है कि काव्य की रचना-प्रक्रिया समाज में रहने वाले वर्ग और वर्ण के ज्ञान व भाव संवेदनों को व्यक्त करने के कर्म का नाम है। अत: उसे समाज व व्यक्ति मन की क्रिया-अन्त:क्रिया के रूप में समझना ही विवेकसंगत माना जाएगा।

अब प्रश्न यह उठता है कि क्या हर युग की कविता की रचना-प्रक्रिया के एक ही जैसे नियम हैं, या बदलते सन्दर्भों में रचना-प्रक्रिया भी बदलती है। मेरे विचार से कुछ नियम तो सामान्य हैं जो हर युग की कविता में काम करते हैं, और कुछ ऐसे हैं जो बदलते हैं, बदलते रहेंगे। सामान्यतया इसका एक प्रमाण तो यही है कि पुराने समय से लेकर आज तक सभी देशों में एक ख़ास कैंड़े की रचनाएँ ही कविता मानी गई हैं, अर्थात कविता की एक सापेक्ष स्वायत्तता भी है जो कुछ सामान्य नियमों के तहत काम करती है। बहुत समय तक इन सामान्य नियमों को जाना नहीं गया गो कोशिशें लगातार हुईं। कविता की परिभाषाओं की कोशिशें व काव्यमीमांसा की कोशिशें इसी का प्रमाण हैं। जीवनजगत के अन्य मसलों की ही तरह एक समय तक कविता की रचना-प्रक्रिया के बारे में भी एकांगी विचारों की ही स्थापना होती रही। आज के समाज में उन आत्यंतिक सामान्य नियमों की खोज हो चुकी है जो समूची सृष्टि में काम करते हैं। इन्हें हम सभी 'द्वंद्वात्मक भौतिकवाद' के नाम से जानते हैं। द्वंद्वात्मकता के नियम कविता की रचना-प्रक्रिया में भी काम करते हैं क्योंकि काव्यकृति भी किसी विचार, संवेदन या वस्तु का विकसित छायारूप होती है। अत: वह परिवर्तन व विकास के सामान्य नियमों के अधीन ही रची जाती है, भले ही रचनाकार स्वयं इन नियमों के बारे में सचेत न हों। इसीलिए कविता की रचना-प्रक्रिया भी एक द्वंद्वात्मक प्रक्रिया है।

सभी कलाओं की रचना-प्रक्रिया एक आधारभूत तत्त्व से शुरू होती है। इस आधारभूत तत्त्व को संगीत में आधारस्वर (base note), चित्रकला में आधाररंग और कविता में आधारभूत अन्तर्निहित रुझान कहा जा सकता है। यह आधारभूत रुझान, जिसे मुक्तिबोध ने संवेदनात्मक उद्‌देश्य कहा है, माला में धागे की तरह, पूरी कविता में पिरोया हुआ रहता है। संवेदनात्मक उद्‌देश्य जीवन-जगत में घटित होने वाले क्रियाव्यापारों व उनमें स्थित बिम्बों से क्रिया-प्रतिक्रिया करता रहता है। इस क्रिया-प्रतिक्रिया के दौरान कवि एक ऐसा विचार पाता है जिसे वह अभिव्यक्त करना चाहता है, उसे कलात्मक रूप देना चाहता है। उस विचार से द्वंद्व करता है क्योंकि विचार शुरू में एक स्वत:स्फूर्त व अनगढ़ भाषा व फ़ॉर्म में प्रकट होता है। कवि उसे ज्यों का त्यों स्वीकार करके कलात्मक नहीं बना सकता। उसे व्यक्त करने के लिए वह नई भाषा भंगिमा, नये बिम्ब व नई संरचना की तलाश करता है। ऐसी स्थिति में संवेदनात्मक उद्‌देश्य की अर्थ-एकता के बावजूद कथ्य और रूप में ऐंटीथीसिस का संघर्ष होता है। मसलन, कबीर के मन में विचार है कि 'मुझे सत्य और ज्ञान बहुत प्रिय लगता है।' कविता में इसे ऐसे नहीं आना है। वह यों अभिव्यक्त होता है। 'पिया मोरा मिल्या सत्त गिआनी'।

कथ्य में प्रेमी व प्रेमिका के बिम्ब नहीं थे, द्वंद्वात्मक प्रक्रिया में पड़कर साधारण विचार को असाधारण स्वरूप दे दिया गया। इसी तरह अज्ञेय की चेतना

का अन्तर्निहित रुझान ब्राह्मणवादी है कि 'मैं पूरे समाज में अद्वितीय बनूँ, सबसे ऊपर स्थित होऊँ'। कविता का रूप लेने में वह शोषक वर्गीय विचार उन्हें आदमी से 'एक उछली हुई मछली' बना देता है और मानवसमाज विकृत होकर 'समुद्र' बन जाता है। मुक्तिबोध की कविता में उनका क्रान्तिकारी सत्य 'शिशु' बन जाता है, 'फूलगुच्छे' और 'रायफ़ल' में बदल जाता है। मनमोहन की कविता 'सूर्योदय' में क्रान्ति का संवेदनात्मक उद्देश्य 'सूर्योदय' में बदल जाता है। इस तरह कविता के कथ्य और रूप में ऐंटीथीसिस का संघर्ष होता है जिससे अर्थ के दौरान वर्ग या वर्ण के पक्ष से जुड़े अन्तर्निहित रुझान की उपस्थिति मालूम की जा सकती है। यह पहचान साहित्य का दलित सौन्दर्यशास्त्र ही कराता है।

कविता की रची सँवरी मूर्ति एकाएक वैसी ही नहीं होती जैसी शुरू में सोची होती है, अन्तर्निहित रुझान या संवेदनात्मक उद्देश्य और विचार से शुरू होकर अन्तिम क्षण तक ही नहीं, अस्तित्व में आ जाने के बाद भी युग-युग तक वह द्वंद्वात्मक स्थिति में रहती है। भाषा के सामाजिक चरित्र की वजह से वह कभी ख़त्म नहीं होती। उसमें परिवर्तन की प्रक्रिया घटित होती रहती है। समय-समय पर पाठक उसे अपने भावनात्मक सन्दर्भ में नया अर्थ दे देते हैं।

कविता के सामान्य नियमों के साथ ही कुछ ऐसे नियम भी हैं जो युग के साथ परिवर्तित होते रहते हैं। उदाहरण के लिए, छायावाद की कविता में 'मैं' का उदात्तीकरण रचना-प्रक्रिया का अंग था जबकि भक्तिकाल में 'मैं' का अवमूल्यन प्रमुख था। छायावाद में 'मैंने मैं शैली अपनाई' में कवि यानी उस युग के उस मनुष्य का 'स्व' ऊँचा उठ रहा था जिसने यह जान लिया था कि 'स्वतंत्रता हमारा जन्मसिद्ध अधिकार है'। इसलिए बन्धनमुक्त होने की 'स्व' की कामना आकाशचारी बिम्बों जैसे चिड़िया, बादल, चन्द्रमा, तारा, इन्द्रधनुष, आकाशदीप आदि के माध्यम से व्यक्त हुई थी। इस तरह की बिम्ब योजना फ्रांसीसी क्रान्ति के समय यूरोप की कविता की रचना-प्रक्रिया का भी एक अंग थी। उस समय सामन्तवाद की गुलामगीरी से मानव निकलकर नये लोकतांत्रिक युग में प्रवेश कर रहा था। वहाँ भी नारा उस समय 'स्वतंत्रता' का ही था।

छायावादी कविता में जहाँ 'व्यक्ति रोमानियत' रचना-प्रक्रिया में काम कर रही थी, वहाँ प्रगतिवादी कविता में 'क्रान्तिकारी रोमानियत' थी। छायावादी कवियों का वाचक 'हिमगिरि के उत्तुंग शिखर पर' बैठा था, या अपने भीतर के 'स्व' को 'तुम तुंग हिमालय श्रृंग' की संज्ञा दे रहा था, या फिर 'हे चिर महान' हिमालय से कह रहा था कि 'मेरे जीवन का आज मूक/ तेरी छाया से हो मिलाप'। दूसरी ओर प्रगतिवादी कवि का मनुष्य भी हिमालय की तरह चाँद चूमने के लिए ऊपर उठ रहा था :

इसी आँच से फ़सलों सा इनसान उठेगा
चाँद चूम लेने को जीवन ज्वार उठेगा। (शिवमंगल सिंह 'सुमन')

केदारनाथ अगवाल जैसा प्रगतिवादी कवि मज़दूर के घर पैदा होने वाले बालक को हाथी जैसा बलशाली चित्रित कर रहा था। यह रोमानियत उस युग की कविता की रचना-प्रक्रिया का एक हिस्सा थी।

इसी तरह प्रयोगवाद और नई कविता की रचना-प्रक्रिया भी अपने से पूर्ववर्ती कविता से भिन्न थी। कंटेंट और फ़ॉर्म का बदलना रचना-प्रक्रिया के बदलाव का भी सूचक था। नई कविता में जो कवि प्रतिक्रियावादी ग़ुलामगीरी के विचारों व ह्रासशील पूँजीवादी-सामन्ती संस्कृति को अभिव्यक्त कर रहे थे, उनकी कविता के फ़ॉर्म पर भी इस पतनशीलता का प्रभाव पड़ रहा था। अज्ञेयवादी टूटनग्रस्त क्षण की कविता की अन्तिम परिणति अकविता और हकली ताज़ी कविता ('मु मु द्रा द्रा' जैसी) में इसीलिए हुई। नई कविता के भीतर प्रगतिकामी तत्त्वों और नये प्रतिबद्ध विचारों की अभिव्यक्ति मुक्तिबोध में हुई, इसीलिए उनकी कविता में क्षणिका का कोई स्थान नहीं। इससे स्पष्ट है कि क्षण की टूटी कविता और प्रगतिकामी संश्लिष्ट विचारों की कविता की रचना-प्रक्रियाओं में भिन्नता है, एक में ऊलजलूल प्रलापों को फ़लसफ़ाई अन्दाज़ में पेश करने की कोशिश है, दूसरे में तार्किक युगसत्य को कलात्मक बिम्बों व प्रतीकों में सजाकर पेश करने की कोशिश। पतनशीलों के लिए कैलाश वाजपेयी के शब्दों में, 'जब सब ऊलजलूल ही है/तो सोचना फ़िज़ूल है।' इसीलिए दोनों तरह की कविताओं की रचना-प्रक्रिया पर लिखित उन कवियों के रहस्योद्‌घाटनों में भी सोच का अन्तर स्पष्ट है। इस सम्बन्ध में अज्ञेय की मिथ्याचेतना और मुक्तिबोध की तर्कसंगत वैज्ञानिक चेतना की अन्तररेखा को आज कोई भी विवेकशील व्यक्ति आसानी से देख सकता है।

क्लासिकल विचारधारा के असर से मुक्त होने की कोशिश समकालीन जनवादी कविता और दलित कविता में देखी जा सकती है। यह बग़ावती धारा पहले से विकसित होती आ रही, ग़ुलामगीरी के ख़िलाफ़ हमारे समाज की प्रगतिकामी मुक्तिकामी चेतना का कलात्मक प्रतिफलन है। यह धारा उतार-चढ़ाव के साथ कभी दबी, मगर बराबर विकास करती रही। नई कविता के शाही तामझाम के बावजूद मुक्तिबोध अन्ततः ऐंटीथीसिस के संघर्ष में विजयी होकर सामने आ गए, उस दौर के प्रतिक्रियावादियों के लिए वे सचमुच 'जवाबी ग़दर' थे :

मैं हूँ जवाबी ग़दर
जिससे कि और ज़्यादा तैयारियाँ कर
आज नहीं कल फूट पड़ूँगा ज़रूर, ज़रूर

अतः समकालीन दलित कविता और जनवादी कविता पहले के मुक़ाबले ज़्यादा तैयारियाँ कर 'जवाबी ग़दर' की कविता है। दुनिया भर के हज़ारों-हज़ार मेहनतकशों

व शोषणविरोधी व मनुवादविरोधी इनसानों से जुड़ी, सही अर्थों में इनसानियत से प्रतिबद्ध कविता है।

इस दौर की कविता की रचना-प्रक्रिया का सर्वाधिक महत्त्वपूर्ण पहलू यह है कि वह अब तक प्रचारित कविता की धारणा को बदल चुकी है। इसलिए वह कभी पोस्टर बनती है, कभी गोली, कभी नारा और कभी वक्तव्य। वह हज़ारों-हज़ार जनों की वाणी से फूटने को आतुर है, पिछले कुछ एक दशकों में पहली बार भारतीय समाज में अभिव्यक्ति का ऐसा प्रवाह देखने को मिला है कि शोषित-दलित तबक़ों के सैकड़ों लोग सदियों से चले आ रहे, ग़ुलामगीरी के सामाजिक अन्याय के ख़िलाफ़ संघर्ष की चेतना को नई अभिव्यक्ति दे रहे हैं। वे शोषण व सामाजिक नाबराबरी के विरुद्ध लामबन्द होती जन चेतना को कविता में कह डालने को आतुर हैं। इस जागृति ज्वार का हम स्वागत करते हैं, शोषित-दलित जनता की नई संस्कृति के इन उगते अंकुरों के विकास से ही हमारी प्रगतिशील परम्परा समृद्ध होगी, सामाजिक न्याय पर आधारित जनता के जनवादी समाज की स्थापना व उसके अगले चरणों के रूपान्तरण में यह सांस्कृतिक नवजागरण एक महत्त्वपूर्ण भूमिका अदा करेगा।

दलित और शोषित जन से प्रतिबद्ध कविता की धारा को पुष्ट और क्रान्तिकारी सामर्थ्य देने के उद्देश्य से ही इसकी रचना-प्रक्रिया को दलित सौन्दर्यशास्त्र के नज़रिये से विश्लेषित-संश्लेषित करना तथा आलोचना-आत्मालोचना द्वारा उसे आगे बढ़ाना ज़रूरी हो गया है। अन्य विधाओं की रचना की तरह ही दलित और शोषित जन से प्रतिबद्ध कविता की रचना की शुरुआत भी जीवनजगत के किसी दृश्य, घटना, विचार या संवेदन से होती है। कवि इन दृश्यों, घटनाओं, विचारों व संवेदनों का चुनाव अपनी वर्णगत और वर्गीय पक्षधरता, वर्गीय सौन्दर्याभिरुचि और वर्गीय अन्तर्निहित रुझान से करता है। सही विश्वदृष्टि, वैज्ञानिक दर्शन, ज्ञान व तर्कसंगत विवेकप्रणाली संवेदनात्मक उद्देश्य की रचना में मदद करती है। ज़ाहिर है कि इस दौर की दलित और शोषित जन से प्रतिबद्ध कविता के पीछे शोषित-दलित वर्गों से जुड़ने यानी वर्गचेतस् होने, शोषितों व दलितों के मुक्तिसंघर्षों से यथासम्भव तदाकार होने का संवेदनात्मक उद्देश्य काम कर रहा है। घटना, दृश्य, विचार, संवेदन कंटेंट के रूप में एक कच्चा, सपाट भाषिक फ़ॉर्म लिये हुए हो सकते हैं। यह बात स्पष्ट कर देनी ज़रूरी है कि अच्छा विचार अपने आप अच्छी कविता नहीं बना देता, उसे असरदार बनाने के लिए कलात्मक बिम्बों में एक आकर्षक व सुन्दर स्वरूप तो देना ही पड़ता है। घटना या विचार को काव्यात्मक अभिव्यक्ति देने के लिए कवि को श्रम करना ही पड़ता है। इसीलिए जो विचार जिस भाषा में पहले-पहल उपस्थित हो गया, उसे वैसा ही चित्रित या अंकित कर देना एक तरह से प्रकृतिवादी होगा। किसी भी जनपक्षधर चिन्तक व सौन्दर्यशास्त्र ने फ़ॉर्म की

उपेक्षा करने की सलाह नहीं दी है, गो विशेष बल कंटेंट पर दिया है। केदारनाथ अग्रवाल की इन पंक्तियों का सन्देश आज अनुकरणीय नहीं है कि—

कविता यों ही बन जाती है बिना बनाए
क्योंकि हृदय में तड़प रही है याद तुम्हारी

आज की दलित और शोषित जन से प्रतिबद्ध कविता की रचना-प्रक्रिया का मुख्य अंग सही वैज्ञानिक विश्वदृष्टि का विकास करना है, सही विश्वदृष्टि के अभाव में अच्छे से अच्छा कंटेंट अपनी अन्तिम परिणति में असुन्दर बन सकता है। चूँकि सामाजिक विषमता और शोषण की भयंकर मार ने हमें वर्गचेतस् होने तथा शोषित-दलित वर्गों से तदाकार होने की प्रक्रिया में डाल दिया है, अतः शोषक और शोषित की राजनीति में से सही पक्ष के प्रति सचेत होने और उससे प्रतिबद्ध होने की ज़रूरत का भी अहसास हो रहा है, होना चाहिए। इसीलिए समकालीन दलित और शोषित जन से प्रतिबद्ध कविता की रचना-प्रक्रिया में शोषकों के कुकर्म व शोषण-दमन की मनुवादी राजनीति के प्रति आक्रोश, घृणा और शोषितों व दलितों की संघर्षशीलता व उनकी राजनीति के प्रति लगाव, सहभागिता व तदाकारता का स्वर महत्त्वपूर्ण स्थान पा चुका है। रचना-प्रक्रिया में चूँकि कंटेंट का स्थान महत्त्वपूर्ण है अतः उसे सही समझ के अभाव में, कई बार भटकावग्रस्त रचना द्वारा व्यक्त किया जााता है। एक सज्जन ने क्रान्ति की कविता लिखते समय कह दिया कि 'क्रान्ति को किसी झंडे की ज़रूरत नहीं होती'। एक कवि ने आपातकाल ख़त्म होने पर कविता में लिखा कि 'अँधेरा और गहरा हो गया है।' उनके लिए सारे धान बाईस पसेरी हैं। इस तरह के कथ्यगत भटकाव विचाराधारात्मक कल्पना में तभी आते हैं जब जीवनजगत के रोज़मर्रा के व्यवहार और राजनीति को समझने और उससे क्रिया-प्रतिक्रिया करने में हम तर्कसंगत विवेक तथा अपने वक़्त के प्रधान अन्तर्विरोधों को, शत्रु-मित्र वर्गों की पहचान को अपनी काव्यचेतना का अंग नहीं बना पाते। आज के बुद्धिप्रधान युग में सही वर्गीय राजनीतिक समझ का विकास और सदियों से चली आ रही मनुवादी सोच के ख़िलाफ़ वैज्ञानिक चेतना का विकास, काव्यवस्तु को सही रूप में अभिव्यक्त करने के लिए यानी कविता की रचना-प्रक्रिया के लिए अनिवार्य क़दम बन गया है।

कवि काव्यवस्तु के अपने कच्चे संवेदनों को कलात्मक बिम्बों व अन्य तकनीकों से सजाकर पेश करने के लिए भीतरी संघर्ष भी करता है। इस प्रक्रिया में उसके आड़े दूसरों द्वारा रचे बिम्ब, मुहावरे, भाषिक प्रयोग आते हैं। सच्चा कवि संवेदनात्मक उद्‌देश्य से जुड़ा रहकर भी नई संरचना, नये भाषिक प्रयोग और नये काव्य मुहावरों का सृजन करता है। अच्छे से अच्छा कंटेंट इस तरह की प्रक्रिया में पड़े बिना निष्प्रभ हो जाता है। कविता एक सपाट सा वक्तव्य बनकर रह जाती है।

समकालीन दौर के दलित और शोषित जन से प्रतिबद्ध कवि मुक्तिबोध की भाषा व शैली का अनुकरण भले ही न करें, करना भी नहीं चाहिए, किन्तु उनके द्वारा कला की रचना-प्रक्रिया के तीन सोपानों को समझना हितकर ही होगा। जो कविता रचना-प्रक्रिया की एक या दो मंज़िलें पूरी करती हैं उसमें कलात्मकता की कमी रह जाती है, कभी-कभी बह नारेबाज़ी तक ही सीमित हो जाती है। मार्क्सवादी विद्वानों और दलित चिन्तकों ने कहीं भी शिल्प या रूप की अवहेलना का सुझाव नहीं दिया है। एंगेल्स ने कहा था कि 'रचनाकार अपने विचारों को जितना ही छिपाकर प्रस्तुत करता है, उतना ही अच्छा रहता है।' यह काम रचना-प्रक्रिया की सभी मंज़िलें पूरी करने पर ही होता है।

इसका यह अर्थ नहीं कि कविता को अति जटिल बना दिया जाए। कुछ लोग जिनकी कविता में कलात्मकता कम होती है अप्रासंगिक नहीं हो जाते, यदि कविता का कंटेंट और रचनाकार का नज़रिया ग़ुलामगीरी के ख़िलाफ़ है तो सरल व साधारण शिल्प की कविताएँ भी हेय नहीं हो जातीं। रचना-प्रक्रिया की अधूरी मंज़िल तक पहुँची रचनाएँ साधारण लोकरुचि के साहित्य की श्रेणी में और सभी मंज़िलें पूरी करने वाली परिष्कृत साहित्य की श्रेणी में रखी जा सकती हैं। चूँकि हमारे दोस्त वर्गों में दोनों तरह की रुचियों व कला चेतना के लोग हैं, अतः इन रचनाओं को एक दूसरे का विरोधी न मानकर पूरक माना जाएगा। दलित और शोषित जन से प्रतिबद्ध कविता का दायरा संकीर्ण नहीं है, हो भी नहीं सकता क्योंकि वह चन्द ऐयाश शोषकों के मनोरंजन की वस्तु नहीं है, करोड़-करोड़ शोषित-दलित अवाम की, भिन्न-भिन्न सांस्कृतिक रुचियों, स्तरों व आशा-आकांक्षाओं से जुड़ी हुई कविता है। अतः उसमें स्तर भेद को इसी अर्थ में लेना होगा। इसीलिए हमें दलित और शोषित जन से प्रतिबद्ध कविता के शिल्प के बारे में लचीला होना होगा, अधिकाधिक छूट देनी होगी। वे छंदबद्ध हों, गीत हों, अतुकांत हों, लोकधुनें हों, उनमें बिम्बात्मकता हो, प्रतीकात्मकता हो, सरलता हो, जटिलता हो, प्रगीतात्मकता हो, नाटकीयता हो, फ़ैंटेसी हो, एलीगरी हो, शिल्प के नये-पराने सभी औज़ार हमारे काम के हो सकते हैं बशर्ते नज़रिया और संवेदनात्मक उद्‌देश्य ग़ुलामगीरी से मुक्ति का हो। दलित और शोषित जन से प्रतिबद्ध कविता की रचना-प्रक्रिया के इस लचीलेपन को इसलिए रेखांकित करना ज़रूरी है क्योंकि प्रायः कुछ रचनाकार अक्सर एक-दूसरे का रेजिमेंटेशन करने की व्यक्तिवादी हरकत करते हुए देखे जाते हैं। एक कवि ने एक जनवादी गीतकार की भर्त्सना इसलिए कर दी क्योंकि उसने जनता के सामने एक गीत गा दिया, 'लोग झूमने लगे'। उन ईर्ष्यालु कवि महोदय ने अपनी डायरी में लिखा कि गीत कविता का माहौल ख़राब करते हैं, उनकी डायरी के प्रकाशित अंशों से लगता है कि उनका वश चले तो वे गीतकारों को गोली से उड़वा दें। अजीब बात है कि वे प्रयोगों की ख़ुद तो सारी छूट लेते हैं, मगर यह छूट वे औरों को नहीं देना

चाहते। रचना की शिल्पगत प्रक्रिया के विषय में हर एक रचनाकार को रचनात्मक छूट मिलनी ही चाहिए। मूल संवेदन के सही तौर पर मुक्तिकामी होने के आग्रह के अलावा अन्य आग्रह रचनाशीलता को ख़त्म करने वाले नहीं होने चाहिए।

संक्षेप में, दलित और शोषित जन से प्रतिबद्ध कविता की रचना-प्रक्रिया की नियामक शक्ति अपने जन से प्रतिबद्धता है जो शोषित-दलित वर्गों के प्रति सहानुभूति से लेकर उनके अगुआ दस्ते यानी उनके राजनीतिक दल में शामिल होने यानी शब्द और कर्म तक हो सकती है। पक्षधर संवेदनात्मक उद्देश्य मुक्तिकामी कंटेंट को पूँजीवादी-सामन्ती सौन्दर्याभिरुचि से अलग हटाकर एक सही प्रगतिशील दिशा देता रहता है। कलाकार अपने परिश्रम द्वारा सांस्कृतिक व कलात्मक सेंसरों व गतिरोध का निषेध कर नये से नये आकर्षक, शोषित-दलित वर्गों की भिन्न-भिन्न श्रेणियों या अपने पाठक या दर्शक की रुचि के अनुरूप फ़ॉर्म ईजाद करता है, पाठक की, जन की क्रिया-प्रतिक्रिया से, आलोचना व आत्मालोचना से, अपने अनुभव को बढ़ाकर वह रचना-प्रक्रिया को नया संस्कार देता चलता है। हमारा आज का दलित और शोषित जन से प्रतिबद्ध कवि इस दृष्टि से बराबर विकसनशील परम्परा को आगे ले जाने में व नई संस्कृति, नया मुक्तिकामी साहित्य व जनता का नया जनतांत्रिक समाज रचने में अपनी ईमानदार भूमिका निभाने का यथाशक्ति प्रयत्न करेगा, ऐसी हम सबकी आशा-आकांक्षाएँ हैं। इस व्यापक भागीदारी से ही साहित्य का नया दलित सौन्दर्यशास्त्र विकसित होगा।

दलित सौन्दर्यशास्त्र : कबीर की कविता : एक प्रस्थान बिन्दु

दलित सौन्दर्यशास्त्र की वैचारिकी का आधारभूत तत्त्व है क्लासिकल विचारधारा के ख़िलाफ़ वैज्ञानिक सोच से संघर्ष जिसे कबीर के युग में सही ही 'ज्ञानमार्ग' कहा गया और जिसके बढ़ते असर को उन दिनों देखते हुए अति उत्साह में कबीर ने गाया कि 'साधो भाई आई ग्याँन की आँधी'। (पद 52, पृ. 30, *कबीर ग्रंथावली*, सं. पारसनाथ तिवारी, राका प्रकाशन, इलाहाबाद, 1989) बाद में उन्हें यथार्थ का अहसास हुआ तो यह गाया कि 'भाई रे बिरले दोस्त कबीर के, यहु तत बार-बार कासौं कहिए।' (वही, पद 66, पृ. 39)। ज्ञान और साँच को आधार बनाकर कबीर ने क्लासिकल विचारधारा के ऐसे अन्धविश्वासों पर चोट की जो दलितों को ग़ुलाम बनाए रखने के लिए ब्राह्मणवादी मनुवादी 'सगुण भक्ति' के पैरोकारों ने रचे थे। एक तरह से यह एक राजनीतिक संघर्ष भी था। समाज पर उन ताक़तों का वर्चस्व था जो इनसान और इनसान के बीच जाति, धर्म व ईश्वर की आड़ में ग़ैरबराबरी का फ़लसफ़ा जीवित या सनातन बनाए रखना चाहते थे। उसी को आज 'सनातन धर्म' कहकर आभामय बनाया जाता है। कबीर और उनकी ही तरह सोचने वाले अनेक अन्य सूफ़ी व निर्गुण कवि इस सनातनी विचारधारा के विरुद्ध विकट संघर्ष कर रहे थे। यों तो क्लासिकल या सनातनी विचारधारा से पहले भी संघर्ष रहा था जिसके प्रमाण प्राचीन संस्कृत साहित्य व दर्शन में मिलते हैं। बहुत से प्रमाण नष्ट भी कर दिये गए, उन पर अलग से शोध की ज़रूरत है। आम जन की समझ के लिए यह कहा जा सकता है कि दलित सौन्दर्यशास्त्र की मूल आत्मा या उसकी वैचारिकी का उत्स कबीर की वाणी में निहित है। दलित और शोषित समाज के पक्षधर बुद्धिजीवी और रचनाकार कबीर में बहुत से आधुनिक विचार देखते हैं, उन्हें कबीर अपनी आत्मा के बहुत निकट और प्रिय लगते हैं। उनकी तरह दमदार तरीक़े से और निर्भय होकर दूसरे निर्गुण कवि क्लासिकल विचारधारा का खंडन नहीं कर पाते। समाज पर सनातनी वैचारिकी का वर्चस्व तोड़ने के लिए जो साहस चाहिए, वह सबके वश की बात नहीं थी, आज भी नहीं है। इसलिए सनातन ग़ुलामगीरी के विरोध में निर्मित दलित सौन्दर्यशास्त्र की आत्मा को कबीर में तलाश करना पहला क़दम होगा ही, यह स्वाभाविक है।

कबीर भारतीय इतिहास के एक कालखंड की उपज थे। विषयान्तर के तौर पर यहाँ संक्षेप में यह बताना ज़रूरी है कि इतिहास को समझने के लिए भी दो तरह की वैचारिकी चलन में है। एक वैचारिकी जो मुख्य रूप से क्लासिकल या सनातनी विचारधारा से परिचालित होती है। उसका इस्तेमाल व्यापक तौर पर स्कूलों, कॉलेजों तथा गुरुकुलों में इतिहास पढ़ाने के लिए होता है। उसके अनुसार अतीत के राजे-महाराजे, उनके शादी-विवाह, जीवन-चरित, युद्ध में जीत-हार आदि का विवरण रहता है, जबकि क्लासिकल विचारधारा के विरुद्ध वैचारिकी इतिहास के वैज्ञानिक विश्लेषण की माँग करती है जिसमें पूरे समाज के लोगों का भी इतिहास हो, यानी इतिहास में उन सबको शामिल किया जाए जो एक देशकाल में रहते और सामाजिक क्रिया-अन्तःक्रिया करते हैं। यानी इतिहास के पन्नों को सिर्फ़ राजा-महाराजाओं के जीवन-चरित से ही सुसज्जित न किया जाए, यह भी अंकित किया जाए कि उस कालखंड में राजाओं की प्रजा क्या करती और विकास की किस अवस्था में थी। पूरा समाज मानव सभ्यता के विकास की किस मंज़िल पर था, उस दौर में मौजूद वर्गों और जातियों के बीच टकराव का क्या स्वरूप था।

वैज्ञानिक वैचारिकी के अनुसार, समाज की आदिम अवस्था के बाद जब वर्गविभाजन हो गया, तो शोषित व शोषक के बीच वर्गसंघर्ष की वैचारिकी का बीज भी उसी समय से पड़ गया। इस अवधारणा को ध्यान में रखें तो यह बात स्पष्ट हो जाएगी कि विचारों का भी विकास होता है। राजनीति का अर्थ भी बदलता है, कौटिल्य या प्लेटो और अरस्तू के ज़माने में राजनीति का अर्थ दूसरा था, आज वह भिन्न है। प्लेटो का 'रिपब्लिक' सिर्फ़ स्वामीवर्ग का था, दासों को तो कोई मानवीय अधिकार हासिल ही नहीं थे, उन्हें तो पशु की तरह बेचा, ख़रीदा या दहेज में भी दिया जा सकता था जैसाकि मैंने उल्लेख किया है कि तुलसीदास ने *रामचरितमानस* में सीता के दहेज का वर्णन करते हुए लिखा कि राजा जनक ने सीता विवाह के अवसर पर दहेज में 'महिषी, धेनु, वस्तु विधि नाना' (*बालकांड*, दोहा-333 के पहले और बाद में) के साथ ही दास और दासियाँ भी दीं : 'दासीं दास दिये बहुतेरे।' दासों को ज़िन्दा रहने का अधिकार तो सामन्तवाद ने दिया, जो कि दासव्यवस्था के मुक़ाबले बेहतर व्यवस्था थी। इसी तरह पूँजीवाद ने फ्रांस की क्रान्ति के साथ 1789 में 'समानता, आज़ादी और बन्धुत्व' के जनवादी नारे संसार को दिये। यह भी प्रगतिशील काम था क्योंकि पूँजीवाद सामन्ती व्यवस्था के मुक़ाबले बेहतर समाज था। नई व्यवस्था के आने से शोषित मानवता को कुछ और स्वतंत्रताएँ हासिल हुईं जो उसे पुरानी पतनशील व्यवस्था में नहीं मिली थीं। पूँजीवाद के साम्राज्यवाद की मंज़िल में पहुँचने तक विश्व के शोषित मानव के लिए ख़तरे फिर बढ़ गए हैं जिनका ख़ात्मा समाजवाद के विकास से ही सम्भव है। इसलिए आज की राजनीति का केन्द्रीय मुद्दा साम्राज्यवादी वित्तीय पूँजी से हो

रहे शोषण से विश्व मानवता की मुक्ति का है। राजनीति का यह विमर्श व्यापक आम समझ से हटकर होगा।

हमारे अपने देश में भी जब मुक्तिबोध यह सवाल करते हैं कि 'पार्टनर, आपकी पॉलिटिक्स क्या है?' या 'तय करो किस ओर हो तुम', तो इसका मतलब यह नहीं है कि आप किस पार्टी में हैं, आशय उस वर्गीय और वर्ण आधारित क़तारबन्दी का है जिसमें हर कोई जाने-अनजाने 'पार्टनर' है, भले ही वह वर्गचेतस् या वर्णचेतस् न हो। आज भी हमारा समाज वर्गों में, जातियों में बँटा हुआ है। उन वर्गों और वर्णव्यवस्था के हित साधन करने वाली राजनीतिक, वैचारिक संरचनाएँ भी हैं जिन्हें हम राजनीतिक पार्टियों और विचारधाराओं के नाम से जानते हैं। इन सबका एक वर्गीय चरित्र है, उनकी वर्गीय और वर्ण आधारित पक्षधरता है। सारे धान बाईस पसेरी नहीं हैं, एक तरह की राजनीति और दूसरे तरह की राजनीति के वर्गचरित्र में अन्तर है। उन्नीसवीं सदी के जिस कालखंड में इस देश में पूँजीपतिवर्ग का उदय हुआ तो उसकी राजनीति, उसकी विचारधारा और साहित्य का भी जन्म हुआ। कविता में भी, 'पै धन विदेश चलि जात इहै अति ख्वारी' जैसी पंक्ति इसी राजनीति से अस्तित्व में आई थी, स्वाधीनता आन्दोलन के दौर का ज़्यादातर साहित्य मुक्ति की वर्गीय राजनीति से ही पैदा हुआ था। उसी दौर में मज़दूरवर्ग की विचारधारा और राजनीति भी अस्तित्व में आई, दलितों और महिलाओं के भी अपनी-अपनी मुक्ति के स्वर सामने आए। आख़िर अकबर के ज़माने में तो न कांग्रेस पार्टी बनी थी, न ही कम्युनिस्ट पार्टियाँ कहीं भी अस्तित्व में थीं, क्योंकि तब पूँजीपतिवर्ग का अपना वर्गीय आधार भी नहीं था। इसलिए राजनीति का व्यापक अर्थ वर्गीय राजनीति और वर्ण आधारित राजनीति से ही लिया जाना चाहिए।

दुर्भाग्य से हिन्दी क्षेत्र में सामन्ती सोच इतनी गहरी पैठी हुई है कि आज भी राजनीति को व्यक्तिपरक अर्थों में ही (राजा साहब की राजनीति के रूप में) ग्रहण किया जाता है। अमुक नेता ऐसा है, तमुक नेता ऐसा है, यह नहीं समझा जाता है कि इनमें कुछ पार्टियाँ ऐसी हैं जो विश्वपूँजीवाद के हित साधन में लगी हैं, विश्वपूँजीवाद ने अब अन्तर्राष्ट्रीय वित्तीय पूँजी के वर्चस्व से सारी दुनिया पर अपना दबदबा क़ायम किया हुआ है। उसके एजेंट अर्थव्यवस्था पर क़ाबिज़ हैं, पार्टी कोई भी सत्ता में दिखाई दे रही हो। पार्टियाँ अपने-अपने मुखौटे लेकर उसी पूँजी की सेवा में लगी हैं, व्यक्ति या नेता कोई भी उनमें हो, वह तो मात्र 'मुखौटा' है। कुछ ही पार्टियाँ मज़दूरवर्ग और बाक़ी शोषित वर्गों के हितों की नुमाइंदगी करती हैं, उनमें भी व्यक्ति कोई भी हो, उसकी सफलता और ग़लतियाँ भी वर्गीय ताक़त और कमज़ोरियों के कारण ही होती हैं। मुक्तिबोध के सवाल का जवाब भी इसी समझदारी की माँग करता है। राजनीति के पीछे एक वैचारिकी काम कर रही होती है, यह वैचारिकी या तो सामज के शोषक प्रभुवर्ग की हो सकती है या

दलित-शमित शोषित के हित में संघर्ष करती है। इसी अर्थ में कबीर की कविता की वैचारिकी दलित सौन्दर्यशास्त्र के लिए बीज आत्मा का काम करती है, इसी पर विचार किया जाना चाहिए।

कबीर के समय में भी समाज वर्गों और वर्णों में बँटा हुआ था और उन वर्गों और वर्णों के हित आपस में टकराते थे। इस टकराहट को ही हम वर्गसंघर्ष कहते हैं। मार्क्स ने मानव के इतिहास को वर्गसंघर्ष का इतिहास कहा था। इस अर्थ में हमें कबीर की कविता के वर्गीय विचारों का विश्लेषण करना होगा। उनके विचार ही उनकी ज्ञानमार्गी वैचारिकी के मुखर बिम्ब माने जाएँगे। कबीर जिस कालखंड में रचना कर रहे थे, वह काल बुनियादी तौर पर सामन्ती काल ही था। उत्पादन के मुख्य साधन के रूप में ज़मीन थी जिस पर सामन्तों और सवर्णों का क़ब्ज़ा था और उस पर काम करने वाले किसान और दलित समाज के लोग ही थे। समाज की बनावट में कुछ अन्य समुदाय भी थे जैसे बुनकर, कुम्हार, नाई, भवननिर्माण करने वाले मिस्त्री, लोहार और चर्म आदि का हस्तउद्योग करने वाले तथा सफ़ाई आदि में लगे समुदाय। इन सबका लालन-पालन भी कृषि-उत्पादन से ही जुड़ा था। सवर्ण सामन्तवर्ग उस दौर का शासकवर्ग था, उस वर्ग की सनातनी मनुवादी विचारधारा का भी वर्चस्व समाज में था। जिस तरह शोषित समाज की ओर से कभी-कभी चुनौती सामन्तवर्ग को इतिहास में मिलती है, उसी तरह उनकी विचारधारा को भी चुनौती समय-समय पर मिलती है।

भारतीय सामन्तवाद की सबसे मज़बूत विचारधारा ब्राह्मणवाद रही है जिसका मुख्य घटक वर्णाश्रम व्यवस्था और पुनर्जन्म (अवतारवाद) की अवधारणा है। मनुष्य और मनुष्य के बीच नाबराबरी को हमेशा के लिए वैध बना देने वाले ये विचार सामन्तवाद को आज तक मज़बूत बनाए हुए हैं। फ्रांस की क्रान्ति के समय आधुनिक पूँजीवाद ने सामन्ती विचारधाराओं का भी अन्त किया था, मगर उसके बाद जब उसने प्रतिक्रियावादी स्वरूप अख़्तियार कर लिया तो सामन्तवाद को भी अपने शोषण-पाप के परम्पराक्रम में शामिल कर लिया। इसीलिए यूरोप के कई देशों में आज भी राजा-रानी पूँजीवादी सत्ता के सहायक हैं, हालाँकि वे शोभामूर्ति ही हैं। भारत में भी ब्रिटिश साम्राज्यवाद ने सामन्तवाद से समझौता कर लिया था। उन्हीं के चरणचिह्नों पर चलते हुए भारत के इज़ारेदार पूँजीवाद ने भी सामन्तवाद को ख़त्म करने के बजाय उससे गठजोड़ कर लिया। सामन्तवाद के अनेक सड़े-गले विचार और परम्पराएँ हमारे यहाँ इसीलिए आज भी जीवित हैं, क्योंकि आज़ादी के बाद के भारत की राजसत्ता में इज़ारेदार पूँजीपतिवर्ग के साथ सामन्तवाद का गठजोड़ है। एक ही सामन्ती घराने का पुत्र कांग्रेस में बड़ा नेता है, उसी घराने की माता या बहन बी.जे.पी. में और सतीप्रथा का आदर्शीकरण करने वाली। बी.जे.पी. के ऐसे सामन्ती तत्त्व मंत्री या मुख्यमंत्री पद पर आसीन होते रहे हैं और आगे भी रहेंगे। यह एक

उदाहरण है, व्यक्ति की या घराने की बात नहीं है। इससे सिर्फ़ यह स्पष्ट होता है कि सामन्तीवर्ग किस तरह इज़ारेदार पूँजीपतिवर्ग के साथ आज भी गठबन्धन करके देश की सत्ता में हिस्सेदारी कर रहा है, इससे हमारे समाज की सत्ता का वर्गचरित्र स्पष्ट होता है।

कबीर के वक़्त में औद्योगिक पूँजीपतिवर्ग वजूद में नहीं था। हथकरघे या हस्तशिल्प से ही ऐसी चीज़ें बनाई जाती थीं जिनका इस्तेमाल अन्य वर्ग के लोग करते थे, इस सीमित बाज़ार के लिए ही ऐसे लघु माल का उत्पादन होता था। कबीर भी इसी तरह के उत्पादन से जुड़े थे। कृषि व्यवस्था में ऐसे उत्पादक ही प्रगतिशील वर्ग के रूप में उभरते हैं और विकास के अपने चरण में वे सामन्तवाद को चुनौती भी देते हैं। यह प्रक्रिया ज़्यादातर समाजों में घटित होती है। व्यावसायिक पूँजीवाद का विकास भी इसी प्रक्रिया में होता है जो सामन्तवाद को चुनौती देता है।

भारतीय समाज में वर्णव्यवस्था और पुनर्जन्म की क्लासिकल विचारधारा को निर्णायक तौर पर ख़त्म करना इसीलिए सम्भव नहीं हो पाया क्योंकि मौजूदा आर्थिक आधार में सामन्तवाद की उपस्थिति बनी हुई है। कृषि सम्बन्धों में भूस्वामित्व और भूमिहीनता के अस्तित्व को ज़िन्दा रखने के लिए ब्राह्मणवाद एक कारगर हथियार की तरह काम कर रहा है। आज दलित चेतना के उभार का अर्थ भी इसी ब्राह्मणवाद-सामन्तवाद के ख़िलाफ़ उभरने वाले वर्गसंघर्ष और वर्णसंघर्ष से ही है। यह आकस्मिक नहीं है कि दलित लेखक आज ख़ुद को कबीर की परम्परा से जोड़ रहे हैं, (देखें, डॉ. धर्मवीर की पुस्तक, कबीर के आलोचक) क्योंकि कबीर की कविता की वैचारिकी जागरूक दलित लेखकों को उनके अपने समुदाय के हित में जाने वाली लगती है। यद्यपि कबीर के काव्य में ऐसे भी अंश हैं जिन पर सामन्ती विचारधारा का अच्छा-ख़ासा असर है (और सामन्ती समाजव्यवस्था में ऐसा होना अस्वाभाविक भी नहीं है), फिर भी उनका बहुलांश सामन्तवाद के ख़िलाफ़ जाता है, वह सामन्तवाद चाहे हिन्दू समुदाय का हो या मुस्लिम समुदाय का। उन्होंने सामन्ती विचारधारा के रखवाले पंडितों और मुल्लाओं की खुलेआम ख़बर ली। कबीर की कविता के इस पक्ष पर टिप्पणी करते हुए डॉ. रामविलास शर्मा ने लिखा, 'उन्होंने निम्नश्रेणी की जनता में आत्मगौरव का भाव जगाया। इस कार्य से उन्होंने निम्नवर्गों की सामाजिक चेतना को निखारा, उसे बल प्रदान किया। इस तरह उन्होंने जनसाधारण को सामन्ती अत्याचारों के विरोध में खड़ा होना सिखाया।' (*इन्द्रप्रस्थ भारती*, अप्रैल-जून : 2000, पृ. 82)

समाज के विकासक्रम में हर मंज़िल पर सत्यों का उद्‌घाटन वे वर्ग करते हैं जो ऐतिहासिक रूप में पुरानी शोषण व्यवस्था को ख़त्म करने और नई विकासशील व्यवस्था की स्थापना के लिए प्रतिश्रुत होते हैं। मसलन, सामन्तवाद के ख़ात्मे की ऐतिहासिक रूप से ज़िम्मेदारी पूँजीवाद की है, इसलिए जिस दौर में पूँजीवाद

ने सामन्तवाद के ख़ात्मे की निर्णायक लड़ाई लड़ी, उस दौर में उसने सत्य का, वैज्ञानिक सत्य का प्रसार किया। ज्ञान-विज्ञान और टेक्नोलॉजी का अकूत विस्तार उसी वर्ग की देन है। इसी तरह सर्वहारावर्ग की ज़िम्मेदारी पिछली तमाम शोषण पर आधारित व्यवस्थाओं को ख़त्म करने की है, इसलिए ज्ञान-विज्ञान को पूरे समाज के हित में इस्तेमाल करने और सत्य उजागर करने और सत्य की विजय के लिए संघर्ष करने का दायित्व भी ऐतिहासिक तौर पर संगठित सर्वहारा और दलित-शोषित वर्ग का है।

कबीर और निर्गुण सम्प्रदाय के भक्त सामन्तवाद के भीतर उभरते नये कारीगरवर्ग और सामन्ती उत्पीड़न के ख़िलाफ़ संघर्ष करती किसान जनता की ज्ञानमार्गी वैचारिकी को प्रतिबिम्बित करते थे। इसीलिए 'सत्य' के प्रति या 'ज्ञान' के प्रति उनका ही ज़्यादा आग्रह था। प्रो. इरफ़ान हबीब ने लिखा भी है कि ये सन्त उत्पीड़ित और दलित सामाजिक तबक़ों से आए थे, इनका एकेश्वरवाद समाज की निचली श्रेणियों की आवाज़ बनकर प्रकट हुआ था। उन्होंने कबीर के बारे में लिखा कि 'कबीर के लिए ईश्वर से एकाकार होने का अर्थ मनुष्यों का एक होना है और इसीलिए वहाँ शुद्धता और छुआछूत की प्रथा को सम्पूर्ण रूप से स्पष्ट शब्दों में नकारा गया है तथा सब तरह के अनुष्ठानों को अस्वीकार किया गया है।' (*साम्प्रदायिकता और संस्कृति के सवाल,* पृ. 23) प्रभुवर्ग के हितों से जुड़ी सनातन सगुण 'भक्ति' ब्राह्मणवाद के विचारों और वर्णाश्रम धर्म और पुनर्जन्म की विचारधारा को पुष्ट करती थी, वह खुले तौर पर दलितों और महिलाओं को उत्पीड़न का अधिकारी मानती थी।

सगुण भक्ति के व्यापक प्रचार और प्रसार का एक कारण यह था कि सामन्ती व्यवस्था के भीतर सदियों से दबे-कुचले समुदाय के लिए सगुण 'भक्ति' का रास्ता आसान था। तुलसी ने कह रखा था, 'भायं कुभायं अनख आलसहूँ / नाम जपत मंगल दिसि दसहूँ'। उन्होंने 'ज्ञान' के पंथ के बारे में आम जन के मन में एक डर पैदा किया, 'ज्ञान क पंथ कृपान कै धारा / परत खगेस न लावहि बारा'। उन्होंने सगुण 'भक्ति' को 'मणि' की संज्ञा दी और 'ज्ञान' को 'दीपक' बताया जो आसानी से बुझ सकता था। सामन्ती सांस्कृतिक पिछड़ (cultural lag) इस आसान रास्ते की ओर साधारण जन को ले जाती थी। इसीलिए सगुण-निर्गुण के संघर्ष में ब्राह्मणवाद की ही अन्ततः विजय हुई। इस संघर्ष में ब्राह्मणवाद ने इसलिए भी विजय हासिल की क्योंकि उस भक्ति को आम आदमी की भौतिक आवश्यकताओं की पूर्ति के आश्वासन से जोड़ दिया गया था—

जे सकाम नर सुनहिं जे गावहिं। सुख-सम्पति नाना बिधि पावहिं॥

(*रामचरितमानस*)

या फिर यह कहा गया था कि—

जिमि सरिता सागर महुं जाहीं। जदपि ताहि कामना नाहीं॥
तिमि सुख सम्पति बिनहिं बोलाएं। धरमसील पहिं जाहिं सुभाएँ॥

सगुण भक्ति के प्रसार में इस भौतिकवादी आश्वासन का बहुत बड़ा हाथ है। 'जय जगदीश हरे' के व्यापक प्रसार का भी यही कारण है। हमारे देश में सैकड़ों भगवानों और भगवतियों व साईं बाबाओं की लोकप्रियता का रहस्य भी यही है कि वे सब 'सुख-सम्पत्ति घर आवे' का आश्वासन ज़रूर देते हैं। निर्गुण सम्प्रदाय ने भक्ति की जगह 'ज्ञान' और 'सत्य' का सन्देश दिया और उन ढकोसलों का खंडन किया जिनका व्यापक प्रचार पंडित और मुल्ला अपने-अपने तरीक़े से करते थे। कबीर का बल भी 'ज्ञान' और 'सत्य' पर था, काव्यात्मक तरीक़े से उनकी आत्मा रूपी प्रेमिका कहती है कि 'पिया मोरा मिलिया सत्त गियानीं' (*कबीर ग्रंथावली*, सं. पारसनाथ तिवारी, पद-17) कबीर की कविता कहीं भी 'सुख-सम्पत्ति' का झूठा आश्वासन नहीं देती। वहाँ तो धनसंचय और माया के जाल में फँसने से भक्त को बचाने की कोशिश है। सुख-सम्पत्ति का भोग करने वाला सामन्तवर्ग भी अन्ततः 'जाएगा', यह यथार्थ ज़रूर उनकी कविता में हमें मिलता है।

निर्गुण काव्य में लौकिक बिम्ब ज़रूर हैं, उनके बिना कविता सम्भव ही नहीं है। मगर उस काव्य में 'सत्य' को ही ईश्वर माना गया है, किसी हाड़-मांस के राम या कृष्ण या मछली या सुअर आदि को नहीं जैसाकि अवतारवाद में विश्वास करने वाले सगुण भक्ति काव्य में वर्णित है। सिखों के उद्घोष, 'सत श्री अकाल' का भी यही अर्थ है कि 'सत्य ही अमर ईश्वर है'। निर्गुण सम्प्रदाय के अनुयायी सिखों के धर्मग्रंथ, गुरु ग्रंथसाहब में उस समय के सभी निर्गुण ईश्वर में विश्वास रखने वाले सन्तों की कविताएँ (जिनमें कबीर की कविताएँ मात्रा में सबसे ज़्यादा हैं) संकलित हैं। सिखों के 'दसवें गुरु गोविन्दसिंह जी ज़ब मरने लगे तो उन्होंने उसकी ओर लक्ष्य कर अपने अनुयायियों से कहा कि 'सिक्खो, मेरे बाद अब तुम्हारा कोई शरीरधारी गुरु नहीं होगा, ग्रंथ साहब को ही अपना गुरु समझना। उसकी शिक्षाओं पर चलना और उसके सम्मान की रक्षा करना।' (*कबीर ग्रंथावली*, वही, भूमिका, पृ. 71) दसवें गुरु को यह लगा होगा कि ब्राह्मणवाद के प्रभाव में कोई शरीरधारी अपने को ईश्वर का अवतार घोषित करके उनके किये-कराए पर पानी न फेर दे, और हुआ भी वही। कबीरपंथियों ने कबीर को आख़िर भगवान बना ही दिया। सिखों ने भी अपने धर्म को ब्राह्मणवादी कर्मकांड में ढाल दिया।

निर्गुण सन्तों के अनुयायी ज़्यादातर मेहनतकश समुदाय के ही लोग थे, जबकि सगुणभक्ति सवर्णों को ज़्यादा अच्छी लगी और सवर्णों ने बाद में तुलसी के महाकाव्य, *रामचरितमानस* को उसी तरह पूजना शुरू कर दिया जैसे सिख गुरु ग्रंथसाहब को

पूजते हैं। वे भी सिखों की नक़ल करते हुए तुलसी के ग्रंथ का अखंडपाठ करते हैं और प्रसाद बाँटते हैं। ब्राह्मणों ने उसे एक ऐसे धार्मिक अनुष्ठान में बदल दिया है जिससे वे अखंडपाठ करने वालों के मन में उनकी मनोकामना पूरी करने के विश्वास को भी बल प्रदान करते हैं। तुलसी ने अपने महाकाव्य के हर कांड में जगह-जगह अन्धविश्वास फैलाने वाली ऐसी घोषणाएँ की हुई हैं कि *रामचरितमानस* के पाठ से 'सुख-सम्पत्ति' अपने आप आती है। भारत की भोली-भाली ग़रीब जनता को इस तरह के 'ग़रीबी हटाओ' के नारे से बार-बार छला गया है। वह इस छलना की अभ्यस्त हो गई है।

हमारे समाज ने सामन्तवाद के ख़िलाफ़ अब तक कोई निर्णायक लड़ाई नहीं लड़ी है, हमारे पड़ोसी देश नेपाल तक ने यह लड़ाई लड़ी और कुछ हद तक जीती है। इसीलिए वहाँ सर्वहारावर्ग का आन्दोलन भी आगे बढ़ गया है। भारत की ज्ञानात्मक प्रगति के लिए आर्थिक आधार और सुपरस्ट्रक्चर यानी दोनों स्तरों पर सामन्तवाद के ख़िलाफ़ संघर्ष करना बहुत ज़रूरी है। कबीर इस सकारात्मक ज्ञानमार्गी चेतना के विकास में हमें बहुत बड़ी प्रेरणा देते हैं। उनकी कविता में ऐसे अनेक वैज्ञानिक सत्यों का उद्घाटन हुआ जिनसे सामन्ती मिथ्या चेतना का खंडन होता था। एक जगह तो यहाँ तक कह दिया है कि 'मनुष्य के बावले मन ने ही ईश्वर की रचना की है'। (*गुरु ग्रंथसाहब, गौड़ी,* 57-1 में एक पंक्ति आती है कि 'कालबूत की हसतनी मन बउरा रे चलतु रचिओ जगदीस')। यह वक्तव्य आश्चर्यचकित कर देने वाला है, हालाँकि हमारे देश में चार्वाक से लेकर अनेक ऐसे दार्शनिकों की लम्बी परम्परा रही है, जो या तो नास्तिक थे या निराकार ईश्वर में या प्रकृति में ही विश्वास रखते थे। वाल्मीकि रामायण के अयोध्याकांड के सर्ग 108 में जाबालि ऋषि चार्वाक दर्शन की शिक्षा राम को देते हैं, 'प्रतिष्ठं यत् तदातिष्ठ, परोक्षं पृष्ठतः कुरु' यानी जो सामने यानी लोक दिखता है उसी को मानो, परोक्ष यानी परलोक को परे रखो'। (श्लोक 17)

कबीर इसी चार्वाक परम्परा के कवि थे, इसीलिए उन्होंने यह वैज्ञानिक सत्य कह दिया कि 'ईश्वर की रचना मनुष्य ने की।' लेकिन सामन्ती विचारधाराओं के गहरे घटाटोप से घिरे समाज में इस तरह की घोषणा सचमुच क्रान्तिकारी ही कही जाएगी। कबीर ग्रंथावली के सम्पादक पारसनाथ तिवारी ने इस पंक्ति में आए शब्द 'चलतु' को और इस पंक्ति के डॉ. रामकुमार वर्मा द्वारा किये गए अर्थ को ग़लत बताया है और उसकी जगह 'चित्र' शब्द को सही माना है और वही उन्होंने पद संख्या 97 में दिया भी है। इससे कबीर की उक्त पंक्ति का अर्थ बदल जाता है, और यह सिद्ध नहीं होता कि मनुष्य ने ही ईश्वर की रचना की है। मगर डॉ. तिवारी द्वारा संकलित एक अन्य पद भी है जो काव्यात्मक तरीक़े से फिर यही दर्शाता है कि कबीर अपनी रचनायात्रा में ऐसे पड़ाव पर पहुँचते हैं जहाँ वे किसी ईश्वर को

नहीं मानते। उनके विपुल साहित्य में ऐसे स्थल ज़्यादा हैं जहाँ वे निराकार भगवान को जो कि सत्यरूप है, ज्ञानरूप है अपना इष्ट मानते हैं। पद संख्या 140 तक पहुँचकर उनका वाचक इतना निर्भीक हो जाता है कि कह उठता है :

अब मेरी रांम कहइ रे बलइया। जांमन मरन दोऊ डर गइया॥
ज्यों उघरी कों दे सरवांनां। राम भगति मेरे मनहुँ न माँनां॥
हंम बहनोई राम मेरा सारा। हमहि बाप रांम पूत हमारा॥
कहै कबीर ए हरि के बूता। रांम रमे तो कुकुर के पूता॥

आख़िर की पंक्ति का एक पाठ यह भी है कि 'कहै कबीर सकल जग मूठा/ राम कहै सोई जन झूठा।' (*कबीर ग्रंथावली,* वही, पृ. 82) इस पद का अर्थ इतना दुरूह नहीं है कि कबीर की निर्भीकता समझ में नहीं आए। 'राम के जन्मदाता हमीं हैं' इस अर्थ को भी झुठलाना सम्भव नहीं है। अगर दूसरे पाठ को भी सही मानें तो भी स्पष्ट है कि राम का जाप करने वाला झूठा है। स्मरण रहे, वे पंडितों की आलोचना करते हुए यह कहते रहे थे कि 'पंडित बाद बदै सो झूठा'। अभिलाष दास ने भी अपनी पुस्तक, कबीर : व्यक्तित्व और कर्तृत्व में यह माना है कि कबीर किसी ईश्वर में विश्वास नहीं करते थे, कबीर के लिए 'यह चेतन जीव ही परम तत्त्व है।' सदगुरु पहली ही रमैनी में कहते हैं कि 'एक जीव कित कहूँ बखानी।' अर्थात 'एक जीव ही सत्य है, मैं विषय वर्णन क्या करूँ।' (पृ. 106) अभिलाष दास ने एक दोहे का अर्थ करते हुए यह दर्शाया है कि कबीर किसी ईश्वर को नहीं मानते थे—

साँच कहूँ तो है नहीं, झूठहि लागु पियारि।
मो शिर ढारे ढेंकुली, सींचे और कि क्यारि॥

कबीर की कविता इस तरह दलित सौन्दर्यशास्त्र की आत्मा रचती है। उसकी प्रतिबद्धता स्पष्ट है, वह दमित, दलित और अपने समय के शोषित वर्गों के साथ खड़ी होती है और उन्हें ज्ञान के माध्यम से आगे बढ़ने की प्रेरणा देती है। उनका शोषण करने वालों ने जिस झूठ को तरह-तरह से फैला रखा था, उस पर वे निर्मम होकर प्रहार करते हैं, चाहे वह झूठ पंडितों ने फैलाया हो, मुल्लाओं ने फैलाया हो, अवधूतों ने फैलाया हो, या किसी अन्य सम्प्रदाय ने जो मनुष्य को अज्ञान की ओर धकेलता हो। मुरली मनोहर प्रसाद सिंह ने अपने एक लेख में लिखा है कि 'अपने जीवनानुभव के साक्ष्य पर आधारित तर्कों से कबीर पंडित को, मुल्ला को, धार्मिक मठाधीशों को, योगियों को और अवधूतों को निरुत्तर कर देते हैं, जातिप्रथा के समर्थकों की बोलती बन्द कर देते हैं, धार्मिक कर्मकांड और आडम्बरों की धज्जियाँ उड़ा देते हैं।' (*इन्द्रप्रस्थ भारती,* अप्रैल-जून 2000, पृ. 112)

कबीर की कविता में मेहनत करने वाले लोगों के जगह-जगह चित्र हैं। एक पद में तो सामन्त द्वारा किये गए अत्याचारों से तंग आकर एक किसान गाँव छोड़ने की बात करता है। कहीं, चरखा चलाने वाली स्त्रियाँ हैं, कहीं युद्ध में लड़ने वाले सिपाही हैं। कहीं भी अन्धविश्वास फैलाने वाले चित्र नहीं हैं। उलटबाँसियाँ तो एक विधा की तरह हैं, उनमें भी चित्र सामान्य जीवन के ही हैं, जैसे सिंह गाय चरा रहा है तो चित्र तो ग्वाले का ही है। कबीर के काव्य में ऐसा बहुत कुछ है जो आज की क्रान्तिकारी वैचारिकी और दलित सौन्दर्यशास्त्र की निर्मिति के काम का है। प्रगतिशील विचारधारा के बहुत से बीज ('आलोचना और आत्मालोचना' से लेकर 'ज्ञान-विज्ञान' के प्रचार-प्रसार तक) कबीर में दिखते हैं जो उन्हें लोकायत, सांख्य, न्यायवैशेषिक आदि अनेक भौतिकवादी दर्शनों की लम्बी भारतीय परम्परा से जोड़ते हैं और जो आज के शोषित-दलित समाज की अमूल्य निधि हैं। जिस तरह कबीर अज्ञान का विखंडन करते हैं, साहित्य का दलित सौन्दर्यशास्त्र भी इसी ध्येय से परिचालित होगा।

तुलसी का 'रामचरितमानस' : दलित सौन्दर्यशास्त्र की नज़र में

अनभै सांचा, पत्रिका के अप्रैल-जून 2012 के अंक में डॉ. नित्यानन्द तिवारी ने अपने लेख, 'भक्ति-साहित्य : एक पुनरावलोकन' में *रामचरितमानस* के दशरथ-कैकेयी प्रसंग की जो उत्तर-आधुनिकतावादी व्याख्या की है वह काफ़ी बहसतलब है, विचारोत्तेजक भी। उससे अपनी विनम्र असहमति जताते हुए मुझे लगा कि अभी हिन्दी पाठकों में शायद क्लासिकल साहित्य में अन्तर्निहित विचारधारा की जानकारी का अभाव है। यों तो अंग्रेज़ी साहित्य में भी वैज्ञानिक तरीक़े से क्लासिकवाद की परिभाषा और पूरे क्लासिकल साहित्य की इस नज़रिये से व्याख्या देखने को नहीं मिली है, फिर भी क्लासिसिज़्म और रोमांटिसिज़्म की तुलना करते हुए एक बिम्बवादी कवि टी ई ह्यूम ने क्लासिसिज़्म में अन्तर्निहित विचारधारा का सारतत्त्व जाने-अनजाने एक वाक्य में बताया, जो मुझे काफ़ी हद तक सही लगता है। उसका कहना है कि क्लासिकल साहित्य इस विचार पर आधारित है कि 'मनुष्य अपनी सीमाओं का अतिक्रमण नहीं कर सकता।' *(Humans cannot transcend their limitations)*

मैं इस अवधारणा को पीछे भी स्पष्ट कर चुका हूँ कि क्लासिकल साहित्य दासयुग के दौरान शुरू हुआ जब 'सम्पत्ति' की अवधारणा और उत्पादन के साधनों पर निजी स्वामित्व की समाज-व्यवस्था पैदा हुई। उस दौर में ग़ुलामगीरी की वैचारिकी उच्च वर्ग ने तैयार करवाई जिससे दासों पर स्वामियों का शासन अबाध रूप से चलता रहे। इसी शासकवर्गीय आकांक्षा का प्रतिफलन क्लासिकल विचारधारा में हुआ। उक्त परिभाषा में दो विचार और जुड़े, एक तो नियतिवाद का, दूसरा 'अभिमान' को पाप बताने का। यह विचारधारा आश्चर्यजनक रूप से ग्रीक साहित्य से लेकर दुनिया के सारे महाकाव्यों और जनमानस में आज भी व्याप्त है, जबकि रोमांटिक साहित्य की विचारधारा ने पूँजीवादी समाज की स्थापना के लिए हुई फ्रांस की क्रान्ति से प्रेरित होकर क्लासिकल विचारधारा को खंडित कर दिया था। सामाजिक विकास की आधुनिक मंज़िल में वैज्ञानिकों ने अपने आविष्कारों से यह प्रमाणित कर दिया कि 'मनुष्य अपनी सीमाओं का अतिक्रमण कर सकता है'। समाज में विज्ञान और

तकनीक का अभूतपूर्व विकास क्लासिकल विचारधारा में निहित झूठ का विखंडन हर रोज़ कर रहा है।

ग्रीक साहित्य में *प्रोमिथियस बाउंड* नामक कृति का सन्देश क्लासिकल विचारधारा पर आधारित था। काव्यनायक प्रोमिथियस ने यह जुर्रत की कि उसने स्वर्ग से अग्नि चुराकर मानव संसार को देकर एक बनी-बनाई व्यवस्था को चुनौती दी तो ग्रीक ईश्वर ने उसे एक चट्टान से बाँध दिया और यह संकेत दिया कि मनुष्य अपनी सीमाओं का अतिक्रमण नहीं करे, जो स्पार्टाकस बनने की कोशिश करेंगे, सज़ा पाएँगे। इसका निषेध करते हुए, क्रान्तिकारी रोमानी अंग्रेज़ी कवि पी.बी. शैले ने एक कृति रची, *प्रोमिथियस अनबाउंड*। यह नई चेतना का साक्ष्य प्रस्तुत करती है कि मनुष्य अपनी सीमाओं का अतिक्रमण कर सकता है। समाज का विकास क्रान्तियों से ही होता है, गुलामगीरी से नहीं। रोमानी कवि शैले ने प्रोमिथियस को बन्धनमुक्त कर दिया क्योंकि रोमानियत बन्धनों से मुक्ति का सन्देश देती है। इसी तरह डार्विन ने अपने शोध से सारी दुनिया को ऐसा ही सन्देश दिया कि उद्विकास के दौरान वनमानुष ने अपनी सीमाओं का अतिक्रमण करके ही मनुष्य का रूप हासिल किया। ग्रीक साहित्य में ऐसे मिथक और ऐसे कथ्य ही रचनाओं के लिए उपयुक्त माने गए थे जिनमें सीमाओं का अतिक्रमण करने वाले मनुष्य को सज़ा मिलती है, चाहे वह सोफ़ोक्लीज़ का नाटक, *इडिपस द किंग* हो, या एस्खाइलस की कृति *प्रोमिथियस बाउंड* या फिर एक द्वीप पर बन्धक बने इकारस का मिथक जिसमें कहा गया है कि उसने अपने बढ़ई पिता से कृत्रिम पंख बनवाकर जो लकड़ी और मोम के बने थे बन्धनमुक्त होने की कोशिश की; मगर पिता की चेतावनी की अवहेलना करते हुए वह सूरज के निकट चला गया और पंख पिघलने पर समुद्र में गिर पड़ा। हमारे मिथकों में त्रिशंकु की भी यही दुर्गति होती है। सीमाओं का अतिक्रमण करने वाला अभिमान की भावना रखता है, इसलिए उसे क़ब्ज़े में रखने के लिए अभिमान को पाप की श्रेणी में रखा गया। इसी विचारधारा से निःसृत नियतिवाद भी दासयुग से लेकर आज तक इसी नियंत्रणविधि का एक औज़ार रहा है, जिसे शोषण और इनसानी नाबराबरी पर आधारित समाज में सभी जगह ख़ूब प्रचारित किया जाता रहा है, यानी कहा गया कि 'होता है वही जो मंजूरे ख़ुदा होता है' या 'होइहि सोइ जो राम रचि राखा/ को करि तरक बढ़ावहि साखा'।

यह आश्चर्यजनक तथ्य है कि सामाजिक विकास की मंज़िलें अपने से पहले की मंज़िल के सुपरस्ट्रक्चर को बदलती रहीं, मगर दासयुग की क्लासिकल विचारधारा को नया रूप देकर पालती-पोसती रहीं। मसलन, ग्रीक समय के दास युग के बाद सामन्ती युग में प्रवेश के बाद ईसाइयत ने भी उसे नये मिथकों से सजाकर और अधिक स्वीकार्य बनाए रखा। बाइबिल का पहला अध्याय ही यह सन्देश देता है

कि 'मनुष्य अपनी सीमाओं का अतिक्रमण नहीं कर सकता' और अगर करने की कोशिश करेगा तो सज़ा पाएगा। ईसाइयत ने उस विचारधारा में एक नया आयाम यह जोड़ा कि सृष्टि में हर चीज़ का एक नियत स्थान है, एक सीढ़ी है, जिसमें ईश्वर सबसे उच्च स्थान पर है, फिर देवदूत, फिर मनुष्य, फिर जीव, फिर वनस्पति, फिर चट्टानें, फिर पानी। इनमें से कोई अपने से उच्च सीढ़ी पर जाने की कोशिश करेगा तो उसे सज़ा मिलेगी। इकारस के मिथक का यह नया रूप था, आदम और हौवा मनुष्य से देवदूत बनने की कोशिश के बतौर ईश्वर के आदेश के विरुद्ध जाते हुए ज्ञान का फल खा लेते हैं तो उन्हें सज़ा मिलती है, उन्हें पापी घोषित कर दिया जाता है, और मृत्यु के हाथों सौंप दिया जाता है। सोलहवीं सदी के इंग्लैंड में ईसाइयत ने ग़ुलामगीरी को प्रश्रय देने वाली क्लासिकल विचारधारा को 'चेन ऑफ़ बीइंग' के रूप में ढालकर पेश कर दिया था, महारानी एलिज़ाबेथ का संरक्षण इस वैचारिकी को प्राप्त था। शेक्सपियर की अमर कृतियाँ, किंग लीयर, हैमलेट आदि, मिल्टन की अमर कृति, पैराडाइज़ लॉस्ट, मार्लो की अमर कृति, डॉक्टर फ़ॉस्टस इसी विचारधारा का पोषण करती हुई कृतियाँ हैं जबकि ये उदीयमान पूँजीवाद के समय के उत्पाद हैं। इनमें तो दरअसल इस विचारधारा का खंडन होना चाहिए था, मगर ऐसा हुआ नहीं क्योंकि समाज के प्रभुवर्ग के हित में जानेवाली विचारधारा की जकड़बन्दी रचनाकारों के दिमाग़ में भी बनी रहती है। अठारहवीं सदी के अंग्रेज़ी साहित्य में तो घोषित रूप से क्लासिकल विचारधारा के अनुकरण की सलाह रचनाकारों को दी गई जिसे उस ज़माने के कवि अलेक्ज़ेंडर पोप की काव्यकृति, एन ऐस्से ऑन मैन में देखा जा सकता है। यह कृति कवि के समकालीन अंग्रेज़ दार्शनिक और कंज़रवेटिव राजनीतिक नेता बोलिंगब्रोक की रूढ़िवादी वैचारिकी का ही पद्यानुवाद मानी जाती है जो ईसाइयत की ही सरणिव्यवस्था को यानी 'चेन ऑफ़ बीइंग' की ग़ुलामगीरी की वैचारिकी का पिष्टपोषण करता है कि सृष्टि में हर जीव और पदार्थ का, 'अस्तित्व की कड़ी' में एक तयशुदा स्थान है, उस स्थान का अतिक्रमण करना सम्भव नहीं, अतिक्रमण करने पर सज़ा का दैवी विधान है जो आदम और हौवा को भी पापी बना चुका है।

हमारे यहाँ की क्लासिकल विचारधारा, मनुवाद या 'ब्राह्मणवाद' से यह फ़लसफ़ा काफ़ी मिलता-जुलता है जिसमें ब्राह्मण ईश्वर का मुख है, क्षत्रिय उसकी भुजाएँ हैं, वैश्य उसका उदर हैं और शूद्र उसके पदतल हैं, यहाँ भी कोई अपने स्थान का अतिक्रमण नहीं कर सकता। *भगवद्गीता* में कृष्ण के मुख से यह कहलवाकर कि 'चातुर्वर्ण्यं मया सृष्टं...' (अध्याय 4, श्लोक 13, अध्याय 18, श्लोक 41-44) इस क्लासिकल विचारधारा को भी दैवी-विधान की शक्ल दे दी गई जिसकी वजह से भारतीय समाज आज तक नाबराबरी के इस फ़लसफ़े की गिरफ़्त में बना हुआ है और इससे मुक्ति के कोई आसार भी फ़िलहाल नहीं दिखाई दे रहे। कबीर के बाद

इस फ़लसफ़े का विखंडन जोतिबा फुले ने और बाद में बाबा साहब आंबेडकर ने किया, मगर व्यापक समाज आज भी उसी की जकड़बन्दी में है।

इस तरह की क्लासिकल विचारधारा का सर्वव्यापी प्रभाव यूरोप में ही रहा हो, ऐसा नहीं है। शोषण पर आधारित समाजों के उद्‌भव और विकास की प्रक्रिया में इस विचारधारा का जन्म होना लाज़िमी रहा है। इसलिए हमारे क्लासिकल साहित्य में भी वह मौजूद है। हमारे महाकाव्य और धार्मिक विमर्श में भी वही वैचारिकी केन्द्रीय धुरी की तरह काम करती है। उसी विचारधारा से प्रेरित उपदेश, 'आत्मानम् विद्धि' और नियतिवाद हर जगह हर क्षण हमें सुनाई देता है। हमारे मिथक भी उसी तरह का सन्देश देते हैं कि 'मनुष्य अपनी सीमाओं का अतिक्रमण नहीं कर सकता', राम का मिथक हो या कृष्ण का, या त्रिशंकु का। कंस का वध कृष्ण के हाथों होना है, कंस अपनी इस सीमा का अतिक्रमण करने के लिए हर उपाय करता है, अभिमानी बनता है, अन्ततः वह अपनी सीमाओं का अतिक्रमण करने के प्रयास में सफल नहीं हो पाता, कृष्ण के हाथों मारा जाता है। ठीक उसी तरह जिस तरह ग्रीक साहित्य के मिथकीय पात्र अन्ततः त्रासदी का शिकार होते हैं। ग्रीक कथा के इकारस की तरह त्रिशंकु भी मानवीय सीमाओं का अतिक्रमण करता है, वह भी उलटा गिरता है।

क्लासिकल विचारधारा के इस खुलासे की ज़रूरत मुझे इसलिए महसूस हुई क्योंकि इसे जाने बग़ैर *रामचरितमानस* जैसी रचना के किसी भी हिस्से को इसी तरह विचारधारारहित मानने की उत्तरआधुनिक भूल की जा सकती है। डॉ. नित्यानन्द तिवारी नें साहित्यविनोद की तरह उत्तर-आधुनिकतावादी आलोचना का एक प्रयोग किया और *रामचरितमानस* के दशरथ-कैकेयी प्रसंग की व्याख्या करते हुए यह आम धारणा व्यक्त की कि तुलसी के पास जो विचारधारा है वह 'भक्ति की विचारधारा' है, और यहीं पर गड़बड़झाला है। डॉ. नित्यानन्द तिवारी बताते हैं कि दशरथ-कैकेयी प्रसंग में दशरथ बहुत पहले कैकेयी को दिये गए वचन के कारण मुसीबत में फँस गए हैं, वचन को निबाहते हैं तो निरपराध बेटे राम को बनवास देकर उसे दंडित करने का पाप करेंगे, नहीं निबाहते हैं तो रघुकुल-रीति तोड़कर न्यायी राजा होने की श्रेष्ठता से नीचे गिर जाएँगे। तिवारी जी ने इस पर टिप्पणी करते हुए लिखा :

> तुलसी के पास बड़ी दृढ़ विचारधारा थी, जो इस संकट से दशरथ को उबार सकती थी। लेकिन तुलसी विचारधारा का उपायोग नहीं करते। सम्पूर्ण *रामचरितमानस* में कोई ऐसा उभयोतपाशबद्ध प्रसंग नहीं है। आख़िर तुलसी भक्ति की विचारधारा का उपायोग करके इस समस्या का समाधान क्यों नहीं देते। (*अनभै साँचा,* 26, पृ. 14)

आगे वे लिखते हैं कि मानस के पाठ यानी टैक्स्ट में 'यह एक दरार है'। फिर वचन निबाहने को लेकर गांधी और टैगोर के भिन्न विचारों की रोशनी में इस प्रसंग के टैक्स्ट पर नज़र डालते हुए एक लोककथा की प्रकृति की अच्छी व्याख्या करते हैं, और उसके बाद वे उत्तर-आधुनिकतावादी विचारसरणि की चपेट में आ जाते हैं और लिखते हैं :

> यह प्रसंग भक्ति की विचारधारा के अधीन नहीं है।...किसी भी वर्चस्वी शक्ति के अधीन नहीं है। इसकी स्वाधीनता किसी की मनमर्ज़ी के मुताबिक़ नहीं है। कोई भी इसका फ़ायदा नहीं उठा सकता—भक्ति की विचारधारा भी नहीं। (*अनभै साँचा,* 26, पृ. 16)

इसी उत्तर-आधुनिकतावादी विचारसरणि के असर में लोककथाओं के बारे में भी यह कह देते हैं कि 'उनकी आलोचनात्मकता परिस्थितिगत वास्तविकता की गति और रक्त से पैदा होती है, किसी विचारधारा से नहीं।'

ये ही वे बिन्दु हैं जहाँ पर मेरी डॉ. नित्यानन्द तिवारी से विनम्र असहमति है। इसका मतलब यह नहीं कि पूरे लेख में उन्होंने तर्कसंगत समीक्षापद्धति से जो मूल्यवान और नई व्याख्याएँ दी हैं, उन्हें मैं कम करके आँक रहा हूँ। वे अपने सारतत्त्व में उस जनपक्षीय आलोचना के विशाल दाय का हिस्सा हैं जो भक्ति साहित्य के लोकसम्पृक्त स्वरूप की वैज्ञानिक समझ हमें देती ही हैं।

वर्गविभक्त समाज में पले-बढ़े सभी इनसान विचार भी अर्जित करते हैं, इसलिए विचारधारा से मुक्त होना मुमकिन नहीं, 'लोक' माने जाने वाले सामाजिक प्राणी भी नहीं जो लोककथाएँ रचते हैं। लोक, 'ब्राह्मणवादी' या 'मनुवादी' वैचारिकी के लम्बे समय तक पनपते रहने की सबसे अधिक उर्वर भूमि है। उसका जिन-जिन विचारधाराओं ने उच्छेदन किया, वे लोक के बल पर ख़ुद उसी विचारधारा में ढल गईं। मसलन, हमारे यहाँ के बौद्ध, जैन आदि नये दर्शनों ने क्लासिकल विचारधारा के उच्छेदन की कोशिश की, मगर वे सब उसी की तरह हो गए। सिख दर्शन जो सबसे अधिक ब्राह्मणवादी विचारधारा का उच्छेदक था, अपनी रीति-नीति में अब पूरी तरह ब्राह्मणवादी और अन्धविश्वासी होकर, उसी तरह की पूजा-अर्चना करने की चाल-ढाल में रँग गया।

तुलसी के समय में सामन्तवाद को और उसकी क्लासिकल विचारधारा ब्राह्मणवाद को बड़ी चुनौती मिल रही थी। कबीर कहते थे, 'पंडित वाद वदै सो झूठा', अपने तर्क से वे लोगों को ज्ञानमार्ग पर चलने की सलाह दे रहे थे। ढोंग, आडम्बर आदि को गरिया रहे थे। अवतारवाद को मिथ्या क़रार दे रहे थे। यह चुनौती क्लासिकल विचारधारा को चुनौती थी। उससे जुड़े नियतिवाद का भी विखंडन हो रहा था। वे तर्क पर आधारित ज्ञान को विकसित करने की तड़प

लिये हुए थे। वे जाति, धर्म आदि के आडम्बरों में और क्लासिकल विचारधारा में जकड़े लोक को नवजागरण का सन्देश दे रहे थे, समाज में झूठ का वर्चस्व देखकर उन्हें यह तकलीफ़ महसूस होती थी, 'भाई रे बिरले दोस्त क़बीर के, यहु तत बार-बार कासौं कहिए।' (पद 66, पृ. 39, *कबीर ग्रंथावली*, सं. पारसनाथ तिवारी, राका प्रकाशन, इलाहाबाद, 1989) मगर उस ज्ञानमार्गी शाखा के विकसित होने के लिए उस समय भौतिक परिस्थितियाँ विकसित नहीं हुई थीं, इसलिए पहले के कई प्रयासों की ही तरह ज्ञानमार्ग का भी पराभव हो गया। अनुयायी रह गए और आज भी हैं, मगर हैं ब्राह्मणवाद की जकड़बन्दी में ही। इसे आज का मीडिया, टी वी चैनल, रेडियो और सूचनातंत्र सभी नित नया बल पहुँचा रहे हैं। अनेक बाबा लोग, सुन्दर-सुन्दर साध्वियाँ, कई हसीन कथावाचक इसी क्लासिकल विचारधारा को अनेक चैनलों के माध्यम से और जगह-जगह पंडालों में, मन्दिरों में, तीर्थस्थलों में गा-बजा रहे हैं। उसे सर्वव्यापी बना रहे हैं। क्यों न हो, करोड़ों का चढ़ावा आ रहा है, मज़े आ रहे हैं। ग्रीक समाज में स्वामियों के हित के लिए बनाई गई ग़ुलामगीरी की वैचारिकी आधुनिक युग के स्वामी लोगों के बड़े काम की चीज़ साबित हो रही है। रूढ़िवादी राजनीतिक वर्चस्व क़ायम रखने के लिए इससे बढ़िया कोई अस्त्र नहीं।

तुलसी बाबा ने भी अपने बचपन से 'नानापुराणनिगमागम' और 'सूकरखेत' में सुनी कथा के माध्यम से यही विचारधारा पाई थी। उन्हें निर्गुण कवियों में ज्ञान का अभिमान बर्दाश्त नहीं था। वे हर तरह से वर्णव्यवस्था और अवतारवाद को विखंडित होने से बचाना चाहते थे। इस काम के लिए विश्व के तमाम कवियों की ही तरह क्लासिकल विचारधारा के प्रसार के लिए उन्हें भी महाकाव्य विधा का सहारा लेना पड़ा। एक रोचक रामकथा लोक में उपलब्ध थी, साधु-सन्त इधर-उधर सुनाते रहते थे, 'सूकरखेत' में सुनी हुई थी ही। इसलिए उसे लोकभाषा में निबद्ध करने का साहस उन्होंने जुटाया। यही कथा *रामचरितमानस* बनी। इस कथा में किसी तरह की भक्ति की विचारधारा नहीं है, उसमें क्लासिकल विचारधारा है जिसके मुख्य घटक हैं : सीमाओं के अतिक्रमण से पैदा हुए अभिमान का विखंडन, नियतिवाद या अवतारवाद और मनुवादी वर्णाश्रम व्यवस्था का पोषण यानी ब्राह्मणवाद और मनुवाद को समाज में स्वीकार्य बनाए रखने के लिए बौद्धिक संघर्ष।

दशरथ-कैकेयी प्रसंग को भी इसी विचारधारा के प्रकाश में व्याख्यायित किया जा सकता है। तुलसी ने *रामचरितमानस* की क्लासिकल विचारधारा के एक अहम घटक को एक चौपाई में यों व्यक्त किया है :

सुनहु राम कर सहज सुभाऊ। जन अभिमान न राखहिं काऊ॥

सीमाओं का अतिक्रमण करने से जो अभिमान उपजता है, राम उसे नहीं बख़्शते, भले ही वह 'जन' उनका अपना लोकपिता दशरथ हो, वानरों का राजा बालि हो, लंका का राजा रावण हो, ब्रह्मा का बेटा नारद जैसा ऋषि हो या गरुड़ जैसा देववाहन हो, या सती जैसी देवपत्नी हो या ख़ुद उनकी अपनी जीवनसंगिनी सीता हो। वानरों के राजा बाली ने मरते समय राम के सामने बहुत ही मुश्किल सवाल रख दिया था। उसने कहा, कैसे 'समदरसी रघुनाथ' हैं आप, आपके लिए तो सब जन एक समान होने चाहिए, तो फिर बताइए—

मैं बैरी सुग्रीव पिआरा। अबगुन कवन नाथ मोहिं मारा॥

तुलसीदास ने बाली के लिए 'महा अभिमानी' शब्द का प्रयोग किया। उसकी पत्नी ने उसे समझाया कि राम के साथ उसे संग्राम नहीं करना चाहिए तो उसने पत्नी की बात नहीं मानी, और कहा मरने में भी कोई बुराई नहीं—

अस कहि चला महा अभिमानी। तृन समान सुग्रीवहिं जानी॥

राम ने उसे मारने का यही तर्क दिया—

मूढ़ तोहि अतिसय अभिमाना। नारि सिखावन करसि न काना॥
मम भुजबल आश्रित तेहि जानी। मारा चहसि अधम अभिमानी॥

रावण के विनाश का भी यही तर्क है, रावण भी 'महा अभिमानी' है। *रामचरितमानस* में रावण के साथ यह विशेषण अनगिनत बार आया है। जब बानर सेना लंका घेर लेती है, (देखें लंकाकांड, दोहा 39 के बाद का वर्णन) तो—

लंका भयउ कोलाहल भारी। सुना दसानन अति अहंकारी॥

और इस चौपाई के बाद पाँचवीं चौपाई में शिव के मुँह से कहलवाया, 'उमा रावनहिं अस अभिमाना...', इसी तरह रावण जब कुम्भकरण को नींद से उठाता है तो वह पूछता है कि क्या हुआ—

कुम्भकरन बूझा कहु भाई। काहे तव मुख रहे सुखाई॥

तो तुलसी बाबा लिखते हैं—

कथा कही सब तेहि अभिमानी। जेहि प्रकार सीता हरि आनी॥

कुम्भकरण अपने भाई रावण को समझाता है कि—

अजहूँ तात त्यागि अभिमाना। भजहु राम होइहि कल्याना॥

मगर रावण नहीं मानता। जब आख़िर में रावण ख़ुद ही युद्धभूमि की ओर चलता है, तो—

असगुन अमित होहिं तेहि काला। गनइ न भुजबल गर्व बिसाला॥

लोक में आज भी यह कहावत प्रचलित है कि 'गर्व करे सो हारे'। युद्ध में लड़ते वक़्त भी उसके लिए कवि ने लिखा—

गरजेउ मूढ़ महा अभिमानी। धायेउ दसहु सरासन तानी॥

अभिमान को हर धर्म में और क्लासिकल विचारधारा में पाप माना गया है। मनुष्य जब सीमाओं का अतिक्रमण करता है तो अभिमान करता है। क्लासिकल विचारधारा ने दासों को अपने क़ब्ज़े में रखने के लिए ऐसा साहित्य और नीतिशास्त्र रचा जो दासों को याद दिलाता रहे कि मनुष्य को अपनी सीमाओं का अतिक्रमण नहीं करना चाहिए। ईसाई धर्म में जो महापाप गिनाए गए उनमें भी अभिमान को शामिल किया गया। हमारे यहाँ भी ब्राह्मणवाद ने अभिमान को आसुरी वृत्ति में रखा भगवद्गीता में कृष्ण के मुँह से कहलाया—

दम्भो दर्पोऽभिमानश्च क्रोधः पारुष्यमेव च।
अज्ञानं चाभिजातस्य पार्थ सम्पदमासुरीम्॥ (श्लोक 4, अध्याय 16)

आगे चलकर कृष्ण यह भी स्पष्ट कर देते हैं कि आसुरी वृत्ति बन्धन के लिए है, और अभिमान करने वाला ईश्वर का द्रोही होता है :

अहंकारं बलं दर्पं कामं क्रोधं च संश्रिता।
मामात्मपरदेहेषु प्रद्विषन्तोऽभ्यसूयका:॥ (श्लोक 18, अध्याय 16)

तुलसीदास ने अपनी कृति में उसी क्लासिकल विचारधारा को केन्द्र में रखकर कबीर आदि की ब्राह्मणवाद विरोधी निर्गुण भक्ति की विचारधारा से संघर्ष करके उसे पुनः स्थापित किया। अपनी कृति में ऐसे पात्र प्रमुखता से रचे जो अभिमान करके हार का मुँह देखते हैं, या कठिनाई में पड़ जाते हैं। दशरथ भी मनुष्य होने की सीमा को अतिक्रमित करते हुए देवताओं की तरह कैकेयी को 'कुछ' भी वरदान दे देने का अभिमान पाल लेते हैं, और इसीलिए उस संकट में फँसते हैं जिसे डॉ. नित्यानन्द तिवारी ने 'उभयतोपाश' कहा है। तुलसीदास ने अपनी कृति में अभिमान करने वाले नर, वानर, राक्षस, देवता, प्रिय, अप्रिय सभी को सबक़ सिखाया है। असली निशाना तो उन्होंने कबीर जैसे ब्राह्मणवादविरोधी सन्तों पर साधा है। इसके लिए सूक्ष्म तरीक़े से ज्ञान का अभिमान करने वाले यानी सीमा का अतिक्रमण करने वाले हर पात्र को मुसीबत में पड़ते हुए दिखाया है। शिव

की पहली पत्नी सती, विष्णु के वाहन गरुड़, इन्द्र, और ब्रह्मा के बेटे नारद आदि सभी के अभिमान का इलाज *रामचरितमानस* में कराया गया है। इनमें से कुछ रामकथा सुनकर अभिमान के पाप से मुक्त होते हैं। इसलिए *रामचरितमानस* में याज्ञवल्कि भारद्वाज को, शिव अपनी पत्नी पार्वती को, काकभुशुंडि गरुड़ को, और बाबा तुलसीदास अपने पाठकों को रामकथा सुना रहे हैं। अभिमान करने वाले हर पात्र को कुछ न कुछ दंड भुगतना पड़ता है। राजा दशरथ को प्राणत्याग करना पड़ा, असुरों को भी प्राण देने पड़े, बालि को भी प्राण दंड मिला, नारद एक जगह नहीं टिक सकते थे, सो उनका इलाज अलग तरह से करना पड़ा, उन्हें मारा नहीं जा सकता था।

रामचरितमानस में नारद के अभिमान का प्रसंग सबसे ज़्यादा मनोरंजक है। जैसाकि ऊपर मैंने बताया कि तुलसी पहले तो याज्ञवल्क्य से भारद्वाज को कथा सुनवाते हैं, फिर शिव विवाह के बाद पार्वती शिव से आग्रह करती हैं तो शिव पार्वती को सुनाने लगते हैं। शिव बताते हैं कि अनेक कल्पों में राम अवतार अनेक तरह से हुए हैं, रावण के भी कई बार अवतार हुए। बालकांड में उन तमाम प्रसंगों को लिया गया है जिनमें अलग-अलग कारणों से रावण के अवतार होते रहे और उसके विनाश के लिए राम के अवतार हुए। विश्वहिन्दू परिषद और आर.एस. एस. के अज्ञानी नेताओं को पूरा *रामचरितमानस* न सही, बालकांड ही पढ़ लेना चाहिए था तो शायद उन्हें तीन सौ रामायणों की बात समझ में आ जाती और शर्म भी। 'शर्म उनको मगर नहीं आती'। उन्होंने दिल्ली विश्वविद्यालय के एक कोर्स में से ए के रामानुजन की किताब, तीन सौ रामायणें आन्दोलन करके निकलवा दी। शिक्षा और ज्ञान के मन्दिर में अज्ञान की विजय हुई।

एक कल्प में रामावतार का वर्णन करते हुए तुलसी नारदप्रसंग को ले आते हैं। एक अच्छी मनोरम जगह देखकर नारद तपस्या करने बैठ जाते हैं तो इन्द्र को डर लगने लगता है। वह विघ्न डालने के लिए उनके पास कामदेव को भेजता है। नारद विचलित नहीं होते और कामदेव लज्जित होकर उनसे क्षमा माँगकर चला जाता है। बस, इसके बाद बाबा जी को कामजित होने का अभिमान हो जाता है।

तब नारद गवने सिव पाहीं। जिता काम अहमिति मन माहीं॥
मार चरित संकरहिं सुनाए। अतिप्रिय जानि महेस सिखाए॥
बार-बार बिनवउँ मुनि तोहीं। जिमि यह कथा सुनायहु मोहीं॥
तिमि जनि हरिहिं सुनावहु कबहूँ। चलेहुँ प्रसंग दुराएहु तबहूँ॥

नारद नहीं माने और पहुँच गए विष्णु के पास। उन्हें भी अपने कामजित होने का कारनामा सुना दिया :

काम चरित नारद सब भाषे। जद्यपि प्रथम बरजि सिव राखे॥

विष्णु ने चुटकी ली और कहा कि आपको भला कामदेव कैसे सता सकता है। नारद ने विनम्रतावश प्रशंसा के लिए धन्यवाद ज्ञापन किया—

नारद कहेउ सहित अभिमाना। कृपा तुम्हारि सकल भगवाना॥

विष्णु ने जान लिया कि नारद के मन में गर्व का पेड़ उग आया है जिसे उखाड़ देना ज़रूरी है—

करुनानिधि मन दीख बिचारी। उर अंकुरेउ गरब तरु भारी॥
बेगि सो मै डारिहउँ उखारी। पन हमार सेवक हितकारी॥
मुनि कर हित मम कौतुक होई। अवसि उपाय करबि मैं सोई॥
तब नारद हरि पद सिर नाई। चले हृदय अहमिति अधिकाई॥

और विष्णु अपने तरीक़े से नारद का अभिमान चूर-चूर कर देते हैं। मायानगरी में राजा और उसकी कन्या की रचना करके नारद को उसी तरफ़ रवाना कर देते हैं। नारद उस लड़की पर फ़िदा हो जाते हैं, और 'कामजित' बाबा जी उससे शादी करने का निश्चय कर लेते हैं। विष्णु के पास जाकर अनुरोध करते हैं कि वे उन्हें अपना रूप उधार दे दें, मगर विष्णु उनको बन्दर का रूप देते हैं। स्वयंवर में शिव के दो गण उनका मज़ाक़ उड़ाते हैं। लड़की नारद की ओर देखती तक नहीं—

पुनि पुनि मुनि उकसहिं अकुलाहीं। देखि दसा हर गन मुसकाहीं॥

और आख़िर में वे नारद से कह ही देते हैं, कि बाबा जी, शीशे में जाकर अपनी शक्ल तो देख लो। बस नारद पानी में अपनी शक्ल देखते ही क्रोध से आगबबूला हो जाते हैं। वे उन दोनों गणों को निशाचर के रूप में जन्म लेने का शाप देते हैं, और विष्णु को रामावतार के दौरान 'नारि विरह' में जलने का शाप देते हैं। इस तरह एक कल्प में रावण और राम के अवतार के मूल कारण की व्याख्या वे याज्ञवल्कि के द्वारा करवा देते हैं। तुलसी इस हल्के-फुल्के प्रसंग से भी उसी क्लासिकल विचारधारा को पुष्ट करते हैं जिसमें कहा गया है कि मनुष्य अपनी सीमाओं का अतिक्रमण नहीं कर सकता। सीमाओं का अतिक्रमण करके जिसने भी अभिमान किया उसे दंडित किया गया। दशरथ प्रसंग भी उसी क्लासिकल विचारधारा की पुष्टि का ही एक प्रसंग है, मनुष्य ईश्वर की तरह किसी को मन माँगा वरदान देने की हिमाक़त करेगा तो मुसीबत में फँसेगा, भले ही वह मनुष्य लोक में राम का पिता दशरथ ही क्यों न हो। या लक्ष्मणरेखा लाँघने वाली अपनी पत्नी सीता ही क्यों न हो।

दलित सौन्दर्यशास्त्र के नज़रिये से देखें तो हमें यह समझने में आसानी होगी कि तुलसी किस तरह मनुवादी संरचनाओं की रक्षा के लिए महाकाव्य और उसके

धीरोदात्त नायक के रूप में राम को अपना माध्यम बना रहे थे। *रामचरितमानस* की रचना सामन्ती समाज के ऐसे संकट काल में हुई जब उसके प्राचीन ढाँचे को दलितों और कारीगरों की ओर से चुनौती मिल रही थी जो अवतारवाद के ख़िलाफ़ जन जागृति फैला रहे थे। ब्राह्मणवाद पर हमले हो रहे थे। कबीर कह रहे थे कि 'पंडित वाद वदै सो झूठा', 'साधो, आई साँच की आँधी' वग़ैरह-वग़ैरह। वे तर्कसंगत तरीक़े से अवतारवाद का विरोध कर रहे थे। नमूने के तौर पर उनकी रमैनी की ये पंक्तियाँ देखी जा सकती हैं जिनमें वे सारे अवतारों को नकारते हैं :

नां जसरथ घरि औतरि आवा। नां लंका का राव सतावा॥
देवै कोखि न औतरि आवा। नां जसदै लै गोद खिलावा॥
नां वो ग्वालन के संग फिरिया। गोबरधन लै नां कर धरिया॥
बावन होइ नहीं बलि छलिया। धरनीं बैद लै नां ऊबरिया॥
गंडक सालिगरांम न कोला। मच्छ कच्छ होइ जलहिं न डोला॥
बद्री बैस ध्याँन नहिं लावा। परसरांम ह्वै खत्री न सतावा॥
द्वारावती सरीर न छाँड़ा। जगन्नाथ लै पिंड न गाड़ा॥
कहै कबीर विचारि करि, ए ऊलै ब्यौहार।
याही ते जो अगम है बरति रहा संसार॥

(*कबीर ग्रंथावली*, सं. डॉ. पारसनाथ तिवारी, पृ. 118-19)

बीजक में जो पाठ है उसमें अवतारों का ब्योरा ज़्यादा स्पष्ट है। कबीर अवतारवाद की समझ को चुनौती देते हुए निडर होकर 'विचारि करि' कहते हैं कि यह उल्लूपना है, 'ऊलै ब्यौहार' है। रमैनी की इन्हीं प्रारम्भिक चौपाइयों के बाद वे मुस्लिम कठमुल्लों और पंडितों की ख़बर लेते हैं। दलित सौन्दर्यशास्त्र की दृष्टि से उन अंशों को देखें तो साफ़ पता चलेगा कि क्यों तुलसीदास को *रामचरितमानस* लिखकर इन तमाम ज्ञानमार्गी विवेकसम्मत मान्यताओं को खंडित करके ब्राह्मणवादी मनुवादी व्यवस्था को नया जीवन देना पड़ा। यह भी ज्ञात होगा कि क्यों शिक्षा के पाठ्यक्रमों में तुलसी की रचनाओं की तुलना में कबीर के इन विवेकसम्मत अंशों को नहीं शामिल किया गया जो आज के भारत के संविधान के मुताबिक़ धर्मनिरपेक्षता का पालन करने लायक़ नागरिक बनाने में मददगार साबित हो सकते हैं और अनुच्छेद 51A (h) के अनुपालन में 'वैज्ञानिक सोच को बढ़ावा देने' की संवैधानिक 'नागरिक ज़िम्मेदारी' का निर्वाह कर सकते हैं। भारत की बड़ी आबादी को शायद ही मालूम हो कि भारत के संविधान में जिस तरह हर नागरिक को कुछ 'जनवादी अधिकार' मिले हुए हैं, उसी तरह कुछ कर्तव्यों का भी उल्लेख है जिन पर अमल करना हर नागरिक की ज़िम्मेदारी है। देश के संविधान के अनुच्छेद 51ए(एच) में साफ़तौर से हर नागरिक को हिदायत

दी गई है कि वह 'वैज्ञानिक दृष्टिकोण, मानववाद और ज्ञानार्जन तथा सुधार की भावना का विकास करे।' (भारत सरकार द्वारा जारी संविधान के हिन्दी अनुवाद से उद्धृत) इस ज़िम्मेदारी के निर्वाह में कबीर सबसे अधिक सहायक होते हैं क्योंकि वे तरह-तरह के धर्मों द्वारा फैलाए गए अन्धविश्वासों का पुरज़ोर खंडन करते हैं। चूँकि समाज में ब्राह्मणवादी मनुवादी वैचारिकी का वर्चस्व आज भी क़ायम है इसलिए संविधान की शपथ लेकर सत्ता में आने पर सत्ताधारियों को न संविधान में निहित धर्मनिरपेक्षता की याद रहती है और न ही कर्तव्य के रूप में 'वैज्ञानिक दृष्टिकोण, मानववाद और ज्ञानार्जन तथा सुधार की भावना का विकास' करने की ज़िम्मेदारी का ही अहसास कभी रहता है। कबीर के ज्ञानमार्ग से सत्ताधारियों का बैर स्वाभाविक है।

तुलसीदास के *रामचरितमानस* से शासकवर्ग और सवर्ण समुदाय को अपार लगाव है। इतना लगाव रामकथा पर आधारित किसी दूसरी किताब से नहीं जितना *रामचरितमानस* से है, ख़ुद तुलसीदास की ही अन्य किताबों से नहीं। वाल्मीकि रामायण या जैन या बौद्ध या अन्य धर्मों व भाषाओं में लिखी रामकथा से किसी का लगाव नहीं। वर्णव्यवस्था के प्रति पूरी तरह समर्पित तुलसी ने अपने समय में ब्राह्मणवादी मनुवादी वैचारिकी की पुनर्स्थापना के लिए ही *रामचरितमानस* की रचना की। इसीलिए अपनी रचना से उस समाज में विश्व के सभी महाकाव्यों में निहित ग़ुलामगीरी की क्लासिकल विचारधारा की परम्परा जैसी ही विचारधारा यानी ब्राह्मणवाद की पुनः प्रतिष्ठा कर दी जो आज तो उन तमाम समुदायों के दिलोदिमाग़ पर भी हावी है जिनके ज्ञानमार्गी गुरु या फिर धर्मसंस्थापक ब्राह्मणवाद के खंडन के लिए समाज सुधारक के रूप में सामने आए। मुक्तिबोध ने ठीक ही टिप्पणी की थी—

> एक बार भक्ति-आन्दोलन में ब्राह्मणों का प्रभाव जम जाने पर वर्णाश्रम धर्म की पुनर्विजय की घोषणा में कोई देर नहीं थी। यह घोषणा तुलसीदास जी ने की थी। —निर्गुण मतवाद के जनोन्मुख रूप और उसकी क्रान्तिकारी जातिवादविरोधी भूमिका के विरुद्ध तुलसीदास जी ने पुराणमतवादी स्वरूप प्रस्तुत किया। (*मुक्तिबोध रचनावली*-5, पृ. 291)

तुलसी का *रामचरितमानस* एक विशद ग्रंथ है। हिन्दी पट्टी में कविता की तरह नहीं, एक धर्मग्रंथ की तरह उसकी पूजा होती है, आरती होती है। भोली-भाली जनता के बीच यह विश्वास भी जड़ जमाए बैठा है कि उसके पाठ से, उसकी पूजा से सारी मनोकामनाएँ पूरी हो जाती हैं। इस अन्धविश्वास को सैकड़ों कथावाचक और अब टी वी सीरियल तथा शिक्षासंस्थानों में हिन्दी के कोर्स में इस कृति को पढ़ाने वाले गुरुजन सुदृढ़ करते रहते हैं। साहित्य के विद्यार्थियों

के बीच भी इसकी वैचारिकी में छिपे अज्ञान, अतर्क और इनसानी नाबराबरी के फ़लसफ़े का ज़िक्र होता ही नहीं, साहित्य-समीक्षा में भी नहीं, परीक्षा के प्रश्नपत्रों में तो सवाल ही नहीं उठता। सदियों से चली आ रही सवर्ण मानसिकता का समाज पर वर्चस्व क़ायम रखने में यह ग्रंथ सबसे अधिक कारगर है। तुलसीदास ने इस ग्रंथ में दुखी, दीन, निर्बल को सवर्ण मानसिकता के अधीन रखने के लिए जगह-जगह यह आश्वासन दुहराया है कि इस पुस्तक को पढ़ने से या गाने से या इसकी सौ-पचास चौपाइयों को सुनने-सुनाने से सारी मनोकामनाएँ पूरी हो जाएँगी, उनका अमंगल समाप्त हो जाएगा, मंगल ही मंगल होगा, धन-सम्पत्ति बिना माँगे मिलेगी, उनके सारे दैहिक, दैविक, भौतिक कष्ट मिट जाएँगे। राम का नाम जपने से सारे दुख दूर हो जाएँगे।

भायं कुभायं अनख आलसहूँ। नाम जपत मंगल दिसि दसहूँ॥

इसलिए प्रार्थना की जाती है, ख़ासकर अखंड पाठ के साथ—'मंगल भवन अमंगल हारी/ द्रबहु सो दसरथ अजिर बिहारी।' यह आश्वासन दिया गया है कि सुख-सम्पत्ति भी बिना माँगे मिल जाएगी—

जिमि सरिता सागर महं जाहीं। जद्दपि ताहि कामना नाहीं॥
तिमि सुख सम्पति बिनहिं बुलाए। धरमसील पहं जाहिं सुभाए॥

फिर यह भी लिख दिया कि—

जे सकाम नर सुनहिं जे गावहिं। सुख-सम्पति नाना विधि पावहिं॥

यह बड़ा प्रलोभन है।

तुलसीदास के युग में वर्णाश्रम व्यवस्था के ख़िलाफ़ निर्गुण सन्त कवि तर्कसंगत तरीक़े से ब्राह्मणवाद के वर्चस्व को चुनौती दे रहे थे, अवतारवाद का भी पुरज़ोर खंडन कर रहे थे। तुलसीदास ने *रामचरितमानस* के माध्यम से उस वर्चस्व को, यहाँ तक कि जन्मना ब्राह्मण को भी वंदनीय और पूज्य तथा शूद्र और नारी को नीचा दर्जा दिया। सबसे पहले मंगलाचरण और गुरुवंदना की महाकाव्य परम्परा का निर्वाह करके तुरन्त 'ब्राह्मण' को 'महीसुर' कहकर उसकी चरणवंदना की—

बंदउं प्रथम महीसुर चरना। मोह जनित संसय सब हरना॥

वे यहाँ यह बता रहे हैं कि निर्गुण सन्तों द्वारा फैलाए जा रहे भ्रम और संशय का नाश 'ब्राह्मण' ही कर सकता है, इसलिए उसकी चरणवंदना तो होनी ही चाहिए, वही वे करते हैं। वे जगह-जगह यह भी बताते हैं कि भगवान का अवतार ब्राह्मणवाद की परम्परा को बचाने के लिए होता है। जो इस अन्धविश्वास को नहीं

मानते, उन्हें वे 'असन्त', 'खल', 'नीच', क्रूर' आदि गालियों से विभूषित करते हैं। दिखावे के लिए 'असज्जन' की भी वंदना करते हैं, मगर वे अपने आलोचकों को, निंदकों को ध्वस्त करने में कोई कसर नहीं छोड़ते। निर्गुण सन्तों पर कटाक्ष करते हुए वे शुरू में ही यह कह देते हैं कि—

हंसिहहिं कूर, कुटिल, कुबिचारी। जे परदूषन भूषनधारी॥

अब किसकी मज़ाल जो तुलसी की रचना का मज़ाक़ उड़ाए। कबीर आलोचना और आत्मालोचना को प्रोत्साहित करते हैं, समाज के विकास और व्यक्ति के विकास के लिए अनिवार्य मानते हैं। आधुनिक जनतांत्रिक मूल्यव्यवस्था में जो सर्वमान्य अवधारणा है, मानो उसी का अनुपालन करते हुए वे कह रहे हों कि 'निंदक नियरे राखिए...' या 'बुरा जो देखन मैं चला मुझ सा बुरा न कोय।' ये तुलसी के रूढ़िपंथी असहिष्णुता के विचारों से एकदम उलट विचार हैं। वर्णव्यवस्था पर सवाल करने वाले निर्गुणपंथियों के बारे में तुलसी का गालीगलौज उनकी रचना में बीच-बीच में चलता रहता है। गालीगलौज कबीर भी करते हैं, मगर वे ऐसे सवाल सामने रखते हैं जिनके उत्तर मनुवादी परम्परावादी सन्तों के पास या मुस्लिम या ईसाई कठमुल्लों के पास नहीं होते। बहुत कम लोगों को मालूम होगा कि वे बाइबिल और क़ुरान में वर्णित 'आदम और हौवा' (एडम एंड ईव) के मिथक पर भी टिप्पणी करते हैं। जिस तरह वे अवतारों का खंडन करते हैं उसी तरह बाइबिल और क़ुरान के मिथक पर भी सवाल करते हैं—

आदम आदि सुधि नहिं पाई। मामा हौवा कहाँ ते आई॥
तब नहिं होते तुरुक न हिन्दू। माँ का उदर पिता का बिंदू॥

(रमैनी, *कबीर ग्रंथावली*, सं. पारसनाथ तिवारी, पृ. 119)

यह देखकर अद्भुत आश्चर्य होता है कि पन्द्रहवीं सदी में कबीर के अलावा दुनिया के किसी भी हिस्से में कोई कवि या चिन्तक यह सवाल करने की म्मित रखता हो कि एडम और ईव माँ के गर्भ और पिता के वीर्य के बग़ैर कैसे पैदा हो गए, और हिन्दू या तुर्क भी क्या उसी तरह की प्रजनन प्रक्रिया से नहीं पैदा हुए?

इसके बाद वे इन मज़हबों में प्रचलित कर्मकांडों पर प्रहार करते हैं, जबकि तुलसीदास उन तमाम कर्मकांडों और लोक में प्रचलित अन्धविश्वासों जैसे आँख फड़कना, छींक आना आदि को अच्छे-बुरे शकुन के रूप में सुदृढ़ करते हैं, जैसे—

इतना कहत छींक भई बाएँ। कहेहु सगुनियन्ह खेत सुहाएँ॥

कबीर इन तमाम ढकोसलों का पुरज़ोर खंडन करते हैं, इन्हें 'किरतिम' यानी कृत्रिम बताते हैं—

किरतिम सो जु गरभ अवतरिया। किरतिम सो जो नांमहिं धरिया॥
किरतिम सुन्नति और जनेऊ। हिन्दू तुरुक न जानैं भेऊ॥

पंडित भूलै पढ़ि गुनि बेदा। आपु अपनपै जांन न भेदा॥
संझा तरपन अरु खटकरमा। लागि रहै इनकै आसरमाँ॥
गाइत्री जुग चारि पढ़ाई। पूछहु जाइ मुकुति किन पाई॥
और के छुएँ लेत हैं सींचा। इनतैं कहहु कवन है नींचा॥

(वही, पृ. 120)

कबीर मनुष्य और मनुष्य के बीच धर्म या जाति के आधार पर भेदभाव और छुआछूत बरतने के ख़िलाफ़ हैं। वे छुआछूत को नीचता की पराकाष्ठा मानते हैं। इसी तरह हिन्दू-मुस्लिम के बीच भेद करने वालों से वे कहते हैं कि—

भूलै भरम परै मति कोई। हिन्दू तुरुक झूठ कुल दोई॥ (वही, पृ. 122)

वे ब्राह्मण और शूद्र के बीच भी किसी तरह का भेद नहीं मानते। वे कहते हैं कि ये भेद अज्ञान की वजह से हैं। अगर घर में कोई बच्चा अज्ञान के वश में है तो घर के सयाने लोगों को तो सत्य का पक्ष लेना चाहिए, धर्म-जाति-गोत्र के आधार पर बना भेदभाव झूठ है, वे कहते हैं—

घर का सूत जौ होइ अयानां। ताकै संग न जाहिं सयानां॥
सांची बात कहै जे वासौं। सो फिरि कहै दिवानां तासौं॥
गोय भिन्न हैं एकै दूधा। काकौं कहिए बांम्हन सूदा॥

(वही, पृ. 122)

कबीर जहाँ इस तरह से समाज में ज्ञान का प्रसार करना चाहते थे, अकाट्य तर्क पेश कर रहे थे, वहीं तुलसी और सूर मनुवादी वर्णव्यवस्था का वर्चस्व क़ायम रखने के लिए प्राणपण से परम्परा से चले आ रहे भेदभाव को सुदृढ़ कर रहे थे। सगुण भक्ति का पक्ष, अपने सारतत्त्व में दलित और स्त्री विरोधी चेतना को सुदृढ़ करने का पक्ष था जिससे क्लासिकल विचार-परम्परा के माध्यम से मनुवादी-ब्राह्मणवादी समाज व्यवस्था को कोई खरोंच न आने पाए। वर्णव्यवस्था में ब्राह्मण को जो पूज्य स्थान मिला हुआ है, दलित अस्पर्श्य है, वह स्थायी बना रहे क्योंकि निर्गुण वैचारिकी, ख़ासकर कबीर की वाणी, उस स्थान से ब्राह्मण को पदच्युत कर रही थी और दलित समाज को उनके बराबर होने का अहसास जगा रही थी। तुलसी

ने ईश्वर के मनुष्य रूप में अवतरित होने के जो-जो कारण गिनाए हैं उनमें एक कारण ब्राह्मण, गाय और देवी-देवताओं के प्रति अनादर का भाव भी पाप के रूप में शामिल कर लिया है। गीता में तो कृष्ण सिर्फ़ 'दुष्कर्मियों के विनाश' की ही बात करते हैं, तुलसी उसमें ब्राह्मणवाद भी घुसा देते हैं। वे लिखते हैं—

जब-जब होइ धरम कै हानी। बाढ़हिं असुर अधम अभिमानी॥
करहिं अनीति जाइ नहिं बरनी। सीदहिं विप्र धेनु सुर धरनीं॥
तब-तब प्रभु धरि विविध सरीरा। हरहिं कृपानिधि सज्जन पीरा॥

सगुण भक्ति के अन्धभक्त किसी भी तरह के संशय, तर्क या प्रश्नाकुलता या बहस को पाप मानते थे। वरना यहाँ सवाल किया जा सकता था कि सर्वशक्तिमान, सर्वव्यापी 'प्रभु' को सज्जन की पीड़ा दूर करने के लिए यह नौटंकी या लीला करने की क्या ज़रूरत थी? वे भृकुटिविलास से ही यह सब काम कर सकते थे, एक सामन्त बनने की और भारत में अन्धविश्वास फैलाने की, वैज्ञानिक चेतना को अवरुद्ध करने की क्या ज़रूरत थी? तुलसी पूरे *रामचरितमानस* में संशय, शंका, सवाल करने वालों को 'मोहवश, अभिमानी' आदि विशेषणों से विभूषित करके उनकी मानसिक धुलाई करते हैं और अवतारवाद तथा ब्राह्मणवाद की पुनर्स्थापना करने में कामयाब हो जाते हैं।

तुलसीदास मनुस्मृति पर आधारित वर्णव्यवस्था में निहित शूद्र और स्त्री के दर्जे को निम्न श्रेणी में ही रखते हैं, बल्कि इन दोनों के प्रति अमानवीय तक हो जाते हैं। अवतारवाद को सही ठहराने के लिए और ब्राह्मणवाद को सुदृढ़ करने के लिए तुलसी ने अपने महाकाव्य में कई उपकथाएँ, कई कथावाचक शामिल किये हैं जो समाज में ब्राह्मण की श्रेष्ठता का बखान ज़्यादा करते हैं। रामचरित तो बहाना है, असली संवेदनात्मक उद्देश्य तो निर्गुणपंथ की समतावादी दृष्टि को मिटाकर ब्राह्मण को समाज में फिर से सर्वोच्च स्थान पर बिठाना है। तुलसी तमाम तरह के झूठ बोलकर, अतिशयोक्ति अलंकार का सहारा लेकर, ब्राह्मण को 'भूसुर' बताकर उसमें दैवी शक्ति यानी शाप और वरदान देने की क्षमता दर्शाते हैं। वे सारे समाज को डराते हैं और बताते हैं कि निराकार ब्रह्म तो ब्राह्मण, गाय, सुर, पृथ्वी की असुरों से रक्षा करने के लक्ष्य के कारण मनुष्य रूप में अवतरित होता है; जबकि यह रक्षा तो निराकार रूप में भी की जा सकती है, लेकिन तुलसी के यहाँ तर्क, संशय, प्रश्न करने वाला खल, नीच, मोहवश, जड़, अज्ञ हो जाता है, अन्धभक्ति करने वाला ही प्रभु का प्यारा माना जाता है। कबीर, दादू, रैदास या सूफ़ी कवियों के लिए वहाँ सम्मान की जगह नहीं है—

पूजिअ बिप्र सील गुन हीना। सूद्र न गुनगन ग्यान प्रवीना॥

(अरण्यकांड, 34)

ब्राह्मण चाहे जो भी कुकर्म करे, वह पूज्य ही रहता है—

सापत ताड़त परुष कहंता। विप्र पूज्य अस गावहिं सन्ता॥

(अरण्यकांड, 34)

राम के मुँह से यहाँ तक कहलवा दिया कि—

मन क्रम बचन कपट तजि जो कर भूसुर सेव।
मोहिं समेत बिरंचि सिब बस ताके सब देव॥

(अरण्यकांड, 33)

तुलसी अपने ब्राह्मणवाद को श्रेष्ठ दर्शन के रूप में स्थापित करने के लिए हर वक्तव्य के साथ यह जोड़ देते हैं कि ऐसा 'वेद, पुरान, सन्त, बुधि, निगमागम, श्रुति' कहते हैं। उनकी कृति में, वेद तो मनुष्यरूप धारण कर राम के पास आते हैं, जबकि सब जानते हैं कि वेदों के समय में रामकथा का कोई अस्तित्व ही नहीं था, वेदों में सगुणभक्ति का कोई उल्लेख ही नहीं है, वेदों के ज्ञाता स्वामी दयानन्द सरस्वती क्यों मूर्तिपूजा के विरोधी हो जाते, यदि वेद भी राम की वंदना कर रहे होते? मगर वर्णाश्रम धर्म को सुदृढ़ करने के लिए तुलसी इस तरह का झूठ लगातार बोलते हैं। कबीर इस झूठ को नकारते हैं, यह जानते हुए कि सच कहने पर दुनिया उन्हें पागल ('दीवाना') क़रार देती है। वे उस बच्चे की मिसाल देते हैं जो अज्ञानवश झूठ को सच समझता है, उसे कोई सच बताए तो वह उलटे उसे पागल कहता है—

घर का सुत जौं होइ अयाँनां। ताकै संगि न जांहिं सयाँनां॥
सांची बात कहै जे बासौं। सो फिरि कहै दिवांनां तासौं॥

(वही, पृ. 123)

तुलसी ने भी बच्चे का उदाहरण दिया है, शंका करने वालों को सुधारने के सन्दर्भ में, वे बच्चे के फोड़े के ऑपरेशन का रूपक बाँधते हैं। वे कहते हैं कि—

सुनहु राम कर सहज सुभाऊ। जन अभिमान न राखहिं काऊ॥

ज्ञान का अभिमान करने वाले का दिमाग़ रघुपति कठोर होकर ठिकाने लगा देते हैं—

जिमि सिसु तन ब्रन होइ गोसाईं। मातु चिराव कठिन की नाईं॥
...
तिमि रघुपति निज दास कर हरहिं मान हित लागि॥ (उत्तरकांड, दोहा 74)

रघुपति के द्वारा दास का मान हरण करने का एकमात्र उद्देश्य वर्णाश्रम धर्म को सुदृढ़ करना है जिससे ब्राह्मण हर हालत में पूज्य बना रहे, शूद्र पददलित।

यों तो दलित सौन्दर्यशास्त्र की नज़र से अगर पूरा *रामचरितमानस* खँगालें तो यह सच्चाई पूरी तरह उभरकर आ जाएगी और उस भाष्य का एक बृहद् ग्रंथ ही बन जाएगा। तुलसी के सवर्णवाद का सारतत्त्व उनके महाकाव्य के अन्तिम कांड यानी उत्तरकांड में पूरी तरह झलमलाता है। इसी में वे पूरी ताक़त से निर्गुण सम्प्रदाय से टकराते हैं। कलियुग वर्णन के माध्यम से वे सभी को लतियाने की छूट भी लेते हैं। यह रोना भी रोते हैं कि सारे लोग 'वर्णसंकर' हो गए हैं। इसी कांड में वे अपने यूटोपिया यानी 'रामराज्य' का भी विस्तार से नक्शा पेश करते हैं, मगर हर जगह ब्राह्मण की श्रेष्ठता स्थापित करना नहीं भूलते। 'ब्राह्मण' को पूज्य दिखाने का प्रयास इसी कांड में सबसे ज़्यादा हुआ है। बानगी के तौर पर कुछ अंश देखिए। जब राम वनवास से लौटते हैं तो अयोध्यावासियों और उनके परिवारजनों की ख़ुशी का चित्रण करते समय वे ब्राह्मणों को शामिल करना नहीं भूलते—

हरषित गुर परिजन अनुज भूसुर बृंद समेत।
चले भरत मन प्रेम अति सन्मुख कृपनिकेत॥ 3(क)

जब राम अयोध्या आ गए तो साथ में आए सारे अनुचरों को बुलाकर सबको अभिवादन करना सिखाते हैं, उसमें भी ब्राह्मणों को शामिल करना नहीं भूलते—

पुनि रघुपति सब सखा बोलाए। मुनि पद लागहु सकल सिखाए॥
गुर बसिष्ठ कुलपूज्य हमारे। इन्ह की कृपां दनुज रन मारे॥
सकल द्विजन्ह मिलि नायउ माथा। धर्म धुरंधर रघुकुलनाथा॥
गुर बसिष्ठ द्विज लिए बुलाई। आजु सुघरी सुदिन समुदाई॥
सब द्विज देहु हरषि अनुसासन। रामचन्द्र बैठहिं सिंघासन॥

इसी तरह जब राम का राज्याभिषेक होता है तो उसमें भी ब्राह्मणों को सबसे ज़्यादा सम्मान व स्थान दिया जाता है—

बेद मंत्र तब द्विजन्ह उचारे। नभ सुर मुनि जय जयति पुकारे॥
प्रथम तिलक बसिष्ठ मुनि कीन्हा। पुनि सब बिप्रन्ह आयसु दीन्हा॥
बिप्रन्ह दान बिबिध बिधि दीन्हे। जाचक सकल अजाचक कीन्हे॥

यहाँ 'द्विज' ब्राह्मणों के अर्थ में ही है, उनके अलावा अन्य सवर्णों का उल्लेख तुलसी नहीं करते। शूद्रों के प्रति तो जगह-जगह अवमानना के स्वर मिलते ही हैं। राजसिंहासन पर बैठने के बाद तुलसी बार-बार ब्राह्मणों को दान दिलवाते हैं, भिखारियों को भी दान मिलता है, मगर किसी शूद्र की सुध राम भगवान होकर भी रामराज में नहीं लेते—

मंगन बहु प्रकार पहिराए। द्विजन्ह दान नाना बिधि पाए॥

राम 'करोड़ों अश्वमेध' यज्ञ करते हैं तो भी ब्राह्मणों को दान मिलता है—

कोटिन्ह बाजिमेध प्रभु कीन्हे। दान अनेक द्विजन्ह कहं दीन्हे॥

उत्तरकांड में ही राम के मुख से कहलवाया है कि सारे प्राणियों में मुझे मनुष्य प्रिय लगते हैं, मनुष्यों में भी ब्राह्मण, 'तिन महं द्विज द्विज महं श्रुतिधारी...।' (यह सब राम कौवे से यानी काकभुशुंडि से कह रहे हैं।) तुलसी ने बता दिया कि रामराज में सभी वर्णाश्रम धर्म का पालन करके सुखी रहते हैं, सभी जन ब्राह्मणों की पूजा करते हैं, जो नहीं करते वे राम को अच्छे नहीं लगते—

बरनाश्रम निज निज धरम निरत बेद पथ लोग।
चलहिं सदा पावहिं सुखहि नहिं भय सोक न रोग॥ 7.20॥
सब उदार सब पर उपकारी। बिप्र चरन सेवक नर नारी॥ 7.22॥
सीतलता सरलता मयत्री। द्विज पद प्रीति धर्म जनयत्री॥ 7.38॥

कलियुग में रामराज के नियम नहीं चलते, 'नर अरु नारि अधर्मरत सकल निगम प्रतिकूल' (7.96 ख) वर्णाश्रम धर्म का पालन कोई नहीं करता—

बरन धर्म नहिं आश्रम चारी। श्रुतिविरोध रत सब नर नारी॥
द्विज श्रुति बेचक भूप प्रजासन। कोउ नहिं मान निगम अनुसासन॥

निर्गुण पंथ को निशाना बनाकर उनका ख़ूब मज़ाक़ उड़ाया गया है। फिर शूद्रों के बारे में लिखा कि—

सूद्र द्विजन उपदेसहिं ग्याना। मेलि जनेऊ लेहिं कुदाना॥

यहीं पर ब्राह्मणविरोध का भी उल्लेख किया कि—

सब नर काम लोभरत क्रोधी। देव विप्र श्रुति सन्त विरोधी॥

इसी के बाद फिर शूद्रों पर निशाना साधा—

बादहिं सूद्र द्विजन्ह सन हम तुम्ह ते कछु घाटि।
जानइ ब्रह्म सो विप्रवर आँखि देखावहिं डांटि॥ (7.99)

वर्णव्यवस्था में जो नीची जातियाँ मानी जाती हैं उन पर भी तुलसीदास अपनी कोपदृष्टि बरसाते हैं—

जे बरनाश्रम तेलि कुम्हारा। स्वपच किरात कोल कलवारा॥
नारि मुई गृह सम्पति नासी। मूंड़ मुड़ाइ होहिं संन्यासी॥
ते विप्रन्ह सन आपु पुजावहिं। उभय लोक निज हाथ नसावहिं॥

इसके बाद फिर शूद्रों पर प्रहार करते हैं, उन्हें शिकायत है कि कलियुग में ब्राह्मणों के काम शूद्र क्यों करते हैं—

सूद्र करहिं जप तप ब्रत नाना। बैठि बरासन कहहिं पुराना॥

कलियुग वर्णन में तुलसी बार-बार यह दुख दिखाते हैं कि वर्णाश्रम धर्म का पालन नहीं हो रहा—

सब लोग बियोग बिसोक भये। सब बरनाश्रम धर्म अचार गए॥

इसी तरह उन्हें यह भी दुख है कि सारे लोग 'बरनसंकर' हो गए हैं, कहा जा सकता है कि आर्य नस्ल की अवधारणा ख़त्म हो गई है। 'भए बरन संकर कलि भिन्नसेतु सब लोग।' (7.100)

तुलसी कलियुग का वर्णन काकभुशुंडि के मुँह से कराते हैं जब वह अपने एक जन्म के बारे में बताता है कि किस तरह वह अयोध्या में एक 'शूद्र' के रूप में जन्म लेकर प्रचंड शिवभक्त बन जाता है, शिव के अलावा बाक़ी देवताओं को नहीं मानता। लोग गुरु और ब्राह्मण की पूजा नहीं करते। ज्ञानमार्गी सन्त वर्णव्यवस्था और ब्राह्मण के वर्चस्व को चुनौती देते हैं। तब तुलसी दुखी होकर लिखते हैं—

मातु पिता गुर बिप्र न मानहिं। आपु गए अरु घालहिं आनहिं॥
...
बिप्र द्रोह पर द्रोह बिसेषा। दंभ कपट जियं धरें सुबेषा॥ (7.40)

ब्राह्मण का किसी तरह पुजापा होता रहे, इसके लिए वे लिखते हैं—

पुन्य एक जग महुँ नहिं दूजा। मन क्रम बचन बिप्र पद पूजा॥
सानुकूल तेहि पर मुनि देवा। जो तजि कपटु करइ द्विज सेवा॥ (7.45)

अब इतना लोभ-लालच देने पर तो सारे लोग ब्राह्मण के पैरों की पूजा करने ही लगेंगे, और वही हुआ भी। तुलसी ब्राह्मणवाद को सुदृढ़ करने में कामयाब हो गए।

दलित सौन्दर्यशास्त्र की दृष्टि से देखें तो पाएँगे कि तुलसी के *रामचरितमानस* में दलितों के प्रति जो ब्राह्मणवादी मनुवादी रवैया सामने आता है, वही दृष्टिकोण महिलाओं के बारे में भी शुरू से अन्त तक दिखता है। जब तुलसी की एक मशहूर चौपाई कि—

ढोल गंवार सूद्र पशु नारी। ये सब ताड़न के अधिकारी॥

पर दलित समाज और अनेक मानवतावादी बुद्धिजीवियों ने उँगली उठाई तो अनेक पंडित और अन्धभक्त उनका पक्ष लेने के लिए और उन्हें सच्चा संत साबित

करने के लिए इस चौपाई में या तो संशोधन पेश करने लगे या अवधी का हवाला देकर नये-नये अर्थ बताने लगे। सच्चाई यह है कि महिलाओं और दलितों के प्रति यह रवैया आज भी सवर्ण समाज में बना हुआ है, तुलसी के समय में यह और भी भयंकर रूप में मौजूद था। दोष तुलसी या कबीर का नहीं, नारी के प्रति इसी तरह का भाव व्यापक तौर पर समाज में था, जिसे तुलसी और कबीर भी अपनी कविता में व्यक्त कर रहे थे। कबीर में ब्राह्मण और शूद्र को एक समान देखने का भाव तो है, मज़हब जो भेद पैदा करते हैं उसकी कटु आलोचना है, लेकिन नारी के प्रति उनकी कविताओं में भी सामन्ती रुझान मौजूद हैं, नारी माया है, ठगिनी है। यह ज़रूर है कि कबीर की कविता में इतनी ज़्यादा मात्रा में नारी की उपस्थिति नहीं है जितनी कि तुलसी काव्य में। वह हो भी नहीं सकती थी क्योंकि कबीर तो फुटकर कविताओं के रचयिता थे जिनमें कोई कथारस नहीं था। तुलसी महाकाव्य और कथा के रचयिता थे, वहाँ नारी की उपस्थिति के बग़ैर कथा चल ही नहीं सकती थी, न रोचक हो सकती थी, न प्रभावकारी। इसलिए उनके काव्य में नारी के अनेक रूप हैं, लेकिन प्रमुख स्वर मनुवादी ही है। अपवाद के लिए शिव-विवाह के बाद विदाई के वक़्त पार्वती की माँ से यह ज़रूर कहलवाया है कि—

कत विधि नारि सृजी जग माहीं। पराधीन सपनेहुँ सुखु नहीं॥

(बालकांड, 102)

सीता के विवाह के बाद विदाई के समय सीता की माँ से भी यही कहलवाया है—

बहुरि बहुरि भेंटहिं महतारी
कहहिं बिरंचि रची कत नारी॥ (बालकांड, 334)

पुत्री के विछोह के भाव को गहरा रंग देने के लिए इन संवादों की रचना की गई है, लेकिन मनुवादी व्यवस्था की सीमा लाँघकर नहीं।

वर्णाश्रम धर्म और मनुस्मृति के दर्शन के कट्टर पैरोकार तुलसी नारी के विषय में शूद्रों के समान ही व्यवहार करते हैं। यह व्यवहार *रामचरितमानस* में शुरू से लेकर अन्त तक मौजूद है। प्रारम्भ में दक्षपुत्री सती के प्रसंग से एक तो पुनर्जन्म की अवधारणा को पुष्ट कर दिया, दूसरे नारी को 'जड़ अग्य' भी साबित कर दिया क्योंकि सती ने राम के अवतार पर सवालिया निशान लगाया। इस बहाने वे कबीर से वैचारिक संघर्ष भी कर रहे होते हैं। सती सीता का रूप धारण करके पत्नीवियोग में डूबे राम के सामने जब प्रकट होती हैं, तो राम उन्हें असली रूप में पहचान कर नमन करते हैं—

कहेउ बहोरि कहाँ वृषकेतू। बिपिन अकेलि फिरहु केहि हेतू॥

उसके बाद राम अपनी माया के चमत्कार दिखा देते हैं, और शिव इस कारनामे को जान जाते हैं, तो वे यह संकल्प लेते हैं कि सीता का रूप धारण करने से उनकी पत्नी, माता के समान हो गईं, इसलिए—

एहिं तन सतिहिं भेंट मोहि नाहीं। सिव संकल्पु कीन्ह मन माहीं॥

सती ने शिव को सच्चाई नहीं बताई, 'दुराव' किया, इस पर तुलसी की टिप्पणी है—

सती कीन्ह चह तहंहुँ दुराऊ! देखहु नारि सुभाव प्रभाऊ॥ (बालकांड, 53)

फिर ख़ुद अपने बारे में सती से कहलवाया—

कीन्हं कपटु मैं संभु सन नारि सहज जड़ अग्य। (बालकांड, 57क)

तुलसी के अन्धभक्त भाष्यकार यह तर्क देते हैं कि नारी के बारे में जो भी टिप्पणियाँ हैं वे महाकाव्य के नीच पात्रों के मुख से कही गई हैं, यह सरासर झूठ है। अनुसुइया-सीता मिलन प्रसंग में नारी के बारे में जो कुछ कहा गया है, वह तो समाज को जड़ बना देने के लिए काफ़ी है, मनुस्मृति से भी कठोर और अमानवीय। नारी को हर हाल में पुरुष की दासी बने रहने की मनुवादी शिक्षा ही अनुसुइया से दिलाई है—

बृद्ध रोगबस जड़ धनहीना। अन्ध बधिर क्रोधी अति दीना॥
ऐसेहु पति कर किएँ अपमाना। नारि पाव जमपुर दुख नाना॥
पति बंचक परपति रति करई। रौरव नरक कल्प सत परई॥
पति प्रतिकूल जनम जहं जाई। विधवा होइ पाइ तरुनाई॥

(अरण्यकांड, 5)

विधवा होने के पीछे ऐसे अतार्किक कारण को आज क्या कहेंगे? मनुवाद का यह घिनौना व अमानवीय रूप है जो शूद्र और नारी को उनकी दयनीय स्थिति को पूर्वजन्म में किये कर्म जैसे तर्कहीन कपोलकल्पित कारणों से औचित्य प्रदान करता है।

नारी पर सबसे अधिक घिनौना प्रहार ख़ुद राम के मुख से तुलसी ने तब कराया है जब सीताहरण के बाद नारद राम से रास्ते में मिलते हैं जो अपनी पत्नी सीता के वियोग में दुखी दिखते हैं। नारद राम से पूछते हैं, जब मैंने विवाह करना चाहा था तब मुझे क्यों नहीं करने दिया था, ख़ुद नारी के वियोग में रो रहे हैं? तब राम नारद को नारी के बारे में जो कुछ कहते हैं, वह कितना अतार्किक और अमानवीय है, इसे आज के समय में कोई भी मानवताप्रेमी इनसान सहज ही समझ सकता है। दोष तुलसी का नहीं, उस मनुवादी व्यवस्था का ही है जिसे वे अपनी रचना से सुदृढ़ करना चाहते थे और निर्गुण धारा के कवियों के ज्ञानमार्ग के प्रचार-प्रसार को

रोककर ब्राह्मण के वर्चस्व को अजर-अमर बनाने की कोशिश में लगे थे। नारी के बारे में राम कहते हैं—

काम क्रोध लोभादि मद प्रबल मोह कै धारि।
तिन महं अति दारुन दुखद मायारूपी नारि॥

(अरण्यकांड, 43)

इस दोहे के बाद आठ चौपाइयों में रूपकों के माध्यम से नारी के अवगुणों की विशद चर्चा है, अन्त में फिर 44वें दोहे की पहली पंक्ति तक नारी-अवगुण चित्रित हैं, 'अवगुन मूल सूलप्रद प्रमदा सब दुख खानि' कहकर राम चैन की साँस लेते हैं। यहाँ राम नारी को 'अवगुन मूल सूलप्रद' इत्यादि बताते हैं तो लंकाकांड में रावण भी इसी तरह से नारी के बारे में कहता है—

नारि सुभाउ सत्य सब कहहीं। अवगुन आठ सदा उर रहहीं॥
साहस अनृत चपलता माया। भय अबिबेक असौच अदाया॥

ग़नीमत है, रावण ने नारी के आठ ही अवगुन बताए, राम ने तो दो दोहे और आठ चौपाइयों में आठ से कहीं ज़्यादा और फिर 'अवगुन मूल' बताकर संख्या का बन्धन ही नहीं रखा। इस मामले में राम और रावण एक हो गए!

अब सवाल यह उठता है कि तुलसी तमाम अविवेकपूर्ण, असंगत, अतार्किक और अमानवीय हथकंडे अपनाकर भारत के एक बड़े हिस्से के विशाल जनमानस में ब्राह्मणवादी, मनुवादी व्यवस्था को सुदृढ़ करने में कैसे कामयाब हो गए और कबीर अपनी तर्कसंगत मनुवादविरोधी, समतावादी विश्वदृष्टि अपनाने के बावजूद व्यापक जनमानस में किसी तरह का सामाजिक सुधार लाने वाली चेतना जगाने में असफल रहे। सिर्फ़ चन्द मठों व अल्पसंख्या में कुछ भक्तों के बीच ही उन्हें आदर प्राप्त है। गुरुग्रंथ साहिब में उनकी रचनाएँ शामिल हैं, मगर सिख समुदाय भी नानकदेव को जो आदर देता है वह कबीर को हासिल नहीं। सिखों के धर्मग्रंथ की पूजा उसी तरह होती है जिस तरह *रामचरितमानस* की उत्तर भारत के विशाल सनातनी हिन्दू समुदाय में होती है। सारे कर्मकांड एक जैसे ब्राह्मणवादी जैसे ही दिखते हैं। ऐसा क्यों है, यह शोध का विषय है।

मेरे अपने विचार में इसके बहुत से कारण होंगे, सामाजिक विकास की मंज़िल, सामाजिक-आर्थिक आधार से जुड़े कारक भी होंगे ही। सदियों से चली आ रही व्यवस्था के भौतिक शक्ति में तब्दील हो जाने को भी ध्यान में रखना होगा। इसके अलावा देश के सत्ताधारी प्रभुवर्गों के हित में जाने वाली क्लासिकल वैचारिकी को सुदृढ़ बनाए रखने में लगी अपार धनशक्ति, जनशक्ति और प्रलोभन भी इसके पीछे काम कर ही रहे हैं, जो कि आँखों से दिखता है। एक कारक और भी है; दलित सौन्दर्यशास्त्र

की वैचारिकी में इस पर भी ध्यान देना ही होगा। वर्णाश्रम धर्म और मनुस्मृति के दर्शन को मज़बूत बनाने का दायित्व निभाने के लिए तुलसी ने ज़बरदस्त तैयारी की थी, 'नानापुराणनिगमागम' आदि के अध्ययन से लेकर भारतीय संस्कृत काव्यशास्त्र, छंदशास्त्र, अलंकारशास्त्र आदि पर उन जैसा अधिकार शायद ही किसी अन्य में दिखता हो। शायद ही कोई अलंकार या रस हो जो *रामचरितमानस* में न मिलता हो; यहाँ तक कि अंग्रेज़ी में प्रचलित एक अलंकार onomatopoeia (अर्थानुरणन) का भी उदाहरण मौजूद है। पुष्पवाटिका में विवाह से पहले सीता के आगमन पर राम के उद्गार व्यक्त करने के लिए तुलसी ने इस अलंकार का प्रयोग किया है—

कंकन किंकिन नूपुर धुनि सुनि। कहत लखन सन राम हृदय गुनि॥
मानहु मदन दुंदुभी दीन्हीं। मनसा बिस्व विजय कहं कीन्हीं॥

पहली चौपाई में दुंदुभि बजने की ध्वनि शब्दों से ही निकल रही है। इस तरह के अन्य कई उदाहरण, ख़ासकर राम-रावण युद्ध के वर्णन में भी मौजूद हैं, उन्हीं के अनुकरण पर निराला ने भी 'राम की शक्ति-पूजा' में इस अलंकार का इस्तेमाल किया है। कहने का मतलब यहाँ यह है कि अपनी विचारधारा की सशक्त अभिव्यक्ति करने के लिए जो शिल्पगत महारत तुलसीदास ने हासिल की थी, वह उनके समय से पहले के सशक्त निर्गुण विचारधारा के कवियों में नहीं दिखाई देती है। बहुत से अन्य कारकों के अलावा एक कारक यह भी है कि शिल्प की बेहतरीन तैयारी से तुलसी निर्गुण पंथ को पीटने में कामयाब हो गए। *रामचरितमानस* के ज़रिये दक़ियानूसी ब्राह्मणवादी-मनुवादी विचार जनमानस में गहरे तक पैठ कर गए। आज भी उसका असर देश में सबसे ज़्यादा है, देश के मौजूदा सत्ताधारी इज़ारेदार-सामन्ती वर्गों की राजनीति को उसी से प्राणवायु मिलती रहती है।

दलित सौन्दर्यशास्त्र के नज़रिये से *रामचरितमानस* के केन्द्र में निहित मनुवादी वैचारिकी के विश्लेषण से यह लग सकता है कि कवि तुलसीदास के साथ अन्याय किया गया है, क्योंकि ऐसे आकलन के एकांगी होने का ख़तरा हो सकता है। जिस तरह मानव समाज में अन्तर्विरोध मौजूद रहते हैं, उसी तरह हर जीवंत रचना और रचनाकार में भी अन्तर्विरोध रहते ही हैं। दलित सौन्दर्यशास्त्र से हम तुलसी के समग्र रचनाकर्म का एकांगी आकलन न करके उनके सकारात्मक दाय को भी ध्यान में रखें, यह सही दृष्टिकोण होगा। हर महान कवि अन्ततः अपने देश और समाज में व्याप्त दुख से विचलित होता है। वाल्मीकि भी हिंसा और दुख से विचलित होकर ही कवि बने। भवभूति भी और बहुत से कवि अपने देशकाल की सीमाओं में आबद्ध होते हुए भी समाज में बेहतर मनुष्य देखने की चाह से परिचालित होकर ही काव्य-रचना करते हैं। वे मानव की बेहतरी का स्वप्न देखते हैं, जो है उससे बेहतर समाज देखना चाहते हैं। तुलसी भी इसी चाह से परिचालित होते हैं और इसी वजह से वे

रामराज का स्वप्न रचते हैं जिसमें किसी को भी 'दैहिक दैविक भौतिक' दुख न झेलने पड़ें। वे यह भी बताते हैं कि 'पराधीन सपनेहुँ सुख नाहीं' यानी 'स्वाधीनता' के आज के मूल्य का सन्देश उसमें निहित है। 'समानता' के मूल्य की झलक कई तरह से तुलसी में देखी जा सकती है। 'हरि व्यापक सर्वत्र समाना' में समानता का भाव है ही, लंका विजय में शामिल हर सिपाही को राम 'तुम मम प्रिय भरत सम भाई' कहकर समानता के मूल्य का पूर्वसंकेत देते हैं। आज के भारतीय संविधान में निहित लोकतांत्रिक मूल्यों में जिस अभिव्यक्ति की आज़ादी का समावेश है, वह आज़ादी राम अपने राज में देते हैं। वे यह शिक्षा देते हुए दिखाए गए हैं कि—

जौ अनीति कछु भाखौं भाई। तब बरजहु मोहि भय बिसराई॥

रवींद्रनाथ ठाकुर भी ऐसे ही राज का स्वप्न देखते हैं जहाँ भयमुक्त अभिव्यक्ति का वातावरण हो—

चित्त जेथा भयशून्य, उच्च जेथा शिर। ज्ञान जेथा मुक्त जेथा गृहेर प्राचीर॥
आपन प्रांगणतले दिवस शर्वरी। वसुधारे राखे नाइ खंड खंड क्षुद्र करि॥

भारत के नाज़ीवादी 'रामभक्त' क्या तुलसी और रवींद्रनाथ ठाकुर के इस 'विज़न' को कभी समझ पाएँगे? दरअसल ऐसे 'रामभक्तों' के बारे में भी तुलसी आगाह करते हैं—

वंचक भगत कहाइ राम के। किंकर कंचन कोह काम के॥

नाज़ीवादी रामभक्त साम्प्रदायिक हिंसा में मुब्तिला रहकर तुलसी की उस नसीहत का अपमान करते हैं—

परहित सरिस धरम नहिं भाई। परपीड़ा सम नहिं अधमाई॥

तुलसी काव्य के इस सकारात्मक पक्ष पर अनेक पुस्तकें लिखी जा चुकी हैं, इसलिए उसकी विशद व्याख्या की यहाँ ज़रूरत नहीं है।

तुलसी के *रामचरितमानस* में जो जनतांत्रिक मूल्यों के अंश हैं उन्हीं का असर गांधी जी की सोच पर भी था। उन्होंने 1946 तक *रामचरितमानस* की प्रशंसा की। रामराज्य का यूटोपिया भी उनके दिमाग़ में उसी से आया था। जीवन के अन्तिम क्षणों तक उन पर तुलसी की कृति का असर रहा, हालाँकि तुलसी का रूढ़िवाद और तमाम तरह के सड़े-गले विचार उन्होंने त्याग दिये। शायद महात्मा होने की वजह से साधु के बारे में अक्सर लोकप्रचलित दोहा कि—

साधू ऐसा चाहिए जैसा सूप सुभाय।
सार सार को गहि रहै थोथा देय उड़ाय॥

गांधी जी ने आत्मसात् कर लिया था। इसीलिए धर्मप्राण जनता को एकताबद्ध रखने के लिए उन्होंने सेक्युलरिज़्म को 'सर्वधर्मसमभाव' के रूप में ग्रहण किया। सभी धर्मों में इनसान को बेहतर बनाने वाले उपदेश उन्होंने चुन लिए, उन्हें अपनी प्रार्थना सभाओं में शामिल किया। उसमें 'रघुपति राघव राजा राम' भी थे, 'ईश्वर अल्लाह तेरे नाम' भी थे, 'सबको सन्मति दे भगवान' की प्रार्थना भी थी, नरसी मेहता का भजन, 'वैष्णवजन तो तेने कहिए जे पीर पराई जाने रे' भी शामिल था। वे जानते थे कि ब्रिटिश साम्राज्यवाद से मुक्ति के लिए बहुलतावादी भारत की विशाल जनता को एकताबद्ध करना ज़रूरी था। इसके लिए सारे धर्मों के प्रति सम्मान रखने की शिक्षा देना उन्हें ठीक लगा। अवाम के किसी भी हिस्से को अलग-थलग करने के किसी भी क़दम की वे हिमायत नहीं कर सकते थे, न धर्म के आधार पर, न क्षेत्र के लिए, न जाति या वर्ण को लेकर, न संस्कृति के आधार पर सर्वसमावेशी एकता तोड़ने के प्रयास को वे स्वीकार कर पा रहे थे। इसी वजह से उन्होंने डॉ. आंबेडकर के साथ भी मशहूर 'पूना पैक्ट' किया जिससे जनएकता मज़बूत हो, तब यह ऐतिहासिक अनिवार्यता थी, उस दौर का मूलमंत्र देश की 'विविधता में एकता' ही था।

उस दौर की यही एकता की भावना साहित्य में भी प्रतिबिम्बित हो रही थी। इंग्लैंड के अख़बारों व पत्रिकाओं में दलितों के लिए घड़ियाली आँसू बहाते हुए लेखों की बीसवीं सदी के शुरुआती दशकों में ही बाढ़ आ रही थी जिनका मंसूबा दलितों को सर्वसमावेशी मुक्ति आन्दोलन से तोड़ना था। भारत के लेखक इस चाल को समझ रहे थे, इसलिए वे सारे अवाम की एकता के लिए कोशिश कर रहे थे। इसका प्रतिबिम्ब उस समय के लेखन में दिखाई देता है। सितम्बर 1914 में महावीर प्रसाद द्विवेदी ने हीरा डोम की कविता, 'अछूत की शिकायत' प्रकाशित की थी, आलोचनाशास्त्र में रामचन्द्र शुक्ल का 'विरुद्धों का सामंजस्य' इसी सामाजिक भावना का ही प्रतिफलन था। कविता, कहानी, उपन्यास आदि विधाओं में भी दलितों के साथ सवर्णों के 'सामंजस्य' के प्रयत्न दिखाई पड़ रहे थे। पत्रिकाओं में भी दलितों के प्रति सवर्ण सहानुभूति दिखाई देने लगी थी। मुंशी प्रेमचन्द की रचनाएँ इसका सबसे पुख़्ता सबूत हैं, निराला ने भी 'चतुरी चमार' कहानी और एक कविता, 'दलित जन पर करो करुणा' लिखी।

आज़ादी हासिल होने के बाद डॉ. आंबेडकर के नेतृत्व में देश के लिए नये संविधान की रचना हुई जिसमें स्वाधीनता संघर्ष में अर्जित लोकतांत्रिक मूल्यों को जगह देते हुए एक ऐसे समाज का स्वप्न शामिल किया गया जिसमें 'आज़ादी, बराबरी, परस्पर भाईचारा' पर आधारित एक आधुनिक भारत विकसित होगा। मगर यह विडम्बना ही है कि मनुवादी ब्राह्मणवादी वर्णव्यवस्था का वर्चस्व जस का तस बना रहा। एक घटना जिस पर एक अंग्रेज़ी पत्रिका, फ़िल्मइंडिया ने कार्टून

छापा था इसका अच्छा उदाहरण है। देश के प्रथम राष्ट्रपति डॉ. राजेन्द्र प्रसाद ने 15 नवम्बर, 1952 को बनारस में 201 ब्राह्मण संस्कृत विद्वानों के पैर धोये, चन्दन तिलक लगाया, ग्यारह रुपये और मिठाई दक्षिणा के रूप में भेंट की। यह तब हुआ जब देश में उस समय नया संविधान लागू हो गया था जो किसी जाति को नीच और किसी जाति को उच्च मानने के सिद्धान्त के विरुद्ध था। गौरी लंकेश ने भी अपने एक लेख में इसका उल्लेख किया था। बाबा साहब आंबेडकर की संकलित रचनाओं में भी उल्लेख है।

निष्कर्ष यह है कि दलित सौन्दर्यशास्त्र से साहित्य और समाज में भी मौजूद इस तरह की गुलामगीरी की वैचारिकी की पहचान की जा सकती है।

दलित सौन्दर्यशास्त्र : जाति उन्मूलन की वैचारिकी

साहित्य का दलित सौन्दर्यशास्त्र एक तरह से जाति उन्मूलन की वैचारिकी से जुड़ा हुआ है, ठीक उसी तरह जिस तरह मार्क्सवादी सौन्दर्यशास्त्र अपने सारतत्त्व में शोषण और वर्गविषमता के उन्मूलन की वैचारिकी से अन्तर्ग्रथित है। भारत भूमि पर जाति नामक संस्था की जड़ें इतनी गहरी हैं, कि जाति के ख़ात्मे के लिए तमाम सन्तों, सूफ़ियों, समाज सुधारकों, कवियों, लेखकों के उपदेशों और सामाजिक आन्दोलनों के बावजूद ये जड़ें उखड़ने के बजाय और अधिक मज़बूत होती गई हैं। इनकी सर्वग्रासी उपस्थिति से साहित्य और कलाएँ भी नहीं बची हैं। इस उपस्थिति की पहचान करना इस नये सौन्दर्यशास्त्र का संवेदनात्मक उद्देश्य है।

दरअसल, आदिम समाज के बाद जब 'निजी सम्पत्ति' का अधिकार हासिल करके मानव समाज वर्गविभाजित हो गया तो नाबराबरी के दौर में प्रविष्ट हुआ, फिर उस नाबराबरी को बनाए रखने के लिए तरह-तरह की दार्शनिक व धार्मिक व्यवस्थाएँ सम्पत्तिशाली वर्गों ने ईजाद कीं। इन्हें मैं एक नाम से चिह्नित करता रहा हूँ, वह है : 'क्लासिकल विचारधारा'। इस पर विस्तार से चर्चा पिछले अध्यायों में की जा चुकी है। इस क्लासिकल विचारधारा को हम दास व्यवस्था के समय की ग्रीक सभ्यता में भी देखते हैं और बाक़ी समाजों में जहाँ-जहाँ जब भी दास व्यवस्था क़ायम हुई तो उसी से मिलती-जुलती विचारधारा वजूद में आती हुई देखते हैं। भारत में ग्रीक आक्रमणकारी, प्लेटो और अरस्तू के समय यानी ईसापूर्व चार सौ साल से आते रहे थे, सिकंदर (327 ई. पू.) और सेल्यूकस (304 ई. पू.), मेगस्थनीज़ आदि के नाम हमारे इतिहास के पन्नों पर दर्ज हैं। ज़ाहिर है कि सभ्यताओं के बीच आवाजाही का असर एक दूसरे पर पड़ता है, इसलिए ग्रीक क्लासिकल विचारधारा का यहाँ भी प्रवेश हुआ ही होगा क्योंकि भारत के प्रभुवर्ग के लिए भी वह उतनी ही कारगर रही होगी जितनी ग्रीक प्रभुवर्ग के लिए। यह विचारधारा ग़ुलामगीरी और नाबराबरी को वैध व स्वीकार्य बनाती रही है। यह आश्चर्यजनक तथ्य है कि सारे देशकाल में उसे ईश्वररचित बताया जाता रहा। अभी पिछले दिनों बजरंग बिहारी तिवारी की पुस्तक *केरल में सामाजिक आन्दोलन और दलित साहित्य* (जनवरी, 2000) देखी तो उसमें अध्याय-2, 'केरल में दासप्रथा' में इसका ज़िक्र है कि दासव्यवस्था को

सुदृढ़ बनाए रखने के लिए ब्राह्मणों ने 'परशुराम' और 'शिव' का मिथक गढ़ा (पृ. 33-34) और दासों का उसी तरह शोषण-दमन उन्नीसवीं-बीसवीं सदी तक किया जैसा अन्य देशों में दासव्यवस्था के दौर में हुआ। आज भी केरल को 'देवभूमि' के रूप में प्रचारित किया जाता है। 25 मई, 2016 को कई जाने-माने अंग्रेज़ी दैनिकों में केरल की नई वाम-जनवादी सरकार के शपथ ग्रहण का जो विज्ञापन छपा, उसमें केरल को 'देवभूमि' ही कहा गया। इससे पता चलता है कि किस तरह क्लासिकल विचारधारा जनता में गहरे तक पैठ गई है, जिससे मुक्ति के आन्दोलनों से जुड़े हिस्से भी ग्रसित देखे जा सकते हैं।

इसी तरह महाकाव्यों में व दार्शनिक विमर्शों में भी 'क्लासिकल विचारधारा' का वर्चस्व देखा जा सकता है। जातिव्यवस्था भी उसी 'क्लासिकल विचारधारा' का भारतीय संस्करण है। गीता में इसे भी व्यास ने कृष्ण के मुख से ईश्वर रचित कहलवा दिया है, 'चातुर्वण्यम् मया सृष्टम्'। अब भला धर्मभीरु शोषित समाज ईश्वर के रचे गए विधान को कैसे चुनौती दे, सो यह व्यवस्था रूढ़ होती गई और चेतना पर हावी होकर एक भौतिक ताक़त बन गई। अपने-अपने जातिगत समूह में या अपने-अपने क़बीलों के 'घैटो' या 'टोले' में महफ़ूज़ रहने में लोगों को सुकून भी हासिल होने लगा। यह अब तक चल रहा है।

दुनिया के तमाम हिस्सों में वर्गविभाजित समाजों में चल रहे शोषण और नाबराबरी के ख़ात्मे का वैज्ञानिक दर्शन मार्क्स और उनके सहयोगी दार्शनिक एंगेल्स ने दुनिया को दिया जिसे समृद्ध करके लेनिन ने रूस में सोवियत क्रान्ति की और दुनिया के सर्वहारा को यह सन्देश दिया कि मनुष्य द्वारा मनुष्य के शोषण का ख़ात्मा सर्वहारावर्ग की रहनुमाई और उसके वैज्ञानिक दर्शन की मदद से सामाजिक क्रान्ति द्वारा किया जा सकता है। उसी से प्रेरणा लेकर चीन समेत दुनिया के कई देशों में क्रान्तियाँ हुईं। जहाँ-जहाँ विश्वपूँजीवाद पनप नहीं पाया था या जो देश पूँजीवाद की सबसे कमज़ोर कड़ी थे, वहाँ इस तरह की क्रान्तियाँ सम्भव हो सकीं। नेपाल में इसी तरह क्रान्ति के हालात बन रहे हैं, बशर्ते वहाँ सर्वहारावर्ग से प्रतिबद्ध सारे कम्युनिस्ट एकताबद्ध हो सकें। नेपाल में क्लासिकल विचारधारा पर आधारित राजशाही और 'हिन्दू राष्ट्र' की सड़ी व्यवस्था का ख़ात्मा तो हो ही गया। वह एक आधुनिक राष्ट्र राज्य बनने की प्रक्रिया में है, हालाँकि उसे भी चीन की तरह विकास के लिए पूँजीवाद का सहारा लेना पड़ेगा क्योंकि पूँजीवाद में अभी उत्पादक शक्तियों को मुक्त करने की क्षमता बनी हुई है। इसलिए नेपाल के लिए सीधे समाजवाद की मंज़िल में प्रवेश करना सम्भव नहीं। पहले वहाँ भी 'जनता का जनवाद' स्थापित करना होगा, जिसका अर्थ है कि पूँजीवादी उत्पादक शक्तियों के सहयोग से समाज के भौतिक विकास को आगे ले जाना। वहाँ के कम्युनिस्ट नेतृत्व को विश्वपूँजीवाद के दैत्य से सावधान रहना होगा क्योंकि अमेरिका की साम्राज्यवादी साज़िशें छोटे से

छोटे कम्युनिस्ट देश को तबाह करने में लगी रहती हैं, दुनिया भर के साम्राज्यवादी पहले की सड़ी-गली व्यवस्थाओं को पूरी तरह संरक्षण देते और पालते-पोसते रहते हैं, सामाजिक विकास की नई मंज़िल के रूप में उभरते किसी भी देश को वे अपना दुश्मन मान लेते हैं जैसे क्यूबा, उत्तरी कोरिया, चीन, वियतनाम आदि और उन पर हमला करने की साज़िशें रचते रहते हैं, जबकि नाबराबरी को वैध बनाने वाली सड़ी-गली सामन्ती ताक़तों को ख़ूब मदद पहुँचाते हैं। कुछ देशों में तो कठपुतली के तौर पर राजा-रानी भी मौजूद हैं, जबकि वास्तविक शासकीय शक्ति साम्राज्यवाद और उनकी अन्तर्राष्ट्रीय वित्तीय पूँजी के हाथ में है।

हमारे समाज में जातिगत श्रेष्ठता और ग़ुलामगीरी को बरक़रार रखने के लिए पुरानी क्लासिकल विचारधारा में एक और नई कड़ी जोड़ दी गई है, वह है पुनर्जन्म और अवतारवाद की। एक से एक आकर्षक मिथक, क़िस्से, कहानियाँ गढ़कर इस विचार को काफ़ी पुख़्ता कर दिया है कि मनुष्य का जन्म उसके अच्छे या बुरे कर्मों के फल के अनुसार होता है। इस मान्यता को बड़े पंडितों, विद्वानों व सन्तों के मुख से उपदेश के रूप में रात-दिन हर किसी को सुनाया जाता है। यह सारा उपदेशात्मक तामझाम आज के समय में और अधिक विकराल रूप ले चुका है। असंख्य चैनल हैं जिन पर सभी धर्मों के उपदेशक क्लासिकल विचारधारा के तत्त्वों को अवाम के दिलोदिमाग़ में भरते रहते हैं। साधु, साध्वियाँ, तरह-तरह के बाबा और कथावाचक बापू इसी के प्रचार में लगे हैं। कॉरपोरेट जगत और विदेशी पूँजी का अच्छा-ख़ासा निवेश इस उद्योग में है। अन्धविश्वास, अज्ञान और नियतिवाद के विचार फैलाने के लिए स्वतंत्र टी वी चैनल हैं, यहाँ तक कि न्यूज़चैनलों पर भी पैसा देकर प्रचारकों ने स्लाट ख़रीद लिये हैं और उन पर इसी तरह के विचार फैलाए जा रहे हैं। इसी उद्देश्य से मिथकों को इतिहास की तरह पेश किया जाता है। इस परियोजना में आर.एस.एस.-भाजपा के सांसद, कई मंत्री, प्रधानमंत्री तक शामिल हैं, क्योंकि इससे उनके हिन्दुत्व की फ़ासीवादी मुहिम को बल मिलता है। बाबा साहब आंबेडकर 'हिन्दुत्व' की विचारधारा के सख़्त ख़िलाफ़ थे क्योंकि उसका आधार ही सड़ी-गली वर्णव्यवस्था है, वह मनुस्मृति पर आधारित है, उसका मेल मुसोलिनी और हिटलर की फ़ासीवादी विचारधारा से है जोकि भारतीय संविधान के विरुद्ध है।

सूचनातंत्र के विकराल प्रसार से इस समाज के शोषित-दलित हिस्सों को ख़ासतौर से इसी विचारधारा से ग़ुलाम बनाए रखना अब और आसान हो गया है। पूरा एक उद्योग इन उपदेशों का चल रहा है जिनसे मनुष्य द्वारा मनुष्य के शोषण और उनके बीच की नाबराबरी को वैधता प्रदान करने और उसे स्वीकार्य बनाने में मदद मिलती है। ऐसे सम्मेलन हो रहे हैं, कुम्भ के मेले हैं, चार धाम की यात्रा है और अनगिनत सूक्ष्म तरीक़े हैं जिनसे ये विचार मज़बूत होते रहते हैं कि मनुष्य को

जहाँ भगवान ने जन्म दिया है वह उसी में रहकर अच्छे कर्म करे तो अगला जन्म बेहतर होगा। शूद्र अगले जन्म में ब्राह्मण हो सकता है, ग़रीब अगले जन्म में अमीर हो सकता है, बुरे नसीब वाला अगले जन्म में अच्छे नसीब वाला हो सकता है। इस तरह के विचार यथास्थिति को स्वीकार्य बनाने में काफ़ी अहम भूमिका निभा रहे हैं। इस सब अज्ञानतंत्र के ख़िलाफ़ न कोई ढंग का पॉपुलर अख़बार है और न ही कोई टी वी चैनल। कुछ व्यक्ति या उनके संगठन अन्धविश्वासों और ब्राह्मणवाद की क्लासिकल विचारधारा के ख़िलाफ़ मुहिम चला रहे थे वे आर.एस.एस. के हाथों मारे जा चुके हैं। आगे भी मारे जाएँगे। इस तरह क्लासिकल विचारधारा एक ऐसी पुख़्ता भौतिक शक्ति बन गई है जो जाति को मिटाने के उद्देश्य से चलाए गए हर सुधार आन्दोलन और वैचारिक संघर्ष को परास्त करती आ रही है।

शोषक वर्ग पहले अपने अधीन शोषितों को विचारों से ही ग़ुलाम बनाए रखने की कोशिश करते आए हैं, मगर जब लगता है कि विचारों के हथियारों से ग़ुलामों को क़ब्ज़े में रखना मुश्किल होगा तो वे अपने पूरे दमनतंत्र यानी हथियारबन्द सेना, पुलिस, न्यायपालिका आदि के माध्यम से या सीधे-सीधे ख़ुद ही ग़ुलामों पर हिंसात्मक कार्रवाई शुरू कर देते हैं। भारत में दोनों स्तरों पर शोषितों को अपने अधीन रखने की कार्रवाई चलती रही है। इसमें अभी विचारों के माध्यम से ग़ुलाम बनाए रखने के लिए ज़्यादा निवेश किया जा रहा है। आश्चर्यजनक बात यह है कि जिन सन्तों और समाजसुधारकों ने जात-पाँत, छुआछूत व इस तरह की इनसानी ग़ैबराबरी के ख़िलाफ़ मुहिम चलाई, या जात-पाँत में यक़ीन न रखने वाले मज़हब भारत में प्रचलित हुए, उन सबके भक्तजन फिर से उसी ब्राह्मणवादी कर्मकांड में फँसकर अपने गुरुओं के बताए रास्ते को भूल गए। मध्यकाल के कबीरदास हों या गुरु नानक या दूसरे निर्गुण विचारधारा के सन्त और सूफ़ी सन्त या आधुनिक भारत के जोतिबा फुले, सावित्रीबाई फुले या बाबा साहब आंबेडकर या कांशी राम जैसे समाज सुधारक व राजनीतिज्ञ हों, इन सबके अनुयायी यथास्थिति के भँवरजाल में फँसकर जातिउन्मूलन के लक्ष्य को ही भूल गए और अपनी-अपनी जातियों के लिए कुछ राहतें हासिल करने के प्रयासों तक ही उनकी गतिविधि सीमित रह गई, बड़े लक्ष्य की ओर किसी का ध्यान ही नहीं। ग़ैरहिन्दू धर्म भी जातियों के मकड़जाल में फँस गए, मुस्लिम और ईसाई भी।

आजकल कृषिक्षेत्र की हालत दिन-ब-दिन ख़राब होते जाने से कुछ ग़ैरदलित और ग़ैरओबीसी जातियाँ भी उसी तरह की राहतें हासिल करने के लिए भयंकर आन्दोलन छेड़ने लगी हैं जिन्हें सदियों से दबे-कुचले दलित सामाजिक हिस्सों के लिए आरक्षित किया गया है और जो उनके उत्थान के लिए अभी भी नाकाफ़ी हैं। दलित आरक्षण के ख़िलाफ़ आन्दोलन होने लगे हैं, सवर्ण बेरोज़गारों को कोई यह नहीं कहता कि पचास प्रतिशत आरक्षण तो उन्हें ही मिला हुआ है,

निजीकरण को बढ़ावा देने वाली सरकारें दरअसल दलितों को नौकरियों से वंचित करने का ही प्रयास कर रही हैं, इसमें सुप्रीम कोर्ट तक इस दौरान शामिल होता दिखाई दे रहा है।

1991 के बाद अन्तर्राष्ट्रीय वित्तीय पूँजी के दुनिया भर में फैल जाने के बाद जो नवउदारवादी बे-लगाम पूँजीवादी आर्थिक नीति अपनाई गई है जो भारत में भी सभी सरकारें लागू कर रही हैं, उसमें सरकारी क्षेत्र को बड़े देशी-विदेशी कॉरपोरेट घरानों को सौंप देने की नीति अहम है। इसका सीधा असर दलित समाज पर पड़ेगा, सवर्णों के लिए पूरा मैदान ख़ाली है। नई आर्थिक नीति जनतंत्र के भी ख़िलाफ़ है। इसीलिए लगातार जनतांत्रिक मूल्यों की हत्या हो रही है। बोलने की आज़ादी, सवाल करने की आज़ादी, लिखने-पढ़ने की आज़ादी, संगठित होने और अपने अधिकारों के लिए आन्दोलन करने की आज़ादी धीरे-धीरे छीनी जा रही है। सारे पूँजीवादी देशों में जो राजनीतिक दल इन नीतियों को कठोरता से लागू कर सकते हैं उन्हीं को अन्तर्राष्ट्रीय वित्तीय पूँजी और देश-विदेश के कॉरपोरेट घराने अकूत चन्दा देते हैं और वे ही सत्ता में आ सकते हैं, नई आर्थिक नीति के विरोध में आन्दोलन चलाने वाले दल धीरे-धीरे लुप्त हो रहे हैं। यह ग़ुलामगीरी का नया दौर है, जिसकी मार सबसे अधिक दलित समाज पर ही पड़ेगी। उनके नाम से वोट लेने वाले नेता पहले ही कॉरपोरेट घरानों ने अपनी गोद में बिठा लिये हैं। वे उनकी कठपुतली बनकर नाचते हैं। मनुवाद ब्राह्मणवाद के वर्चस्व को क़ायम रखने वाली राजनीति से भी उन्हें परहेज़ नहीं, बस सत्ता में एक ग़ुलाम की हैसियत से जगह मिलती रहे।

इन हालात को देखकर क्या यह मान लें कि जातिव्यवस्था अमरबेलि है। अगर समस्या है, रोग है तो कुछ तो निदान होना ही चाहिए, इसे विधाता का विधान मानकर हाथ पर हाथ रखे बैठना तो मनुष्यता का तक़ाज़ा नहीं है। यह सही है जातिउन्मूलन परियोजना एक बहुत ही मुश्किल और चुनौतीपूर्ण लक्ष्य है, मगर उसे वैज्ञानिक और तर्कसंगत सोच से अंजाम देना ही होगा, देर-सवेर। मेरे विचार से इसके लिए सबसे पहले उन सभी विद्वानों और सत्यशोधकों को भारतीय समाज के विकास की मौजूदा मंज़िल को समझना होगा। यह काम इसलिए ज़रूरी है क्योंकि इस शोध से यह साफ़ होगा कि जातिउन्मूलन परियोजना विफल करने वाली ताक़तें इस दौर में कौन सी हैं। ज़ाहिर है कि वर्गविभाजित समाज में शोषकवर्गों का हित साधन करने में ऐसी तमाम विचारधाराएँ मददगार साबित होती हैं जिनसे समाज के शोषित दमित-दलित हिस्से नाबराबरी के आधार पर आपस में बँटे रहें, उनमें एकजुटता की भावना पैदा न हो सके। ब्रिटिश शासकों ने भी ऐसा ही किया था और लम्बे समय तक भारत के अवाम पर राज करते रहे। आज़ाद हिन्दुस्तान के नये शासक भी यही चतुराई इस्तेमाल कर रहे हैं। पूरा समाज नाबराबरी के महीन ताने-बाने में ऐसे जकड़ा हुआ है कि पहले वर्णों के रूप में नाबराबरी, फिर हर

वर्ण के तहत आने वाली जाति के भीतर उच्च व निम्न हैं, ब्राह्मणों, क्षत्रियों, वैश्यों व शूद्रों के भीतर भी अपने-अपने घटक हैं, गोत्र हैं जिनके माध्यम से नाबराबरी का जाल बिछा दिया गया है। सवर्ण ही नहीं, दलित समाज भी इसकी पकड़ में आया हुआ है। जाटव, महार, धानुक, पासी, मुसहर, मेहतर और न जाने कितनी जातियाँ दलित समाज का हिस्सा हैं, मगर वे सब आपस में ब्राह्मणवादी नाबराबरी के फ़लसफ़े से बुरी तरह जकड़ी हुई हैं। किसी सुशिक्षित नौकरीशुदा अफ़सर के साथ जिसके माँ-बाप मेहतर रहे हों, कोई पढ़ा-लिखा जाटव या धानुक या कोई उच्च गोत्र दलित अपनी लड़की को ब्याह करने की इजाज़त नहीं दे सकता और न उसके साथ खानपान का रिश्ता ही रख सकता है। जाटव भला मेहतर के बराबर कैसे हो सकता है! इस तरह दलित समाज के बीच भी एकता मुमकिन नहीं, नाबराबरी बरतने का शासकवर्गों का यह खेल पहले से चला आ रहा है और आज के नये शासकवर्गों ने भी अपने हित में इसे बरक़रार रखा है, उनके अलग 'घेटो' या 'समाज' बनाकर।

सवाल यह उठता है कि ये नये शासकवर्ग हैं कौन। आम धारणा के तहत लोग शासक के रूप में किन्हीं व्यक्तियों या पार्टियों को देखते हैं, पहले राजा-महाराजा, नवाब, बादशाह नामचीन शासक समझे जाते थे, अब उनकी जगह पर कोई न कोई व्यक्ति या पार्टी लोगों को अपने सामने दिखाई देती है। सब कहेंगे कि भारत को आज़ादी गांधी जी ने दिलाई, फिर नेहरू, और उनके परिवारजन या उनकी पार्टी के अन्य नेता शासक बने और आज भाजपा और नरेंद्र मोदी शासक बने हुए हैं। यह आम धारणा पर्दे के पीछे काम कर रहे उन वर्गों की पैदा की हुई है जिन्होंने शासन करते रहने के लिए अपनी पार्टियाँ बनाईं। वर्गविभाजित हर देश में असली शासक तो सम्पत्तिशाली शोषकवर्ग हैं, जनता को उनके सेवक या कठपुतली राजनेता ही सामने दिखते हैं, शोषकवर्ग तो सामने दिखते नहीं। मगर सच्चाई यह है कि असली राजसत्ता इन शोषक वर्गों के हाथ में है, और इन शोषक वर्गों के हित में चल रही यह समाज व्यवस्था दिखावे के तौर पर जनतंत्र का उद्घोष करती है, जिसमें चुने हुए नेता ही आम जनता को शासक के रूप में दिखाई देते हैं। वास्तव में वे शासक नहीं होते, शासक तो सत्ताधारी वर्ग जैसे पूँजीपति या सामन्त या साम्राज्यवादी इज़ारेदार ही होते हैं। इसीलिए सारी नीतियाँ इन्हीं को लाभ देने वाली होती हैं। इस लोकतंत्र में शोषकवर्गों के हाथों की कठपुतली यह व्यवस्था हमें शोषकवर्गों की उन पार्टियों को ही वोट देने को प्रेरित करती है जिनके सत्ता में आने से शोषण का खेल बरक़रार रहे, उन्हें ही सत्ता में लाने के लिए धनकुबेर पानी की तरह पैसा बहाते हैं। जब उनसे जनता ठगी जाती है तो शोषकवर्ग अपनी ही हितसाधक दूसरी पार्टी में किसी को नया नेता बनाकर उसे जनता पर थोप देते हैं और फिर वही खेल चलता रहता है। शोषितजन वर्गीय चेतना के अभाव में धनकुबेरों का हितसाधन करने वाली इस या

उस पार्टी को चुनते रहते हैं और ठगे जाते हैं और गाते रहते हैं कि 'ठगवा नगरिया लूटल हो'। इसे आप पूँजीवादी दुनिया के हर देश में देख सकते हैं।

जाति उन्मूलन की परियोजना की सफलता, दरअसल, भारत में शोषण और नाबराबरी पर आधारित समाज व्यवस्था के ख़ात्मे से ही हासिल हो सकती है, और इस ख़ात्मे के बिना हमारा समाज अपने विकास की अगली मंज़िल में नहीं प्रवेश कर सकता य़ानी नाबराबरी और मनुष्य द्वारा मनुष्य का शोषण नहीं ख़त्म हो सकता। यह विषयान्तर लग सकता है, मगर साहित्य का दलित सौन्दर्यशास्त्र अपने समाज और देश के भावी विकास की वैचारिकी सुनिश्चित करने की परियोजना के बिना एक एकेडेमिक कसरत ही बनकर रह जाएगा। सही और ग़लत, सत्य और असत्य की पहचान करना इस वैचारिकी का लक्ष्य होगा, साहित्य को समाज से काटकर देखना तो 'कला के लिए कला' ही माना जाएगा। इसलिए यह सवाल उठाना ज़रूरी है कि आज हमारा समाज विकास की किस मंज़िल में है और अगली मंज़िल क्या हो सकती है जिसे हासिल करने के लिए हम सब दलितों, शोषितों, वंचितों को मिल-जुलकर संघर्ष करना चाहिए। इस चिन्तन से जिस वैचारिकी की रचना होगी वही नये दलित सौन्दर्यशास्त्र या आलोचना शास्त्र की आधारशिला हो सकती है।

ब्रिटिश साम्राज्यवाद के अधीन देश और समाज की पहली ज़रूरत स्वराज हासिल करने की थी, इसलिए उसमें राजा-रंक सभी की एकता की बुनियाद पर संघर्ष चलाना ही समय की ज़रूरत थी। वही हुआ और देश को स्वाधीनता हासिल हुई। आम जनता को भी ब्रिटिश साम्राज्यवाद अपना सबसे बड़ा दुश्मन नज़र आने लगा। उससे आज़ादी हासिल करना सामाजिक विकास की एक मंज़िल थी सो हमने प्राप्त कर ली। उसका अनुभव भी यही बताता है कि जब ब्रिटिश राज के अधीन सारे शोषितों को यह महसूस होने लगा कि उन्हें स्वाधीन होना चाहिए तभी भारत आगे बढ़ पाएगा, तो संघर्ष आगे बढ़ा, और हम उस मंज़िल को हासिल कर पाए। लगभग दो सौ साल तक देश के अवाम को यह अनुभव ही नहीं हुआ कि वे एक छोटे से देश इंग्लैंड के व्यापारियों के ग़ुलाम हैं, 1757 और 1857 के सशस्त्र प्रतिरोध अपवाद के रूप में ही देखे जा सकते हैं। लेखकों ने 'अंग्रेज़ राज सुख साज सबै सुख भारी' जैसी अनुप्रासमयी काव्यभाषा में अंग्रेज़ राज की तारीफ़ की, जोतिबा फुले तक ने सदियों से चले आ रहे सामन्ती उत्पीड़न से मुक्तिदाता के रूप में कम्पनी की हुकूमत को बेहतर बताया। वैज्ञानिक तर्क से देखें तो सामन्तवाद के मुक़ाबले उभरता पूँजीवाद प्रगतिशील माना ही जाता है, 'समता, स्वतंत्रता, बन्धुत्व' का नारा उसी नई व्यवस्था की देन है। हो सकता है कि यही वजह हो जिससे ब्रिटिश उपनिवेशवाद अवाम को बेहतर और सुखकर प्रतीत हुआ हो, और जब देशज पूँजीवाद उभरा तो उसके उभरते ही राष्ट्रवाद की आधुनिक भावना जन्मी हो

जिसने यह अहसास जगाया हो कि भारत एक देश के रूप में विदेशी ताकतों का ग़ुलाम है, तब आज़ादी हासिल करने की नई लहर आई हो।

आज़ादी के बाद भारत एक राष्ट्रराज्य की शक्ल में वजूद में आ गया। अवाम में यह भावना आ गई कि हम सब आज़ाद हो गए, अपना संविधान भी लागू कर लिया जिससे सब अनुशासित होकर देश का विकास करेंगे। लेखकों, चिन्तकों के दिमाग़ में आज़ादी के आन्दोलन के समय यह तस्वीर साफ़ हो गई थी कि ब्रिटिश साम्राज्यवाद के शासन से मुक्त होना है। आज़ादी के बाद विकास की अगली मंज़िल क्या हो, इस पर सारे अवाम में उस तरह की चेतना नहीं है, न तस्वीर साफ़ है, न वैज्ञानिक दृष्टि है, तो वही हाल है कि—

मुकुर मलिन अरु नयनविहीना। रामरूप देखहिं किमि दीना॥

अगली मंज़िल का आदर्श दिखाई दे तो कैसे। इसे देखने का तरीक़ा यही हो सकता है कि आज के युग में जन के दुश्मनों की पहचान पहले की जाए, जैसे आज़ादी के युग में कर ली थी। सब जान गए थे कि ब्रिटिश साम्राज्यवाद हम सबका दुश्मन है, उससे मुक्त होना है। ब्रिटिश साम्राज्यवाद का भारत पर राज इंग्लैंड के किसी राजा या रानी का राज नहीं था, वहाँ के बड़े पूँजीपतियों का राज था जिनके हाथों ब्रिटेन के समाज की सत्ता थी और उन उपनिवेशों पर भी क़ब्ज़ा था जहाँ वे उपनिवेशों का शोषण करके धन अपने देश ले जाकर अपनी पूँजी में इज़ाफ़ा करते जा रहे थे।

वैज्ञानिक समझ से गहराई में जाकर देखें तो यह साफ़ नज़र आएगा कि ब्रिटिश साम्राज्यवाद के शासन से मुक्ति के बाद भारत के सबसे बड़े पूँजीपतियों ने कांग्रेस के माध्यम से और अन्य अनेक राजनीतिक व छद्म नामों से बनाई गई संरचनाओं से भारत के अवाम पर अपना राज क़ायम किया। ब्रिटिश साम्राज्यवादियों से सीखते हुए उन्होंने भी बड़े सामन्तों व बड़े भूस्वामियों के साथ गठबन्धन बनाया और दूसरे देशों के पूँजीपतियों से क़र्ज़ लेने के लिए उनके साथ भी समझौता किया। यह गठबन्धन ही स्वतंत्र भारत में सत्ताधारी वर्गों के रूप में क़ाबिज़ है। पार्टी बदल-बदलकर कोई भी सत्ता में आती रहे, असली सत्ता इन्हीं वर्गों की है क्योंकि सारी नीतियाँ इन्हीं के हित में बनती हैं, दिखावा ज़रूर लोकतंत्र का होता है, यानी जनता के हित का झूठा दावा होता है।

दलितों पर शोषण-दमन के लिए भारत में वर्णव्यवस्था भी एक ताक़तवर तंत्र के रूप में उपलब्ध थी, उसे भी बरक़रार रखा गया। बाबा साहब आंबेडकर के रचे संविधान से कुछ राहतें, ख़ासकर शिक्षा और शिक्षित दलितों के रोज़गार के मामले में ज़रूर मिलीं, मगर बाक़ी उत्पादन के साधनों पर स्वामित्व परम्परागत सवर्णों का ही रहा। दलितों को सवर्णों के बराबर न खेती लायक़ ज़मीन मिली, न उनके

औद्योगिक घराने ही अस्तित्व में आए। इसलिए बाबा साहब आंबेडकर का नारा, 'समता, स्वतंत्रता और बन्धुत्व' सिर्फ़ एक खोखला नारा ही बनकर रह गया। खुली आँखों से देखें तो यह सिलसिला आज़ादी के बाद से आज तक चल रहा है। इस सूरतेहाल को बदलने की कोशिश न बाबा साहब ने आज़ादी के बाद के दिनों में की, न उनके अनुयायियों ने आज तक कोई व्यापक आन्दोलन ही चलाया वे नये सत्ताधारी सवर्ण इज़ारेदारों व भूस्वामियों के पिछलग्गू बनकर एक तरह से उनके ही ग़ुलाम बनते रहे। दलित नेताओं में से कई एक मुख्यमंत्री भी बने, उन्होंने भी दलितों के लिए कृषिभूमि का कोई आवंटन नहीं किया। कृषिभूमि का सवर्णों के बराबर हिस्सा हासिल करने की कोई माँग तो बाबा साहब आंबेडकर ने भी अपने संघर्षशील जीवन में नहीं उठाई। वे सहकारी खेती की ज़रूरत पर बल देते रहे जो उस दौर में अव्यावहारिक थी। बाद में वे धर्म परिवर्तन में समस्या का समाधान खोजते रहे। मगर समय की ज़रूरत तो दलितों को अन्य भूस्वामी वर्णों की तरह ज़मीन का मालिकाना हक़ देने की थी जिससे वे अपना भरण-पोषण उस खेती से कर सकते। ऐसा एजेंडा आज भी दलित नेताओं का नहीं है, सिर्फ़ शिक्षित दलितों के आरक्षण को बचाये रखने तक ही संघर्ष सीमित है। अशिक्षितों के लिए भूमि, फ़ैक्टरी या अन्य किसी तरह का आधुनिक आजीविका का कोई साधन मुहैया कराने की योजना किसी दलित नेता या राजनीतिक दल की सोच का हिस्सा ही नहीं है।

अब तो दलित शिक्षित समाज के लिए पहले से उपलब्ध सरकारी नौकरियों में आरक्षण की व्यवस्था भी ख़त्म कराने के प्रयास भाजपा-आर.एस.एस. की सरकारों की ओर से पूरे ज़ोर-शोर से हो रहे हैं। संविधान के निर्माताओं ने तो जिनमें बाबा साहब आंबेडकर भी शामिल थे दलितों के लिए आरक्षण को सिर्फ़ चुनावी प्रक्रिया में हिस्सेदारी के लिए दस वर्ष के लिए सीमित किया था। बाद में सरकारी नौकरियों व शिक्षण संस्थानों आदि में अनुसूचित जातियों और जनजातियों के लिए प्रावधान किया गया। उसके बाद ओबीसी और आर्थिक रूप से कमज़ोर सवर्णों के लिए भी आरक्षण का क़ानून पारित हुआ। मगर संविधान ने भी आरक्षण को एक हक़ के रूप में उल्लिखित नहीं किया, बल्कि राज्य सरकारों पर छोड़ दिया कि वे चाहें तो आरक्षण का क़ानून पारित कर सकती हैं। इसका अर्थ यह हुआ कि अगर राज्य सरकारें न चाहें तो दलित समाज आरक्षण को एक हक़ के रूप में हासिल नहीं कर सकता। संविधान की इसी कमज़ोरी का फ़ायदा उठाकर उत्तराखंड की भाजपा-आर.एस.एस. की सरकार ने सुप्रीम कोर्ट जाकर आरक्षण का प्रावधान ख़त्म कराने के अपने इरादे में कामयाबी हासिल कर ली। ऐसे प्रयास पहले भी कई राज्यों में हुए थे, और देश के संविधान में निहित कमज़ोरी का फ़ायदा उठाकर वहाँ भी इसी तरह के निर्णय हुए थे जैसाकि पिछले दिनों (7 फरवरी, 2020) सुप्रीम कोर्ट का फ़ैसला आया।

तो इससे हमारी समझ साफ़ होनी चाहिए कि आम भारतीयों के बीच नाबराबरी और शोषण की व्यवस्था को बरक़रार रखने में सबसे बड़े सम्पत्तिशाली वर्ग सबसे आगे हैं, यानी इज़ारेदार पूँजीपति और बड़े भूस्वामी, व इनसे सहयोग कर रही है अन्तर्राष्ट्रीय वित्तीय पूँजी जो आइ.एम.ए. और विश्वबैंक के माध्यम से सभी विकसित समाजों का दोहन करते हुए फल-फूल रही है, उसका शिकंजा दिनों-दिन मज़बूत होता जा रहा है। सारे अर्थशास्त्री सलाहकार जैसे मनमोहन सिंह, मोंटेकसिंह अहलूवालिया, रघुराम राजन कांग्रेस के समय में और रघुराम राजन, उर्जित पटेल, अरविंद सुब्रहमनियन, अरविन्द पनगड़िया आदि मोदी सरकार के समय में विश्वबैंक के ही भेजे हुए सेवक भारत की अर्थव्यवस्था पर क़ाबिज़ रहते आए हैं। शोषकवर्गों की पार्टियाँ इस तरह अन्तर्राष्ट्रीय वित्तीय पूँजी की सेवा में लगी हुई हैं। इसलिए नाबराबरी और शोषण के तंत्र को मज़बूत करना विश्वपूँजीवाद के हितों की रक्षा के लिए हमारे शासकों ने ध्येय बनाया हुआ है। पूँजीवादी देशों में उन्होंने अपनी ही दो-तीन पार्टियाँ बना रखी हैं जिन्हें वे फ़ंड देते हैं। वे ही पार्टियाँ सत्ता में आती हैं, नीतियाँ शोषक-शासक अन्तर्राष्ट्रीय वित्तीय पूँजी की ही चलती रहती हैं। भारत ने भी 1991 में उसी पूँजी की रीति-नीति को अपना लिया जिसे 'नई आर्थिक नीति' या उदारीकरण और भूमंडलीकरण की आर्थिक नीति कहा जाता है। भारत में भी अमेरिका की तरह दो पार्टियों की व्यवस्था थोपने या रोपने की कोशिश जारी है। दोनों ही पार्टियाँ उन्हीं की नीतियों का पालन करती हैं, जैसे नागनाथ वैसे ही साँपनाथ। नाम और चेहरे अलग दिखते हैं, मगर नीतियाँ वही निजीकरण, उधारीकरण, कॉरपोरेट जगत को मालामाल बनाने की चलती हैं। ग़रीबों की बदहाली बढ़ती है और इन नीतियों का, ख़ासकर निजीकरण की नीति से सबसे अधिक नुक़सान दलित समाज को होता है। आरक्षण की व्यवस्था दोनों क्षेत्रों में ख़त्म, निजी उद्योगों में तो थी ही नहीं, सरकारी क्षेत्र निजी कॉरपोरेट घरानों को बेचे जा रहे हैं। उधर बीजेपी-आर.एस.एस. शासित राज्य सरकारी क्षेत्र में भी आरक्षण ख़त्म कराने में सफल होते जा रहे हैं। दलित समाज से आए नेता, यहाँ तक कि दलितों के नाम से पहचानी जाने वाली पार्टी के नेता भी कॉरपोरेट जगत के इशारों पर नाचते हैं। दलित समाज के हित के लिए कोई ठोस कार्यक्रम उनके पास नहीं है। वे भी उसी आर्थिक नीति के तहत अपनी समृद्धि में लगे हैं, न दलितों के लिए ज़मीन दिलाने का संघर्ष, न फ़ैक्टरियों या व्यापार के लिए कोई योजना, न बेरोज़गारी भत्ते की लड़ाई, न प्राइवेट सेक्टर में आरक्षण के लिए व्यापक संघर्ष। राजनीतिक जोड़-तोड़, मोलभाव से चुनावों में कुछ सीटें हासिल कर लेने में ही आनन्द की प्राप्ति कर लेते हैं। नये युवा दलितों का नेतृत्व इस दौर में उभर सके, जो वैज्ञानिक सोच से लैस हो तो भले कुछ भला हो, अभी तो आसार नज़र नहीं आ रहे।

इस विश्लेषण का आशय यह है कि शोषकों का यह जो वर्गीय जमघट है उसे पहचाने बग़ैर और उससे आज़ाद हुए बग़ैर इनसानी नाबराबरी की कोई भी परियोजना

कामयाब नहीं हो सकती। विश्व के शोषकवर्गों के लिए नाबराबरी के सारे फ़लसफ़े, दक़ियानूसी विचार व विचारधाराएँ, मददगार साबित हो रही हैं। इसलिए जातिवाद जैसे ज़हर को और अधिक फैलाने व कमज़ोर तबक़ों पर अत्याचार व शोषण की मार जारी रखने में इन सारे शोषकवर्गों का हाथ है। वे नाबराबरी बरक़रार रखने वाली सारी विचारधाराओं को हर तरह से ताक़त यानी वैचारिक बल व धनबल भी मुहैया कराते हैं जिससे शोषितजन ख़ूब बँटे रहें, आपस में ख़ूनख़राबा करें, सभ्यताओं का संघर्ष करें, साम्प्रदायिक दंगों में आपस में कटें मरें। दलितों, अल्पसंख्यकों, स्त्रियों, बच्चों व ग़रीबों को मार डालें, ख़ूब हिंसा फैले, रोज़ बलात्कार की घटनाएँ हों,यही शोषक-शासक वर्ग चाहते हैं। इनकी ख़बरें देकर उनके टी वी चैनल ख़ूब पैसा कमा रहे हैं। इसलिए, जन के असली दुश्मनों की पहचान सबसे पहली शर्त है। किसी भी प्रगतिशील जनपक्षधर परियोजना को सफलता की ओर ले जाने के लिए, और जाति उन्मूलन परियोजना के लिए तो यह अनिवार्य शर्त है। जड़ की पहचान न हुई तो पत्तियाँ व टहनियाँ काट देने से कोई विषवृक्ष ख़त्म नहीं हो सकता। अब तक हमारे बहुत से सन्त, कवि, दार्शनिक, समाजसुधारक, दलित विचारक व राजनीतिज्ञ जातिवाद के विषवृक्ष की पत्तियाँ तोड़कर उसे नष्ट करने के उपाय सुझाते रहे। भयानक वृक्ष की जड़ें समाज में और गहरी होती गईं। इसलिए इनसान व इनसान के बीच बराबरी की परियोजना से अलग करके इसे देखना सिर्फ़ पेड़ के पत्तों पर निशाना साधने की तरह ही होगा।

अब सवाल उठता है कि समाज को अगली मंज़िल में ले जाने की ज़िम्मेदारी इतिहास के इस दौर में किस वर्ग पर आयद होती है। चूँकि समाज पर क़ब्ज़ा किसी व्यक्ति या किसी पार्टी का नहीं, वह शोषक वर्गों का है जो अपनी सेविका पार्टियों के माध्यम से शासन करते हैं, शोषणचक्र को आगे बढ़ाते हैं और नाबराबरी बनाए रखने के सारे उपाय सम्भव बनाते हैं, तो उनसे संघर्ष करने का नेतृत्वकारी रोल भी वर्गों का ही होगा, किसी व्यक्ति या राजनेता का नहीं। मानव इतिहास ने यह ज़िम्मेदारी सर्वहारावर्ग पर डाली है क्योंकि यह वर्ग ही शोषण व नाबराबरी की सारी पेचीदगियाँ समझने में व वर्गसंघर्ष के माध्यम से समाज को आगे की मंज़िल में ले जाने में सक्षम हो सकता है, उसके पास वैज्ञानिक समाजवाद की विचारधारा भी है। इसलिए वही हिरावल दस्ता हर जगह विश्वपूँजीवाद से टक्कर लेकर समाज को आगे ले जाने की ऐतिहासिक भूमिका निभा सकता है। इतिहास में इसके उदाहरण भी मौजूद हैं कि बीसवीं सदी में समाजवाद के लिए सफल क्रान्तियाँ सर्वहारावर्ग और उसकी अपनी राजनीतिक पार्टी के नेतृत्व में ही हो पाईं क्योंकि ये पार्टियाँ वैज्ञानिक समाजवाद की विचारधारा यानी मार्क्सवाद-लेनिनवाद से लैस पार्टियाँ थीं। इसलिए भारत में भी वही सर्वहारावर्ग अपनी राजनीतिक संरचना यानी मार्क्सवाद-लेनिनवाद के आधुनिकतम ज्ञान से लैस मार्क्सवादी पार्टी

के माध्यम से, दलितों, शोषितों, वंचितों 'और सारे ग़रीबों को साथ लेकर, सदियों से चली आ रही ब्राह्मणवादी क्लासिकल विचारधारा से टकरा सकता है। दूसरे वर्ग उसके सहयोगी हो सकते हैं, जो भी शोषण व नाबराबरी की आग में जल रहे हैं। इससे यह समझ में आता है कि सर्वहारावर्ग की रहनुमाई में बहुत बड़ा मोर्चा बनना चाहिए जिसमें वे सारे वर्ग शामिल हों, जो इज़ारेदार पूँजीपति व बड़े भूस्वामियों के गठबन्धन वाले शोषणतंत्र व अन्तर्राष्ट्रीय वित्तीय पूँजी के चंगुल से हमारे समाज को निकालकर एक सच्चे जनवादी जनतंत्र की नई मंज़िल में ले जा सके। स्वाधीनता आन्दोलन जैसे एक साझा मोर्चा था, साम्राज्यवादविरोधी सारे वर्ग उसके हिस्से थे, नेतृत्व देशी पूँजीपति ज़रूर कर रहे थे, मगर वह साझा मोर्चा था। अब उस दौर के पूँजीपति आज शोषकवर्गों के सरगना हैं, तो नया मोर्चा तो उनके अधीन काम कर रहे मज़दूरवर्ग यानी सर्वहारावर्ग को ही बनाना होगा, क्योंकि यह इतिहाससिद्ध है कि मज़दूरवर्ग जो वैज्ञानिक दृष्टि से लैस हो, तो वही सबसे क्रान्तिकारी वर्ग इस दौर में है। इस नये मोर्चे को जंनता का व्यापक जनवादी मोर्चा कहा जा सकता है, यह मोर्चा यदि राजसत्ता हासिल कर सके तो उसे सबसे पहले वैज्ञानिक व तर्कसंगत नज़रिये से सारे शोषित जनों को आर्थिक तौर पर बदहाली से निकालकर एक नये उच्च स्तर पर ले जाना होगा, जिससे कोई इनसान ग़रीबों, दलितों, वंचितों के श्रम का शोषण पैसे के बल पर और अपनी दौलत में इज़ाफ़ा करने या लाभ-लोभ के लिए न कर सके। दलितों को वास्तविक सामाजिक न्याय भी उसी नई व्यवस्था में सम्भव हो सकता है।

यह बात स्पष्ट होनी चाहिए कि आर्थिक पराधीनता के रहते जाति उन्मूलन परियोजना कभी सफल नहीं हो सकती। मौजूदा संविधान की प्रतिज्ञाएँ भी तब तक अमल में नहीं आ सकतीं, भले ही हमारा संविधान इस देश को एक 'जनतांत्रिक, धर्मनिरपेक्ष, व समाजवादी' समाज अपने पन्नों पर दर्शाता रहे। अगर उत्पादन के तमाम साधनों पर यानी भूमि, खदानों, उद्योग-धंधों, कल-कारख़ानों व सेवा सेक्टर पर क़ब्ज़ा पूरे समाज का नहीं होता। अगर इस पूरे समाज की दौलत पर देशी-विदेशी निजी पूँजीपतियों व भूमाफ़ियों का क़ब्ज़ा बना रहता है, तो यह समाजवादी देश कैसे कहा जाएगा? जब तक देश की दौलत पर सबका समान अधिकार नहीं होता तो नाबराबरी बनी ही रहेगी, और नाबराबरी को बनाए रखने के लिए शोषकवर्ग यानी इज़ारेदार पूँजीपति और बड़े भूस्वामी जिन्हें अन्तर्राष्ट्रीय वित्तीय पूँजी का सहयोग मिला हुआ है समाज में हर तरह की नाबराबरी वाले सारे पुराने ढाँचे मज़बूत करते रहेंगे। भारतीय संविधान ने दलितों की आर्थिक हालत सुधारने का अस्पष्ट सा प्रावधान किया, जिसके तहत राज्य सरकारों व केन्द्र ने सरकारी नौकरियों व शिक्षा आदि में अनुसूचित जातियों व जनजातियों तथा बाद में ओबीसी आदि के लिए आरक्षण का प्रावधान किया। अब वह भी ख़तरे में है। निजी क्षेत्र, व ठेका पर रखे जाने वाले

कर्मचारियों, बहुदेशीय निगमों आदि में जहाँ ज़्यादा रोज़गार के अवसर इस बीच पैदा हुए, वहाँ कोई आरक्षण नहीं है। अब तो रेलवे समेत अनेक सरकारी क्षेत्रों में निजीकरण की नीति को तेज़ी से लागू किया जा रहा है, दलितों को वहाँ भी अब नौकरियाँ नहीं मिलेंगी। खेती की ज़मीन में उनकी कोई हिस्सेदारी सुनिश्चित नहीं की गई, उत्पादन के अन्य साधनों से भी उन्हें वंचित ही रखा गया।

1991 से नवउदारीकरण व भूमंडलीकरण की मुहिम चलाने वाले विश्वबैंक व आइ.एम.ए. के निर्देशों का पालन करते हुए अधिक से अधिक निजीकरण करके आरक्षण से मिलने वाले अवसरों को भी ख़त्म किया जा रहा है। इससे नाबराबरी घटने के बजाय बढ़ रही है। यदि सचमुच हम समाजवादी देश होते तो सबसे पहले खेती की ज़मीन जोतने वालों को दी जाती, तब दलित जो बड़ी तादाद में भूमिहीन और साधनहीन हैं। ठाकुर, ब्राह्मण, और दूसरे भूस्वामी सवर्णों के बराबर की ज़मीन के हक़दार होते, वे अपनी ज़मीन पर खेती करते, अच्छी फ़सलें उगाते। तब उन्हें या उनकी औरतों, बच्चों को बड़े भूस्वामी सवर्णों के खेतों व घरों में काम करने की ज़रूरत ही नहीं पड़ती। वैज्ञानिक प्रगति और वैज्ञानिक सोच के विकास से मैला ढोने व मरे हुए जानवर उठाने की प्रथा ख़त्म हो जाती। बराबर की शिक्षा हासिल करके वे भी उन्हीं की तरह अच्छे पदों पर काम करते। मगर यह सब नहीं हो पाया और न दलित नेताओं ने इस मूलगामी उद्‌देश्य के लिए कभी कोई माँग की। सरकारें बनाने पर भी दलित नेताओं ने कोई भूमि वितरण का कार्य नहीं किया। उन्होंने भी वोट भूमिहीनों से ले लिये, मगर चुने जाने के बाद बड़े पूँजीपतियों की गोद में बैठ उन्हीं का हितसाधन ज़्यादा किया। बाबा साहब आंबेडकर ने फ़ेबियन समाजवाद के असर में कोऑपरेटिव खेती का सुझाव अपने लेखन में ज़रूर रखा, जो विकसित समाजवाद की मंज़िल में ही कारगर हो सकता था। उन्होंने यह नहीं सोचा कि हमारे पिछड़े समाज में तो अभी सम्पत्तिहीन, भूमिहीन को सम्पत्ति व ज़मीन की मिल्कियत देने से शुरुआत करनी होगी, न कि सामूहिक खेती से। उन्हें खेती की ज़मीन जोतने वाले को देने और बड़े भूस्वामियों से भूमि लेकर भूमिहीनों को देने का आन्दोलन पहले छेड़ना चाहिए था जो जातिउन्मूलन के लिए वातावरण बना सकता था। इस पर ध्यान नहीं दिया। बाद में, अपना फ़ेबियन समाजवाद छोड़कर बाबा साहब ने बौद्ध बन जाने में जातिउन्मूलन देखा। उनके अनुयायियों ने उनके लक्ष्य को भुलाकर कोई मूलगामी बदलाव करने की दिशा में चिन्तन तक नहीं किया। बाबा साहब के जन्मदिन पर उनके बुत पर फूलमाला चढ़ाकर आत्मतोष कर लिया। यह सोचनीय स्थिति है।

इस दौर की दलित या ब्राह्मणवादविरोधी जो भी राजनीति है, वह देश के शोषक-शासक वर्गों और अन्तर्राष्ट्रीय वित्तीय पूँजी की ही चाकर है। इन चाकर पार्टियों से यह उम्मीद ही नहीं की जा सकती कि वे दलितों, वंचितों, भूमिहीनों को

खेती की ज़मीन देकर या सरकारी व निजी क्षेत्र दोनों में ही आरक्षण की व्यवस्था कराके उनके जीवनस्तर को सुधारने के कोई क़दम कभी उठाएँगी। दलित समाज के नाम पर वोट बटोरने वाली पार्टियाँ भी अपने-अपने राज्य में पूँजीपतियों का अधिक से अधिक निवेश कराकर शोषण और नाबराबरी की व्यवस्था की ही सेवा में लगी रहती हैं। इस तरह की दलित राजनीति से जातिउन्मूलन की परियोजना में कामयाबी हासिल नहीं हो सकती। इसके लिए वर्गीय नज़रिये से क्रान्ति की नई मंज़िल में पूरे समाज को ले जाने की ही ज़रूरत पड़ेगी। इस व्यवस्था में ही काट-छाँट, लीपापोती, कुछ नौकरियाँ, कुछ राहतें हासिल करने भर से नाबराबरी की विषवेलि नहीं सूखेगी। इसे सुखाना है तो इसकी जड़ पर ही चोट करनी होगी। भारत की सारी दौलत पर मेहनतकश अवाम का क़ब्ज़ा सुनिश्चित करने की क्रान्तिकारी मंज़िल में पूरे शोषित समाज को ले जाना होगा, और यह काम सिद्धान्त में जितना आसान लगता है, अमल में, बक़ौल अमीर ख़ुसरो, 'बहुत कठिन है डगर पनघट की'। यह डगर ऐसे विशाल ख़तरों से भरी है जिन्हें समाजवाद के दुश्मन अपनी पूरी धनशक्ति, झूठ की प्रचारशक्ति और पूरे अस्त्र-शस्त्र व व्यवस्थागत दमनतंत्र की शक्ति के साथ अवाम पर बरपा करेंगे। मगर यह भरोसा बनाए रखना ही होगा कि जिस तरह ब्रिटिश साम्राज्यवाद से भारत आज़ाद हुआ, उसी तरह इज़ारेदार पूँजीवाद व भूस्वामित्व और अन्तर्राष्ट्रीय वित्तीय पूँजी के गठबन्धन की मौजूदा ग़ुलामी से भी हमारा देश मुक्त होगा ही। नाबराबरी के सारे पाप धोने ही होंगे, तभी जातिवाद उन्मूलन की परियोजना की सफलता के लिए उर्वर ज़मीन तैयार होगी। तब तक वैचारिक संघर्ष इस बुराई के ख़िलाफ़ चलाते रहें, हमारे बुद्धिजीवी, कवि, कलाकार, चिन्तक, दार्शनिक जोतिबा फुले व आंबेडकर जैसे महान नेताओं की मशाल को और अधिक ज्ञान अर्जित करके आगे बढ़ाते रहें। उनके मानवतावादी जनवादी विचारों से भविष्य में जातिउन्मूलन परियोजना को मदद मिलेगी ही। साहित्य में दलित रचनाओं और दलित सौन्दर्यशास्त्र की वैचारिकी भी इसी परियोजना का एक अहम हिस्सा है जिससे नया वैचारिक जागरण समाज में पैदा हो। हम आलोचनात्मक यथार्थवाद के नज़रिये से अच्छे और बुरे की पहचान करने में समर्थ हो सकें; समाज में भी और साहित्य में भी।

साहित्य का दलित सौन्दर्यशास्त्र : कुछ विदेशी रचनाओं पर प्रयोग

मैंने शुरू में ही यह मान्यता प्रस्तुत की थी कि कोई भी दर्शन, वैचारिकी या तकनीक किसी एक तरह के साहित्य के लिए नहीं होती, उसकी व्यापकता देशकाल से परे होती है। इसलिए मैंने सिर्फ़ दलित रचनाओं के लिए अलग से, 'दलित साहित्य का सौन्दर्यशास्त्र' रचने के प्रयासों के प्रति आलोचनात्मक रुख़ अपनाया। उन प्रयासों की विफलता स्वयंसिद्ध है। जोतिबा फुले और आंबेडकर के विचार और मार्क्सवाद-लेनिनवाद के दर्शन से जो वैचारिकी निर्मित होती है, उससे विश्व के सारे साहित्य को विश्लेषित और व्याख्यायित किया जा सकता है, इसी को मैं 'साहित्य का दलित सौन्दर्यशास्त्र' मानता हूँ। यह उस नज़रिये पर आधारित है जिसके माध्यम से हम किसी भी रचना में निहित 'क्लासिकल विचारधारा' या 'ग़ुलामगीरी' या 'ब्राह्मणवाद' के महीन तत्त्वों की पहचान कर उसकी नई व्याख्या कर सकते हैं; या यों कहें, रचना में निहित सामाजिक यथार्थ उद्घाटित कर सकते हैं। भारत में हिन्दू समाज में जिन धर्मग्रंथों ने ब्राह्मणवाद को पुष्ट किया, उनका विश्लेषण इसी नज़र से जोतिबा फुले और बाबा साहब आंबेडकर ने किया साहित्य में भी छुटपुट प्रयास हुए, जैसे डॉ. धर्मवीर ने कबीर के आलोचक में इसका प्रयोग किया, हालाँकि बाद के दिनों में वे ख़ुद ब्राह्मणवादी 'शुचितावादी' हो गए जबकि सबसे बड़े ब्राह्मणवादी कवि तुलसीदास ने ही इस सत्य को कह डाला था कि सब लोग वर्णसंकर हो गए हैं, दलितों को लेकर यही तकलीफ़ डॉ. धर्मवीर को सताने लगी थी। यह सच्चाई है कि यहाँ सभी तरह की नस्लें, सभी रंगों यानी वर्णों के लोग आए, मिले-जुले, उनमें स्त्री-पुरुषों में परस्पर मोहब्बतें हुईं, शादी-ब्याह हुए, सन्तानें हुईं, तो वर्णसंकर औलादें हुईं, जिससे वैज्ञानिकों की नज़र में ज़्यादा हृष्ट-पुष्ट और विकसित व सुन्दर पीढ़ियाँ बनीं। आजकल तो विज्ञान इस क्षेत्र में भी नई-नई उपलब्धियाँ मानव समाज को दे रहा है। डॉ. धर्मवीर वैज्ञानिक दृष्टिकोण से हट गए, इसलिए वे दलित सौन्दर्यशास्त्र से साहित्य परखने के अपने नज़रिये को आगे विकसित नहीं कर पाए, जबकि उनमें इस नज़रिये के विकास की पूरी सम्भावनाएँ थीं।

इस नये सौन्दर्यशास्त्र को सार्वभौमिक होना ही चाहिए, क्योंकि मानव समाज में सभी जगह कुछ संरचनाएँ लगभग समान होती हैं। उनसे साहित्य भी प्रभावित होता है। जब व्यक्तिगत सम्पत्ति का चलन समाज में हुआ, तो उससे जुड़े विकार भी दिखाई दिये, इनका चित्रण भी सभी समाजों के साहित्य में हुआ। गुरु नानक ने कहा, 'संची सम्पत्ति भये विकारी।' उस सम्पत्ति के मालिकों ने अपनी रखवाली के लिए बौद्धिकों से वैचारिकी की रचना कराई, तो सम्पत्तिहीन वर्गों ने भी अपने मन की बात कही। बक़ौल निराला, 'राजे ने अपनी रखवाली की।'

राजे ने अपनी रखवाली की;
क़िला बनाकर रहा;
बड़ी-बड़ी फ़ौजें रखीं।
चापलूस कितने सामन्त आए।
मतलब की लकड़ी पकड़े हुए।
कितने ब्राह्मण आए
पोथियों में जनता को बाँधे हुए।
कवियों ने उसकी बहादुरी के गीत गाये,
लेखकों ने लेख लिखे,
ऐतिहासिकों ने इतिहास के पन्ने भरे,
नाट्य-कलाकारों ने कितने नाटक रचे
रंगमंच पर खेले।
जनता पर जादू चला राजे के समाज का।
लोक-नारियों के लिए रानियाँ आदर्श हुईं।
धर्म का बढ़ावा रहा धोखे से भरा हुआ।
लोहा बजा धर्म पर, सभ्यता के नाम पर।
ख़ून की नदी बही।
आँख-कान मूँद कर जनता ने डुबकियाँ लीं।
आँख खुली—राजे ने अपनी रखवाली की।

निराला ने यह सार्वभौमिक सत्य कह डाला, सम्पत्ति से वंचितों के मन की बात कह दी। निराला ने एक वैज्ञानिक सत्य यह भी कह दिया कि 'जनता पर जादू चला राजे के समाज का।' यह वही सत्य है जिसे सर्वहारा से प्रतिबद्ध दार्शनिक मार्क्स-एंगेल्स ने भी कहा कि समाज में उत्पादन के साधनों पर जिन वर्गों का क़ब्ज़ा होता है उनके ही विचारों का क़ब्ज़ा जनता के दिमाग़ों पर होता है। यही तो वह 'गुलामगीरी' है जिसका उद्घाटन जोतिबा फुले ने अपनी दिलचस्प पुस्तिका, ग़ुलामगीरी (मराठी, 1873), में किया। तो आइए, दलित सौन्दर्यशास्त्र

के प्रतिमानों के आधार पर इस ग़ुलामगीरी की पड़ताल कुछ अंग्रेज़ी साहित्य की रचनाओं में करें।

सबसे पहले सोलहवीं सदी के एक नाटककार, क्रिस्टोफ़र मार्लो (1564-1593) के मशहूर नाटक, डॉक्टर फ़ॉस्टस को इस नज़रिये से विश्लेषित करें। इस नाटक के लेखक का जन्म फरवरी 1563 में एक मोची परिवार में हुआ था, पढ़ाई लंदन में हुई। वहीं नाटक और कविता में दिलचस्पी पैदा हुई। कई ऐतिहासिक व्यक्तित्वों पर नाटक लिखे, जिननें तैमूर लंग, एडवर्ड द्वितीय आदि मशहूर हैं। उसके नायक क्लासिकल विचारधारा से संघर्ष करते हैं, मगर उनका अन्त इसीलिए त्रासद होता है क्योंकि वे अपनी मानवीय सीमाओं का उल्लंघन करते हैं। मार्लो ख़ुद भी पढ़-लिखकर 'नास्तिक' हो गया था, 29 साल की उम्र में ही उसका क़त्ल हो गया।

मार्लो का सबसे मशहूर नाटक, डॉ. फ़ॉस्टस ईसाई जगत में एक बहुप्रचलित कथा पर आधारित है। ज्ञानपिपासु और शोधकर्ता कथानायक अपने ज्ञान और विज्ञान से सारी दुनिया को अपने वश में कर लेना चाहता है। इस महान शक्ति को हासिल करने के लिए वह किसी भी बलिदान के लिए तैयार हो जाता है। ईसाइयत में 'ज्ञान का फल' सृष्टिकर्ता ने पहले ही दिन से वर्जित कर रखा था, मगर मनुष्य ने ईश की आज्ञा का उल्लंघन करके 'ज्ञान का फल खा लिया। इस तरह ईसाइयत के मुताबिक़ एडम व ईव ने 'आदि पाप' किया और वे सदैव के लिए पापी हो गए। ज्ञानी फ़ॉस्टस को शैतान अपने वश में कर लेता है, उससे वह आत्मा का सौदा कर लेता है। इसलिए अन्त में त्रासदी का शिकार होता है।

मार्लो न चाहते हुए भी अपने कथानायक को क्लासिकल विचारधारा के शिकंजे से मुक्त नहीं करा पाता। नाटक का सूत्रधार, कोरस शुरू में ही कथानायक का परिचय देता है। कथानायक जर्मनी के एक दलित परिवार में पैदा होता है ('his parents base of stock'), लेकिन अपनी प्रतिभा से सारे उपलब्ध ज्ञान-विज्ञान में माहिर हो जाता है। वह ऐसी खोज में तल्लीन है जिससे मनुष्य अमर हो सके। यहीं पर सूत्रधार ग्रीक मिथकों में से 'इकारस' के मिथक का संकेत देकर यह बता देता है कि ज्ञान के अहंकार से वह आकाश में उड़ना चाहता है, किन्तु इकारस की तरह त्रासदी का शिकार होता है :

...swoln with cunning, of a self-deceit,
His waxen wings did mount above his reach
And melting, heavens conspir'd his overthrow

क्लासिकल विचारधारा यही सिखाती है कि इनसान को अपनी सीमाओं का अतिक्रमण नहीं करना चाहिए। मार्लो की शिक्षा-दीक्षा ने यही सबक़ सिखाया था। ब्रिटेन व्यापारिक पूँजीवाद के प्रगतिशील युग में प्रवेश कर रहा था हर तरह की

शिक्षा का प्रसार हो रहा था, लेकिन शोषितों-दलितों को अपने वश में बनाए रखने के लिए ईसाइयत में दासयुग की विचारधारा को, नया रूप देकर यानी 'चेन ऑफ़ बीइंग' का फ़लसफ़ा गढ़कर, प्रचारित किया जाने लगा था जिसके मुताबिक़ सृष्टि में अस्तित्व की एक कड़ी है, सबसे ऊपर ईश्वर, उससे नीचे देव, उनसे नीचे मानव, फिर पशु आदि। जैसाकि पीछे कई बार बताया गया है कि इस सीढ़ी पर नीचे वाला अपने से ऊँची सीढ़ी पर नहीं जा सकता। डॉ. फ़ॉस्टस अपने ज्ञान के बल पर मनुष्य को अमर बनाने यानी एक सीढ़ी ऊपर ले जाने के प्रयास में जुटा है, इसलिए देवता उसे 'नीचे गिराने की साज़िश रचते हैं'। इसी को आप अपने यहाँ मनुस्मृति में देख सकते हैं। बाद में इसका प्रचार-प्रसार बढ़ता ही गया। अब तो भारत में इसके प्रचार-प्रसार ने सारी हदें ही पर कर दी हैं। अगर कोई दलित आदमी शादी में घोड़ी पर चढ़कर सवर्णों के आगे से गुज़रे तो इक्कीसवीं सदी में भी उस पर हमला हो जाएगा, यह है मेरा भारत महान!

यहाँ मार्लो के पूरे नाटक की अकादमिक व्याख्या करना मेरा मक़सद नहीं है, न उसकी ज़रूरत ही है। मेरा मक़सद साहित्य के दलित सौन्दर्यशास्त्र की वैचारिकी की सार्वभौमिकता को रेखांकित करना भर है। मार्लो की ही तरह क्लासिकल वैचारिकी की झलक हमें उसी युग के महान नाटककार शेक्सपियर (1564-1616) के नाटकों में भी मिलती है। शेक्सपियर के पिता पेशे से चर्मकार थे, सफ़ेद नरम चमड़ा तैयार करते थे जो दस्ताने वग़ैरह क़ीमती सामान बनाने के काम आता था, जिससे वे अच्छी कमाई कर लेते थे। उनकी हैसियत समाज में अच्छी थी। वे क़स्बे के 'प्रधान' भी रहे लेकिन बाद में ग़रीब हो गए। शेक्सपियर ने बचपन में ग़रीबी के दिन ज़रूर देखे थे, उन्हें इस वजह से अपना जन्म-स्थान छोड़कर आजीविका की तलाश में लंदन जाना पड़ा। नाटकों में दिलचस्पी वहीं पैदा हुई।

स्कूल के दिनों में शेक्सपियर ने लैटिन का अध्ययन किया था, इसलिए क्लासिकल विचारधारा का प्रभाव उनकी चेतना पर भी रहा। इसके अलावा रानी एलिज़ाबेथ के ज़माने में ही इंग्लैंड में व्यापारिक पूँजीवाद का उदय हो चुका था, जिसकी वजह से ज्ञान-विज्ञान, कला-संस्कृति, शिक्षा आदि का विस्तार हो रहा था। इंग्लैंड में यों तो कई विश्वविद्यालय काफ़ी पुराने समय से मौजूद थे, जैसे ऑक्सफ़र्ड विश्वविद्यालय 1096 ई. में, कैंब्रिज 1209 ई. में स्थापित हो गए थे। बाद में स्कॉटलैंड में भी चार विश्वविद्यालय पन्द्रहवीं सदी में, और आयरलैंड में सोलहवीं सदी में रानी एलिज़ाबेथ के समय में स्थापित हुए। सोलहवीं सदी का समय यूरोप के नवजागरणकाल का स्वर्णिम काल माना जाता था। शिक्षा के व्यापक चलन के कारण इंग्लैंड में उस समय बेहतरीन कवि, चिन्तक, रचनाकार, नाटककार पैदा हुए थे। 'मानवतावाद' का उदय भी उसी काल में हुआ, जिसकी वजह से धर्म के बजाय, मनुष्य ही चिन्तन के केन्द्र में आ चुका था। सामन्तवाद को बरक़रार रखते हुए व्यापारिक पूँजीवाद

शक्ति संचय कर रहा था, संसद का प्रावधान था, लेकिन पूँजीवाद ने सामन्तवाद से समझौता किया हुआ था। इसीलिए उसने शोषितों को अपने अधीन रखने के लिए दासयुग की क्लासिकल विचारधारा को नये चोले में, 'चेन ऑफ़ बीइंग' के नाम से अपनाया हुआ था। इस विचारधारा के असर को हम दलित सौन्दर्यशास्त्र के नज़रिये से आसानी से पहचान सकते हैं। शेक्सपियर की मशहूर रचना, हैमलेट को इस नज़र से देखें। हैमलेट डेनमार्क के एक ऐसे पढ़े-लिखे युवराज की कहानी है जिसके पिता का क़त्ल ज़हर देकर हैमलेट के चाचा, क्लॉडियस ने कर दिया है, राज्य हड़प लिया है और उसकी माँ से शादी कर ली है। इस तरह हैमलेट ने अपने पिता और माँ को खो दिया है। उसके पिता का प्रेत बेटे को इस साज़िश की सारी कहानी बताता है और क्लॉडियस से बदला लेने का आदेश देता है। विटेनबर्ग यूनिवर्सिटी से पढ़ाई छोड़कर पिता के शोक में घर आया हैमलेट इस नैतिक दुविधा में फँस गया है कि वह प्रेत की बात को सच माने या न माने, वह क्लॉडियस चाचा को मारे या न मारे, वह इस पाप को करे या न करे। हमारे यहाँ जो उलझन गीता में अर्जुन के मन में दिखाई है, वही शेक्सपियर ने अपने नाटक के नायक, हैमलेट में पेश की है। इसी दुविधा को लेकर उसके मन में सवाल उठता है जो दुनियाभर में उद्धृत किया जाता है, 'टु बी ऑर नॉट टु बी, दैट इज़ द क्वैश्चन।' ('To be or not to be that is the question.')

इस वाक्य की अनेक व्याख्याएँ अंग्रेज़ी साहित्य में की गई हैं, लेकिन दलित सौन्दर्यशास्त्रीय नज़रिये से मुझे जो सही व्याख्या लगती है, वह यह है कि हैमलेट सोचता है कि वह चाचा का क़त्ल करके कहीं 'पापी' न बन जाए, To be or not to be a sinner. ईसाइयत में यह मान्यता है कि एडम और ईव के प्रथम 'पाप' के बाद सारी सृष्टि ही पाप के दायरे में आ गई। इसलिए कोई इनसान यह सोचे कि वह पापी नहीं हो सकता, तो यह उसकी मिथ्याचेतना है। इसलिए नाटककार ने हैमलेट से भूलवश पेलोनियस नामक पात्र का वध करवा दिया जो परदे के पीछे से जासूसी कर रहा था। वह उसकी प्रेमिका ऑफ़ीलिया का पिता भी था। इस तरह न चाहते हुए भी जब हैमलेट 'पापी' बन ही जाता है तो वह क्लासिकल विचारधारा का सहारा लेकर यह तय कर लेता है कि जब 'होता वही है जो मंजूरे ख़ुदा होता है', तो उसे क्लॉडियस का वध भी कर ही देना चाहिए। जब उसकी प्रेमिका भी मर जाती है तो वह अकेलेपन में हर इनसान की तरह क्लासिकल विचारधारा के 'भाग्यवाद' का ही सहारा लेता है :

There's a divinity that shapes our ends,
Rough-hew them how we will,—

(Act V, Scene IKI)

(होइहि सोइ जो राम रचि राखा। को करि तरक बढ़ावहि साखा॥)

यह सोचकर अन्ततः हैमलेट 'पापी' बनने का ही फ़ैसला ले लेता है और शुरू के अंक में उठाये गए सवाल, 'टु बी ऑर नॉट टु बी' के जवाब में वह नाटक के अन्तिम अंक में तय कर लेता है कि जो हो रहा है उसे होने दो :

There is a special Providence in the fall of a sparrow.
If it be now, it's not to come;
if it be not to come, it will be now;
if it be not now, yet it will come.
The readiness is all.
Since no man of aught he leaves knows, what is't to leave betimes?
Let be

(Act 5. Scene. 2)

(एक छोटी चिड़िया की मौत के पीछे भी विधि का ख़ास विधान होता है/यह अभी हो जाए तो वह नहीं होगा, अगर अभी न हो तो वह हो जाएगा, अगर यह अभी न हो, तो भी उसे होना तो है ही/ इनसान को हर वक़्त तैयार रहना चाहिए/ चूँकि कोई इनसान नहीं जानता कि समय से पहले क्या होगा/ तो जो होना है, उसे होने दो)

अन्ततः हैमलेट क्लासिकल विचारधारा के सारतत्त्व को इन पंक्तियों में दोबारा रखता है। एक मँजे हुए कलाकार की तरह शेक्सपियर 'टु बी' में जिस 'बी' शब्द को दोहराता है, उसी शब्द को उक्त सभी पंक्तियों में सवाल के जवाब में दोहराता है, उसी शब्द पर खेलता है। अपने पापी चाचा का क़त्ल कर देता है। इस तरह 'सड़े हुए सामन्ती डेनमार्क' को पापमुक्त करके वहाँ शान्ति क़ायम करने के लिए अपनी भी बलि चढ़ा देता है। यह ईसाइयत की विचारधारा का ही हिस्सा है कि पाप से मुक्ति के लिए कुछ भले लोगों को शूली पर चढ़ना पड़ता है। शेक्सपियर के सारे ट्रैजिक नाटकों में यह प्रक्रिया घटित होती है।

शेक्सपियर के बाद क्लासिकल विचारधारा को आधार बनाकर लिखी गई जो कविता अंग्रेज़ी साहित्य में बहुत चर्चित हुई मिलती है वह है जॉन मिल्टन (1608-1674) की मशहूर महाकाव्यात्मक रचना, द पैराडाइज़ लॉस्ट। मिल्टन ने क्लासिकल महाकाव्य के रूपबंध की सारी शर्तों का भी इस रचना में पालन किया और उसकी ग़ुलामगीरी की विचारधारा को ईसाइयत के दायरे में सारतत्त्व के रूप में पिरो दिया। जैसाकि पहले बताया जा चुका है कि ईसाइयत ने ग़ुलामगीरी की विचारधारा को 'चेन ऑफ़ बीइंग' के नाम से प्रचारित किया था जिसमें सृष्टि के हर अवयव का एक पूर्वनिश्चित स्थान है। इस सीमा का कोई उल्लंघन नहीं कर सकता, यदि कोई करेगा तो उसे दंड मिलेगा। यही अपने बीजरूप में ग्रीक युग के दासयुग में भी प्रचारित किया जाता था। इसीलिए मैं इसे बार-बार क्लासिकल

विचारधारा कहता हूँ जिसे जोतिबा फुले ने अपने अनुभववाद से 'ग़ुलामगीरी' की संज्ञा दी थी।

दुनिया में शायद ही कोई 'महाकाव्य' हो जो क्लासिकल विचारधारा को प्रचारित-प्रसारित न करता हो। अमेरिकी कवि वाल्ट व्हिटमैन की लम्बी कविता, लीव्ज़ ऑफ़ ग्रास ('घास की पत्तियाँ') को भी कुछ आलोचक महाकाव्य बताते हैं, उसे अपवाद माना जा सकता है क्योंकि वह जनवादी मूल्यों का पक्षधर है, ग़ुलामगीरी के विरुद्ध है। मिल्टन राजनीतिक रूप से सामन्तवाद के विरोध में लेखन कर रहा था, लेकिन पूँजीवादी लोकतंत्र को भी नाबराबरी के फ़लसफ़े की यानी क्लासिकल विचारधारा की ज़रूरत होती है। 'स्वतंत्रता, समता, बन्धुत्व' का नारा तभी तक काम का रहता है जब तक सत्ता पूँजीवाद के हाथ में नहीं आ जाती। संसदीय ज़नतंत्र के नाम पर पूँजीवाद अपनी वर्गीय तानाशाही क़ायम कर लेता है और इसीलिए वह ग़ुलामगीरी की हर विचारधारा को बढ़ावा देता रहता है। यही घटनाविकास हमारे यहाँ देखा जा सकता है।

मिल्टन ने अपने महाकाव्य में क्लासिकल विचारधारा का यह तत्त्व दोहराया है कि 'मनुष्य अपनी सीमाओं का अतिक्रमण नहीं कर सकता'। यदि वह ऐसा करता है तो विधि का विधान तोड़ने से 'पाप' का भागीदार बनता है। इसी के लिए मिल्टन ने बाइबिल के पहले अध्याय की कहानी को शुरू में महाकाव्य के अनुरूप भाषा, शैली व उसके अनेक तत्त्वों को समाहित करके विस्तार दिया है। ईश्वर और शैतान के बीच संघर्ष को भी इसी विचारधारा के नज़रिये से दिखाया है। स्वर्ग में शैतान ईश्वर से बराबरी का दर्जा हासिल करने के लिए युद्ध करता है, मगर हार जाता है और उसे बलप्रयोग से ईश्वर नरक के अग्निकुंड में फेंक देता है। मगर अमर होने के कारण शैतान नष्ट नहीं होता और फिर से शक्ति संचय करके वह ईश्वर से बदला लेने की ठान लेता है। वह सीधे ईश्वर से टकराने की बजाय, ईश्वर के किये गए सृष्टि के काम को, उसके द्वारा रचे गए इनसान को, ईडन गार्डेन में रचे एडम और ईव को भ्रष्ट करने की साज़िश रचता है। वह इस साज़िश में कामयाब हो जाता है। वह पहले स्त्री को यह समझाता है कि वह अपनी सीमाओं का अतिक्रमण करे, जिससे वह मानवी से देवी बन सके। उसने ईव को फुसलाया कि 'ज्ञान का फल' खाने से वह दैवी शक्ति हासिल करके अपनी सीमाओं से ऊपर उठ जाएगी। शैतान की बात मानकर उसने विधि के विधान को न मानने का 'पाप' किया। उसके आग्रह पर उसके पति एडम ने भी ज्ञान का फल खा लिया और इस तरह ईसाइयत में मशहूर दोनों ने 'मूल पाप' कर डाला जिसकी वजह से ईश्वर ने उन्हें ईडन गार्डेन से बाहर फेंक दिया और मौत व पाप भोगने का शाप दे दिया। इसी विचारधारा को भारी-भरकम आकार देकर मिल्टन ने इस महाकाव्य की रचना की। बेहद पढ़ाकू होने की वजह से उसने अपनी आँखों की रोशनी भी खो दी थी, और इस महाकाव्य को उसने बोल-बोलकर अपनी बेटी से लिखवाया था।

उभरते पूँजीवाद से उम्मीद थी कि वह नवजागरण का अग्रदूत बनकर पुरानी सड़ी-गली विचारधाराओं को नष्ट करके नये मानववादी वैज्ञानिक मानव-मूल्यों का पुरोधा बनेगा, मगर शोषण पर आधारित पूँजीवाद ने भी चालाकी से ग़ुलामगीरी को पुख़्ता रखने के लिए इसी विचारधारा का लगातार प्रचार किया।

मिल्टन के जीवनकाल में ही सामन्ती ताक़तों की पुनः स्थापना हो गई थी जिससे कवि लेखक खुलकर ग्रीक और रोमन काल के सारे वैचारिक, सांस्कृतिक और काव्यशास्त्रीय मानदंडों को प्रचारित-प्रसारित करने लगे थे। अठारहवीं सदी के अंग्रेज़ी साहित्य को तो नाम ही दे दिया गया था, 'नवक्लासिकल साहित्य' जिसमें पूरा ज़ोर ग्रीक साहित्य के सारे नियम-क़ानूनों का अनुसरण करने पर था। विचारधारा के स्तर पर भी क्लासिकल विचारधारा का सारतत्त्व ही नये लिबास में यानी ईसाइयत की 'चेन ऑफ़ बीइंग' के रूप में प्रचारित किया जा रहा था। इसका नग्न रूप हमें अलेक्ज़ेंडर पोप (1688-1744) की कविता, ऐस्से ऑन मैन में देखने को मिलता है। यह वह दौर था जब उभरते पूँजीवाद ने वैज्ञानिक और तर्कसंगत सोच को प्रोत्साहित करना शुरू कर दिया था। गैलीलियो ने अपने अनुसन्धान से बाइबिल में लिखी बहुत सी स्थापनाओं को अवैज्ञानिक सिद्ध कर दिया था। सामन्ती सोच को खुली चुनौती मिलने लगी थी। ईश्वर के अस्तित्व को शक के दायरे में धकेल दिया गया था। तब इस कवि ने सामन्ती और पूँजीवाद के पहले की क्लासिकल विचारधारा को ज़ोरदार तरीक़े से नंगे रूप में आम लोगों के बीच प्रचारित कर दिया।

दरअसल, ईश्वर के अस्तित्व का विश्वास, सामन्ती विचारधारा को बचाए रखने की सबसे कारगर ढाल था, वह आज भी है। इसीलिए प्रतिक्रियावादी जड़ ताक़तें 'आस्था' पर किसी तरह की आँच आने देने के ख़िलाफ़ खड़ी हो जाती हैं जिससे ग़ुलामगीरी की मज़बूत ज़ंजीरें अक्षुण्ण बनी रहें, मनुष्यों द्वारा मनुष्यों का शोषण बरक़रार रहे। अलेक्ज़ेंडर पोप की कविता, ऐसे ऑन मैन के संवेदनात्मक उद्‌देश्य को अभिव्यक्त करने के लिए कवि ने मिल्टन के महाकाव्य, पैराडाइज़ लॉस्ट के संवेदनात्मक उद्‌देश्य को एक शब्द बदलकर जस का तस लिख दिया। मिल्टन ने लिखा था कि वह अपनी रचना के माध्यम से 'मनुष्य के प्रति ईश्वर के काम के तौर-तरीक़ों को वैधता प्रदान करना चाहता है'('To justify the ways of God to man') पोप ने अपनी रचना के लिए यही लिखा, एक शब्द बदल दिया, 'To vindicate the ways of God to man' मिल्टन एडम और ईव की कहानी सुनाकर यही बताना चाहते थे कि मनुष्य का इस सृष्टि में एक निश्चित स्थान है, वह उस स्थान की लक्ष्मणरेखा का अतिक्रमण नहीं कर सकता, और अगर वह ऐसी चेष्टा करता है तो 'पाप' का भागी बनेगा, उसका अनिष्ट होगा। पोप किसी कहानी का सहारा नहीं लेता वह इस सन्देश के लिए अनेक तर्क पेश करता है। उस समय तक गेलीलियो के अनुसन्धान से सौरमंडल की जो भी जानकारी लोगों के सामने

आ गई थी, उसका भी चालाकी से इस्तेमाल कर लेता है। वह बताता है कि इन तमाम ग्रहों और नक्षत्रों का एक सुनिश्चित स्थान है, वे उस स्थान का अतिक्रमण नहीं कर सकते। उसी कड़ी ('चेन') में 'मनुष्य' का भी एक ईश्वरप्रदत्त स्थान है, उस स्थान का अतिक्रमण नहीं किया जा सकता। ('Is the great chain, that draws all to agree, /And drawn supports, upheld by God, or thee?')

वास्तव में राजाओं ने भी अपनी सुरक्षा के लिए इसी 'ग्रेट चेन' का तर्क अपनाकर एक 'क़ानून' बना लिया था, 'The Divine Right of the King.' हालाँकि इंग्लैंड में राजा के इस दैवी अधिकार को 1688 में उभरते पूँजीपतिवर्ग ने जेम्स द्वितीय को अपदस्थ करके ख़त्म कर दिया था। पूँजीवादी संसद ने सारे अधिकार ख़ुद ले लिये थे। राजा नाममात्र के लिए ही रखा गया था, मगर विचारधारा के मामले में नवोदित पूँजीपतिवर्ग ने भी पुरानी क्लासिकल विचारधारा को नई शक्ल देकर समाज में धार्मिक आधार पर मान्यता प्रदान कर दी थी। अपनी राजनीति में तो मिल्टन भी सामन्तशाही के ख़िलाफ़ और संसदीय प्रणाली के पक्ष में था, मगर ग़ुलामगीरी की विचारधारा को उसने भी नई शक्ल देकर वैधता प्रदान की थी।

क्लासिकल विचारधारा को साहित्य के स्तर पर पहली बार चुनौती, 19वीं सदी के अंग्रेज़ी के रोमांटिक साहित्य आन्दोलन के दौर में, मिली। यह प्रेरणा असल में फ्रांस की 1789 की पूँजीवादी क्रान्ति ने पूरे यूरोप में रचनाकारों को दी। इस क्रान्ति में समाज के दलित-शोषित समूहों का बड़ा योगदान था, जिसकी वजह से ये ही ग़रीब जन साहित्य के नायक के रूप में चित्रित होने लगे। उनका दुख-दर्द, उनकी आशा-आकांक्षाएँ साहित्य में दिखाई देने लगीं।

अंग्रेज़ी में एक तरह से दलित साहित्य का प्रवर्तक, विलियम ब्लेक (1757-1827) माना जा सकता है, जिसे रोमांटिक काव्य का भी सबसे पहला रचनाकार कहा जाता है। वह देश के पूँजीपतियों, सेठों-साहूकारों की महाजनी सभ्यता की भूमि की खुली भर्त्सना करता है जिसमें बच्चे भूख, ग़रीबी और क़र्ज़ से मर रहे हों। बच्चों को केन्द्र में रखकर ब्लेक ने दो खंडों की एक मशहूर गीतमाला लिखी, जिसे उसने ख़ुद ही काठ की प्लेट बनाकर चित्रात्मक तरीक़े से घर पर ही 1789 में छापा। सारे गीत बहुत ही अर्थगर्भित हैं। पहले खंड में बच्चों का भोलापन और बचपन चित्रित किया है जैसे बाइबिल के मिथक की तरह एडम और ईव मासूमियत के परम आनन्द की पहली अवस्था में ईडन गार्डेन में रह रहे थे। दूसरा खंड व्यवस्था के प्रति कटु आलोचनात्मक रुख लिये हुए बच्चों का है जो इस शोषणआधारित दुनिया के असली चरित्र को समझ लेते हैं, 'ज्ञान का फल' चख लेते हैं। दलित बच्चों पर लिखी कविताएँ दोनों खंडों में एक ही शीर्षक से रची गई हैं। पहले में दलित बच्चा मासूमियत की अवस्था में आनन्दित है, दूसरे खंड में वह चीत्कार करता हुआ व्यवस्था की कलई खोलता है। उदाहरण के लिए, दो कविताओं को दलित

सौन्दर्यशास्त्रीय दृष्टि से विश्लेषित किया जाए—(i) The Chimney-Sweeper (ii) Holy Thursday.

इनमें पहली कविता गीतमाला के पहले खंड में सातवें स्थान पर, दूसरी तेरहवें स्थान पर शामिल है। दूसरे खंड में इन्हीं दोनों शीर्षकों वाली कविताओं में से दूसरी को चौथे स्थान पर और पहली को सातवें स्थान पर रखा गया है। यूरोप के देशों में उस युग में शीतकाल में घर को गर्म रखने के लिए दीवार से लगा हुआ अलाव बनाया जाता था जिसके धुएँ की निकासी के लिए ईंटों की चिमनी भी होती थी। छोटे ग़रीब दलित बच्चों का सर मुँड़वाकर उन चिमनियों में एकत्रित कालिख की परतों को साफ़ करने के लिए घुसा दिया जाता था, क्योंकि युवा या प्रौढ़ उस चिमनी की संकीर्ण गोलाई में नहीं जा सकते थे। उन्हें 'चिमनी स्वीपर' कहा जाता था। पहले गीत की शुरू और अन्त की चार-चार पंक्तियों में बच्चे के दलित स्वर को आसानी से संवेदनशील पाठक ग्रहण कर सकते हैं। उसके अर्थ गाम्भीर्य को समझने में ज़्यादा कठिनाई नहीं होगी। पंक्तियाँ इस प्रकार हैं :

When my mother died I was very young,
And my father sold me while yet my tongue
Could scarcely cry 'Weep! weep! weep! weep!'
So your chimneys I sweep, and in soot I sleep.

(जब मेरी माँ नहीं रही तब मैं था छोटा बच्चा
बेच दिया अब्बा ने जबकि बोलने में था कच्चा
'स्वीप' नहीं कह सकता था, 'वीप' निकल पाता
करता साफ़ चिमनियाँ, कालिख पर सो जाता)

And so Tom awoke, and we rose in the dark,
And got with our bags and our brushes to work.
Though the morning was cold, Tom was happy and warm:
So, if all do their duty, they need not fear harm

(जब टॉम उठा सोकर, हम उठकर चले अँधेरे में
अपने बैग और ब्रश ले चले साथ काम के फेरे में
सुबह बहुत ठंडी थी पर टॉम ख़ुश ठीक-ठाक था
अगर सभी करें कर्तव्य भला फिर डर काहे का।)

इन पंक्तियों में शुरू में ही बच्चे की दीन-अनाथ अवस्था से कवि ने परिचय करवा दिया है। माँ की मौत के बाद पिता उसे पालने की हालत में नहीं होगा, सो

उसने बेच दिया। जबकि वह मासूम 'स्वीप' यानी 'साफ़ करवा लो' की जगह 'वीप' यानी 'रो लो' ही बोल पाता था। पहले छंद की ये पंक्तियाँ कितनी मार्मिक हैं, ख़ासकर चौथी पंक्ति, 'इस तरह आपकी चिमनियाँ मैं साफ़ करता हूँ, और कालिख के ढेर पर सोता हूँ।' जो हालत हमारे यहाँ मेनहोल साफ़ करने वाले दलित युवाओं की होती है, लगभग वैसी ही तस्वीर इंग्लैंड के इन दलित बच्चों की है जिन्हें गीतमाला के पहले खंड में गुलामगीरी में मस्त दिखाया गया है। मगर गहरे में छिपी करुणा की लहर के साथ। आइए, इसी तरह दूसरी कविता, Holy Thursday की कुछ पंक्तियों को भी देख लें :

O what a multitude they seemed, these flowers of London town!
Seated in companies they sit, with radiance all their own.
The hum of multitudes was there, but multitudes of lambs,
Thousands of little boys and girls raising their innocent hands.
Now lie a mighty wind they raise to heaven the voice of song,
Or lie harmonious thunderings the seats of heaven among:
Beneath them sit the aged men, wise guardians of the poor.
Then cherish pity, lest you drive an angel from your door.

इस कविता में लंदन के सभी वर्गों के बच्चों को बृहस्पतिवार के 'पवित्र' दिन चर्च में प्रार्थना करते हुए दिखाया गया है, उन्हें किसी को समाज व देश से कोई शिकायत नहीं है। कवि ने उन्हें छोटे-छोटे मेमनों के बिम्ब से सजाया है। आठ लाइनों में से चार तो एक दृश्य भर पेश करती हैं, मगर अन्तिम दो पंक्तियाँ चुपके से व्यंग्यात्मक हो जाती हैं, उन लोगों पर टिप्पणी करते हुए जो समाज के ग़रीब बच्चों के ठेकेदार और बुज़ुर्ग अपने-अपने बच्चों को लेकर आए हैं, जिन्हें 'दलित जन पर करो करुणा' के अन्दाज़ में यह सिखाया गया है कि दया करो वरना देवदूत दरवाज़े से लौट जाएँगे।

इन्हीं दोनों शीर्षकों वाली कविताएँ गीतमाला के दूसरे खंड में भी हैं, मगर इनमें बच्चों के तेवर बदले हुए हैं। यहाँ शोषक समाज का बखिया उधेड़ते हुए बच्चे हैं, मासूमियत ग़ायब है। 'अनुभव' की गीतमाला में 'चिमनी स्वीपर' में चार-चार पंक्तियों के तीन छंद हैं, दूसरे व तीसरे अंश को देखें, वही मासूम बच्चा किस तरह समाज के आकाओं के प्रति अपना आक्रोश व्यक्त करता है :

Because I was happy upon the heath,
And smiled among the winter's snow,
They clothed me in the clothes of death,
And taught me to sing the notes of woe.

'And because I am happy and dance and sing,
They think they have done me no injury,
And are gone to praise God and His priest and king,
Who made up a heaven of our misery.'

आख़िरी पंक्तियों में सामन्ती समाज के ढाँचे की पूरी क्रूरता तीखे व्यंग्यात्मक लहजे में पेश कर दी है। इसी तरह 'अनुभव' की गीतमाला में 'Holy Thursday' कविता में भी व्यवस्था पर तीखा व्यंग्य है :

Is this a holy thing to see
In a rich and fruitful land,—
Babes reduced to misery,
Fed with cold and usurous hand?
Is that trembling cry a song?
Can it be a song of joy?
And so many children poor?
It is a land of poverty!
And their sun does never shine,
And their fields are bleak and bare,
And their ways are filled with thorns,
It is eternal winter there.

इस कविता में चार छंद हैं, शुरू के उपर्युक्त तीन छंदों में ग़रीब दलित बच्चे इंग्लैंड की 'महानता' की कलई खोल देते हैं। जहाँ बच्चे भूख, मुफ़लिसी और क़र्ज़ में डूबे हों, वह देश 'महान' कैसे हो सकता है, वह तो 'ग़रीबी का देश' माना जाना चाहिए।

विलियम ब्लेक की कविताओं को पढ़कर ऐसा लगता है कि वह पश्चिमी दुनिया का पहला दलित कवि है जिसने क्लासिकल विचारधारा के खाँचे से बाहर निकलने की पहल की। स्मरण रहे कि इंग्लैंड में अठारहवी सदी के कवि नवक्लासिकल साहित्य रच रहे थे, विचारधारा भी वही 'गुलामगीरी' की थी, और एक ही छंद जिसे 'हीरोइक कपलेट' कहा जाता था सभी कवि इस्तेमाल कर रहे थे। वे कविता के कथ्य में भी 'अभिजात' शहरी नायकों का ही चुनाव करने के लिए मजबूर थे। विलियम ब्लेक ने शहर के उस दलित हिस्से को उभारा जिसकी ओर साहित्य का ध्यान ही नहीं था। इस तरह शोषण पर आधारित समाज व्यवस्था का असली चेहरा चित्रित कर दिया। वे चित्रकार भी थे, उन्होंने दो खंडों की उक्त गीतमाला को अपने बनाए हुए चित्रों से भी सँवारा, घर पर ही लकड़ी के ब्लॉकों पर ख़ुदाई करके काग़ज़ पर छपाई कर ली। प्रेस के चक्कर नहीं लगाए। उनकी कविताओं

में निहित सौन्दर्य और संवेदना को दलित सौन्दर्यशास्त्र के मूल्यों से ही ठीक से समझा जा सकता है।

विलियम ब्लेक के बाद विलियम वड्र्सवर्थ (1770-1850) ने भी इस नये उभार को समझा, हालाँकि उन्होंने शुरू में अपनी कविताएँ 'नवक्लासिकल' खांचे में ही लिखीं, लेकिन उस खांचे को छोड़कर उन्होंने भी अभिजन परम्परा के विरुद्ध रचनाएँ लिखना शुरू किया और दलित सौन्दर्यशास्त्र को एक काव्यशास्त्रीय स्वरूप भी दिया जो उनके संग्रह द *लिरिकल बैलड्स*, की 'भूमिका' के तौर पर दुनिया भर में मशहूर है और सभी भाषाओं के साहित्य के विद्यार्थियों को उसका अध्ययन भी कराया जाता है, मगर उसे दलित सौन्दर्यशास्त्र की नज़र से देखने की ओर अभी किसी का ध्यान नहीं गया है। वड्र्सवर्थ ने दलित जीवन पर मार्मिक कविताएँ भी लिखीं और नया काव्यशास्त्र भी रचा जो आज के दलित सौन्दर्यशास्त्र का काफ़ी अर्थवान हिस्सा है।

विलियम ब्लेक जहाँ एक बुनकर परिवार में पैदा हुए थे वहीं विलियम वड्र्सवर्थ की परवरिश एक अनाथ बच्चे की तरह अपने नाना नानी के यहाँ हुई थी, लेकिन शिक्षा-दीक्षा अच्छी हासिल हो गई थी। वे फ्रांस की क्रान्ति के दौर में वहाँ भी गए थे, उससे प्रेरणा लेकर ही जनवादी विचारों के रचनाकार बने और उन्हीं नये मूल्यों के असर से शोषित-दलित जीवन के पक्षधर भी हुए। उनकी रचनाओं में ग़रीब देहाती लोग केन्द्रीय जगह ज़रूर पाते हैं, मगर वे विलियम ब्लेक के बालकों की तरह शोषक-शासक वर्गों के प्रति कोई आक्रोश नहीं दिखाते, वे अपनी ग़ुलामगीरी में ही ख़ुश हैं। वड्र्सवर्थ ख़ुद भी प्रकृति की गोद में रहकर वहाँ मस्त हैं, उनके चारों ओर ग़रीब बच्चे, बूढ़े सभी ख़ुश हैं। किसी को किसी से शिकायत नहीं है। कवि प्रकृति को रूसो की तरह 'स्वाधीनता' का प्रतीक मानता है, इसीलिए वह प्रकृति के पुजारी के रूप में मशहूर कवि है, हालाँकि कवि ने ख़ुद अपनी विकासयात्रा में प्रकृति के साथ 'इनसान' की अहमियत को भी स्वीकार किया, और अपने प्रारम्भिक विचारों को बदला। इसी विकासयात्रा में उसने नया काव्यशास्त्र रचा जिसमें अहमियत उस देहाती आम आदमी को दी गई जो प्रकृति के नज़दीक रहता है, काव्यभाषा में भी उसी की भाषा को वरीयता दी गई। नवक्लासिक काव्यपरम्परा को इस तरह वड्र्सवर्थ ने नकार दिया, उनका यही योगदान दलित सौन्दर्यशास्त्र के काम का है। अपनी ढलती उम्र में वे फिर से पुरातनपंथी हो गए थे, यह उनकी अपनी त्रासदी है।

वड्र्सवर्थ से ही प्रभावित होकर पी.बी. शैले (1792-1822) भी पहले प्रकृतिप्रेमी यानी स्वतंत्रताप्रेमी और फिर एक क्रान्तिकारी कवि के रूप में अंग्रेज़ी साहित्य में उभरे। शैले ने सारी सामन्ती परम्पराओं यहाँ तक कि ईश्वर की सत्ता तक को नकार दिया। अपनी कम उम्र में ही उसने 'नास्तिकता की ज़रूरत' शीर्षक से एक सहयोगी पैंफलेट आक्सफ़ोर्ड में पढ़ाई के दौरान ही लिख डाला जिसकी वजह से उसे पढ़ाई छोड़कर भाग जाना पड़ा। उसके क्रान्तिकारी विचार अनेक कविताओं में

मोतियों की तरह गुँथे हुए हैं। ग्रीक विचारधारा का पोषण करने वाली एक रचना, प्रोमिथियस बाउंड एस्खाइलस ने ईसा से चार सौ पचास साल पहले लिखी थी, जिसका उल्लेख मैं पीछे भी कर चुका हूँ, उसमें यह साबित किया गया था कि इनसान को अपनी सीमाओं का अतिक्रमण नहीं करना चाहिए, वरना उसे अतिक्रमण की सज़ा मिलेगी। यही ग़ुलामगीरी की क्लासिकल विचारधारा है। पी.बी. शैले ने सदियों से चली आ रही ग़ुलामगीरी की इस विचारधारा को नकारने के लिए *प्रोमिथियस अनबाउंड* (1819) जैसी रचना लिखी। ग्रीक मिथक के अनुसार प्रोमिथियस ने स्वर्ग से आग चुराकर मानव समाज को दी, यह सीमा का अतिक्रमण माना गया जिसके लिए उसे दंडित किया गया, चट्टानों से बाँध दिया गया। पी.बी. शैले ने उन्नीसवीं सदी में उस क्रान्तिकारी प्रोमिथियस को बन्धनमुक्त कर दिया। शोषण पर आधारित व्यवस्था से बन्धनमुक्त होने का फ़लसफ़ा ही तो दलित सौन्दर्यशास्त्र का जीवनतत्त्व है, शैले ने (हमारे यहाँ के शहीद भगतसिंह की तरह) युवा अवस्था में ही नास्तिकता के विचार को अपना लिया था। क्लासिकल विचारधारा ईश्वर का अस्तित्व मान लेने पर टिकी हुई है। ईसाई समाज की ही तरह हमारे समाज में भी, ख़ासकर, सगुण सनातनी वैचारिकी में नाबराबरी को वैधता ईश्वर के मुँह से दिलाई जाती रही है। गीता में 'चातुर्वण्यं मया सृष्टम्' का वाक्य कृष्ण के मुख से कहलवाकर ब्राह्मणवाद ने नाबराबरी के विचार को सनातन बना दिया जिसकी वजह से आज तक भारतीय समाज में वह गहरी जड़ें जमाए बैठा है। इस विचार की पहचान ही दलित सौन्दर्यशास्त्र का प्रमुख मक़सद है। इस विचार को तोड़ने में पी.बी. शैले जैसे कवि या भगतसिंह जैसे क्रान्तिकारी हमारी मदद करते हैं क्योंकि वे ईश्वर के अस्तित्व की मिथ्या चेतना को तर्कसंगत वैज्ञानिक चेतना से उखाड़ देते हैं। ईश्वर की आड़ लेकर नाबराबरी और ग़ुलामगीरी का फ़लसफ़ा सदियों से मानव समाज में शोषितों और दलितों के साथ अत्याचार करता आ रहा है। इन तमाम तरह की विचारधाराओं से संघर्ष भी चला, मगर सत्य यही है कि जो शोषक-शासक वर्ग उत्पादन के साधनों पर क़ाबिज़ होता है, वही इनसानों के दिमाग़ पर यानी विचारों पर भी अपना प्रभुत्व जमाए रहता है, दलित सौन्दर्यशास्त्र इस प्रभुत्व के ख़िलाफ़ एक बग़ावत का हिस्सा भर है।

मनुष्य मनुष्य के बीच नाबराबरी की हालत देखकर अंग्रेज़ी साहित्य के अनेक रचनाकार शोषितों-दलितों के पक्ष में खड़े हुए। फ्रांस की क्रान्ति के नारे के सम्मोहन से अनेक कवि और बाद में कथाकार अपनी रचनाओं के केन्द्र में ग़रीबों, दलितों, शोषितों के किरदार ले आए। उन्नीसवीं सदी के कथा साहित्य में यह नया उभार आया था। चार्ल्स डिकेंस, टॉमस हार्डी जैसे मशहूर कथाकारों की कृतियाँ आज भी प्रासंगिक हैं क्योंकि वे शोषितों, वंचितों और दलितों की पक्षधर हैं। टॉमस हार्डी के मशहूर उपन्यास, टैस की नायिका एक भूमिहीन परिवार की बेटी है। इस उपन्यास

के शुरू के ही पन्ने पर लेखक ने विलियम शेक्सपियर की एक पंक्ति उद्धृत की है, '... Poor wounded name! My bosom as a bed/ Shall lodge thee. —W. Shakespeare.'

यह उद्धरण कितना अर्थगर्भित है, यह कहने की आवश्यकता नहीं। यह उन सभी वंचित, दलित, शोषित किरदारों पर लागू होता है जिन्हें डिकेंस और हार्डी जैसे कथाकारों ने अपने दिल में बसने की जगह दी। उन्नीसवीं सदी का अंग्रेज़ी साहित्य मूलतः 'सन्देहावस्था' का साहित्य माना जाता है। चार्ल्स डार्विन के शोध ने बुद्धिजीवियों के भीतर ईश्वर के अस्तित्व के बारे में 'सन्देह' पैदा कर दिया, क्योंकि बाइबिल में ईश्वर ने सृष्टि की रचना के बारे में जो कुछ बताया, वह तो झूठ साबित हो रहा था। विज्ञान के आगे ईश्वर का अज्ञान उजागर हो रहा था। धर्मशील ईसाई बुद्धिजीवी के लिए यह बड़ा धक्का था। नित नये आविष्कार भी ईश्वर के अस्तित्व पर प्रश्नचिह्न लगा रहे थे। यही वजह है नाबराबरी के वे फ़लसफ़े ('चेन ऑफ़ बीइंग' आदि) जिन्हें ईसाइयत का प्राणतत्त्व समझा जा रहा था, खोखले साबित हो रहे थे। इसके अलावा फ्रांस की 1789 की क्रान्ति ने आम जन की शक्ति का अहसास भी रचनाकारों को करा दिया था। इसीलिए उन्नीसवीं सदी के रचनाकार सामन्ती सोच से मुक्त होकर साधारण शोषित-दलित जन को अपनी रचनाओं के नायक के रूप में पेश करने लगे थे। उपन्यासों और कहानियों में तो यह परिवर्तन साफ़ ही दिखाई दे रहा था। आलोचना का सौन्दर्यबोध भी बदला था। उस युग के मशहूर कवि आलोचक मैथ्यू आर्नल्ड(1822-1888) ने कविता को 'जीवन की आलोचना' कहकर परिभाषित किया था, लेकिन उनके समकालीन कवियों में ब्लेक, वड्र्सवर्थ या शैले की तरह आम दलित-शोषित दिखाई नहीं देते, ख़ुद मैथ्यू आर्नल्ड की कविताओं में भी नहीं, जैसे कि कथाकारों में देखने को मिलते हैं। कवि तो मुख्यतया बाइबिल की धारणाओं के ग़लत साबित होने की वजह से 'सन्देहावस्था' में आत्मपरक कविताएँ ही लिख रहे थे। रॉबर्ट ब्राउनिंग (1812-1889) ज़रूर आशावादी था जो यह संकेत देता था कि इनसान और समाज बेहतर अवस्था में दाख़िल होगा। वह कहता था कि ईश्वर को स्वर्ग में रहने दो, दुनिया को हम ठीक कर लेंगे। वह ऐसे किरदारों का मज़ाक़ उड़ाता था जो आम जन से दूर रहकर आत्मनिर्वासन में जीते थे। 'एक व्याकरणाचार्य को दफ़नाने के बारे में' कविता इसका सबूत है। दलित सौन्दर्यशास्त्रीय पैमाने से इस कविता की नई व्याख्या की जा सकती है। ब्राउनिंग अपने व्याकरणाचार्य के श्रेष्ठताबोध का मखौल उड़ाता है जो निम्नजाति के लोगों को हेय समझता था जैसे भारत के बहुत से व्याकरणाचार्य ब्राह्मण समझते हैं। कविता का वाचक ऐसे व्यक्ति को मानवसमाज से दूर बहुत ऊँचाई पर ले जाकर दफ़नाने की सलाह देता है। इसी इशारे में सारी आयरनी समाहित है। कविता में जगह-जगह समाज के ऊँच-नीच तबक़ों का उल्लेख है। उन्नीसवीं

सदी के उत्तरार्ध के साहित्य में जीवन की आलोचना उस तरह खुले तौर पर नहीं, जैसी कि ब्लेक या शैले में थी।

बीसवीं सदी के अंग्रेज़ी साहित्य में प्रारम्भिक दौर 'आधुनिकतावाद' के उत्स का दौर माना जाता है जिसमें विश्वविख्यात कवियों जैसे टी.एस. इलियट, विलियम बटलर यीट्स, एज़रा पाउंड आदि का बोलबाला रहा। दलित सौन्दर्यशास्त्र के नज़रिये से इस दौर की एक बेहतर समझ सम्भव है। पहले विषयान्तर के तौर पर भारतीय साहित्य के पाठकों के सामने यह स्पष्ट करना बहुत ज़रूरी है कि साहित्य और समाज में 'आधुनिकता' और 'आधुनिकतावाद' दो एकदम भिन्न अवधारणाएँ हैं, कुछ सुधी लोग अज्ञानवश इनमें गड्डमड्ड करते हैं, इसलिए स्पष्टता ज़रूरी है।

'आधुनिकता' और 'आधुनिकतावाद'

हमारे यहाँ के साहित्यिक विमर्श में शायद अभी तक 'मॉडर्निटी' यानी आधुनिकता, 'मॉडर्निज़्म' यानी आधुनिकतावाद और पोस्टमॉडर्निज़्म आदि के फ़र्क़ के बारे में बहुत अधिक साफ़ समझ नहीं है और उनका इस्तेमाल अलग-अलग तरीक़े से होता रहता है। उनमें काफ़ी गड्डमड्ड भी होती रहती है। उर्दू अदब में तो शायद 'मॉडर्निटी' और 'मॉडर्निज़्म' के लिए अलग-अलग लफ़्ज़ ही नहीं हैं, दोनों के लिए 'जदीदियत' का इस्तेमाल होता है जबकि ये दोनों अवधारणाएँ एक दूसरे के उलट हैं। शायद यही वजह है कि इन अवधारणाओं को लेकर अब तक किसी न किसी तरह का विमर्श तमाम साहित्यिक पत्रिकाओं में चलता रहता है। यों तो पश्चिम के साहित्य में भी यह घपला काफ़ी दिनों तक रहा, मगर अब ऐसे शोधपरक ग्रंथ (Research Projects) सामने आ चुके हैं जिनसे इन अवधारणाओं को, ख़ासकर साहित्यिक आलोचना के दायरे में, एक ख़ास अर्थ में ही इस्तेमाल किया जाता है। उनके वर्गीय विचारधारात्मक पहलुओं पर भी काफ़ी लिखा जा चुका है। मिसाल के तौर पर, अस्त्रौदुर आइस्टीन्सन (Astradur Eysteinsson) की किताब, *The Concept of Modernism* को देखा जा सकता है जिसमें पश्चिमी साहित्य जगत में प्रचलित मॉडर्निज़्म की अवधारणा को ऐतिहासिक दृष्टिकोण से देखा गया है। एक वक़्त था जब वहाँ भी मॉडर्निटी और मॉडर्निज़्म को एक ही अर्थ में इस्तेमाल किया जाता था। मार्शल बर्मन ने अपनी किताब *All That is Solid Melts into Air: The Experience of Modernity* में मॉडर्निटी और मॉडर्निज़्म के डाइलेक्टिकल रिश्ते को समझने की कोशिश की थी। पश्चिमी साहित्य जगत में मार्शल बर्मन की तरह ऐसे काफ़ी लेखक थे जो इन दोनों के आपसी रिश्ते को अपनी तरह से समझा गए, वे 'प्रतिबिम्बन सिद्धान्त' (Reflection Theory) के दृष्टिकोण से इस अवधारणा को देख रहे थे। जॉर्ज लुकाच ने पहली बार मॉडर्निज़्म

की विचारधारात्मक बुनियाद को समझा था और वर्गीय नज़रिये से विचारधारात्मक संघर्ष किया था। उन्होंने उन साहित्यकारों की स्थापनाओं को ख़ारिज कर दिया था जो मॉडर्निज़्म को मॉडर्नाइज़ेशन का प्रतिबिम्ब मानते थे। जॉर्ज लुकाच ने मॉडर्निज़्म को यथार्थ का विरूपीकरण (डिस्टार्शन) कहा था, उसका प्रतिबिम्ब नहीं।

सच्चाई यह है कि साहित्यिक दुनिया में मॉडर्निज़्म ने हर मुल्क में सामाजिक विकास का और वैज्ञानिक चेतना के फैलाव यानी आधुनिकीकरण का विरोध किया। उसने जनवाद का भी विरोध किया और फ़ासिज़्म के पक्ष में अपने ख़यालों को कला का जामा पहनाथा। पूँजीवाद जब अपने प्रगतिशील रोल को छोड़कर प्रतिक्रियावाद की मंज़िल में दाख़िल हुआ तो उसने ऐसे विचारों को प्रश्रय दिया जो दलित-शोषित मानवता के ख़िलाफ़ जाते थे और मध्यवर्ग के दिमाग़ में मिथ्या चेतना को सुदृढ़ करते थे। साम्राज्यवाद ने अपने लाभ-लोभ के लिए मानवता के संहार के क़दम तक उठाने में हिचक नहीं दिखाई। दो विश्वयुद्ध उसी लाभ-लोभ की संस्कृति के उदाहरण हैं। उन दिनों हर साम्राज्यवादी देश अपने माल के लिए ज़्यादा से ज़्यादा कालोनियाँ या विश्व बाज़ार हड़पने की तिकड़म में लगा था। अपने माल की बिक्री के लिए उस बाज़ार को हर साम्राज्यवादी देश युद्ध के ज़रिये हासिल करना चाहता था। विश्वयुद्धों के पीछे यही बुनियादी वजह काम कर रही थी जिसने पूरी इनसानी बिरादरी को विनाश की आग में झोंक दिया था। विश्वसाम्राज्यवाद के इस मानवताविरोधी काम और क़दम का ही विचारधारात्मक पहलू मॉडर्निज़्म था जो साहित्यिक लफ़्फ़ाज़ी के ज़रिये यह पैग़ाम दे रहा था कि विज्ञान की तरक़्क़ी से ही यह तबाही हो रही है। इसलिए जो इसी तरह के विकास की ओर लपक रहे हैं वे इस आधुनिकीकरण (Modernisation) की ओर न बढ़ें क्योंकि इसमें दुख ही दुख हैं। यदि सचमुच विज्ञान की ओर तीसरी दुनिया के देश न बढ़ते तो साम्राज्यवाद के लिए बाज़ार ही बाज़ार मुहैया होता जो धीरे-धीरे दूसरे महायुद्ध के बाद उनके हाथों से खिसकने लगा था। इसीलिए मॉडर्निज़्म की आइडियोलॉजी का अदब की दुनिया में रद्दोअमल पहली आलमी जंग के बाद हुआ था जिसे कविता और उपन्यास में यूरोप के सांस्कृतिक पतन के रोने-धोने के तौर पर पेश किया गया था।

मॉडर्निटी की शुरुआत तो पूँजीवाद के प्रगतिशील उभार के साथ ही हर देश में हो जाती है। मॉडर्निटी के सही मानी हैं समाज को पुराने सामन्ती समाज (फ़्यूडल सिस्टम) और उसके सांस्कृतिक पतन से समाज को आज़ाद कराना और नई रोशनी के नज़रिये से किसी ख़ुदा या देवता के बजाय इसी दीन-दुनिया के बाशिंदे इनसानों की बहबूदी और तरक़्क़ी के लिए साइंस का इस्तेमाल करना। इस नज़र से देखें तो पश्चिम में मॉडर्निटी का प्रोजेक्ट व्यापारिक पूँजीवाद (mercantile capitalism) के उभार के साथ ही मानव समाज के सामने आ गया था और विज्ञान की तरक्क़ी के साथ मॉडर्निटी का विकास होने लगा था। इसलिए ज्ञानोदय काल (Age of

Enlightenment), दरअसल, मॉडर्निटी के उभार का ही दौर माना जाता रहा जिसे अब उत्तर-आधुनिकतावादी चिन्तक ख़ारिज करने पर तुले हुए हैं। हमारे देश में भी मॉडर्निटी प्रोजेक्ट की शुरुआत देशी पूँजीवाद की पैदाइश के साथ ही हुई जब उन्नीसवीं सदी में मॉडर्न मशीनों के साथ भारतीय कारख़ानादार और उनके साथ जुड़ा नया मेहनतकश तबक़ा (प्रोलीतेरियत) वजूद में आया। यहाँ भी वैज्ञानिक चेतना का प्रसार शुरू हुआ, नेशनलिज़्म की भावना और आधुनिक शिक्षा वग़ैरह की शुरुआत हुई। मानवतावादी संस्कृति की यह नई मंज़िल आधुनिक पूँजीवाद के वजूद में आने से ही शुरू हुई, मॉडर्निटी प्रोजेक्ट के शुरू होने की मंज़िल भी यही थी।

हमारा मुल्क इस मॉडर्निटी प्रोजेक्ट को पूरा करने में जुट जाता तो आज यह सूरतेहाल सामने न होती जो हम देख रहे हैं। यह मॉडर्निटी प्रोजेक्ट अधूरा इसलिए है क्योंकि इस देश पर आज़ादी के बाद असली शासन ऐसा इज़ारेदार पूँजीपतिवर्ग कर रहा है जिसने अपने तरक़्क़ीपसन्द रोल से मुँह मोड़कर पूँजीवादपूर्व की उन तमाम दक़ियानूसी वैचारिक और सामाजिक संस्थाओं, परम्पराओं और यहाँ तक कि पुराने उत्पादन के साधनों और उत्पादन सम्बन्धों का ख़ात्मा करने के बजाय उलटे उनसे समझौता कर लिया है जिससे कि समाज आगे की तरफ़ न बढ़ पाए। इस तरह उसने हुकूमत में पुराने जागीरदारों की शिरकत क़ायम रखी और जागीरदारी और सामन्तवाद की तमाम कुव्वतों के साथ समझौता कर लिया। उसने जातिप्रथा और मनुवादी वर्णव्यवस्था को भी सुदृढ़ किया जिसकी वजह से दलितों पर अत्याचार बढ़ने लगे। फ़िरक़ावारियत का ज़हर भी इसी वजह से ज़िन्दा बना हुआ है क्योंकि चेतना को सदियों पुराने पिछड़े ख़यालात से आज़ाद नहीं होने दिया गया और न इसके लिए कोई आन्दोलन ही चलने दिया। हमारा मॉडर्निटी प्रोजेक्ट इस तरह अब तक अधूरा ही है। समाज के इसी अधूरे विकास की ट्रेजेडी आज हम अपनी आँखों के सामने देख रहे हैं। जोतिबा फुले और बाबा साहब आंबेडकर ने जो रोशनी दलित समाज को दी थी, वह भी बुझा दी गई है। दलित राजनीति ने ब्राह्मणवाद से व्यक्तिगत लाभ-लोभ के लिए समझौता कर लिया है, समाज सुधार और नई जागृति का मिशन ग़ायब हो चुका है। वह मिशन लेखकों और बुद्धिजीवियों की रचनाओं तक ही सिमटा हुआ है, राजनीतिक नेतृत्व की कमी के कारण वह जनआन्दोलन की शक्ल में परिणत नहीं हो पा रहा।

आज़ादी के दौरान जो क्रान्तिकारी मूल्य उभरने शुरू हुए थे जिनमें सेक्युलरिज़्म भी एक मूल्य था, आपसी भाईचारा और जनवाद जैसे मूल्य भी इसीलिए उभरे थे क्योंकि आज़ादी के लिए सभी देशवासी चाहे उनका मज़हब कुछ भी रहा हो साथ-साथ लड़े थे, सबने अपना ख़ून बहाया था। इसी वजह से हमने 26 जनवरी, 1950 को एक जनवादी गणतंत्र बनाने की शपथ ली और बाबा साहब आंबेडकर के नेतृत्व में भारत ने एक आधुनिक संविधान अपनाया जिससे कि हमारा देश भी अपने

पिछड़ेपन से मुक्त होकर एक आधुनिक लोकतांत्रिक और धर्मनिरपेक्ष देश बन सके और आगे प्रगति करता हुआ समाजवाद की मंज़िल में प्रवेश कर सके। मगर हुकूमत इज़ारेदार पूँजीपतिवर्ग और सामन्ती तत्त्वों के प्रतिक्रियावादी गठबन्धन के पास ही रही जिसने सामराजी ताक़तों के साथ भी समझौता बरक़रार रखा और आज वे तबक़े इस मुल्क को पूरी बेशरमी से उन ताक़तों के हाथों ही बेचे दे रहे हैं। असली हुकूमत जिन तबक़ों के हाथ में है वे कभी कांग्रेस के ज़रिये जम्हूरियत का क़त्ल करा देते हैं जैसाकि इमरजेंसी में हुआ था, कभी बी जे पी-आर.एस.एस. के हाथों जैसाकि आज हो रहा है। इनका वर्गीय आधार एक जैसा ही है; मगर कांग्रेस कम से कम फ़िरक़ावाराना पार्टी नहीं है हालाँकि वह फ़िरक़ावारियत के साथ ढीला-ढाला रवैया अख़्तियार ज़रूर करती रही है। बी. जे. पी. तो पूरी तरह एक फ़िरक़ावाराना पार्टी है और उसकी विचारधारा नाज़ियों की विचारधारा पर आधारित है, इसलिए इस देश की प्रगति और इसकी एकता, अखंडता और 'सावरेनिटी' के लिए ख़तरा पैदा करने वाली पार्टी है। उसके पास किसी भी तरह का कोई विकास प्रोग्राम नहीं है, उसका हर क़दम विनाश, 'अन्त' या 'डि-कंस्ट्रक्शन' का है, 'डिमॉलीशन' या 'डिस्ट्रक्शन' का है। उसे इस दौर की अन्तर्राष्ट्रीय वित्तीय पूँजी का पूरा संरक्षण मिला हुआ है।

यह तथ्य साफ़ देखा जा सकता है कि आधुनिकतावाद असल में 'आधुनिकता' के विरोध में चलने वाला आन्दोलन था, उत्तरआधुनिकता उसी का एक विस्तार है। साहित्य में जो एजेंडा उत्तर-आधुनिकतावादियों का है वही राजनीतिक स्तर पर फ़ासिस्टों का है। पश्चिम के अनेक प्रगतिशील आधुनिक चिन्तकों ने साहित्य में आधुनिकतावादियों के फ़ासिस्ट विचारधारा से जुड़े होने के संकेत बहुत पहले ही दिये थे। जान आर हैरिसन ने अपनी पुस्तक, द रिएक्शनरीज़ में इलियट, एज़रा पाउंड और यीट्स जैसे अंग्रेज़ी के आधुनिकतावादी कवियों के विचारों में निहित प्रतिक्रियावाद का अच्छा विश्लेषण प्रस्तुत किया था। उक्त पुस्तक के प्रकाशन से बहुत पहले हमारे प्रिय कवि चिन्तक मुक्तिबोध ने भी टी.एस. इलियट और एज़रा पाउंड के बारे में जो तर्कसंगत और सही विश्लेषण पेश किया था उसे देखकर आश्चर्य होता है क्योंकि ऐसा विश्लेषण तो पश्चिम में भी बाद में हुआ था। जॉन आर. हैरिसन की अंग्रेज़ी पुस्तक, दि रिएक्शनरीज़ जिसमें उक्त अंग्रेज़ी कवियों का ठीक इसी तरह का आकलन किया गया था, मुक्तिबोध की मृत्यु के बाद 1966 में प्रकाशित हुई थी। मुक्तिबोध ने टी.एस. इलियट और एज़रा पाउंड और हक्सले के बारे में पहले ही लिखा था :

> टी.एस. इलियट, इशरवुड, एल्डूज़ हक्सले को अपनी जर्जर आत्माओं की समस्याओं का हल गिरजाघर तथा वेदान्त में ही दीखा और उन्हीं की मनोवृत्तिवाला कवि एज़रा पाउंड अन्त में राजनीतिक क्षेत्र में भी घोर फ़ासिस्ट हो गया। (*रचनावली-5*, पृ. 52)

आज के समय में उत्तर-आधुनिकतावाद के भी वर्गीय आधार को सामने लाया जा रहा है। डेविड हार्वे ने पोस्टमॉडर्निज़्म को 'ट्रांसनेशनल कैपिटलिज़्म' की विचारधारा क़रार दिया और फ्रेडरिक जेम्सन ने इसे 'बूढ़े साम्राज्यवाद की वकालत करने वाली वैचारिकी' की संज्ञा दी।

मॉडर्निज़्म, दरअसल, मॉडर्निटी प्रोजेक्ट शुरू होने से पैदा हुए उन तमाम मानव-मूल्यों को नकारनेवाला एक प्रतिक्रियावादी साहित्यिक आन्दोलन था जिन्हें इनसान ने ज्ञानोदय काल से लेकर अब तक ज्ञान-विज्ञान के विकास के साथ हासिल किया था। पहली जंग के बाद अंग्रेज़ी में टी.एस. इलियट ने ख़ासतौर पर शायरी में और अपने लेखों में मॉडर्निज़्म की आइडियोलॉजी की नींव रखी थी। फ़लसफ़ाई सतह पर नीत्शे की विचारधारा जो खुले तौर पर फ़ासीवाद के साथ खड़ी थी मॉडर्निज़्म के लिए ज़मीन तैयार करती थी। हाइडेग्गर का फ़लसफ़ा भी आधुनिकतावादी चिन्तन को मज़बूत करता था। इस तरह विश्वपूँजीवाद के प्रतिक्रियावादी दौर में कला और साहित्य की दुनिया में मॉडर्निज़्म ने फ़लसफ़ाई जामा पहनकर अपना रंग जमाया था। इस आन्दोलन ने मॉडर्निटी के विकास के विरोध को मुखर किया और तमाम दक़ियानूसी, घोर व्यक्तिवादी और अवैज्ञानिक ग़ुलामगीरी की विचारसरणियों को स्थापित करने की कोशिश की थी। सोवियत क्रान्ति के बाद के दौर में प्रालीतेरियत ने विश्वपूँजीवाद की तमाम कमज़ोर कड़ियों को तोड़ देने का जो ख़तरा पैदा कर दिया था, उससे निपटने का एक तरीक़ा यह था कि थोड़े विकसित क़िस्म के पूँजीवादी नवस्वाधीन देशों की सतह पर यह शोर मचाया जाए कि हर इनसान अकेला ही पैदा हुआ है और अकेले ही मर जाएगा। जनता या संगठित जन-आन्दोलन तो 'भीड़' है और इस भीड़ में शामिल होने का मतलब है—अपनी अस्मिता का विलय। शीतयुद्ध के दौरान मॉडर्निज़्म की आइडियोलॉजी का अदब की दुनिया में ख़ूब प्रापेगंडा किया गया और इसके लिए सी.आइ.ए. जैसे संगठन तक का भरपूर इस्तेमाल हुआ। हमारे यहाँ, ख़ासतौर से, हिन्दी अदब में, इस आइडियोलॉजी का प्रापेगंडा करने का काम स्व. अज्ञेय को बाक़ायदा सौंपा गया था। (देखें, डॉ. जवरीमल्ल परख की हिन्दी किताब, *नई कविता का वैचारिक आधार*, पृ. 5-9) अज्ञेय की एक कविता, 'सवेरे उठा तो', इस आधुनिकतावाद की सारी फ़लसफ़ाई अवधारणाओं को समेटे हुए है :

...ये ही सब चीज़ें तो प्यार हैं
यह अकेलापन, यह अकुलाहट, यह असमंजस, अचकचाहट, आर्त अननुभव
यह खोज, यह द्वैत, यह असहाय विरह-व्यथा,
यह अन्धकार में जागकर सहसा पहचानना कि
जो मेरा है वही ममेतर है

इसी तरह उनकी ढेर सारी कविताएँ, और उनका कथा साहित्य भी, आत्मनिर्वासन (सेल्फ़ एलियनेशन), ऊब, संत्रास, अस्मिता के विलय आदि के लटके-झटके समेटे हुए है। ये सारे शब्द आधुनिकतावाद के 'क्लीशे' के रूप में पहचाने जाते हैं। पश्चिम में तो यहाँ तक कहा गया कि अगर कोई रचना इन सार्वभौमिक तत्त्वों (अकेलापन वग़ैरह) की बुनियाद पर रची हुई हो तो किसी भी ज़माने की हो या दूर अतीत के किसी रचनाकार की ही रचना क्यों न हो वह 'आधुनिकतावादी' ही मानी जाएगी। इस आधार पर सोलहवीं सदी के शेक्सपियर का हैमलेट नाटक या कोरियोलेनस नाटक आधुनिकतावादी रचनाएँ हैं, और अगर कोई रचना इस तरह की थीम से लैस नहीं है तो वह मौजूदा दौर की होते हुए भी आधुनिकतावादी नहीं कही जाएगी।

आधुनिकतावाद का अच्छा-ख़ासा रोना-गाना हमारे साहित्य में 1950 के बाद के दो दशकों तक चलता रहा। इसके वैचारिक खोखलेपन और इसमें रची-बसी झूठी बौद्धिकता को हिन्दी में बहुत ही सलीक़े से मुक्तिबोध ने उजागर किया। उन्होंने अपनी कविताओं में भी बार-बार कहा कि 'मुक्ति के रास्ते अकेले में नहीं मिलते', 'मुक्ति कभी अकेले में नहीं मिलती, यदि वह है तो सबके साथ है।' उन्होंने इसीलिए मध्यवर्ग को यह पैग़ाम दिया कि उसकी आज़ादी तमाम दलितों और मज़लूमों के साथ ही होगी, इसलिए मध्यवर्ग को अपनी मिथ्या चेतना छोड़कर अपने वजूद को दलित-शोषित-उत्पीड़ित समाज के प्रतिनिधि सर्वहारावर्ग के साथ मिला देना चाहिए जिससे कि वह और ताक़तवर बनकर पूँजीवादी-सामन्ती लोकतंत्र की जगह एक सच्चा जनवादी गणतंत्र स्थापित कर सके और ऐसा समाज बना सके जिसमें मनुष्य द्वारा मनुष्य का शोषण हमेशा के लिए ख़त्म हो जाए। इस सन्देश को मुक्तिबोध ने अपनी ख़ूबसूरत कविता, 'चंबल की घाटी में' प्रतीकात्मक और काव्यात्मक तरीक़े से हम सबको दिया है। उन्होंने लिखा, 'लुढ़को' यानी अपने इस मध्यवर्गीय अस्तित्व से नीचे की तरफ़ आओ, अपने को 'डिक्लास' करो, प्रालीतेरियत के पक्ष में वर्गसन्तुलन (class-realignment) बनाने में मदद करो, तभी मध्यवर्ग भी शोषण-पाप के परम्पराक्रम से मुक्ति पा सकता है, नहीं तो वह अपनी छाती पर इज़ारेदार सरमायादारी और मनुवाद को यों ही ढोता रहेगा और इस समाज को बदहाल बनाए रखने में जाने-अनजाने हिस्सेदारी करता रहेगा। उन्होंने अपनी गद्य रचनाओं में भी साफ़-साफ़ मॉडर्निज़्म के उन तमाम सिद्धान्तों की ऐसी-तैसी की जिनका हवाला अज्ञेय की रचनाओं में मिलता है जो उसी दौर में अमेरिकी साम्राज्यवाद के अदबी एजेंडे पर अमल करते हुए 'कांग्रेस फ़ार कल्चरल फ्रीडम' की रहनुमाई कर रहे थे।

आज उत्तर-आधुनिकतावाद का ढोल पीटने वाले भी जाने-अनजाने उसी अमेरिकी साम्राज्यवाद की दिमाग़ी ग़ुलामी कर रहे हैं जिसकी ग़ुलामी आर.एस.एस. जैसे फ़ासिस्ट संगठन करते आ रहे हैं। दहशतगर्दी के ख़ात्मे के बहाने अमेरिकी

निज़ाम इराक़ से लेकर अफ़ग़ानिस्तान और हिन्दुस्तान तक या तो सीधे-सीधे ग़रीब, मज़लूम और साम्राज्यवाद की मुख़ालिफ़त करनेवाले एशियाई अवाम को तबाह करने के लिए नित नई योजनाएँ बना रहा है और अमेरिका की 'हाँ हजूरी' करने वाले निज़ामों को शह दे रहा है। उत्तर-आधुनिकतावादी फ़लसफ़ा यानी विनाश और अन्त का फ़लसफ़ा अनेक देशों और समाजों और वहाँ की राजनीति में भी लागू करवा रहा है।

आर.एस.एस. की मनुवादी सोच ने आज़ादी के दौर में अवाम की एकता का विखंडन किया, आज़ादी के बाद गांधी का अन्त, फिर गांधीवाद का अन्त और इस समय गांधी की भारतमाता और कर्मभूमि का अन्त उसके एजेंडे पर है। साम्राज्यवाद का ऐसा वफ़ादार चाकर इज़रायल के शासकों के बाद आर.एस. एस. ही है और इसने तो आज़ादी के दौर से ही यह वफ़ादारी बाक़ायदा निभाई है जिसके अनेक प्रमाण लिखित रूप में मौजूद हैं। भारत में आर.एस.एस. का एजेंडा और पश्चिम के उत्तर-आधुनिकतावादी फ़लसफ़े का क्लीशे एक ही है, वही 'डिकंस्ट्रक्शन', वही 'डिस्ट्रक्शन' और 'डिमोलीशन' और अब इसमें और भी 'डि' जुड़ गए हैं। सदियों से इनसान ने जो ज्ञान-विज्ञान द्वारा और क्रान्तिकारी संघर्षों द्वारा मानव-मूल्य तथा प्रगति के विचार, आधुनिक विचार सरणियाँ हासिल की हैं उन सबका 'अन्त' ही आर.एस.एस. का एजेंडा है। समाज की चेतना को आगे ले जाने के बजाय पीछे की ओर जुल्मतों के दौर में ले जाने की साज़िश चल रही है। भारत के इन नाज़ियों से निपटने का एक ही तरीक़ा है, वह है तमाम सेक्युलर, जम्हूरियतपसन्द और अमनपसन्द दलित-शोषित अवाम की एकता। यह एक बड़ी जंग है और अवाम की एकजुटता से ही इन नाज़ियों की औलादों के ख़िलाफ़ यह जंग जीती जाएगी जो हमारे मुल्क का विकास रोककर उसे सदियों पीछे धकेलने में लगे हैं। वे उसे 'हिन्दू राष्ट्र' कहते हैं जो कभी अतीत में था ही नहीं, यह हिटलर, मुसोलिनी की विचारधारा से उपजे 'फ़ासीवादी राष्ट्र' स्थापित करने का एजेंडा भर है जिसका न तो भारतीयता से कोई रिश्ता है, न राष्ट्रवाद से। ये देसी नाज़ी भारतीय अवाम के सगे न होकर उस अन्तर्राष्ट्रीय वित्तीय पूँजी के ग़ुलाम हैं जो चाहती है कि ग़रीब जन आपस में जात-पाँत और मज़हब के नाम पर ख़ून-ख़राबा करते रहें, आपस में बँटे रहें और साम्राज्यवादी देश और देशी सरमायार-जागीरदार तबक़े बेरोक-टोक इस मुल्क के मेहनतकश अवाम का ख़ून चूसते रहें और उन्हें फ़िरक़ावारियत या पाकिस्तान के साथ जंग या इसी तरह के किसी 'ख़ात्मे' वाली वारदात में मुब्तिला रखे रहें।

इस विषयान्तर का मक़सद था कि 'आधुनिकता' और 'आधुनिकतावाद' के परस्परविरोधी सारतत्त्व को पाठकों के सामने पेश करना। आधुनिकता के लिए, नये आधुनिक समाज में भारत के रूपान्तरण के लिए दलित सौन्दर्यशास्त्र

प्रतिबद्ध है, जबकि साहित्य में प्रचलित 'आधुनिकतावाद' जैसी मानवविरोधी और गुलामगीरी को शह देने वाली घातक अवधारणा से संघर्ष करना उसका आलोचनात्मक दायित्व है।

अब मूल विषय पर लौटते हैं। हम अंग्रेज़ी साहित्य की कुछ कृतियों की परख दलित सौन्दर्यशास्त्र के आधार पर कर रहे थे और उसी सन्दर्भ में बीसवीं सदी के प्रारम्भिक दौर में उभरे 'आधुनिकतावाद' का वैज्ञानिक नज़रिये से विश्लेषण कर रहे थे। बीसवीं सदी के अंग्रेज़ी साहित्य के उस दौर में दो कवियों ने ख़ासतौर पर बहुत शोहरत हासिल की थी, टी.एस. इलियट और विलियम बटलर यीट्स ने। इन्हीं दोनों कवियों की मशहूर रचनाओं में से कुछ एक का आकलन, बानगी के तौर पर, हम दलित सौन्दर्यशास्त्र की कसौटी पर करेंगे।

पहले टी.एस. इलियट (26 September, 1888–4 January, 1965) की मशहूर लम्बी कविता, 'द वेस्ट लैंड' (1922) को लेते हैं जिसने पूरी दुनिया में आधुनिकतावादी कविता की एक लहर पैदा कर दी थी। यह लम्बी कविता पाँच खंडों में विभाजित है। ये खंड भारतीय मिथकों में उल्लिखित पंचतत्त्व 'क्षिति जल पावक गगन समीरा' या कामायनी में दिखाए गए 'पंच तत्त्व का भैरव मिश्रण' पर आधारित हैं। इसे अंग्रेज़ी साहित्य के किसी आलोचक ने आज तक नहीं बताया। इलियट ने दो बरस तक संस्कृत और बौद्ध ग्रंथों का अध्ययन किया था। उसे भी नाज़ियों की तरह 'आर्य संस्कृति' श्रेष्ठतम लगने लगी थी। अपने इस बोध को इलियट ने कविता के आख़िरी खंड में 'गंगा' और 'हिमवंत' और अन्त में 'शान्तिः' के उल्लेख से तथा बृहदारण्यक उपनिषद में दिये समाधान से संकेतित कर दिया है। इसके अलावा एज़रा पाउंड जो कि मुसोलिनी के रेडियो प्रसारण का संयोजक था इलियट को अपनी फ़ासिस्ट चेतना की जकड़बन्दी में ले चुका था। इस कविता की काट-छाँट उसी ने की थी, लगभग 150 लाइनों के अंश इसमें से काट दिये थे, जिससे यह और भी दुरूह हो गई।

इस कविता में कोई कहानी या कथानक नहीं है, न कोई काव्यनायक है। एक तरह से यह स्वप्नगाथा है जिसमें तरह-तरह के बेतरतीब दृश्य आते रहते हैं, जिनका आपस में कोई रिश्ता नहीं होता। पूरी कविता को उसके 'टूटे बिम्बों के ढेर' में व्याप्त सांकेतिकता से समझा जा सकता है जो उसी 'आधुनिकतावाद' की अनेक अवधारणाओं को ठोस रूप देती है—यानी मध्यवर्ग की दमित इच्छाओं को, उसकी टूटन, ऊब, संत्रास, अनिर्णय, अकेलेपन को, अस्मिता के लोप को, उन्हीं तत्त्वों को निजी प्रतीकों से चित्रित किया है जिन्हें अज्ञेय ने अपनी कविता, 'सवेरे उठा तो' में दिया है जिसे मैंने बार-बार उद्धृत किया है। कविता में जो 'बंजर भूमि' है, वह मध्यवर्ग की अपनी प्रगतिविरोधी मनोदशा को चित्रित करती है जिसमें समाज के बेहतर बदलाव की कोई कामना नहीं है, बस वैचारिक रूप से वह पश्चगामी है,

मृत है, सेक्स के ख़यालों में मुब्तिला, मशीन की तरह एक रूटीन का शिकार है। इस तरह वह मध्यवर्ग अतीत की ओर ही देखता है, भविष्य की किसी सामाजिक बेहतरी की परियोजना का कोई स्वप्न नदारद है। इसलिए वह क्रान्तिविरोधी भी है, उसमें कोई वर्गीय चेतना नहीं है, उसे दलित-शोषित वर्गों से भी कोई लगाव नहीं है। पहले खंड को नाम दिया है, 'मृतक की अन्त्येष्टि'। इस खंड में मृत आत्माओं की बिखरी-बिखरी यादें हैं, बार-बार मौत का डर पैदा करती हुई, आग से 'मुट्ठीभर राख' बन जाने का डर, 'पानी से मौत' का डर, यानी भारतीय मिथक के अनुसार 'भवसागर में डूबने से मौत', यह 'भवसागर' जिसे अज्ञेय ने 'सागर' के बिम्ब से बार-बार चित्रित किया है, अपार मानवसंसार है, जिसमें उनके अनुसार आधुनिकतावादी मनुष्य की 'अस्मिता' का लोप हो जाता है। इस कविता में भी 'पानी से मौत' का बिम्ब बार-बार आता है। यहाँ भी अर्थ वही है, प्रयोग ब्राह्मणवादी भारतीय मिथक का है, 'भवसागर में डूबने का'। अज्ञेय ने तो अपनी कविता, 'बना दे चितेरे' में इस 'सागर' का अर्थ खोल दिया है, 'जैसे जनजीवन'। वे इस 'जनजीवन' से अपने को ऊपर रखना चाहते हैं। टी.एस. इलियट की कविता का सारतत्त्व भी यही है कि इस समाज में यानी 'भवसागर' में अस्मिता का लोप हो जाता है, इससे डरो, इस भीड़ में शामिल मत हो। कविता के पहले खंड में एक पंक्ति आती है, जिसमें एक मृतक कहता है, 'मैं रूसी नहीं, जर्मन हूँ'। शायद इसमें विचारधाराओं का संकेत छिपा हो। इस खंड का अन्त मृत लोगों की 'भीड़' (श्रमिकवर्ग) के एक चित्र के साथ होता है, जिसमें मृत वाचक दूसरे मृतक से बात करते हुए जीवन की निरर्थकता का संकेत देता है। कविता की टोन वही है जो हमारे यहाँ मनुवादी उपदेशक जगह-जगह अपने उपदेशों में अपनाते हैं और जीवन की क्षणभंगुरता का राग अलापते रहते हैं। मुख्य रूप में बिम्ब यह उभारा गया है कि आधुनिक मनुष्य एक ज़िन्दा लाश है जो अन्य लाशों के बीच ही रहता है मानो यह दुनिया नरक हो जिसे नरक बनाया हो आधुनिकीकरण, शहरीकरण, औद्योगिकीकरण ने। मेहनतकशों की भीड़ में इनसान की अस्मिता का लोप हो गया है।

दूसरे खंड को 'शतरंज का खेल' नाम दिया गया है। यह खंड आधुनिक महिलाओं पर विशेष रूप से केन्द्रित किया गया है जिसमें उन पर व्यंग्य भी उसी नज़रिये से किया गया है जिस नज़र से हमारे यहाँ पुरुष वर्चस्ववादी मनुवादी महिलाओं पर फ़ब्तियाँ कसते रहते हैं। खंड की प्रारम्भिक पंक्तियों में एक आधुनिक महिला को उस कामातुर क्लयोपेट्रा की तरह चित्रित किया गया है, जो शेक्सपियर के एक त्रासद नाटक, एंटनी एंड क्लयोपेट्रा, की नायिका थी। उसके 'मेक अप' में, उसके कमरे की सजावट में तमाम सेक्स की उत्तेजक बिम्बावली पिरोई गई है। वह सजी-धजी महकती महिला अपने पति के इन्तज़ार में बैठी है। पति जब आता है तो वह लाभ-लोभ में फँसा और अपने व्यापार के ख़यालों में व्यस्त उसकी तरफ़

देखता ही नहीं, कुछ 'सोचता' रहता है। सजी-धजी आधुनिक क्लयोपेट्रा की कामेच्छा अधूरी रह जाती है। वह चाहती है कि उसका आदमी उससे 'बोले', उसकी तरफ़ देखे, मगर ऐसा कुछ नहीं होता। वह बोलता भी है तो 'लाशों' की बात करता है जिनकी हड्डियाँ तक नहीं बची हैं। फिर से वही मृत्युबोध दूसरे खंड में भी आ जाता है जो पहले में था। महिलाओं पर ही एक सीन और चस्पाँ किया है। वह किसी रेस्त्राँ का है, जो बन्द होने वाला है, जिसमें महिलाएँ सेक्स सम्बन्धी बातें करती हैं। बार-बार रेस्त्राँ का मैनेजर बीच-बीच में आवाज़ देता जाता है, 'जल्दी करो, समय हो गया है।' यह भी प्रतीकात्मक तौर पर मृत्युबोध से जुड़ी चेतावनी है। रेस्त्राँ के बन्द होने और 'गुड नाइट' की आवाज़ों के साथ ही यह खंड भी बन्द हो जाता है। इस कविता का असर इसलिए पड़ता है कि सिनेमा की रील की तरह सीन बदलते हैं, उनका अर्थ सांकेतिक होता है। पुरानी कविताओं की तरह वे सीन अन्वय से सीधे-सीधे अर्थ दीप्त नहीं करते। पश्चिमी जगत में सांस्कृतिक सड़ाँध के संकेत ही इस ताने-बाने में पिरोये गए हैं। आधुनिक मनुष्य के पास यही पतनशील सांस्कृतिक दिनचर्या है, कुछ भी रचनात्मक नहीं।

तीसरे खंड का शीर्षक 'अग्नि उपदेश' है। यहाँ अग्नि कामेच्छा के प्रतीक के रूप में है क्योंकि संकेतों के माध्यम से सारे सीन उसी आधुनिक आदमी के हैं जो रूटीन का शिकार है और प्रेमविहीन यांत्रिक सेक्स भी उसी रूटीन का हिस्सा है जो उसे मशीनीकरण के दौर ने दिया है। इसलिए मशीनों के यानी मोटर कार, ग्रामोफ़ोन आदि आधुनिक यंत्रों का भी उल्लेख है। इस खंड का वाचक क्लासिकल विचारधारा के उत्स के युग का वह 'टिरैशियस' है जो ग्रीक साहित्य के मशहूर नाटक, इडिपस द किंग का बूढ़ा पात्र है। वह संसार का भूत और भविष्यत् जानता है। उसी की आत्मा टेम्स नदी के किनारे होने वाले सारे सेक्स व्यापार को देखती है। वह आत्मा उस टाइपिस्ट लड़की के प्रेमी के आने और यांत्रिक सेक्स करके वापस चले जाने का नज़ारा भी देखती है। वह आत्मा मौजूदा समय में भौतिकवादी संस्कृति के विद्रूप पर दुखी होती है। इस खंड में तरह-तरह से निजी प्रतीकविधान और नये-पुराने बिम्बों से सेक्स के चित्र ही उकेरे गए हैं, क्योंकि 'अग्नि' कामभावना होने के कारण इस खंड में बार-बार उद्दीप्त होती है। खंड का अन्त जिन पंक्तियों में होता है, वे भी 'अग्नि में जलने' की ही हैं, मानो डिवाइन कॉमेडी के 'इनफ़र्नो' खंड में आग में जलती आत्मा अपनी मुक्ति की गुहार ईश्वर से लगा रही हो।

To Carthage then I came
Burning burning burning burning
O Lord Thou pluckest me out
O Lord Thou pluckest
burning

टी.एस. इलियट अपनी इस लम्बी कविता में क्लासिकल साहित्य के अनेक सन्दर्भ इसी वजह से लाते हैं कि वे ग़ुलामगीरी की विचारधारा को प्रच्छन्न तरीक़े से महिमामंडित कर सकें, अतीत की दास व्यवस्था को बेहतर और मशीनीकरण के दौर की लोकतांत्रिक समाज व्यवस्था को हेय साबित कर सकें क्योंकि पूँजीवाद ने अपने उभार के समय 'समता, स्वाधीनता और बन्धुत्व' जैसे नये मानवीय मूल्य दिये थे। एज़रा पाउंड की वैचारिक ग़ुलामगीरी में फँसे अंग्रेज़ी कवि उसकी फ़ासीवादी वैचारिकी की वजह से इन लोकतांत्रिक मूल्यों के ख़िलाफ़ अपनी रचनाओं में भारतीय ब्राह्मणवाद और 'आर्य संस्कृति' की श्रेष्ठता साबित करने में लगे थे। इसीलिए इलियट भी ब्राह्मणों की तरह मशीनी सभ्यता को पतन काल मानकर उपदेश देता नज़र आ रहा है।

कविता का चौथा खंड, 'जल से मौत' सबसे छोटा खंड है जो पाठक को भवसागर में डूबकर मर जाने की याद दिलाता है। आधुनिकतावादी कवियों में शायद ही कोई हो जिसने भवसागर में डूबकर मरने का यह बिम्ब अपनी कविता में इस्तेमाल न किया हो। समाज की भीड़ को इन सबने भवसागर की तरह चित्रित किया है और उसमें समाहित या शामिल होने को डूबने या 'अस्मिता खो देने' के अर्थ में प्रयुक्त किया है। यह विचार हमारे यहाँ के मनुवाद का ही पाश्चात्य संस्करण है जो शूद्रों को छूने से ही द्विज वर्ण को रोकता है। समाज में घुलने-मिलने और संगठित होने की हर चेष्टा का यह निषेध करता है। इसीलिए दुनिया के सारे मानवतावादी चिन्तक उन विचारधाराओं को प्रतिक्रियावादी कहते हैं जो आभिजात्य को महिमामंडित करके जनतांत्रिक मूल्यों का खंडन करती हैं। टी.एस. इलियट भी अपने काव्य में निहित इसी तरह के फ़लसफ़े का सहारा लेता है। इसका स्पष्ट संकेत इस कविता के अन्तिम खंड में मिलता है।

कविता के अन्तिम खंड का शीर्षक है, 'घनगर्जन ने क्या कहा'। इस खंड में हमारे यहाँ के बृहदारण्यक उपनिषद के क्लासिकल फ़लसफ़े का सहारा लिया गया है। इस उपनिषद का गम्भीर विखंडन बाबा साहब आंबेडकर ने अपनी अमर कृति, रिडल्स इन हिन्दुइज़्म में किया है जो दलित सौन्दर्यशास्त्र की वैचारिकी निर्मित करने के टूल्स प्रदान करती है। इस खंड में एक आत्मा पाश्चात्य जगत के भौतिकवाद की आलोचना करती हुई विश्वशान्ति के लिए भारतीय पुरातन संस्कृति में से और बौद्ध दर्शन में से शान्ति का पाठ निकालकर यूरोपीय सभ्यता के सामने पेश करती है। इस खंड में संकेत के तौर पर 'गंगा' का उल्लेख है जो बंजरभूमि को हरा-भरा कर सकती है, इसी तरह 'हिमवंत' के ऊपर जो घनगर्जना होती है उसमें 'दा', 'दत्तः', 'दमयति, दयाध्वाम्' की ध्वनि के माध्यम से अभिजात वर्ग के दिये गए अर्थ सन्दर्भ छिपे हैं। इन तीनों शब्दों से वाचक यूरोप की ध्वस्त सभ्यता को पुनर्जीवित करने का स्वप्न देखता है। बंजर हुई सभ्यता में 'हिमवंत'

के ऊपर छाये बादलों के बरसने से हरियाली या जीवन अँकुरा सकता है। इन तीन ध्वनियों का निहितार्थ है कि 'दा' यानी ग़रीबों-दलितों को दान देकर क्रान्तिपथ पर जाने से रोको, 'दत्तः' यानी दिये गए दान का प्रचार करो, 'दमयति' और 'दयाध्वाम्' का अर्थ है कि शोषितों को दमन का शिकार बनाओ जैसाकि हमारे यहाँ भी तुलसीदास ने कहा, कि 'सासति करि पुनि करहिं पसाऊ/ नाथ प्रभुन्ह कर सहज सुभाऊ' (दमन करके दया दिखाना ही अभिजातवर्ग का सहज स्वभाव है)। टी.एस. इलियट की इस मशहूर कविता का अन्त 'शान्तिः शान्तिः शान्तिः' से होता है, जैसाकि भारत के ब्राह्मण हर अनुष्ठान में करते सुने जा सकते हैं। शान्ति की कामना तो हर कवि के मन में होती ही है, मगर शान्ति तब तक क़ायम नहीं हो सकती, जब तक दुनिया में ग़ैरबराबरी की वैचारिकी का वर्चस्व रहेगा, मनुष्य द्वारा मनुष्य का शोषण रहेगा। इलियट का संवेदनात्मक उद्देश्य ब्राह्मणवाद के शान्ति-उपदेश की तरह है जो दलित-दमित को क्रान्तिकारी होने से रोकने के लिए उचारा जाता है।

टी.एस. इलियट के साथ ही बीसवीं सदी के अंग्रेज़ी साहित्य में डब्ल्यू.बी. यीट्स (13 June, 1865—28 January, 1939) का नाम भी बहुत मशहूर है। 'चाँद' के प्रतीकार्थ के सन्दर्भ में उसकी कुछ कविताओं का विश्लेषण मैंने अपनी पुस्तक, मुक्तिबोध: प्रतिबद्ध कला के प्रतीक (१976) में किया था। यहाँ कुछ अन्य कविताओं का विश्लेषण दलित सौन्दर्यशास्त्र के प्रतिमानों के आधार पर किया जा सकता है। बाबा साहब आंबेडकर के सारे लेखन में बार-बार तीन जनवादी मूल्यों का उल्लेख हुआ है, 'समता, स्वतंत्रता और बन्धुत्व' जिनसे वे भारत में जातिउन्मूलन का सपना देखते थे। एक समतामूलक समाज की स्थापना इन मूल्यों से हो सकती थी। अंग्रेज़ी कवि डब्ल्यू.बी. यीट्स इन मानव-मूल्यों पर आधारित जनतंत्र का प्रबल विरोधी कवि था। वह ऐसे प्रभुवर्ग का हिमायती था जिसे वह साहित्य और ललित कलाओं का संरक्षक वर्ग समझता था, यानी सामन्ती वर्ग। वह क्रान्तिकारी तत्त्वों को दुश्मन मानता था। इलियट की तरह वह भी एज़रा पाउंड के भयंकर असर में आ गया था, आयरलैंड की क्रान्ति के विरुद्ध, वह अभिजातवर्ग की ग़ुलामगीरी में मुब्तिला था। एज़रा पाउंड को उसने अपना सेक्रेटरी बना लिया था। आयरलैंड में वह मुसोलिनी जैसी सत्ता का सपना देखता था। इसके तमाम प्रमाण सामने आ चुके हैं। उसकी अनेक कविताएँ इसी वैचारिकी को समझने से ही स्पष्ट अर्थ देती हैं, अन्यथा एक साधारण पाठक के लिए वे गूँगे का गुड़ ही लग सकती हैं। टी.एस. इलियट की ही तरह उसने भी भारतीय ब्राह्मणवादी दर्शन को अपनाया था और ग़ुलामगीरी के भारतीय फ़लसफ़े में निहित अतर्क, अन्धविश्वास आदि को भी आत्मसात् करके अपनी एक अलग क़िस्म की प्रतीकयोजना भी निर्मित कर ली थी। दरअसल, यीट्स को इस फ़लसफ़े की मूल जानकारी एक भारतीय

बाबा, पुरोहित स्वामी से हासिल हुई थी, जिसने उसके साथ काफ़ी साल गुज़ारे थे। उस स्वामी की कृतियों की भूमिका भी यीट्स ने लिखी थी। उस स्वामी की जीवनी दिल्ली यूनिवर्सिटी के अंग्रेज़ी के एक प्रोफ़ेसर विनोद सेना ने लिखी थी। (विनोद सेना ने ही मुझे अंग्रेज़ी प्राध्यापक पद की नियुक्ति के लिए जुलाई 1970 में सेलेक्ट किया था, उनकी स्मृति को नमन।)

पुरोहित स्वामी के अलावा एक अन्य बंगाली ब्राह्मण, मोहिनी चटर्जी से भी डब्ल्यू.बी. यीट्स ने भारत के ब्राह्मणवादी फ़लसफ़े को अर्जित किया था। इस ब्राह्मण पर 'मोहिनी चटर्जी' शीर्षक से यीट्स ने एक कविता भी लिखी थी जिसकी दूसरी ही पंक्ति में 'ब्राह्मण' शब्द भी लिखा है। इन्हीं भारतीयों से उसने इतिहास की कपोल-कल्पित चक्राकार गति की भारतीय अवधारणा हासिल की थी जिसके अनुसार सत्ययुग, त्रेता, द्वापर और कलियुग का चक्र घूमता रहता है। आदिम युग में इसकी कल्पना ऋतुचक्र के अनुभव से की गई होगी, डी.पी. चट्टोपाध्याय ने भी इस कल्पना का यही तार्किक आधार बताया है। मगर बौद्ध मत ने इसमें अवतारवाद और पुनर्जन्म की कपोल कल्पना और जोड़ दी और क्लासिकल विचारधारा में निहित भाग्यवाद भी इसी में जुड़ गया, सो ग़ुलामगीरी की वैचारिकी को ग्रीक दासयुग के समय की क्लासिकल वैचारिकी से भी ज़्यादा मज़बूत आधार प्रदान कर दिया गया जिसे गीता में व्यास ने कृष्ण के मुख से ईश्वररचित घोषित कर दिया, मनुस्मृति में इसे एक आचार संहिता बना दिया गया और आज तक ब्राह्मणवाद की शक्ल में भारत में ग़ैरबराबरी के दर्शन के रूप में वह गहरी जड़ें जमाए बैठा है।

यीट्स ने इस कपोलकल्पित चक्र को 'ग्रेट व्हील' नाम दिया। अपनी परवर्ती रचनाओं के लिए इसी में रचे गए प्रतीकविधान की सहायता से अपने आभिजात्यवादी अन्तर्निहित रुझान का इज़हार किया। एक पूरी किताब, ए विज़न में इसे एक वैचारिकी के तौर पर डब्ल्यू.बी. यीट्स ने विश्लेषित किया। इस किताब के ब्राह्मणवादी सारतत्त्व और कवि की लोकतंत्रविरोधी राजनीति को समझे बिना इस अंग्रेज़ी कवि की परवर्ती कविताएँ तो समझी ही नहीं जा सकतीं।

दलित सौन्दर्यशास्त्र के सार्वभौमिक हस्तक्षेप के लिए डब्ल्यू.बी. यीट्स के इलहामी प्रतीकविधान को व्याख्यायित करना बहुत ज़रूरी है जिसे पाश्चात्य जगत में आज भी ठीक से नहीं समझा जा रहा। इस पर अभी तक शोध हो रहे हैं। साक्ष्य के तौर पर ये दो किताबें देखी जा सकती हैं :

Makransky,Makransky, Bob, The Great Wheel—a commentary on W.B. Yeats' "A Vision". Dear Brutus Press, 2017.

Mann, Neil, A Reader's Guide to Yeats's "A Vision". Clemson, SC: Clemson University Press, 2019. ISBN 978-1-942954-62-0

भारत के गाँवों में आज भी इतिहास के चक्राकार गति से प्रवाहित होने की समझ बरक़रार है, मगर पाश्चात्य जगत के लिए यह अजूबा है। यह सही है कि डब्ल्यू.बी. यीट्स ने हमारे यहाँ के ब्राह्मणवादी दार्शनिकों की ही तरह इसे एक 'रिडल' या पहेली की तरह रचा है और यह दावा किया है कि इस 'ग्रेट व्हील' पर व्यष्टि और समष्टि का अतीत, वर्तमान और भविष्य पढ़ा जा सकता है।

डब्ल्यू.बी. यीट्स की किताब *ए विज़न* में चित्रित ग्रेट व्हील

इस चित्र में वृत्त की परिधि को चन्द्रमा की 28 कलाओं में विभाजित किया गया है, इन कलाओं को व्यक्ति, समाज, सभ्यता, विश्व के विभिन्न कालखंडों के प्रतीकों से अर्थगर्भित किया गया है। साधारण भाषा में कहें तो इन सबके अभ्युदय, विकास, पतन और अन्त को 28 हिस्सों में बाँट दिया गया है। यीट्स की मान्यता है कि एक युग भौतिकवाद या वस्तुवाद के अभ्युदय, विकास और अन्त में अपना चक्र पूरा कर लेता है तो उसके अन्त के बाद अध्यात्मवाद या स्वात्मवाद का युग शुरू होता है। इसके अनुसार ग्रीक सभ्यता जब अध्यात्म, कला, साहित्य के उत्थान का चक्र पूरा करती है तो ईसाई युग की शुरुआत भौतिकवाद के अभ्युदय से होती है, जो यीट्स के अनुसार सन् 2000 में ख़त्म हो जाना चाहिए था और फिर से राजाओं, महाराजाओं के नये आध्यात्मिक युग का चक्र शुरू हो जाना चाहिए था, मगर कपोलकल्पना तो आकाशकुसुम की तरह होती है सो उसे झूठ साबित होना ही था। अपनी इसी कपोलकल्पना को यीट्स ने अपनी मशहूर कविता, 'द सेकेंड कमिंग' (1920) में रूपायित भी किया था।

दरअसल, यीट्स हेगेल के द्वंद्ववाद को भारतीय युगचक्र की अवधारणा से जोड़ देता है। वह 'ग्रेट व्हील' की परिधि पर चन्द्रमा का पूर्ण विकास दिखाकर शनैः-शनैः प्रकाश का क्षरण दिखाता है जिसे हम भारत में 'कृष्णपक्ष' कहते हैं जो अमावस्या तक जाकर अन्धकार में बदल जाता है और फिर द्वितीया से उदय होकर पूर्णिमा तक विकसित होता है। ग्रेट व्हील के अन्दर दो त्रिभुज एक दूसरे में प्रवेश करते हुए दिखाए गए हैं, जिसके अनुसार वह त्रिभुज जिसका शीर्षबिन्दु आकाश की ओर है, जिसमें मन्दिर का घंटा बना है, अध्यात्म, आत्मपरकता, अभिजात, साहित्य कला विकास का प्रतीक है, परिधि पर बना मानव मुख पूर्णचन्द्र भी इसी युग के विकास का प्रतीक है। दूसरा त्रिभुज जिसमें शासक का दंड बना है जिसका शीर्ष पृथ्वी की तरफ़ है भौतिकवाद, जनतंत्र, वस्तुपरकता का प्रतीक है और परिधि पर बने काले वृत्त से चन्द्र के विलोप और सूर्य के वर्चस्व का बोध भी इसी प्रतीक से इंगित किया गया है। सरल भाषा में कहें तो यीट्स की कविता में जहाँ-जहाँ ऐसी आकृतियाँ हैं जिनकी शक्ल पहले त्रिभुज से मिलती हैं तो वे अध्यात्म, आभिजात्य, आत्मपरकता के प्रतीक के रूप में पढ़ी जा सकती हैं जिन्हें कवि अपनत्व के साथ चित्रित करता है। मसलन, 'टावर' या मीनार की शक्ल पहले त्रिभुज से मिलती-जुलती है, इसलिए उसकी प्रतीकात्मकता आसानी से समझी जा सकती है। पेड़ या जंगल दूसरे त्रिभुज की शक्ल में होते हैं, इसलिए उनकी प्रतीकात्मकता 'टावर' की ऐंटीथीसिस की तरह पढ़ी जा सकती है। 'द सेकेंड कमिंग' की शुरू की पंक्तियों में जिस 'जायर'(वर्तुल आकार) के आकाश की तरफ़ चौड़ा होते जाने का बिम्ब है वह दूसरे प्रकार का त्रिभुज बना रहा है जिसका अर्थ है कि भौतिकवाद, जनतंत्र का बवंडर लगातार बढ़ता जा रहा है। सामन्ती ज़माने का कठोर शासन नहीं है। क्रान्तियाँ हो रही हैं। रक्तपात हो रहा है। साहित्य कला आदि की ओर ध्यान ही नहीं है। भौतिकवाद चरम पर है। कविता का वाचक अपनी फ़ैंटेसी में देख रहा है कि बीसवीं सदी का अन्त निकट है और जल्द ही कठोर शासन लागू करने वाला अभिजातवर्ग का उदय होगा और फिर से राजे-महाराजे दुनिया पर राज करेंगे, अब उनके युग की बारी है। कविता को मूल रूप में देखें :

Turning and turning in the widening gyre
The falcon cannot hear the falconer;
Things fall apart; the centre cannot hold;
Mere anarchy is loosed upon the world,
The blood-dimmed tide is loosed, and everywhere
The ceremony of innocence is drowned;
The best lack all conviction, while the worst
Are full of passionate intensity.

Surely some revelation is at hand;
Surely the Second Coming is at hand.
The Second Coming! Hardly are those words out
When a vast image out of Spiritus Mundi
Troubles my sight: somewhere in sands of the desert
A shape with lion body and the head of a man,
A gaze blank and pitiless as the sun,
Is moving its slow thighs, while all about it
Reel shadows of the indignant desert birds.
The darkness drops again; but now I know
That twenty centuries of stony sleep
Were vexed to nightmare by a rocking cradle,
And what rough beast, its hour come round at last,
Slouches towards Bethlehem to be born?

दलित सौन्दर्यशास्त्र की मदद से ही आप यह समझ सकते हैं कि उक्त कविता में पहले खंड के अन्त की दो पंक्तियों में वाचक जिस वर्ग को 'सबसे श्रेष्ठ' बता रहा है, वह अभिजात या सामन्ती वर्ग है और जिसे 'सबसे नीच' कह रहा है वह दलित-शोषित समाज है। इससे कवि की पक्षधरता स्पष्ट है। दूसरे खंड में वह अपने 'ग्रेट व्हील' पर सन् 2000 के अन्त का सपना देखते हुए कठोर शासन करने वाले सामन्ती वर्ग के युग की नई शुरुआत पढ़ रहा है, नये अवतार की घोषणा कर रहा है।

इसी तरह यीट्स की एक और मशहूर कविता, 'बेटी के लिए प्रार्थना' का अर्थ भी इसी 'ग्रेट व्हील' की प्रतीकयोजना समझने के बाद ही खुलता है। पूरी कविता यहाँ देने की गुंजाइश नहीं, शुरू की कुछ पंक्तियों की प्रतीकयोजना समझने से ही पता लग जाएगा कि यीट्स किस तरह ब्राह्मणवाद का हिमायती और जनतंत्र के ख़िलाफ़ है :

Once more the storm is howling, and half hid
Under this cradle-hood and coverlid
My child sleeps on. There is no obstacle
But Gregory's wood and one bare hill
Whereby the haystack- and roof-levelling wind,
Bred on the Atlantic, can be stayed;
And for an hour I have walked and prayed
Because of the great gloom that is in my mind.

इस कविता में वाचक उस 'तूफ़ानी' तेज़ हवा से अपनी नवजात बेटी को बचाकर रखना चाहता है जो पश्चिम (अटलांटिक सागर) की तरफ़ से आ रही है जिसके प्रति महान रोमानी और क्रान्तिकारी कवि पी.बी. शैले ने 'ओड टु द वैस्ट विंड' लिखा था। शैले की कविता उस पश्चिमी हवा का स्वागत करती है, यीट्स का वाचक उस हवा से डरता है। प्रतीकार्थ साफ़ है कि यह हवा जनतंत्र की है, जिसे रोकने में शायद 'लेडी ग्रेगरी का जंगल' समर्थ हो या वह 'पहाड़' जो तूफ़ान के रास्ते में आता है। लेडी ग्रेगरी यीट्स की अभिजातवर्ग की दोस्त थीं और 'पहाड़' ग्रेट व्हील के बीच में चित्रित उस त्रिभुज से मेल खाता है जिसका शीर्ष आकाश की ओर जाता है, जिसे सामन्ती शक्तियों के प्रतीक के रूप में यीट्स ने ख़ुद ही चित्रित किया है। यानी कविता का यह खंड यह बता रहा है कि उसकी नवजात बेटी कहीं जनतांत्रिक क्रान्तिकारी मानव-मूल्यों की आँधी से आगे चलकर प्रभावित न हो जाए, यह प्रभाव सिर्फ़ अभिजातवर्ग या सामन्ती शिक्षा-दीक्षा से ही रोका जा सकता है। दलित सौन्दर्यशास्त्र की मदद से ही इस कविता का सही अर्थ खुलता है, अन्यथा पूरी कविता गूँगे का गुड़ बनी रहती है, 'ज्यों गूँगेहि मीठे फल को रस अन्तरगत ही भावै।'

टी.एस. इलियट और डब्ल्यू.बी. यीट्स की तरह एज़रा पाउंड भी ब्राह्मणवादी विचारधारा का पक्षधर था। वह तो घोषित रूप से मुसोलिनी के साथ रहा, यहूदियों के ख़िलाफ़ अपने कर्म और रचना में भी ज़हर उगलता रहा। सन् 1941 से 1943 तक इटली के रेडियो से उसके प्रसारण इसी नफ़रत और मानवताविरोधी मूल्यों के साक्ष्य के तौर पर देखे जा सकते हैं। उसकी सबसे लम्बी कविता, 'कैंटोस' का एक अंश, 'Canto XLV' उसके इस असली चेहरे का गवाह है जिसमें वह यहूदी समुदाय को रक्तपायी समुदाय के रूप में पेश करता है।

उसके समकालीन कवियों में डब्ल्यू.एच. ऑडेन (21 फरवरी, 1907—29 सितम्बर, 1973) उससे अलग मानववादी विचारधारा के वाहक के रूप में देखे जा सकते हैं। उनकी मशहूर कविता, 'अस्मिताहीन नागरिक' (The Unknown Citizen) ऐसे मानव समुदाय की विडम्बना रेखांकित करती है, जो पूँजीवादी समाज में सरकार के प्रचारित-प्रसारित तमाम नियम-क़ानूनों का पालन करता है, मगर इस सबके बाद भी वह एक 'फ़ाइल नम्बर' में तब्दील हो जाता है, जैसे भारत में वह एक आधार कार्ड बन रहा है। इसके अतिरिक्त उसकी कोई और पहचान नहीं है। हमारे यहाँ दलित समाज पर भी यही लागू होता है। वे एक तरह से क़ैदी नम्बर हैं, दासानुदास हैं, उनकी अपनी पहचान कोई नहीं रहने दी गई है। आज भी नौकरियों में वे 'सफ़ाई कर्मचारी' तो आसानी से बन सकते हैं, मगर अन्य पदों पर आरक्षण के प्रावधान के बावजूद उच्च सामाजिक हैसियत हासिल करना लगभग असम्भव है। अब तो निजीकरण के दौर में आरक्षण लगभग ख़त्म ही हो रहा है। सो उन्हें दासता

में आबद्ध बनाए रखने की ब्राह्मणवादी चाल कामयाब बनाने में नई अर्थनीति भी सहायक हो रही है। अन्तर्राष्ट्रीय वित्तीय पूँजी (विश्वबैंक, आइ.एम.ए. का संरक्षण शोषक-शासक वर्ग को पूरी तरह प्राप्त है।

अंग्रेज़ी साहित्य की इस कड़ी में आज के एक युवा कवि कालेब फ़ेमी (जन्म 1990) को और जोड़ लें जो अपने पहले कविता-संग्रह, निर्धन (पुअर) से ही इंग्लैंड के साहित्य जगत में चर्चित हो गया है। वह इंग्लैंड के एक ग़रीब अश्वेत परिवार में ऐसी बस्ती में जन्मा जहाँ के अश्वेत लोगों को अपराधी प्रवृत्ति का माना जाता है। इस तरह की भावना हमारे यहाँ भी बहुत सी दलित बस्तियों को लेकर रही है। अंग्रेज़ों ने तो अपने शासनकाल में ऐसी जातियों के ख़िलाफ़ एक क़ानून ही भारत में 1871 में बना दिया था। फ़ेमी के इस संकलन में एक कविता है, 'तेरह' जो एक अश्वेत तेरह वर्षीय बालक के बारे में है जिसे पुलिस वाला अपराधी समझकर पकड़ने के चक्कर में है। मगर वह अपनी उम्र 'तेरह' बताने पर बच जाता है। कविता की शुरुआत देखिए :

You will be four minutes from home
when you are cornered by an officer
who will tell you of a robbery, forty
minutes ago in the area. You fit
the description of a man ? —You'll laugh.
Thirteen, you'll tell him: you're thirteen.

बहुत ही सांकेतिक भाषा और बिम्बों के इस्तेमाल से वह दलित बालक ब्रिटिश समाज में अश्वेतों या दलितों के प्रति बरती जा रही अमानवीय नफ़रत का इज़हार करता है। अपने एक इंटरव्यू में वह जो बात कहता है, उसी से इस कविता का अर्थ खुलता है। वह कहता है कि 'हमने कहाँ जन्म लिया, यह हमारे वश में नहीं था, हम कैसे बनें यह हमारे वश में है।' यह वक्तव्य आश्चर्यजनक रूप से सातवीं सदी (अनुमानतः) के भट्टनारायण कृत संस्कृत नाटक, वेणीसंहारम् में कर्ण के संवाद से मिलता है :

सूतो वा सूतपुत्रो वा यो वा को वा भवाम्यहम्।
दैवायतं कुले जन्मः मदायत्तं तु पौरुषम्॥

(अंक-3, श्लोक 37)

(मैं चाहे सूत हूँ या सूतपुत्र, अथवा कोई और। किसी कुल-विशेष में जन्म लेना यह तो दैव के अधीन है, मेरे पास जो पौरुष है उसे मैंने पैदा किया है।)

हमारे यहाँ के दलित कवियों के लिए भी यह एक प्रेरणाप्रद सीख हो सकती है, हालाँकि ग़ुलामगीरी ने जिस 'भाग्यवाद' की अवधारणा तमाम पीढ़ियों के दिमाग़ों

में घुसेड़ी हुई है उसका शिकार अंग्रेज़ी का यह युवा कवि भी है। उसने एलेक्ज़ेंडर पोप, टी.एस. इलियट और डब्ल्यू.बी. यीट्स से इस विचारधारा को हासिल किया हुआ है (जिनका वह उल्लेख अपने बयानों में करता है) और वह इसके बारे में हमारे यहाँ के दलित समाज की तरह ही सचेत नहीं है।

दलित सौन्दर्यशास्त्र की सार्वभौमिकता सिद्ध करने के लिए बानगी के तौर पर अंग्रेज़ी साहित्य की कुछ कृतियों और रचनाकारों पर विश्लेषणात्मक विमर्श मैंने पेश किया, उसमें भी ख़ासकर नाटक और कविता पर ही ध्यान केन्द्रित किया क्योंकि वैचारिकी की महीन प्रच्छन्न पर्त प्रभुवर्ग के क्रीतदास इन्हीं विधाओं में ज़्यादा चढ़ाते हैं। कथा साहित्य में यह सम्भव नहीं होता। वैसे भी आधुनिक कथा साहित्य पूँजीवाद के उदयकाल में जन्मा नया कलारूप है जिसने पुराने सामन्ती समय के क्लासिकल महाकाव्य की परम्परा का निषेध किया और राजकुमारों और राजा-रानियों के बजाय उसमें आम शोषित-दलित जीवन को जगह दी, उनके सुख-दुखों को वाणी दी। शुरुआती दौर में मध्यवर्ग को भी शामिल किया क्योंकि वह वर्ग उस समय सामन्ती मानव-मूल्यों के ख़िलाफ़ था और फ्रांस की 1789 की क्रान्ति के साथ नये जनतांत्रिक मानव-मूल्यों का पैरोकार बना हुआ था। महारानी विक्टोरिया के युग में कथा साहित्य में दलित-शोषित जीवन का सहानुभूतिपूर्ण वर्णन मध्यवर्ग के लेखक ही कर रहे थे। चार्ल्स डिकेंस और टॉमस हार्डी के उपन्यासों के नायक-नायिकाएँ समाज के वंचित-शोषित जन ही थे। उन पर दलित सौन्दर्यशास्त्र के मानव-मूल्यों की रोशनी में अलग से विशद विवेचन करना यहाँ समीचीन नहीं लगता। उस तरह का विवेचन कोई भी कर सकता है क्योंकि उस कथा साहित्य में दलितों के प्रति सहानुभूति साफ़ दिखती है। जैसाकि पीछे बताया है कि टॉमस हार्डी ने दलित पीड़ित (धर्षिता) लड़की 'टैस' पर जो उपन्यास लिखा उसके शीर्षक के नीचे शेक्सपियर की एक पंक्ति उद्धृत की कि 'अरी पीड़िता, तेरा आवास मेरे दिल में है।' (Poor wounded name/ My bosom as a bed/Shall lodge thee. —W. Shakespeare) यह पंक्ति ही उस दौर के कथा साहित्य के संवेदनात्मक रुझान को व्यक्त करने के लिए काफ़ी है। बस, 'थोड़ी लिखी, बहुत समझना।'

कुछ हिन्दी रचनाओं पर प्रयोग

दलित सौन्दर्यशास्त्र : कुछ हिन्दी रचनाओं का ऑपरेशन

पिछले अध्याय में पाश्चात्य साहित्य को मैंने दलित सौन्दर्यशास्त्र की नई कसौटी पर कसकर यह बताने की कोशिश की कि जोतिबा फुले और बाबा साहब आंबेडकर ने दुनिया के समाजों में मनुष्य और मनुष्य के बीच नाबराबरी और 'ग़ुलामगीरी' के फ़लसफ़े की जो पहचान भारत के मनुवादी समाज के सन्दर्भ में की थी वह एक नई विचारधारा बनकर दलित सौन्दर्यशास्त्र की प्राणशक्ति बनकर उभरी है और उसका सार्वभौमिक और सार्वकालिक महत्त्व है। उसकी रोशनी में दुनिया के सभी समाजों के साहित्य को परखा जा सकता है। इस नये सौन्दर्यशास्त्र के प्रकाश में हम फिर से बानगी के तौर पर हिन्दी साहित्य की ओर मुड़ते हैं।

जयशंकर प्रसाद का *चन्द्रगुप्त* नाटक

इस आलोचनात्मक विमर्श के लिए क्यों न जयशंकर प्रसाद के एक मशहूर नाटक, चन्द्रगुप्त के संवेदनात्मक उद्‌देश्य की जाँच हम दलित सौन्दर्यशास्त्र के पर्सपेक्टिव से करें। मैंने उनकी सर्वाधिक चर्चित और बहुपठित रचना, कामायनी पर एक अध्याय 1979 में प्रकाशित अपनी आलोचनाकृति, जनवादी समीक्षा में दिया था जोकि मार्क्सवादी पर्सपेक्टिव से लिखा गया था। उस लेख में रचना में रचे-बसे, सामन्ती व्यवस्था के प्रति अतीतमोह, को रेखांकित किया था जोकि जयशंकर प्रसाद ने अपने समय और समाज से अर्जित किया था। यही वजह थी कि प्रसाद कामायनी में यह यथास्थितिवादी मनुवादी मान्यता पेश करते हैं कि—

चार वर्ण बन गए
बँटा श्रम उनका अपना
शस्त्र यंत्र बन चले,
न देखा जिनका सपना।

प्रसाद यहाँ वर्णव्यवस्था को सही ठहराते हैं, उसी से वे आधुनिक 'शस्त्र यंत्र' बनने की प्रक्रिया देखते हैं जिनकी वजह से वर्ण के साथ 'वर्ग' भी समाज में पैदा

हो गए। कामायनी में प्रसाद सामन्ती मनु से कहलवाते हैं कि 'मैंने ही श्रम-भाग किया / फिर वर्ग बनाया।' आधुनिक युग में 'विज्ञानमयी सभ्यता' के यथार्थ को जानते हुए भी प्रसाद अवैज्ञानिक सामन्ती सोच का इज़हार करते हुए लिखते हैं कि वर्गों की खाई कभी नहीं जुड़ेगी :

वह विज्ञानमयी अभिलाषा, पंख लगाकर उड़ने की
जीवन की असीम आशाएँ कभी न नीचे मुड़ने की
अधिकारों की सृष्टि और उनकी वह मोहमयी माया
वर्गों की खाई बन फैली, कभी नहीं जो जुड़ने की।

प्रसाद पर ब्राह्मणवादी समाजव्यवस्था का असर इतना अधिक है कि वे न तो सदियों पुरानी नाबराबरी पर आधारित इस वर्णव्यवस्था में किसी बदलाव की ज़रूरत महसूस करते हैं और न मनुष्य द्वारा मनुष्य का शोषण करने वाली 'शस्त्र यंत्र' पर क़ाबिज़ आधुनिक पूँजीवादी वर्गव्यवस्था उन्हें खटकती है। वे अपने ब्राह्मणवादी भाववादी क्लासिकल फ़लसफ़े में मस्त हैं। मनुवादी व्यवस्था में 'ब्राह्मण' के वर्चस्व की चेतना को सुदृढ़ करने के अन्तर्निहित रुझान से परिचालित होकर उन्होंने चन्द्रगुप्त नाटक की रचना की जिसका सही समाजसापेक्ष आकलन हम दलित सौन्दर्यशास्त्र की सैद्धान्तिकी से ही कर सकते हैं। हिन्दी के पाठ्यक्रमों में सभी जगह जयशंकर प्रसाद की दोनों रचनाएँ शायद इसी मक़सद से रखी जा रही हैं जिससे 'ब्राह्मणवादी' सोच छात्रों की चेतना में रच-बस जाए। आज के दलित विमर्श में भी इन रचनाओं के प्रति दलित सौन्दर्यशास्त्र के प्रतिमान के आधार पर कोई नया आलोचनात्मक लेखन नज़र नहीं आता। बहुत से दलित समाज के प्राध्यापक भी शायद इस यथार्थ से बेख़बर हैं।

चन्द्रगुप्त नाटक में केन्द्रीय भूमिका चन्द्रगुप्त की नहीं है, विमर्श के केन्द्र में चाणक्य है जो खुले तौर पर 'ब्राह्मण' के वर्चस्व का उद्घोष करता है :

आम्भीक : (क्रोध से) बोलो ब्राह्मण, मेरे राज्य में रहकर, मेरे अन्न से पलकर, मेरे ही विरुद्ध कुचक्रों का सृजन।
चाणक्य : राजकुमार, ब्राह्मण न किसी के राज्य में रहता है और न किसी के अन्न से पलता है; स्वराज्य में विचरता है और अमृत होकर जीता है। वह तुम्हारा मिथ्या गर्व है। ब्राह्मण सब कुछ सामर्थ्य रखने पर भी, स्वेच्छा से इन माया-स्तूपों को ठुकरा देता है, प्रकृति के कल्याण के लिए अपने ज्ञान का दान देता है।

चन्द्रगुप्त नाटक इलाहाबाद के भारती भंडार ने 1931 में छापा था, उसका दूसरा संस्करण मुझे देखने को मिला जिसमें प्रकाशक का वक्तव्य भी है। उसमें

यह उल्लेख है कि जयशंकर प्रसाद ने 1909 में 'चन्द्रगुप्त मौर्य' शीर्षक से एक 'विवेचना' लिखी थी जो उस समय प्रकाशित हुई थी, उसे नाटक के प्रारम्भ में जोड़ दिया गया था। उसी शोध से प्रेरित होकर उन्होंने एक छोटा रूपक 'कल्याणी परिणय' शीर्षक से लिखा था जो अगस्त 1912 में नागरी प्रचारिणी पत्रिका में प्रकाशित हुआ था, इस नाटक में उसे भी समाहित कर लिया गया। ऐतिहासिक तथ्यों के साथ बड़ी मेहनत से लिखी गई उस विवेचना में भी प्रसाद जी ने वर्णव्यवस्था को एक आदर्श के रूप में चित्रित किया है। ब्राह्मण को वहाँ भी महिमामंडित किया है और शूद्रों की 'दस्युवृत्ति' को वर्णव्यवस्था में समाहित करने पर ख़ुशी दिखाई है।

उनका मानना है कि ईसा पूर्व 800 के लगभग जब 'आर्य संस्कृति' का पतन और बौद्ध धर्म का उत्थान हो रहा था, जैन धर्म भी फैलने लगा था। तभी ब्राह्मणों ने वर्णाश्रम व्यवस्था की पुनः स्थापना के लिए 'अर्वुदगिरि पर एक महान यज्ञ करना प्रारम्भ किया...' जिसमें शामिल होकर सभी जातियों ने भूली हुई 'वंश मर्यादा' को अपना लिया और इस तरह वर्णव्यवस्था को नया जीवन मिल गया। प्रसाद जी इसे 'धर्मक्रान्ति' की संज्ञा देते हैं। इसी क्रम में वे यह भी बताते हैं कि चन्द्रगुप्त परमार क्षत्रिय वंश का था जो 'मोरियों के नगर का राजकुमार था', 'यह मोरियों का नगर पिप्पली कानन था।' इसी लेख में प्रसाद ने यह भी बताया कि 'पिप्पली कानन बस्ती ज़िले में नेपाल की सीमा पर है।' प्रसाद ने सारे तर्क जुटाकर तमाम उपलब्ध प्रकाशित सामग्री के आधार पर यह स्थापित कर दिया कि चन्द्रगुप्त शूद्र जाति से नहीं, परमार क्षत्रिय वंश का राजकुमार था। चन्द्रगुप्त को लेकर अनेक कथाएँ प्रचलित रही आई थीं, जिनमें यह कहा गया था कि मौर्यवंश मुरा नाम की एक शूद्रा से चला, चन्द्रगुप्त उसी का पुत्र था। प्रसाद ने चन्द्रगुप्त को क्षत्रिय सिद्ध करने में अपनी पूरी ताक़त लगा दी और सारे ग्रंथों से उद्धरण देकर यह साबित कर ही दिया कि चन्द्रगुप्त परमार वंश का राजपूत था। इस पूरे फ़साने से यह तो साफ़ दिखाई देने लगता है कि प्रसाद सवर्णों के पक्षधर और दलितों के प्रति नफ़रत का इज़हार करने वाले रचनाकार थे।

यहाँ यह बताना ज़रूरी लगता है प्रसाद इन ब्राह्मणवादी विचारों की जकड़बन्दी का शिकार उस दौर में थे जब इंग्लैंड के अख़बारों में दलितों की दुर्दशा की कहानियाँ तेज़ी से छप रही थीं, महावीर प्रसाद द्विवेदी अपनी सरस्वती में हीरा डोम की कविता, 'अछूत की शिकायत' इस नाटक के 1931 में प्रकाशित होने से बहुत पहले छाप चुके थे। यह ज़रूर है कि 1909 तक इस तरह का विमर्श शुरू नहीं हो पाया था, जब उन्होंने मौर्यवंश की 'विवेचना' लिखी थी। मगर वर्णाश्रम व्यवस्था के प्रति उनका अतिरिक्त मोह बराबर उनकी रचनाओं में झलकता रहा। प्रसाद के इस अन्तर्निहित रुझान को दलित सौन्दर्यशास्त्र की

वैचारिकी से ही देखा जा सकता है। हिन्दी के रूढ़िवादी आलोचक ही नहीं, बहुत से प्रगतिशील समझे जाने वाले आलोचक भी उनकी इस वैचारिकी को देख ही नहीं पाते।

जैसाकि नाटक के पाठ से स्पष्ट है कि प्रसाद चाणक्य के ब्राह्मण रूप को ही अपनी संवेदना के केन्द्र में रखते हैं, चन्द्रगुप्त तो बस उसका चेला है। इसलिए 'ब्राह्मण चाणक्य' को वे हर जगह सर्वगुणसम्पन्न महा विद्वान बताकर नेतृत्वकारी भूमिका में दिखाते हैं। चाणक्य के गुरुकुल में आम्भीक से हुए वाक्युद्ध में वे 'आर्यावर्त' की दुर्दशा के लिए शासकों की ब्राह्मणविरोधी चेतना को जिम्मेदार ठहराते हैं, चाणक्य आम्भीक से कहता है :

> इसी से दस्यु और म्लेच्छ साम्राज्य बना रहे हैं और आर्य-जाति पतन के कगार पर खड़ी एक धक्के की राह देख रही है।

यहाँ ग़ौर करें तो रचनाकार की मनुवादी सोच दिखाई दे जाएगी। 'दस्यु' शूद्र हैं और 'म्लेच्छ' यवन। प्रसाद के समय 'म्लेच्छ' शब्द मुसलमानों के लिए प्रचलित था। इस प्रचलन को रीतिकालीन कान्यकुब्ज ब्राह्मण कवि 'भूषण' (1613-1705) ने बहुत पहले हवा दे दी थी। शिवाजी की वीरता का बखान करते हुए उन्होंने एक मशहूर कवित्त में लिखा था कि 'तेज तम अंस पर, कान्ह जिमि कंस पर,/ त्यौं मलिच्छ बंस पर, सेर सिवराज हैं।' आम्भीक ब्राह्मणविरोधी है इसलिए उसके बारे में चाणक्य अपने गुरुकुल में अपने दो शिष्यों से कहता है कि आम्भीक 'क्षुद्र हृदय' है :

> आज जिस व्यंग्य को लेकर इतनी घटना हो गई है, वह बात भावी गांधारनरेश आम्भीक के हृदय में, शल्य के समान चुभ गई है। पंचनद-नरेश पर्वतेश्वर के विरोध के कारण यह क्षुद्र-हृदय आम्भीक यवनों का स्वागत करेगा और आर्यावर्त का सर्वनाश होगा।

उक्त संवाद की एक व्याख्या 'राष्ट्रप्रेम' और 'राष्ट्रद्रोह' के नज़रिये से भी हो सकती है जिसके अनुसार 'आर्यावर्त' पर हमला करने वाले का स्वागत करना अक्षम्य पाप माना जाएगा। इस अर्थ में आम्भीक की आलोचना करना नाटक की सीमा में उचित ठहरता है। मगर पूरा नाटक स्वाधीनता की कल्पना एक ऐसे सामन्ती राज्य के रूप में करता है जिसमें आधुनिक लोकतंत्र के बजाय एक चन्द्रगुप्त जैसा 'क्षत्रिय' शासक बने और 'चाणक्य' जैसा 'ब्राह्मण' उसका मंत्री। यह बात नाटक में साफ़तौर पर कही गई है। चन्द्रगुप्त से अधिक चाणक्य के 'ब्राह्मण' होने का उल्लेख बार-बार है। चाणक्य ख़ुद भी अपने नाम के साथ और अपने पिता के नाम के साथ 'ब्राह्मण' हमेशा जोड़ता है। जब वह पाटलिपुत्र अपने उजड़े घर लौटता

है तो बार-बार अपने पिता की याद के साथ 'ब्राह्मण' शब्द ज़रूर बोलता है, 'ब्राह्मण थे', 'दरिद्र ब्राह्मण'। एक 'प्रतिवेशी' चाणक्य को महानन्द द्वारा शकटार को बन्दी बनाने और उसी की वजह से चाणक्य के पिता चणक के राजद्रोह का विवरण देता है तो वह भी 'ब्राह्मण' शब्द पर हर वाक्य में ज़ोर देता है। शकटार की बेटी सुवासिनी बौद्ध मत को स्वीकार कर लेती है जिसे राक्षस जो कि महानन्द का अमात्य है प्यार करता है, वह भी चाणक्य के कटाक्ष से क्षुब्ध होकर उसे 'ब्राह्मण' ही कहती है जो कि बौद्ध धर्म के घोर शत्रु थे। नाटक का प्रथम अंक ही इस वास्तविकता को खोल देता है कि महानन्द 'शूद्र और बौद्ध धर्म' का अनुयायी है, इसलिए प्रसाद उसे अत्याचारी राजा की तरह चित्रित करते हैं। पंचनद-नरेश जब महानन्द की कन्या कल्याणी के साथ विवाह का प्रस्ताव ठुकरा देता है तो राक्षस अमात्य नन्द को कारण बताता है कि 'प्राच्य देश के बौद्ध और शूद्र राजा की कन्या से वे परिणय नहीं कर सकते।' वह इसमें 'ब्राह्मणों का गर्व' देखता है और उन्हें इसके लिए सज़ा देने का संकल्प करता है। प्रसाद शूद्र राजा नन्द का सर्वनाश करने के लिए यह भूमिका बनाते हैं और अपनी मनुवादी सोच का परिचय देते हैं जो कामायनी में भी मौजूद है।

चाणक्य जब पहली बार नन्द के सामने आता है तो वह सीधे बौद्ध-धर्म पर हमला बोलते हुए आता है, 'बौद्ध-धर्म की शिक्षा मानव-व्यवहार के लिए पूर्ण नहीं हो सकती, भले ही संघ-विहार में रहनेवालों के लिए उपयुक्त हो।' नन्द जब नये आगन्तुक का परिचय पूछता है तो चाणक्य बताता है, 'तक्षशिला से लौटा हुआ एक स्नातक ब्राह्मण।' नन्द 'ब्राह्मण' शब्द सुनकर उत्तेजित हो उठता है तो चाणक्य का संवाद प्रसाद की मनुवादी सोच की पूरी कलई खोल देता है :

> यदि अमात्य ने ब्राह्मण-नाश करने का विचार किया हो तो जन्मभूमि की भलाई के लिए उसका त्याग कर दें; क्योंकि राष्ट्र का शुभ-चिन्तन केवल ब्राह्मण ही कर सकते हैं। एक जीव की हत्या से डरनेवाले तपस्वी बौद्ध, सिर पर मँडराने वाली विपत्तियों से, रक्त-समुद्र की आँधियों से, आर्यावर्त की रक्षा करने में असमर्थ प्रमाणित होंगे।

जब नन्द चाणक्य और उसका पक्ष लेने वाले चन्द्रगुप्त को मगध से निकालने का आदेश देता है तो चाणक्य जाते-जाते नन्द से कहता है : 'समय आ गया है कि शूद्र राजसिंहासन से हटाए जाएँ और सच्चे क्षत्रिय मूर्धाभिषिक्त हों।' नाटक में इस स्थल पर बार-बार 'ब्राह्मण' और 'शूद्र' का प्रयोग प्रसाद करते हैं। चाणक्य के संवादों में भी ये शब्द आते हैं। मगध के बन्दीगृह में वह जो आत्मालाप करता है उसमें भी वह कहता है कि 'ब्राह्मण के कोमल हृदय में कर्तव्य के लिए प्रलय की आँधी चला देने की भी कठोरता है।' बन्दीगृह में जब नन्द के दो अमात्य-

राक्षस और वररुचि (कात्यायन) चाणक्य से बात करते हैं तो वहाँ भी सारा ज़ोर 'ब्राह्मणत्व' पर है :

> **राक्षस :** आज हम लोग एक काम से आए हैं। आशा है कि तुम अपनी हठवादिता से मेरा और अपना दोनों का अपकार न करोगे।
>
> **वररुचि :** हाँ चाणक्य। अमात्य का कहना मान लो।
>
> **चाणक्य :** भिक्षोपजीवी ब्राह्मण। क्या बौद्धों का संग करते-करते तुम्हें अपनी गरिमा का सम्पूर्ण विस्मरण हो गया? चाटुकारों के सामने हाँ में हाँ मिलाकर, जीवन की कठिनाइयों से बचकर, मुझे भी कुत्ते का पाठ पढ़ाना चाहते हो। भूलो मत, यदि राक्षस देवता हो जाए तो उसका विरोध करने के लिए मुझे ब्राह्मण से दैत्य बनना पड़ेगा।
>
> **वररुचि :** ब्राह्मण हो भाई। त्याग और क्षमा के प्रमाण-तपोनिधि ब्राह्मण हो।...
>
> **चाणक्य :** त्याग और क्षमा, तप और विद्या, तेज और सम्मान के लिए है—लोहे और सोने के सामने सिर झुकाने के लिए हम लोग ब्राह्मण नहीं बने हैं। हमारी दी हुई विभूति से हमीं को अपमानित किया जाए, ऐसा नहीं हो सकता।...

इसी तरह जब पर्वतेश्वर से चाणक्य कहता है कि वह शूद्र नन्द की जगह चन्द्रगुप्त को मगध का सम्राट् बनाना चाहता है तो पर्वतेश्वर कहता है कि नन्द की ही तरह 'पिप्पली कानन के मौर्य' भी 'बृषल' यानी शूद्र हैं तो चाणक्य कहता है :

> आर्य-क्रियाओं का लोप हो जाने से इन लोगों को वृषलत्व मिला; वस्तुत: ये क्षत्रिय हैं। बौद्धों के प्रभाव में आने से इनके श्रौत-संस्कार छूट गए हैं अवश्य, परन्तु इनके क्षत्रिय होने में कोई सन्देह नहीं। और, महाराज। धर्म के नियामक ब्राह्मण हैं, मुझे पात्र देखकर; उसका संस्कार करने का अधिकार है। ब्राह्मणत्व एक सार्वभौम शाश्वत बुद्धि-वैभव है। वह अपनी रक्षा के लिए, पुष्टि के लिए और सेवा के लिए इतर वर्णों का संघटन कर लेगा।

चाणक्य हर तरह से मनुवादी व्यवस्था के पक्ष में और ब्राह्मणवाद की श्रेष्ठता के लिए तरह-तरह के तर्क गढ़ता है। यह, दरअसल, प्रसाद की अपनी चेतना की सीमा है जिससे वे न तो कामायनी में और न इस नाटक में उबर पाए। पर्वतेश्वर के साथ हुए संवादों के केन्द्र में चातुर्वर्ण्य की पुन: स्थापना की उत्कट अभिलाषा ही है, वही पूरे नाटक का संवेदनात्मक उद्‌देश्य भी है। जब पर्वतेश्वर चाणक्य के

कुतर्क से क्रुद्ध होकर उसे अपने राज्य की सीमा से बाहर चले जाने का दंड देता है तो चाणक्य का आलाप प्रसाद की रूढ़िबद्ध चेतना का साक्ष्य प्रस्तुत करता है :

> (ऊपर देखकर) रे पददलित ब्राह्मणत्व। देख, शूद्र ने निगड़-बद्ध किया, क्षत्रिय निर्वासित करता है, तब जल—एक बार अपनी ज्वाला से जल। उसकी चिनगारी से तेरे पोषक वैश्य, सेवक शूद्र और रक्षक क्षत्रिय उत्पन्न हों। जाता हूँ पौरव।

चाणक्य इस नाटक में हर जगह बस 'ब्राह्मण' है, उसके हर संवाद में प्रसाद ने उसके 'ब्राह्मणत्व' को ज़रूर घुसेड़ा है। चन्द्रगुप्त को जब सिल्यूकस व्याघ्र के हमले से बचाता है, उस समय चाणक्य उसकी प्यास बुझाने के लिए पानी लेने गया हुआ होता है, लौटने पर सिल्यूकस उससे परिचय पूछता है तो उत्तर में 'एक ब्राह्मण' कहता है, नाम नहीं बताता। प्रसाद ने इस नाटक में एक संक्षिप्त सी उपस्थिति दूसरे 'ब्राह्मण' दांडायन की भी कराई है जिसके पास सिकंदर का सहचर, एनीसाक्रिटीज़ एक अनुरोध लेकर आता है कि 'देवपुत्र जगद्विजेता सिकंदर' ने उसे बुलाया है, 'आंपसे कुछ उपदेश ग्रहण करने की उनकी बलवती इच्छा है।' इस अनुरोध पर दांडायन उसे, 'ब्राह्मणत्व' को आदर्शीकृत करने वाला उपदेश पिला देता है और उसके साथ जाने से इनकार कर देता है। तब एनीसाक्रिटीज़ कहता है, 'बड़े निर्भीत हो ब्राह्मण।' जब सिकंदर दांडायन से मिलने आया तो दांडायन ने चन्द्रगुप्त का परिचय कराते समय कहा, वह भारत का भावी सम्राट् होगा। बाद में सिकंदर को जब यह बात याद आई तो उसने अपने साथियों से कहा, 'मुझे उस नंगे ब्राह्मण की बातों से बड़ी आशंका हो रही है, भविष्यवाणियाँ प्रायः सत्य होती हैं।' यहाँ भी प्रसाद ब्राह्मण को श्रेष्ठ और उच्च पद देने की ही कोशिश में लगे दिखते हैं। ग्रीक शिविर में जब सिकंदर और चन्द्रगुप्त बातचीत करते दिखाए गए हैं, वहाँ भी सिकंदर के संवाद में दांडायन के लिए 'उस ब्राह्मण' पद का प्रयोग किया गया है, नाम का नहीं। प्रसाद की चेतना में ब्राह्मणवाद की श्रेष्ठता सिद्ध करने का एक जुनून, एक 'आब्सैशन' सा दिखाई देता है जैसाकि अकबर के समय में तुलसी और सूर आदि में देखा जा सकता है जो दलित रचनाकारों की वैचारिकी, निर्गुणपंथ को ध्वस्त करने के लिए हर तरह के नुस्ख़े इस्तेमाल कर रहे थे। इसमें प्रसाद का दोष नहीं, उस समय की सामाजिक चेतना में ही मनुवाद का वर्चस्व क़ायम था, उसी को प्रसाद ने अर्जित किया था।

प्रसाद का यह नाटक तो पहली बार 1931 में छपा था, आज़ादी के बाद भी इस देश के प्रथम राष्ट्रपति डॉ. राजेन्द्र प्रसाद ने 1952 में बनारस जाकर 201 ब्राह्मणों के पैर धोकर 'चरणामृत' पिया था जिसकी आलोचना उस समय राममनोहर लोहिया और बाबा साहब आंबेडकर ने की थी। अख़बार कार्टूनिस्ट आर.के. नारायण ने

फ़िल्म इंडिया में उस पर एक कार्टून भी बनाया था जिस पर 16 नवम्बर, 1952 की तारीख़ अंकित है। भारतीय समाज और राजनीति, यहाँ तक कि न्यायपालिका तक के भीतर किस तरह ब्राह्मणवाद का वर्चस्व बना हुआ है, इसकी गहरी पड़ताल गौरी लंकेश ने अपने एक लेख में की थी जो अंग्रेज़ी में 'बंगलोर मिरर' नामक समाचार-पत्र में 29 अगस्त, 2016 को छपा था। उसमें हमारे प्रथम राष्ट्रपति की उक्त घटना का भी उल्लेख है। इक्कीसवीं सदी में मनुवादी सोच इतनी गहरी बनी हुई है कि देश की एकता के लिए कभी भी ख़तरा पैदा कर सकती है। यही सोच नवयुवकों में साम्प्रदायिक ज़हर भरकर उन्हें दंगाई बना रही है। 'हिन्दू राष्ट्र' का फ़ासीवादी नारा इस्तेमाल कर इस देश को यही सोच 'सिविल जंग' की आग में झोंक सकती है। इस ज़हरीली सोच से हमारा समाज कैसे मुक्त हो, इस पर सभी को सोचना चाहिए और एक क्रान्तिकारी बदलाव के लिए भारत के संविधान और लोकतंत्र की रक्षा के लिए प्रतिबद्ध होना ही चाहिए। साहित्य का दलित सौन्दर्यशास्त्र सोच की सफ़ाई का भी अभियान है, उसे मात्र एकेडेमिक 'कला कला के लिए' मान बैठना भूल होगी।

‘चतुरी चमार’ : निराला की एक कहानी

प्रसाद के बाद उसी छायावादी खेमे के एक और रचनाकार की कुछ रचनाओं को भी दलित सौन्दर्यशास्त्र के प्रतिमानों पर परखकर देखें। जन्म से ब्राह्मण रचनाकार सूर्यकांत त्रिपाठी ‘निराला’ की कुछ रचनाओं को भी दलित सौन्दर्यशास्त्र की नज़र से परखा जाए। निराला की कुछ कविताओं पर मैं पहले ही आलोचनात्मक लेख लिख चुका हूँ, उनकी बहुप्रसिद्ध रचना, ‘राम की शक्ति-पूजा’ पर एक अध्याय मेरी 1979 में प्रकाशित पुस्तक, *जनवादी समीक्षा* में शामिल था, जिसे कई अन्य लेख संकलनों में शामिल भी किया गया है। एक लेख राजेन्द्र कुमार ने इलाहाबाद से अपनी पत्रिका, ‘अभिप्राय’ में प्रकाशित किया था, एक पाठ इग्न्यू के एम. ए. कोर्स के लिए भी लिखा था। पहले की मेरी यह आलोचनात्मक सामग्री मुख्य रूप से मार्क्सवादी सौन्दर्यशास्त्र के प्रतिमानों के आधार पर लिखी गई थी। उसमें भी एक नयापन तो था ही, मगर यहाँ अब एक अलग दृष्टि से उनकी कुछ गद्य रचनाओं को परखा जा सकता है। इसलिए सोचा कि क्यों न निराला की ‘चतुरी चमार’ कहानी को दलित सौन्दर्यशास्त्र के प्रतिमान से देखा जाए।

यह कहानी निराला के चतुरी चमार नाम के कहानी संग्रह की आठ कहानियों में से पहली कहानी है। यह संग्रह 1945 में छपा था। इसके प्रथम संस्करण की दस पंक्तियों की भूमिका के नीचे 20 मार्च, 1945 की तारीख़ छपी है। निराला की चेतना पर इस कालखंड में प्रगतिशील विचारों का काफ़ी असर हो चुका था। वे ब्राह्मण होकर भी जातिव्यवस्था से प्राप्त श्रेष्ठता के मनोभाव से मुक्त होने का लगातार प्रयास करते रहे। यही आन्तरिक संघर्ष उनकी उस दौर की रचनाओं में मिलता है। उस समय हिन्दी साहित्य में उपेक्षितों, वंचितों और दलितों के प्रति ‘करुणा’ भाव दिखाने का चलन था। निराला इस यथार्थ को इस कहानी में ही खोल देते हैं। वे बताते हैं कि ‘मेरी इच्छा होती है, चतुरी के लिए ‘गौरवे बहुवचनम्’ लिखूँ, क्योंकि साधारण लोगों के जीवन-चरित या ऐसे ही कुछ लिखने के लिए सुप्रसिद्ध सम्पादक पं. बनारसीदास चतुर्वेदी द्वारा दिया हुआ आचार्य द्विवेदी जी का प्रोत्साहन पढ़कर मेरी श्रद्धा बहुत बढ़ गई।’ सभी जानते हैं कि महावीर प्रसाद द्विवेदी ने सरस्वती पत्रिका के सितम्बर 1914 के अंक में हीरा डोम की मशहूर कविता, ‘अछूत की

शिकायत' छापी थी। उसके बाद हिन्दी रचनाकारों ने ग़रीबों, वंचितों और मज़लूमों को अपनी रचनाओं में जगह दी। छायावाद और प्रगतिवाद के दोनों दौर के साहित्य में यह चलन केन्द्रीय संवेदना के रूप में देखा जा सकता है। हाँ, कुछ लेखक ऐसे ज़रूर थे जिन पर इन आन्दोलनों के बावजूद ब्राह्मणवाद हावी रहा, वे उससे उबर नहीं पाए जिसका उदाहरण पिछले अध्याय में जयशंकर प्रसाद की रचनाओं के विश्लेषण से दिया जा चुका है।

संग्रह की आठों कहानियों को पढ़कर एक तथ्य यह उभरकर आता है कि निराला में सामन्तवादविरोधी मुक्तिकामना अंकुरित हो चुकी थी, यानी वर्गचेतना पहले विकसित हुई। मगर यह भी अहसास बराबर दिखाई देता है कि दलित, वंचित और शोषितों के प्रति पूरी सहानुभूति रखते हुए भी 'वर्णचेतना' पूरी तरह विलुप्त नहीं हुई थी जिसके ख़िलाफ़ वे लगातार एक संघर्ष कर रहे थे। इस छिपे हुए सूत्र को हम साहित्य के दलित सौन्दर्यशास्त्र की इस नई दृष्टि से ही पहचान पाते हैं। जिस तरह टी.एस. इलियट ने अपनी लम्बी कविता, 'द वेस्ट लैंड' के आख़िरी खंड में बृहदारण्यकोपनिषद से 'दा, दत्ताः, दमयति, दयाध्वाम्' शब्द उठाकर 'घनगर्जना' की ध्वन्यात्मकता से अपने ब्राह्मणवादी रुझान का संकेत दिया था, भले ही वह स्वयं इसके बारे में सचेत न हो, उसी तरह निराला भी अपनी पूरी ईमानदारी से दलित, वंचित और शोषित जन के प्रति सहानुभूति रखते हुए भी भीतर से अपने ब्राह्मणवाद को खरोंच नहीं पा रहे थे, हालाँकि वे अपने जन्मना ब्राह्मण अस्तित्व की छील-छाल करने की पूरी कोशिश करते दिखाई देते हैं। इस महीन तथ्य को समझने के लिए निराला की एक कविता को गहराई से देखना होगा :

दलित जन पर करो करुणा।
दीनता पर उतर आए
प्रभु, तुम्हारी शक्ति वरुणा।

हरे तन मन प्रीति पावन,
मधुर हो मुख मनोभावन,
सहज चितवन पर तरंगित
हो तुम्हारी किरण तरुणा

देख वैभव न हो नत सिर,
समुद्धत मन सदा हो स्थिर,
पार कर जीवन निरन्तर
रहे बहती भक्ति वरुणा

टी.एस. इलियट फ़ासीवादी ताक़तों को संकेत दे रहा था कि सर्वहारा क्रान्ति का उभार यदि रोकना है और यूरोप को बरबादी के बाद फिर से हरा-भरा बनाना है तो 'हिमवंत' और 'गंगा' से प्रवाहित 'आर्यसंस्कृति' की राह पर चलना होगा। 'दा, दत्ता:, दमयति और दयाध्वाम्' का संकेत यही है कि शोषित-दलित जन को कुछ 'देते' रहो, 'दिये' का प्रचार करो, 'दमन' करके 'दया' दिखाओ, बक़ौल तुलसीदास, 'सासति करि पुनि करहिं पसाऊ/नाथ प्रभुन्ह कर सहज सुभाऊ।' यह प्रवृत्ति भी, दरअसली, सामन्ती ही है, क्योंकि इस भले मासूम दिखने वाले आचरण में भी मनुष्य मनुष्य के बीच बराबरी का भाव नदारद रहता है। करुणा की पुकार ब्राह्मण मन की ही पुकार है, बड़ा करुणा दिखाए, दलित उस करुणा का पात्र बना रहे, यथास्थिति बरक़रार रहे, 'सुबह को मय पी, शाम को तौबा कर ली/ रिंद के रिंद रहे हाथ से ज़न्नत न गई।'

फिर भी यह मानना चाहिए कि निराला अपने भीतर के ब्राह्मण से लगातार संघर्ष करते दिखाई देते हैं। यही तथ्य उनकी कहानी 'चतुरी चमार' के संवेदनात्मक उद्देश्य को समझने में मदद करता है। निराला अपने कथानायक का परिचय बड़ी आत्मीयता से देते हैं : 'गाँव के रिश्ते में चतुरी मेरा भतीजा लगता है। दूसरों के लिए वह श्रद्धेय अवश्य है, क्योंकि अपने उपानह-साहित्य में आजकल के अधिकांश साहित्यिकों की तरह अपरिवर्तनवादी है।' वे आगे यह भी बता देते हैं कि उम्र में वह बड़ा है। चतुरी की हस्तकला की तारीफ़ करते हैं, उसके बाद उसके साहित्य-ज्ञान के बारे में लिखते हैं : 'चतुरी चतुर्वेदी आदिकों से सन्त-साहित्य का अधिक मर्मज्ञ है।' आगे फिर लिखा, 'मुझे मालूम हुआ, चतुरी कबीर-पदावली का विशेषज्ञ है।' वाचक ने 'भगत' यानी रातभर की चरस-पार्टी आयोजित करके चतुरी के नेतृत्व में भजन-गायन का जो प्रोग्राम रखा, उसमें शामिल ग़ैरब्राह्मण लोगों के साहित्य-ज्ञान की तारीफ़ भी निराला करते हैं। मंडली में 'कबीरदास, सूरदास, तुलसीदास, पलटूदास आदि ज्ञात-अज्ञात अनेकानेक सन्तों के भजन होने लगे।' आगे एक बार फिर कहते हैं कि 'वे लोग ऊँचे दरजे के उन गीतों का मतलब समझते थे, उनकी नीचता पर यह एक आश्चर्य मेरे साथ रहा। बहुत से गाने आलंकारिक थे। वे उनका भी मतलब समझते थे।' ध्यान से देखें तो इन पंक्तियों में निराला के भीतर बैठे ब्राह्मण ने 'उनकी नीचता' पर उँगली उठा ही दी, हालाँकि मन्तव्य नेक है। उन दलित गायकों के साहित्य-ज्ञान की तारीफ़ करके उच्चवर्ण के लोगों से उन्हें श्रेष्ठ दिखाया। इसके लिए वाचक ने ख़ुद को भी चतुरी से कमतर दिखाया जब एक 'निर्गुण' पद का अर्थ वाचक नहीं बता पाया और दूसरे दिन चतुरी ने आकर उसे ज्ञान दिया।

वाचक ने अपने 'ब्राह्मणत्व' को आगे एक जगह और इसी तरह अनजाने टीप दिया। चतुरी ने वाचक से अनुरोध किया कि वह उसके बेटे अर्जुन को पढ़ा दिया करे

तो उसका भविष्य उज्ज्वल हो सकता है। वाचक ने उसका अनुरोध मानकर कहा, 'भेज दिया करो। दीया घर से लेकर आया करे। हमारे पास एक ही लालटेन है। बहुत नज़दीक घिचेगा तो गाँववाले चौंकेंगे। आगे देखा जाएगा। लेकिन गुरु-दक्षिणा हम रोज़ लेंगे। घबराओ मत। सिर्फ़ बाज़ार से हमारे लिए गोश्त ले आना होगा और महीने में दो दिन चक्की से आटा पिसवा लाना होगा। इसकी मेहनत हम देंगे। बाज़ार तुम जाते ही हो।' वाचक जहाँ 'मांस' खाकर अपने ब्राह्मणत्व को तोड़ने का संकेत देता है, कहानी में इसका उल्लेख बाद में भी मिलता है, वहीं अछूत बालक को अपने बहुत नज़दीक बिठाने से भी हिचकता है और परवाह करता है कि 'गाँववाले चौंकेंगे।' वाचक अपने ब्राह्मणत्व को तोड़ने का सबूत आगे इस तरह देता है :

> अर्जुन का आना जारी हो गया। उन दिनों बाहर मुझे कोई काम न था, देहात में रहना पड़ा। गोश्त आने लगा। समय-समय पर लोध, पासी, धोबी और चमारों का ब्रह्मभोज भी चलता रहा। घृतपक्व मसालेदार मांस की ख़ुशबू से जिसकी भी लार टपकी, आप ही निमंत्रित होने को पूछा। इस तरह मेरा मकान साधारण जनों का अड्डा, बल्कि हाउस ऑफ़ कॉमन्स हो गया।

इसे हम वर्णापसरण कह सकते हैं, ग़ैरब्राह्मण 'आम जन' से वाचक एकाकार हो गया। मगर वाचक ने इस कहानी में आगे यह भी दिखा दिया कि ब्राह्मणवाद किस तरह अपनी सूक्ष्म प्रक्रिया से उभरता रहता है, सतह पर आ ही जाता है। कहानी में एक घटनाविकास तब होता है जब वाचक अपने बेटे को उसके मामा के यहाँ से अपने पास ले आता है जहाँ वह चतुरी के बेटे अर्जुन का 'मास्टर' बनकर अपना मनोरंजन करता है। वाचक कहता है :

> अर्जुन से उसकी गहरी दोस्ती हो गई है। मैं अर्जुन के बाप के जैसा, वह भी अर्जुन का काका लगता था। यद्यपि उम्र में उससे पौने दो पट था, फिर भी पद और पढ़ाई में मेरे चिरंजीव बड़े थे, फिर यह ब्राह्मण के लड़के भी थे। अर्जुन को नई और इतनी बड़ी उम्र में उतने छोटे से काका को श्रद्धा देते हुए प्रकृति के विरुद्ध दबना पड़ता था।

वाचक बताता है कि इसका असर अर्जुन के स्वास्थ्य पर पड़ने लगा। यानी ब्राह्मण बालक के उत्पीड़न से वह दुखी रहने लगा क्योंकि वह उसके संस्कृत शब्दों का सही उच्चारण नहीं कर पा रहा था। वाचक अपने बेटे की करतूत से क्षुब्ध था। वह बताता है कि 'मैं ब्राह्मण-संस्कारों की सब बातों को समझ गया। पर उसे उपदेश क्या देता? चमार दबेंगे, ब्राह्मण दबाएँगे। दवा है, दोनों की जड़ें मार दी जाएँ, पर सहज-साध्य नहीं। सोचकर चुप हो गया।'

वाचक अपने ब्राह्मणत्व से संघर्ष करता हुआ दिखाया गया है, वह अपना वर्णापसरण करने की प्रक्रिया अपनाता है जिससे उसे लोक-अपयश का दर्द झेलना पड़ता है, 'बाज़ार में मुझे पहचाननेवाले न पहचाननेवालों को मेरी विशेषता से परिचित करा रहे थे, चारों ओर से आँखें उठी हुई थीं, ताज्जुब यह था कि अगर ऐसा आदमी है तो मांस खाना जैसा घृणित पाप क्यों करता है। मुझे क्षणमात्र में यह सब समझ लेने का काफ़ी अभ्यास हो गया था। गुरुमुख ब्राह्मण आदि मेरे घड़े का पानी छोड़ चुके थे।' बाद में कहानी इन पात्रों से उठकर स्वाधीनता संग्राम की ओर मुड़ जाती है जिसमें ज़मींदार चतुरी को फँसा देते हैं। वाचक थानेदार से तो गाँववालों को बचा लेता है, मगर चतुरी को आर्थिक तौर पर मुक़दमेबाज़ी में काफ़ी नुक़सान उठाना पड़ता है। वाचक इस प्रक्रिया में कांग्रेस की कमज़ोरियों का भी हवाला दे देता है।

इस तरह निराला की यह कहानी एक संश्लिष्ट यथार्थ की कहानी बन जाती है। उसमें वर्ण और वर्ग दोनों का शोषणपरक तंत्र उद्घाटित हो गया है। निराला ने इसे 'मैं-शैली' में बयान किया है, लगभग आत्मकथा जैसी रंगत देकर। इसकी महीन परतों को दलित सौन्दर्यशास्त्र की रोशनी में ही परखा जा सकता है। संग्रह की अन्य सात कहानियाँ भी इसी तरह वर्ण और वर्ग के दोहरे शोषण तंत्र और भारतीय समाज के संश्लिष्ट यथार्थ की तस्वीर पेश करती हैं जिनकी एक नई वस्तुपरक व्याख्या साहित्य के दलित सौन्दर्यशास्त्र से ही समीचीन रूप में हो सकती है।

महादेवी वर्मा : 'अतीत के चलचित्र'

हिन्दी के छायावादी साहित्य को भारत की जंगेआज़ादी से पैदा हुई नई चेतना की रोशनी में ही देखा जा सकता है जिसमें हर इनसान के भीतर हर तरह के बन्धनों से मुक्ति की कामना अंकुरित होने लगी थी जिसकी वजह से रचनाकारों का ध्यान समाज के दलित-शोषित-वंचित लोगों की तरफ़ गया। निराला की अनेक कविताओं और उनकी गद्य रचनाओं में भी इसके बहुत से सबूत मिल जाएँगे। इसी तरह की चेतना हमें महादेवी वर्मा में भी मिलती है। उनके एक गीत की पंक्ति में उस दौर की 'समता' की नई भावना का इज़हार इस तरह हुआ था :

पथ न भूले, एक पग भी
घर न खोये लघु विहग भी
स्निग्ध लौ की तूलिका से
आँक सबकी छाँह उज्ज्वल

इसी समतावादी चेतना को हम उनके अतीत के चलचित्र में अंकित पात्रों के चित्रण में देख सकते हैं जो शायद उनके अपने निजी जीवन के अनुभव में शामिल रहे होंगे। हर देश में जब कोई पुरानी सड़ी-गली व्यवस्था का अन्त करके नई प्रगतिशील समाज व्यवस्था के लिए व्यापक जनआन्दोलन होता है तो उसके साहित्य में भी जड़ साहित्यिक अभिरुचि की जगह नई क्रान्तिकारी चेतना प्रवेश करने लगती है। यूरोप में जब पुरानी सामन्तशाही का अन्त करके फ्रांसीसी क्रान्ति हुई तो उस दौर के साहित्य में आम जन, ग़रीब-दलित-वंचित लोग साहित्य में चित्रित होने लगे थे। यही रूस की क्रान्ति के समय वहाँ के साहित्य में हुआ था, चीनी साहित्य में भी। इसी तरह क्रान्ति के दौर में, शोषितों-वंचितों से पूरी प्रतिबद्धता से जुड़ा हुआ रचनाकर्म सामने आता है। भारत में भी आज़ादी की लड़ाई के दौर में उपजे छायावाद और प्रगतिवाद के दौर में रचनाकारों ने अपनी कृतियों में शोषित-वंचित साधारण व्यक्ति को केन्द्र में ला दिया। साधारण व्यक्तियों में भी वे लोग रचना के विषय बने, जो परिवार की उपेक्षा और समाज के तिरस्कार का पात्र होते थे। यह साहित्य का नया सौन्दर्यशास्त्र था, नई सौन्दर्यानुभूति।

अतीत के चलचित्र में इसी नज़रिये से ग्यारह पात्रों का अंकन किया गया है, वे हैं : रामा, मारवाड़ी विधवा भाभी, बिंदा, सबिया, बिट्टो, बालविधवा, घीसा, समाज में पतित कहलाई जाने वाली माता की पुत्री, अलोपीदीन, बदलू और रधिया, लछमा। रचनाकार ने इन कथाओं को कोई शीर्षक नहीं दिया है, शायद यह चेतना रही हो कि वे सब साधारण जन हैं जिनकी अपनी कोई पहचान तो है नहीं, शेक्सपियर की मानें तो 'नाम में क्या रखा है?'

अतीत के चलचित्र के कुछ पात्रों को सरसरी नज़र से देख लें, कुछ पर अपने नये सौन्दर्यशास्त्र के नज़रिये से विचार कर लें। एक पात्र है 'रामा', वह अपनी सौतेली माँ के अत्याचार से घर छोड़कर भागा बुंदेलखंडी बालक है, जिसे वाचिका की माता ने अपने तीन बच्चों की देखभाल के लिए रख लिया था। महादेवी को सदा से एक भाभी की चाह थी, जिसकी कमी मारवाड़ी विधवा भाभी ने पूरी की। इसी तरह बिंदा महादेवी के बचपन की सहेली थी, जिसका जीवन उसकी विमाता ने कष्टपूर्ण बना दिया था। जीवन से कठोर संघर्ष करती एक पात्र है सबिया, जो परिश्रम की प्रतिमूर्ति है। एक अन्य पात्र है परिवार से उपेक्षित पैंतीस वर्षीय रोगिणी बिट्टो, जिसके भाई-भाभी ने उसे बोझ समझकर चौवन वर्षीय वृद्ध से ब्याह दिया है। एक है अठारह वर्षीय बिनब्याही बाल विधवा, जो समाज के भय से भी अपनी सन्तान का त्याग नहीं करना चाहती और महादेवी उसे संरक्षण देती हैं। इन पात्रों के अलावा एक पात्र है गुरुभक्ति का आदर्श प्रस्तुत करता ग़रीब मासूम घीसा। एक अन्य पात्र है समाज में पतित कही जाने वाली माता की पुत्री, जिससे एक साहसी युवक ने विवाह किया, परन्तु पति की बीमारी से मृत्यु के बाद ससुराल पक्ष ने उसे सहारा नहीं दिया, वह फिर अकेली रह जाती है। एक पात्र है नेत्रहीन कर्मठ अलोपीदीन, जो पत्नी के धोखे का शिकार बनता है। इन पात्रों के अलावा, अत्यधिक निर्धनता में जीवन व्यतीत करने वाले कुम्हार दम्पती बदलू और रधिया भी इस किताब में शामिल हैं। अन्त में, कर्तव्यपरायण और सरल पहाड़ी युवती लछमा की तस्वीर पाठकों के सामने आती है।

ग़ौर करने की बात यह है कि इन सभी पात्रों का चुनाव महादेवी की उस दौर की उभरती मुक्तिकामना के तहत हुआ है। ये सभी पात्र ग़रीब या दलित या वंचित पात्र हैं जो अपनी जिजीविषा के लिए संघर्ष करते हैं। इनमें बच्चे, युवा, वृद्ध, महिला, पुरुष सभी तरह के पात्र हैं, अच्छे भी, बुरे भी। मगर उन सभी को रचनाकार ने अपनी सहानुभूतिपूर्ण ममता से चित्रित किया है। महादेवी इस किताब की भूमिका में लिखती हैं, 'इन संस्मरणों के आधार प्रदर्शनी की वस्तु न होकर मेरी अक्षय ममता के पात्र रहे हैं।' सारे पात्रों की विवेचना की यहाँ मैं ज़रूरत नहीं समझता, उसे तो पाठक महादेवी के ही पाठ से बेहतर जान सकते हैं। फिर भी कुछ एक पात्रों को साहित्य के दलित सौन्दर्यशास्त्र की वैचारिकी

से परखा जा सकता है, महादेवी की नई विश्वदृष्टि भी उसी व्याख्या से समझी जा सकती है।

महादेवी का लेखन मुख्य रूप से भारतीय समाज की महिला, दलित, वंचित, उत्पीड़ित लोगों की दुर्दशा और उनकी तमाम सामन्ती बन्धनों से मुक्ति की कामना पर आधारित है। उनके गीतों में वह मुक्तिकामना प्रतीकों और बिम्बों से झंकृत होती है। अतीत के चलचित्र में सीधे-सीधे पाठक के सामने आती है हालाँकि उनका गद्य भी काव्यात्मक होता है जिसमें उपमाओं और रूपकों का अच्छा-ख़ासा प्रयोग देखा जा सकता है। इस मामले में वे उर्दू की महान कथाकार इस्मत चुग़ताई जैसी शिल्प की धनी हैं। यह अजब संयोग है कि इस्मत चुग़ताई की भी एक कहानी, 'दो हाथ', गोरी नामक मेहतरानी पर है, महादेवी के चलचित्र में भी एक चित्र सबिया नामक मेहतरानी पर है। इस्मत आपा की गोरी का पति रामअवतार अपने घर से बहुत दूर कहीं सेना में मैला ढोने का काम करता है, महादेवी की सबिया का पति मैकू एक नवजात शिशु और एक बच्ची के साथ उसे छोड़कर अपने जात भाई की नवेली सुन्दर वधू, 'गेंदा' को लेकर भाग जाता है। इस्मत आपकी गोरी अपने देवर से इश्क़ करने लगती है। महादेवी की 'गेंदा' की ही तरह इस्मत चुग़ताई की एक अन्य कहानी में भी 'गेंदा' नामक पात्र है जिसके सौन्दर्य के बारे में इस्मत आपा भी नये-नये उपमानों की तलाश करके लिखती हैं, 'गेंदा का गोल-मटोल चेहरा ख़ून के एकदम दौड़ जाने की वजह से बीरबहूटी की तरह लाल हो रहा था।' उर्दू अदब में 'बीरबहूटी' की उपमा शायद ही कहीं अन्यत्र मिले, यह इस्मत आपा की कला का ही एक बेहतरीन नमूना है। मुंशी प्रेमचन्द ने ज़रूर रंगभूमि उपन्यास में एक-दो जगह इसका प्रयोग किया था। जब विनयसिंह ने अपनी माँ के सामने प्रायश्चित्त करने के लिए तलवार लेकर आत्महत्या करने की कोशिश की थी, वहाँ 'विनयसिंह की मुखाकृति तेजोमय हो रही थी, आँखें बीरबहूटी बनी हुई थीं।' (*रंगभूमि*, अध्याय 39, पृ. 464, सरस्वती प्रेस, बनारस) इसी तरह इसी उपन्यास के अध्याय 49 में जाह्नवी की 'आँखें रोते-रोते बीरबहूटी हो रही थीं।'

महादेवी की 'गेंदा' भी सुन्दर है। उसे सबिया के पति मैकू नें अपनी दूसरी पत्नी बना लिया और कुछ समय बीतने पर वापस लौटकर सबिया के साथ उसे भी रहने के लिए राज़ी कर लिया। मैकू ने भोली सबिया से उसकी नीली साड़ी लेकर अपनी नई-नवेली दुलहिन गेंदा को दे दी थी। इस्मत आपा की 'गेंदा' के चेहरे की तरह, महादेवी की 'गेंदा' का चेहरा भी 'गोल' है : 'एक दिन सबिया गेहुँए रंग और गोल मुख वाली धृष्ट और चंचल गेंदा को वही नीली साड़ी पहनाकर लाई।' मगर महादेवी का सारा ममत्व सबिया के साथ है जो रात-दिन मेहनत करती, दुख झेलती अपने ऐयाश पति के बच्चों और माँ की देखभाल करती। वही निठल्ला मैकू बाद में उसकी सौतन, 'गेंदा' को भी घर ले आया और उन दोनों का भार

भी सबिया पर ही डाल दिया। महादेवी से सबिया ने कुछ एडवांस राशि की माँग की जिससे जात-बिरादरी के लोगों को महाभोज देकर मैकू 'गेंदा' के साथ अपने सम्बन्ध को जायज़ ठहराने की सामाजिक स्वीकृति हासिल कर सके। महादेवी से मिले एडवांस के बाद 'शेष का प्रबन्ध करने के लिए सबिया ने अपनी मृत माता की अन्तिम निशानी वाली हमेल बेच डाली' जिससे महाभोज में कमी न आए। अपने पति को हर तरह से सुखी बनाने के लिए आत्मत्याग करके भी उसका दुख किसी भी स्तर पर कम नहीं हुआ। महादेवी ने उसके दुखों का मार्मिक चित्रण उसी तरह की संवेदना से किया है जिस तरह कोई दलित लेखक अपने घर में आई इस तरह की आफतों का करता।

इस चित्र में जहाँ महादेवी मैकू को सामन्ती पुरुष के रूप में देखती हैं वहीं विवरण के अन्त तक उसे एक दलित पात्र की तरह देखकर अपनी सहानुभूति का स्नेह भी दे देती हैं हालाँकि उनकी कथा के केन्द्र में सबिया ही है जो मिथकों में वर्णित सावित्री की तरह अपने पति की रक्षा और सेवा के लिए कुछ भी त्याग कर सकती है। इसीलिए वे सबिया को 'आदर्शीकृत' कर डालती हैं, और इसी में उन पर परम्परागत ब्राह्मणवाद का असर देखा जा सकता है। तुलसीदास ने अनुसुइया-सीता संवाद में मनुवाद की जड़ें पूरे समाज में बहुत गहरे तक बिठा रखी थीं। औरत की गुलामगीरी को स्थायी रूप देने के लिए अनुसुइया सीता को सीख देती हैं :

वृद्ध रोगबस जड़ धनहीना। अन्ध बधिर क्रोधी अति दीना॥
ऐसेहु पति कर किये अपमाना। नारि पाव जमपुर दुख नाना॥
एकहि धरम एक ब्रत नेमा। कायं वचन मन पति पद पेमा॥

(*रामचरितमानस*, अरण्यकांड, अनुसुइया-सीता संवाद)

महादेवी ने सबिया की कथा शुरू करते समय ही उसके नाम को लेकर यह संकेत दे दिया था कि वह आधुनिक युग की सावित्री है, जबकि उसका पति सत्यवान नहीं है। वे लिखती हैं : 'सबिया न शबनम का संक्षिप्त है न शबरात का। वह तो हमारे पौराणिक सावित्री का अपभ्रंश है।' और उसके पति के बारे में आगे लिखती हैं : 'धीरे-धीरे पता चला कि सबिया का पति, सत्यवान का किसी प्रकार भी अपभ्रंश नहीं है, इतना ही नहीं, वह अपने निरर्थक मैकू नाम के समान भी निरर्थक नहीं हो सका। एक दिन अपने जाति भाई की नई वधू को लेकर वह न जाने कहाँ चल दिया।'

इसे यों भी कह सकते हैं कि समाज में मनुवाद का असर उच्च वर्णों में ही नहीं, समाज की सबसे नीची सीढ़ी पर बिठा दिये गए हिस्से पर भी गहरी जड़ें जमाए हुए है। इसी जकड़न को हम अपने समकालीन दलित लेखकों की रचनाओं में भी देखते हैं, तुलसीराम की कृति, मुर्दहिया को इसके लिए देखा जा सकता है जहाँ हमारा दलित समाज अन्धविश्वासों और परम्परागत रीति-रिवाजों के कठोर बन्धनों

में जकड़ा सामने आ जाता है। सबिया भी उसी चेतना की जकड़बन्दी का शिकार है। महादेवी उस सावित्रीनुमा सबिया की कथा का अन्त इस तरह करती हैं :

> सच तो यह है कि मैं सबिया को उस पौराणिक नारीत्व के निकट पाती हूँ जिसने जीवन की सीमा-रेखा किसी अज्ञात लोक तक फैला दी थी। उसे यदि जीवन के लिए मृत्यु से लड़ना पड़ा तो यह न मरने के लिए जीवन से संघर्ष करती है।

सवाल उठता है कि महादेवी का 'पौराणिक नारीत्व' क्या यह संकेत नहीं देता कि वे भी सामन्तवादी चेतना की गहरी मनुवादी वैचारिकी की छाप से ख़ुद को मुक्त नहीं कर पाईं। इस गहरी धँसी छाप को हम साहित्य के दलित सौन्दर्यशास्त्र से ही देख सकते हैं, अन्यथा यह अनदेखी ही रह जाती है।

महादेवी की इस किताब में कुछ अन्य पात्र भी दलित समाज के हैं, उनमें से एक है घीसा, जो कोरी समाज की एक विधवा का बेटा है। घीसा की कथा के माध्यम से महादेवी ने उस बालक के माता-पिता और उसके कोरी समाज का भी एक हल्का-सा चित्र खींचा है जिससे यह लगता है कि दलित समाज में भी कुछ लोग अपने परिश्रम और अपनी लगन से अपना जीवनस्तर थोड़ा बेहतर कर सकते हैं, लेकिन प्राकृतिक आपदा से जब उनका जीवन टूट-फूट जाता है तो वे भी बाक़ी दलित वंचित समाज की तरह अनेक संघर्षों से गुज़रकर ही किसी तरह ज़िन्दा रह पाते हैं या उसके बाद भी असमय काल के गाल में समा जाते हैं। घीसा की करुण कथा से भी यही यथार्थ सामने आता है। महादेवी को ऐसे दीन-हीन वंचितों से बेहद सहानुभूति है, यही अतीत के चलचित्र में वर्णित कथाओं का संवेदनात्मक सार है।

महादेवी ने घीसा की कथा कहते हुए यह बताया कि वे हर रविवार 'गंगापार झूँसी के खँडहर और उसके आसपास के गाँवों' के बच्चों को अक्षरज्ञान कराने का एक मिशनरी काम करती थीं। उसी बालसमूह में कोरी समाज की एक विधवा मज़दूरनी अपने इकलौते बेटे घीसा को भी शामिल करने के अनुरोध से वाचिका के पास आई, और इस तरह घीसा अध्यापिका जी का एक चहेता शिष्य बन गया। घीसा का पिता भी मेहनती और कुशल बुद्धि का इनसान था। 'डलिया आदि बुनने का काम छोड़कर वह थोड़ी बढ़ईगीरी सीख आया।' 'जब गाँव के चौखट किवाड़ बनाकर और ठाकुरों के घरों में सफ़ेदी करके उसने कुछ ठाट-बाट से रहना आरम्भ किया तब अचानक हैजे के बहाने वह वहाँ बुला लिया गया जहाँ न जाने का बहाना न उसकी बुद्धि सोच सकी न अभिमान।' उसकी पत्नी ने अपने पेट में पलते घीसा के साथ किसी अन्य पुरुष से शादी करने का हर प्रस्ताव ठुकरा दिया और इस तरह विधवा ही रहकर उसने मेहनत-मज़दूरी करके घीसा का पालन-पोषण कर लिया। महादेवी के मन में विचार आया कि वे उस बालक को गोद लेकर उसे एक संभ्रांत

परिवार के बालक की तरह शिक्षा-दीक्षा देकर बड़ा आदमी बना दें, मगर जब देखा कि वह ही तो अपनी मज़दूरनी माँ का इकलौता सहारा है, तो वह विचार छोड़ दिया। महादेवी लिखती हैं :

> पढ़ने, उसे सबसे पहले समझने, उसे व्यवहार के समय स्मरण रखने, पुस्तक में एक भी धब्बा न लगाने, स्लेट को चमचमाती रखने और अपने छोटे से छोटे काम का उत्तरदायित्व बड़ी गम्भीरता से निभाने में उसके समान कोई चतुर न था। इसी से कभी-कभी मन चाहता था कि उसकी माँ से उसे माँग ले जाऊँ और अपने पास रखकर उसके विकास की उचित व्यवस्था कर दूँ, परन्तु उस उपेक्षिता, पर मानिनी विधवा का वही एक सहारा था। वह अपने पति का स्थान छोड़ने पर प्रस्तुत न होगी यह भी मेरा मन जानता था और उस बालक के बिना उसका जीवन कितना दुर्वह हो सकता है यह भी मुझसे छिपा न था।

महादेवी घीसा के गुरु-प्रेम से बहुत प्रसन्न थीं। उसका दलित समाज का बच्चा होना उनकी आसक्ति और स्नेह में बाधा नहीं बनता था। वे परम्परागत भेदभाव से घीसा को नहीं देखती थीं। घीसा भी उन पर अपनी जान क़ुर्बान कर सकता था। एक बार जब वह बीमार था, उसे पता चला कि महादेवी के इलाक़े में हिन्दू-मुस्लिम दंगे हो रहे हैं, जबकि वे तो बच्चों को पढ़ाने के लिए झूँसी के उस दलित गाँव में ही थीं तो वह बीमारी की हालत में ही उन्हें पैर पकड़कर वहीं रुकने के लिए बाध्य करने लगा जिससे उसके 'गुरु साहब' की जान पर आँच न आ सके।

महादेवी अपना मिशनरी काम बहुत लम्बे अरसे तक नहीं चला पाईं और उनका गंगापार जाना बन्द हो गया। बहुत दिनों बाद जब वे वहाँ का हालचाल जानने गईं तो पता चला कि घीसा भी अपने बाप की तरह इस दुनिया को छोड़ गया, तो महादेवी इस दुखान्त कथा से विचलित हो गईं :

> जब फिर उस ओर जाने का मुझे अवकाश मिल सका तब घीसा को उसके भगवानजी ने सदा के लिए पढ़ने से अवकाश दे दिया था—आज वह कहानी दोहराने की मुझमें शक्ति नहीं है पर सम्भव है आज के कल, कल के कुछ दिन, दिनों के मास और मास के वर्ष बन जाने पर मैं दार्शनिक के समान धीर भाव से उस छोटे जीवन का उपेक्षित अन्त बता सकूँगी। अभी मेरे लिए इतना ही पर्याप्त है कि मैं अन्य मलिन मुखों में उसकी छाया ढूँढ़ती हूँ।

इस तरह की दुखान्त कथा एक और दलित परिवार की इस किताब में शामिल है—वह है, बदलू कुम्हार और उसकी पत्नी रधिया की। उनकी ग़रीबी, बदहाली

और अन्त में रधिया के देहावसान से बदलू के जीवन में आई दुख की छाया ही इस रेखाचित्र का सार संक्षेप है। इस कथा की वाचिका ने बहुत ही महीन तरीक़े से दोनों कथानायकों का चित्र उकेरा है जिसके कैनवस पर पहले से ही ग़रीबी और अभावों के छायाचित्र अंकित हैं। महादेवी ने नये उपमानों से उनके व्यक्तित्वों को रचनात्मकता के साथ गढ़ा है। वाचिका ने यही रचनात्मकता बदलू कुम्हार में भी पैदा कर दी जो अनगढ़ सस्ते घड़े बनाने की मामूली कला से ऊपर उठकर एक कलावंत बन गया और वाचिका के सुझाव पर अमल करके और उन्हीं के द्वारा दिये गए सरस्वती के चित्र से प्रेरणा लेकर एक कुशल मूर्तिकार हो गया। वाचिका की पूरी सहानुभूति और ममता मेहनत करने वाले इस कुम्हार दलित दम्पती को मिली है। वाचिका और बदलू आख़िर एक बिन्दु पर समान हैं, वह बिन्दु है कला। महादेवी लिखती हैं :

> धीरे-धीरे सत्य स्पष्ट हुआ। सरस्वती के चित्र को देखते-देखते बदलू के मन में कलाकार बनने की इच्छा जाग उठी। जहाँ तक सम्भव हो सका उसने सारी शक्ति लगाकर उस चित्रगत सौन्दर्य को मिट्टी में साकार करने का प्रयत्न किया। कई बार असफल रहा, पर निरन्तर अभ्यास से आज वह सरस्वती की ऐसी प्रतिमा बना पाया जो मुझे उपहार में देने योग्य हो सकी।

अतीत के चलचित्र संग्रह में अन्तिम कथा ग़रीबी में जी रही पहाड़िन लछमा की है। तरह-तरह के काव्यात्मक उपमानों से सजाकर उसके चित्र को महादेवी ने उकेरा है, उनकी वैचारिकी जो इनसान और इनसान के बीच बराबरी और परस्पर प्रेम के मूल्यों से निर्मित हुई इस कथा में भी अन्तःसूत्र की तरह मौजूद है। वाचिका उसकी ग़रीबी और बदहाली की तस्वीर से ही उसकी कथा की शुरुआत करती है और कहती है कि—

> लछमा की जीवन-गाथा उसके आँसुओं में भीग-भीग कर अब इतनी भारी हो गई है कि कोई अथक कथावाचक और अचल श्रोता भी उसका भार वहन करने को प्रस्तुत नहीं।

वाचिका बताती है कि लछमा एक सम्पन्न घर में ब्याही गई थी, मगर उसका पति मानसिक रूप से विकसित अवस्था का पुरुष नहीं हो पाया था। उसके हिस्से की ज़मीन-जायदाद पर भाइयों की निगाह थी जिस पर लछमा अपना अधिकार छोड़ना नहीं चाहती थी। इसलिए उसे मारपीट कर एक खड्ड में डाल दिया गया जहाँ से वह किसी तरह जान बचाकर अपने माँ-बाप के घर पहुँची। उसने अपनी यह दारुण दुख की कहानी अपने मन में ही रखी, किसी को बताई नहीं। उसके

बाद एक नई परेशानी आ खड़ी हुई। उसकी भाभी एक पुत्र को जन्म देते ही चल बसी। उसका भाई पत्नीवियोग से विक्षिप्त होकर शायद कहीं चला गया। वाचिका लिखती हैं :

> इस अभागी स्त्री की छाया में मानो दुख स्थायी रूप से बस गया है। उसके लौटते ही भौजाई ने एक बालिका और एक मास-भर के शिशु पुत्र को उसकी गोद में रखकर चिर काल के लिए विदा ली। टूटे शरीर और फूटे भाग्य के साथ लछमा को जो पूर्ण और स्वस्थ हृदय मिला उसी को लेकर उसने यह मधुरकटु कर्तव्य-भार सँभाला।

वाचिका ने उसे प्रयाग ले जाकर पढ़ाने और मदद करने की पेशकश की तो उसने उस प्रस्ताव को स्वीकार नहीं किया। वे लिखती हैं :

> पर मेरे प्रस्ताव के उत्तर में लछमा ने केवल अपने जीर्ण-शीर्ण घर की ओर देखकर सिर झुका लिया।

उसके पीछे उसके उस घर की, माँ-बाप बच्चों की देखभाल कौन करता।

इसी कथा के दौरान महादेवी अपनी वैचारिकी का संकेत भी दे देती हैं जिसे हम साहित्य के दलित सौन्दर्यशास्त्र की नज़र से ही देख सकते हैं, वरना साधारण पाठक यों ही ध्यान दिये बग़ैर उसे छोड़कर आगे बढ़ जाएगा। वे इसी स्थल पर लिखती हैं :

> समता के धरातल पर सुख-दुख का मुक्त आदान-प्रदान यदि मित्रता की परिभाषा मानी जाए तो मेरे पास मित्र का अभाव है।

आगे वे लछमा को 'समानता' के धरातल पर ले आती हैं और हमें बताती हैं कि 'लछमा के व्यवहार में भी मुझे एक ऐसी समानता का अनुभव होता है जिसका अन्य पहाड़ी स्त्रियों में अभाव है। मेरे अपने बीच का अन्तर वह अपनी सहज ममता से भर लेती है, अत: मुझे उस तक पहुँचने के लिए, कोई प्रयास नहीं करना पड़ता।'

इस तरह निराला की तरह महादेवी भी आज़ादी के दौर में उभरे लोकतांत्रिक मूल्यों को अपना जीवनदर्शन बनाकर दलितों, वंचितों और शोषितों के साथ 'समानता' और 'प्रेम' का व्यवहार करती हैं। ग़ुलामगीरी में फँसे समाज के प्रति एक आलोचनात्मक रुख़ हमें इन रचनाकारों में मिलता है, मनुवाद से भी इसीलिए वे संघर्ष करते दिखाई पड़ते हैं।

प्रेमचन्द की रचना 'रंगभूमि' : एक एलीगरी

इस अध्याय से सम्बन्धित, अपने जीवन की एक घटना याद आ गई है, उसे पाठकों से साझा करने का मन हो रहा है। दिल्ली यूनिवर्सिटी से अंग्रेज़ी में एम.एस. करके मैं जब स्थायी लेक्चरर हो गया तो हिन्दी में भी एम.ए. करने की इच्छा हुई और इसी उद्देश्य से 1971 में दिल्ली यूनिवर्सिटी के साउथ कैंपस में हिन्दी में एम.ए. करने के लिए दाख़िला लिया। मुझे डॉ. निर्मला जैन, इंचार्ज साउथ कैंपस ने हिन्दी सभा का संयोजक बना दिया था, और तभी मुंशी प्रेमचन्द पर एक आयोजन करने का फ़ैसला हुआ। तीन पीढ़ियों के तीन कथाकार बुलाए गए, जैनेन्द्र कुमार, राजेन्द्र यादव और गोविन्द मिश्र। उसमें मैंने *रंगभूमि* पर इसी शीर्षक से पर्चा पढ़ा। जैनेन्द्र कुमार और राजेन्द्र यादव ने आलेख में व्यक्त नये विचार की सराहना की, गोविन्द मिश्र ने कटु आलोचना करते हुए कहा कि अगर प्रेमचन्द आज ज़िन्दा होते तो अपना सिर पीट लेते। मेरा वह लेख कहीं प्रकाशित नहीं हो पाया, किसी पत्रिका को दिया होगा, तो वहीं से वह लुप्त हो गया। मुझे लग रहा था कि वह मेरा मौलिक विचार है क्योंकि प्रेमचन्द पर लिखी गई ढेरों सामग्री में उनके उपन्यासों को लेकर 'एलीगरी' वाली स्थापनाएँ कहीं नहीं दिखीं। अकस्मात् अभी पिछले ही दिनों प्रेमचन्द की जीवनसंगिनी शिवरानी देवी द्वारा सम्पादित, *हंस* का मई 1937 का अंक देखने को मिला जो मुंशी प्रेमचन्द पर ही केन्द्रित अंक था। उसमें जैनेन्द्र कुमार का भी एक लम्बा लेख था। रामनाथ 'सुमन' ने इसी अंक में प्रकाशित एक लेख, 'प्रेमचन्द : हिन्दी की सर्वश्रेष्ठ रचनात्मक प्रतिभा' में कहा था, 'उनके पात्र सिम्बोलिक हैं..., कला और तत्त्वज्ञान की दृष्टि से *रंगभूमि* प्रेमचन्द का मास्टरपीस है।' (पृ. 821) उक्त अंक में ही एक लेख ऋषभचरण जैन का भी है, वे भी मुंशी प्रेमचन्द के रंगभूमि के प्रशंसक हैं, उस लेख में इस उपन्यास को 'हिन्दुस्तान का सबसे अच्छा उपन्यास' कहा है। प्रेमचन्द के उपन्यासों के बारे में पहली बार उन्होंने ही 'एलीगरी' शब्द का प्रयोग किया। (देखें, पृ. 862) जैनेन्द्र कुमार ने वे लेख ज़रूर पढ़े होंगे, इसीलिए उन्होंने मेरे लेख पर सकारात्मक टिप्पणी की होगी। गोविन्द मिश्र तो इनकमटैक्स विभाग में अफ़सर थे, इस तरह का विशद अध्ययन उनका हो ही नहीं सकता था। नये-नये कहानीकार थे, पूरी तरह ब्राह्मणवादी वैचारिकी

की गिरफ़्त में वे जीवनभर रहे। इसलिए वे किसी भी नये विचार को बर्दाश्त नहीं कर सकते थे।

आज़ादी के दौर ने ग़ुलामगीरी के ख़िलाफ़ रचनाकारों में नई चेतना पैदा की थी जिसकी वजह से उनकी रचनाओं में नये जनतांत्रिक मूल्य, यानी समानता, मुक्ति और बन्धुत्व या प्रेम की भावना उद्दीप्त हुई थी। इसीलिए छायावाद के कई रचनाकारों में और मुंशी प्रेमचन्द जैसे कथाकारों में भी दलितों, वंचितों, महिलाओं, आदिवासियों आदि उत्पीड़ित समुदाय के लोगों के प्रति सहानुभूति और मानवीय प्रेम चित्रित हुआ था। इस नई भावना की परख हम साहित्य के दलित सौन्दर्यशास्त्र की वैचारिकी से ठीक से कर सकते हैं जो जोतिबा फुले और बाबा साहब आंबेडकर की वैचारिकी की नई मानवीय आधारशिला से प्रेरित है। आइए, इस नई वैचारिकी से मुंशी प्रेमचन्द के उपन्यास, रंगभूमि के रूप स्वरूप और कथ्य पर नज़र डालें।

इस उपन्यास का चुनाव मैंने इस वजह से भी किया है कि प्रेमचन्द ने इसके नायक के तौर पर एक दलित चमार जाति का नेत्रविहीन सूरदास लिया है। उपन्यास विधा को आधुनिक युग में 'गद्य में महाकाव्य' भी कहा गया जबकि यह विधा पारम्परिक महाकाव्य की ब्राह्मणवादी वैचारिकी के विरोध में उपजी है क्योंकि इसके नायक धीरोदात्त सवर्ण समाज के राजे-महाराजे न होकर साधारण जन होते हैं और उनकी बोली-बानी में बयान किये गए उनके जीवनसंघर्ष चित्रित करने के लिए ही इसका आविष्कार पूँजीवाद के प्रगतिशील उदयकाल में दुनिया के सभी समाजों में हुआ था। दुनिया के उस दौर के नये रचनाकारों ने ग़ैरबराबरी के पहले से चले आ रहे क्लासिकल फ़लसफ़े को चुनौती दी और सामन्ती कुलीनतावादी नायकों या देवी-देवताओं को कथा साहित्य से बाहर कर दिया। अंग्रेज़ी साहित्य में हेनरी फ़ील्डिंग को उपन्यास का जनक माना जाता है। उन्होंने परम्परा से हटकर टॉम जोन्स नामक उपन्यास का नायक एक ऐसे बालक को बनाया जिसे समाज 'नाजायज़ औलाद' कहता है क्योंकि उसे किसी कुँवारी महिला ने जन्म देकर एक अभिजात वर्ग के घर के अन्दर छोड़ दिया और इस तरह उसका लालन-पालन उसी घर में हुआ।

मैं टॉम जोन्स उपन्यास का हवाला यहाँ इसलिए भी दे रहा हूँ क्योंकि प्रेमचन्द के उपन्यास, रंगभूमि की नायिका 'सोफ़िया' हेनरी फ़ील्डिंग के इस उपन्यास में चित्रित 'सोफ़िया' से एकदम मिलती है। मुझे लगता है कि मुंशी प्रेमचन्द ने इस अंग्रेज़ी उपन्यास को ज़रूर पढ़ा होगा और उसकी छाप उनकी चेतना पर रही होगी, शायद इसीलिए यह साम्य हमें दिखाई पड़ता है। अंग्रेज़ी के एक आलोचक ने टॉम जोन्स उपन्यास को एक 'एलीगरी' के रूप में व्याख्यायित किया तो मुझे लगा कि मुंशी प्रेमचन्द के उपन्यास को भी एक बार 'एलीगरी' के रूप में देखा जाए और उसी से उसमें अन्तर्निहित वैचारिकी की जाँच-पड़ताल साहित्य के दलित सौन्दर्यशास्त्र के औज़ारों से की जाए। यह एक नये क़िस्म का आकलन होगा।

ऊपर से देखने पर तो यह उपन्यास एक दलित नेत्रविहीन सूरदास के सत्याग्रह के बारे में लगता है जिसे कई आलोचकों ने गांधीवाद के प्रतीक के रूप में व्याख्यायित भी किया है। वस्तुगत रूप से यह उपन्यास विनयसिंह और सोफ़िया के प्रतीकत्व की वजह से एक एलीगरी बन गया है। यों तो उपन्यास में हर वर्ग और हर वर्ण के लोग हैं, उसमें सामन्तवाद, पूँजीवाद, साम्राज्यवाद और जनवाद, यहाँ तक कि बोल्शेविकों तक की बात बाक़ायदा इन शब्दों के प्रयोग से मुंशी प्रेमचन्द ने दिखाई है और वर्णव्यवस्था के नुमाइंदों के तौर पर ब्राह्मण, क्षत्रिय, वैश्य, शूद्र सभी मौजूद हैं और आज के भारत की, ख़ासकर उत्तर भारत की अनेक जातियाँ मौजूद हैं, मुसलमान, ईसाई भी हैं, अंग्रेज़ भी हैं, वे सब अपने पारम्परिक ढाँचे में रचे-बसे हैं।

मुंशी प्रेमचन्द इस उपन्यास की रचना के समय तक वैचारिक रूप में आर्यसमाज और गांधीवाद की मिली-जुली वैचारिकी के असर में लगते हैं। इसलिए भारतीय सामाजिक ढाँचे में रूढ़ हो गई वर्णव्यवस्था और जात-पाँत का रोग इस रचना में किसी को परेशान करता हुआ कहीं नहीं दिखाया गया है, अलबत्ता महिलाएँ मनुवाद के ख़िलाफ़ ज़रूर यदा-कदा विद्रोह करती दिखाई दे जाती हैं। बाक़ी सभी पात्र क्लासिकल विचारधारा के असर में अपनी सीमाओं का अतिक्रमण करने की इच्छा नहीं दिखाते, यानी दलित और ब्राह्मण ख़ूब आपस में ख़ुश हैं, अहीर और चमार भी अपने चौधरी से और अपने धंधे से ख़ुश हैं, चमड़ा ख़रीदने वाले जॉन सेवक से या उसके मुंशी ताहिर अली से भी उनका कोई टकराव नहीं, बल्कि पांडेपुर के चमारों का चौधरी तो मुसीबत के समय ताहिर अली के परिवार की मदद करता है। छोटे-मोटे टकराव या तनाव छोटे दायरे में ही हैं, परिवारों के अन्दर और बस्ती में भी जातिगत न होकर वैयक्तिक स्तर की जहाँ-तहाँ टकराहटें हैं।

अपनी रचनायात्रा के इस पड़ाव तक एक लेखक के तौर पर मुंशी प्रेमचन्द ने ख़ुद को अक्सर पात्रों के प्रति अपना तटस्थभाव दिखाया है। सूरदास के अलावा वे किसी का पक्ष लेते हुए नहीं दिखते। लगता है कि इस उपन्यास की रचना तक वे क्लासिकल विचारधारा के आदर्शवाद और उसमें निहित 'भाग्यवाद' के फ़लसफ़े से ख़ुद को मुक्त नहीं कर पाए हैं, इसीलिए यह उपन्यास अपनी वस्तुगत संरचना में कामायनी की तरह एक एलीगरी बन गया है। फ़र्क़ इतना है कि जयशंकर प्रसाद ने जायसी की तरह अपने महाकाव्य को ख़ुद एक एलीगरी घोषित कर दिया था, मुंशी प्रेमचन्द ने अपने 'गद्य महाकाव्य' को लेकर इस तरह की कोई घोषणा नहीं की। पाठक और आलोचक के विवेक पर ही सब कुछ छोड़ दिया।

साहित्य का दलित सौन्दर्यशास्त्र विश्व की किसी भी रचना को ग़ुलामगीरी के क्लासिकल फ़लसफ़े के प्रति बरते गए रुख़ से विवेचित करता है। इसलिए यहाँ यह जानना ज़रूरी है कि क्लासिकल दर्शनशास्त्र में दो तरह की बुद्धिमत्ता या

'विज़डम' का उल्लेख मिलता है, जिन्हें 'सोफ़िया' और 'प्रूडेंशिया' नाम दिया गया था। कामायनी की एलीगरी में इन्हीं को क्रमश: 'श्रद्धा' और 'इड़ा' कहा गया था। भक्तिकाल के साहित्य में, ख़ासकर *रामचरितमानस* में 'मणि' और 'दीपक' के रूपक द्वारा, सूरदास के भ्रमरगीत में भी तर्क और ज्ञान के प्रति यानी ज्ञानाश्रयी शाखा के प्रति आलोचनात्मक रुख़ है। रामचन्द्र शुक्ल 'हृदय की अनुभूति' यानी 'सोफ़िया' के आधार पर यही विभाजन 'सगुण' और 'निर्गुण' काव्य संरचनाओं में करते हैं। 'सोफ़िया' दर्शनशास्त्र में बुद्धिमत्ता की वह शाखा है जिसमें हृदय की भावनाओं और हृदय की आवाज़ को प्रमुखता दी जाती है जबकि 'प्रूडेंशिया' अपने स्वार्थ के लिए हर तरह के निर्णय लेने वाली दुनियादारी वाली बुद्धिमत्ता है, वह 'प्रैक्टिकल विज़डम' है जिसका उल्लेख एक जगह इस उपन्यास में प्रेमचन्द ने भी किया है। कुँवर भरत सिंह अपने बेटे विनय को सम्पत्ति की ज़रूरत पर 'क्रियात्मक दृष्टि' यानी 'प्रैक्टिकल विज़डम' ('प्रूडेंशिया') से सोचने का आग्रह कर रहे हैं :

> बेटा, मैं इस समय तुम्हारे सामने सम्पत्ति की विवेचना नहीं कर रहा हूँ, उसे केवल क्रियात्मक दृष्टि से देखना चाहता हूँ। मैं इसे स्वीकार करता हूँ कि किसी अंश में सम्पत्ति हमारी वास्तविक स्वाधीनता में बाधक होती है, किन्तु इसका उज्ज्वल पक्ष भी तो है—जीविका की चिन्ताओं से निवृत्ति और आदर तथा सम्मान का वह स्थान, जिस पर पहुँचने के लिए असाधारण त्याग और सेवा की ज़रूरत होती है, मगर जो यहाँ बिना किसी परिश्रम से आप-ही-आप मिल जाता है। मैं तुमसे केवल इतना चाहता हूँ कि तुम इस संस्था से प्रत्यक्ष रूप से कोई सम्बन्ध न रखो, यों अप्रत्यक्ष रूप से उसकी जितनी सहायता करना चाहो, कर सकते हो। बस, अपने को क़ानून के पंजे से बचाए रहो। (अध्याय 43, पृ. 516, सरस्वती प्रेस, वाराणसी)

गहराई से देखें तो प्रेमचन्द ने इस उपन्यास में दो तरह के पात्र रचे हैं, एक तो साफ़ तौर पर दुनियादारी या 'प्रैक्टिकल विज़डम' यानी 'प्रूडेंशिया' की नुमाइंदगी करते हैं, दूसरे वे पात्र हैं जो दुनियादारी की परवाह किये बग़ैर अपनी अन्तरात्मा और अपने 'हृदय की अनुभूति' यानी 'सोफ़िया' से परिचालित होते हैं। कुछ पात्र अपना पाला बदलते हैं, तो कुछ अपने 'आत्मबल' पर अडिग रहकर अपनी बलि चढ़ा देते हैं। यह सारी *रंगभूमि* उस दौर के स्वाधीनता आन्दोलन के गांधीवादी विमर्श को एक एलीगरी के माध्यम से प्रस्तुत करते हुए रची गई प्रतीत होती है। गांधी जी के हिन्द स्वराज की अनुगूँज साफ़ सुनाई दे रही है।

फ़ील्डिंग के उपन्यास, टॉम जोन्स में भी 'सोफ़िया' का यही रोल था, इसे पहले, 1968 में अंग्रेज़ी आलोचक एम.सी. बैटेस्टीन (Martin C. Battestin)

ने और बाद में 1972 में अपनी थीसिस में Ronald John Andrew Williams ने इसी तरह व्याख्यायित किया था। उसमें टॉम जोन्स के पास जब-जब सोफ़िया यानी 'हृदय की अनुभूति' नहीं होती, वह भटक जाता है। प्रेमचन्द के उपन्यास में भी सोफ़िया के बारे में उसके प्रतीकत्व के संकेत मिलते हैं। उपन्यास की शुरुआत में ही वाचक जब उसका चित्र पेश करता है तो कहता है, 'मिस सोफ़िया बड़ी-बड़ी रसीली आँखोंवाली, लज्जाशील युवती थी। देह अति कोमल, मानो पंचभूतों की जगह पुष्पों से उसकी सृष्टि हुई हो। रूप अति सौम्य, मानो लज्जा और विनय मूर्तिमान हो गए हों। सिर से पाँव तक चेतना ही चेतना थी, जड़ का कहीं आभास तक न था। (*रंगभूमि,* वही, पृ. 6-7) इसी तरह बाद में, रानी साहिबा सोफ़िया की माँ से उनकी बेटी के बारे में कहती हैं, 'धन्य हैं आप, जो ऐसी सुशीला लड़की पाई। दया और विवेक की मूर्ति है। आत्मत्याग तो इसमें कूट-कूटकर भरा हुआ है।' उपन्यास में एक स्थल पर तो उसका प्रतीकत्व खोल ही दिया गया है। उसके बारे में इंदु का यह कथन ध्यान देने योग्य है :

> वह स्त्री नहीं है, केवल एक कल्पना है। भावों और आकांक्षाओं से भरी हुई। तुम उसका रसास्वादन कर सकते हो, पर उसे अनुभव नहीं कर सकते, उसे प्रत्यक्ष नहीं देख सकते। कवि अपने अन्तरतम भावों को व्यक्त नहीं कर सकता। वाणी में इतना सामर्थ्य ही नहीं। सोफ़िया वही कवि की अन्तर्तम भावना है। (वही, अध्याय 41, पृ. 484)

यह अजीब संयोग है कि ठीक यही बात टॉम जोन्स की सोफ़िया के बारे में उक्त अंग्रेज़ी थीसिस में कही गई है :

> 'Fielding may perhaps have meant to emphasize her allegorical role, as a figure of the imagination.' (Ronald John Andrew Williams, The Allegory of the Imagination in Tom Jones, p. 89)

रंगभूमि शीर्षक से ही संकेत मिलता है कि पूरा उपन्यास एक एलीगरी है। यह एलीगरी कुछ मान्यताओं को आदर्शीकृत करने के लिए रची गई मालूम होती है। शेक्सपियर का मशहूर उद्धरण है कि 'दुनिया एक रंगमंच है' ('All the world's a stage, /And all the men and women merely players' —As You Lie It, Act 2, Scene 7).

रंगभूमि उपन्यास में इसका उल्लेख अध्याय 18 में तब मिलता है जब सोफ़िया आन्तरिक संघर्ष से गुज़र रही है, 'हृदय की अनुभूति' धर्म के आडम्बर से बचने को कहती है, 'व्यावहारिक अनुभूति' यानी प्रूडेंशिया उसे चर्च के अन्दर जाने का

ढोंग करने को मजबूर करती है, तभी चर्च के बाहर उसे एक अन्धे भिखारी का गीत सुनाई पड़ता है :

> *तू रंगभूमि में आया, दिखलाने अपनी माया,*
> *क्यों धरम-नीति को तोड़ै?*
> *भई, क्यों रन से मुँह मोड़ै?*

> सोफ़िया ने अन्धे को पहचान लिया; सूरदास था। वह इस गीत को कुछ इस तरह मस्त होकर गाता था कि सुननेवालों के दिल पर चोट-सी लगती थी। लोग राह चलते-चलते सुनने को खड़े हो जाते थे। सोफ़िया तल्लीन होकर यह गीत सुनती रही। उसे इस पद में जीवन का सम्पूर्ण रहस्य कूट-कूटकर भरा हुआ मालूम होता था...।

इसके बाद उपन्यास में इस मेटाफ़र का उल्लेख बार-बार अन्त तक आता है। जब सूरदास मि. क्लार्क की गोली से घायल होकर अस्पताल पहुँच जाता है, तो सोफ़िया के साथ रानी जाह्नवी अस्पताल सूरदास का हाल जानने के लिए जाती हैं, रानी जाह्नवी जब हाल पूछती हैं तब वह कहता है, 'खेलते-खेलते गिर पड़ा हूँ; चोट आ गई है, अच्छा हो जाऊँगा।' राजा महेंद्रकुमार पश्चात्ताप करते हुए अपने पापों के लिए सूरदास से क्षमा-याचना करने वहाँ पहुँचते हैं तो सूरदास तुलसीदास के लोकप्रचलित दोहे से उन्हें सांत्वना देते हुए खेल के मेटाफ़र में ही बात करता है :

> हानि, लाभ, जीवन, मरन, जस, अपजस विधि के हाथ है, हम तो ख़ाली मैदान में खेलने के लिए बनाए गए हैं। सभी खिलाड़ी मन लगाकर खेलते हैं, सभी चाहते हैं कि हमारी जीत हो; लेकिन जीत एक ही की होती है, तो क्या इससे हारनेवाले हिम्मत हार जाते हैं? वे फिर खेलते हैं; फिर हार जाते हैं, तो फिर खेलते हैं। कभी-न-कभी उनकी जीत होती ही है। (वही, अध्याय 44, पृ. 538)

सूरदास मृत्यु से लड़ते समय हर किसी से 'खेल' के इसी मेटाफ़र की भाषा का इस्तेमाल करता है। राजा महेंद्रकुमार के बाद जब सोफ़िया अपने पिता, जॉन सेवक को अस्पताल ले जाती है तो वे भी सूरदास से क्षमा-याचना करते हैं और सूरदास उनसे भी उसी खेल के मेटाफ़र में बात करता है :

> सेवक : मेरे हाथों तुम्हारा बड़ा अहित हुआ। इसके लिए मुझे क्षमा करना।
>
> सूरदास : मेरा तो आपने कोई अहित नहीं किया, मुझसे और आपसे दुश्मनी ही कौन-सी थी? हम और आप आमने-सामने की पालियों में खेले। आपने भरसक जोर लगाया, मैंने भी भरसक जोर लगाया। जिसको जीतना था, जीता; जिसको हारना था, हारा। खिलाड़ियों में बैर नहीं होता। खेल में रोते

> तो लड़कों को भी लाज आती है। खेल में चोट लग जाए, चाहे जान निकल जाए; पर बैर-भाव न आना चाहिए। मुझे आपसे कोई शिकायत नहीं है। (वही, अध्याय 44, पृ. 544)

और जब सूरदास की जीवनलीला ख़त्म हो रही होती है तब वह डॉक्टर गांगुली की दवा के असर में जो प्रलाप करता है, वह भी खेल के मेटाफ़र में ही :

> तुम जीते, मैं हारा। यह बाजी तुम्हारे हाथ रही, मुझसे खेलते नहीं बना। तुम मँजे हुए खिलाड़ी हो, दम नहीं उखड़ता, खिलाड़ियों को मिलाकर खेलते हो और तुम्हारा उत्साह भी ख़ूब है। हमारा दम उखड़ जाता है, हाँफने लगते हैं और खिलाड़ियों को मिलाकर नहीं खेलते, आपस में झगड़ते हैं, गाली-गलौज, मार-पीट करते हैं, कोई किसी की नहीं मानता। तुम खेलने में निपुण हो, हम अनाड़ी हैं। बस, इतना ही फरक है। तालियाँ क्यों बजाते हो, यह तो जीतनेवालों का धरम नहीं? तुम्हारा धरम तो है हमारी पीठ ठोकना। हम हारे, तो क्या, मैदान से भागे तो नहीं, रोये तो नहीं, धाँधली तो नहीं की। फिर खेलेंगे, जरा दम ले लेने दो, हार-हारकर तुम्हीं से खेलना सीखेंगे और एक-न-एक दिन हमारी जीत होगी, ज़रूर होगी। (वही, अध्याय 46, पृ. 553)

और इसके बाद जब सूरदास की जीवनलीला समाप्त होती है तो वाचक लिखता है, 'सूरदास मुँह से कुछ न बोला, दोनों हाथ जोड़े, आँसू की दो बूँदें गालों पर बह आईं, और खिलाड़ी मैदान से चला गया।' इसके बाद समाप्ति की ओर बढ़ता उपन्यास 'खिलाड़ी' के इस मेटाफ़र से भरा पड़ा है :

> सारा शहर उमड़ा चला आता था। सब-के-सब इस खिलाड़ी को एक आँख देखना चाहते थे, जिसकी हार में भी जीत का गौरव था। कोई कहता था, सिद्ध था; कोई कहता था, वली था; कोई देवता कहता था; पर वह यथार्थ में खिलाड़ी था—वह खिलाड़ी; जिसके माथे पर कभी मैल नहीं आया...। (वही, अध्याय 46, पृ. 554)
>
> चिता जब जल उठी तो वाचक ने फिर लिखा, 'वह एक वीरात्मा की वीर मृत्यु थी, यह एक खिलाड़ी की अन्तिम लीला'। (वही, पृ. 555)

इस उपन्यास में जहाँ एलीगरी की संरचना में 'हृदय की अनुभूति' यानी 'सोफ़िया' और 'व्यावहारिक समझदारी' यानी 'प्रूडेंशिया' के प्रतीकों के रूप में पात्रों की रचना हुई है, वहीं सूरदास मुख्य रूप से गांधी जी के हिन्द स्वराज वाले गांधीवाद का प्रतीक बनाया गया है जिसकी सार्थकता और निरर्थकता दोनों का ही पूर्वानुमान प्रेमचन्द के उस वक़्त के चिन्तन में दिखाई पड़ता है, मगर झुकाव उसी

तरह का है जैसाकि गांधी जी ने अपने यूटोपिया पर क़ायम रहते हुए भी इशारे के तौर पर बता दिया था कि वे आम जनता की राय के मुताबिक़ संसदीय जनतंत्र के रूप में आज़ाद भारत की नई व्यवस्था ही देखना पसन्द करेंगे।

हिन्द स्वराज के चौथे संस्करण की भूमिका (1921) में गांधी जी ने स्पष्ट कर दिया था :

> ऐसा कहने में शायद ढिठाई का भास हो, लेकिन मुझे तो पक्का विश्वास है कि इसमें जिस स्वराज्य की तस्वीर मैंने खींची है, वैसा स्वराज्य पाने की मेरी निजी कोशिश ज़रूर चल रही है। लेकिन इसमें कोई शक नहीं कि आज मेरी सामूहिक (आम) प्रवृत्ति का ध्येय तो हिन्दुस्तान की प्रजा की इच्छा के मुताबिक़ पार्लियामेंटरी ढंग का स्वराज्य पाना है।

हिन्द स्वराज के बहुत से विचार ही नहीं, शब्दों की अनुगूँज भी इस उपन्यास में साफ़ सुनाई देती है। औद्योगीकरण और शहरीकरण के जो नुक़सान गांधी जी ने अपनी पुस्तिका में गिनाए हैं, वे सब रंगभूमि में शुरू से अन्त तक मौजूद हैं, शायद थीम ही वही है। इसी तरह 'आत्मबल' और 'पशुबल' का टकराव भी वहीं से लिया गया मालूम होता है। सूरदास के झोंपड़े को बचाने का जो जनआन्दोलन होता है, उसमें इन्द्रदत्त की शहादत के बाद जनता सत्याग्रह करती है, वहाँ सूरदास के बारे में वाचक कहता है, 'इस व्यूह के मध्य में, झोंपड़े के द्वार पर, सूरदास सिर झुकाये बैठा हुआ था, मानो धैर्य, आत्मबल और शान्त तेज की सजी मूर्ति हो।' इसी तरह जब क्लार्क अपनी पिस्तौल से सूरदास की हत्या कर देता है तब वाचक कहता है :

> मूल मंत्र अन्धे को समरस्थल से हटा देना था—यही जीवन का केन्द्र है, यही गति-संचालक सूत्र है। उन्होंने जेब से पिस्तौल निकाली और सूरदास पर चला दिया। निशाना अचूक पड़ा। बाण ने लक्ष्य को बेध दिया। गोली सूरदास के कन्धे में लगी, सिर लटक गया, रक्त-प्रवाह होने लगा। भैरों उसे सँभाल न सका, वह भूमि पर गिर पड़ा। आत्मबल पशुबल का प्रतिकार न कर सका। (वही, अध्याय 43, पृ. 527)

'आत्मबल' और 'पशुबल' की बात गांधी जी ने अपनी पुस्तिका, हिन्द स्वराज में अनेक बार कही। उक्त टिप्पणी शायद गांधी जी के यूटोपिया पर ही है क्योंकि गांधी जी ने हिन्द स्वराज के बारे में कहा था :

> यह किताब द्वेषधर्म की जगह प्रेमधर्म सिखाती है; हिंसा की जगह आत्म-बलिदान को रखती है; पशुबल से टक्कर लेने के लिए आत्मबल को खड़ा करती है। (मोहनदास कर्मचन्द गांधी, हिन्द स्वराज, चौथे संस्करण की भूमिका, 1921, हिन्दी अनुवाद : अमृतलाल ठाकोरदास नाणावटी)

सूरदास के झोंपड़े को बचाने का जो सत्याग्रह चलता है, वह गांधी जी के सत्याग्रह की प्रयोगशाला जैसा लगता है। ऐसा लगता है कि प्रेमचन्द उसके दोनों पक्ष रखने के लिए ही इस उपन्यास को एक एलीगरी की तरह इस्तेमाल करते हैं। उसकी सफलता यह है कि गांधीवाद का प्रतीक सूरदास अन्याय के विरुद्ध आमजन को लामबन्द होने की प्रेरणा देता है, मगर अन्तत: उसकी परिणति उसके झोंपड़े वाली जगह पर सूरदास की मूर्तिस्थापना में होती है। सामन्तवाद के प्रतीक राजा महेंद्रकुमार रात के अँधेरे में उस मूर्ति को गिरा देते हैं, उसी के नीचे दबकर मर जाते हैं, मगर वह मूर्ति भी मरम्मत के बाद विकृत हो जाती है।

कई बार कुछ साहित्यिक रचनाएँ इलहामी हो जाती हैं। रंगभूमि की रचना के बरसों बाद, स्वतंत्र भारत में गांधी जी और गांधीवाद के साथ जो हादसा हुआ, उसे मानो रंगभूमि उपन्यास पहले से ही कह गया। गांधी जी को हिन्दुत्व की विचारधारा और सामन्ती मनोवृत्ति से लैस 'पशुबल' के प्रतीक, नाथूराम गोडसे ने 30 जनवरी, 1948 को मार डाला, ठीक उसी तरह जिस तरह क्लार्क ने पिस्तौल से गोली दाग कर रंगभूमि के अन्धे सूरदास की हत्या की। और गांधीवाद देश में पूँजीवादी विकास के अमल के साथ ही विकृत हो गया, जैसे गांधी जी की मरम्मत की गई मूर्ति विकृत हो गई। गांधी जी के जिन आदर्शों, यानी सत्य, अहिंसा, प्रेम और इन्हीं गांधीवादी मूल्यों के आधुनिक संस्करण, यानी समता, स्वतंत्रता, बन्धुत्व को बाबा साहब आंबेडकर ने संविधान में शामिल किया था, उनकी भी धज्जियाँ अब खुल्लमखुल्ला उड़ाई जा रही हैं। इधर हिन्दुत्ववादी गोडसे के अन्धभक्त गांधी जी के पुतले पर गोली चलाकर उस हत्या का जश्न भी मनाने लगे हैं। यह ज़रूर है कि कभी-कभी कोई बड़ा प्रतिरोध भी गांधीवादी सत्याग्रह की राह अपनाकर भारतीय समाजपटल पर दिखाई दे जाता है जैसे कि सीएए (नागरिकता क़ानून संशोधन) और नागरिकता रजिस्टर के विरोध में सत्याग्रह की ऐतिहासिक पहल, बाद में संयुक्त किसान मोर्चा द्वारा आयोजित तेरह महीने का देशव्यापी सत्याग्रह। लेकिन सत्ताधारी वर्गों का ऐसे सत्याग्रहों के साथ वैसा ही बर्ताव दिखाई देता है जैसाकि रंगभूमि में सूरदास के सत्याग्रह के साथ अंग्रेज़ क्लार्क का दिखाया गया है।

अन्त में, दलित सौन्दर्यशास्त्र की वैचारिकी से इस उपन्यास को देखने से एक तथ्य सामने ज़रूर आता है कि इस रचना में चित्रित भारतीय समाज में मुख्य संघर्ष पूँजीवाद के बढ़ते प्रभुत्व के ख़िलाफ़ दिखाया गया है। इसलिए बाक़ी अन्दरूनी मनुवादी व्यवस्था के दमन-शोषण की तस्वीरें न दिखाने के पीछे भी गांधीवादी वैचारिकी ही काम कर रही प्रतीत होती है। उपन्यास में सभी जातियों के लोग हैं, सब अपने-अपने काम में मगन हैं, आत्मतुष्ट हैं। चमार पशुओं का चमड़ा उतार कर जॉन सेवक के गोदाम में बेचने आते हैं, उनका चौधरी भी नेक आदमी है, वह ताहिर अली की मदद करता है। वहाँ पासी हैं, अहीर हैं, ब्राह्मण हैं, उनमें

जातिगत टकराव नहीं है, व्यक्तिगत कहा-सुनी, झगड़े-टंटे हो जाते हैं, वर्णसंघर्ष कहीं नहीं। सब मिलकर रहते हैं, गाते-बजाते हैं, झगड़े, मार-पिटाई, सुलह सब सर्वसमावेशी समाज की तरह करते हैं। यहाँ आज़ादी के दौर के 'विरुद्धों का सामंजस्य' है, कहीं भी अन्दरूनी ग़ुलामगीरी की चुभन नहीं है, जो चुभन उसी दौर में बाबा साहब आंबेडकर ने महसूस की थी, जिसे हीरा डोम ने अपनी कविता में अभिव्यक्ति दी थी। उपन्यास के पीछे की आदर्शवाद की वैचारिकी शायद प्रेमचन्द को उस चुभन को सामने नहीं लाने दे रही हो। विशाल मुक्तिसंग्राम में व्यापक एकता क़ायम करने की नज़र से यथार्थ के ऐसे पहलू अनदेखे ही रह जाते हैं। बाबा साहब आंबेडकर को भी पूना पैक्ट के समय यही यथार्थ मजबूर कर रहा होगा। बड़े दुश्मन के ख़िलाफ़ व्यापक एकता से ही मुक्ति की एक मंज़िल हासिल की जा सकती थी, वही हुआ भी। अब उस ग़ुलामगीरी के बारे में सोचना ज़रूरी है, जिसे आज़ादी के बाद कई रचनाकारों ने महसूस करके अपनी रचनाओं में उतारा, और फिर दलित रचनाकारों ने अपनी निज की अनुभूति और सदियों के दंश को अपनी लेखनी से चित्रित किया।

जगदीश चन्द्र की उपन्यास त्रयी

जैसाकि पीछे कहा जा चुका है कि आज़ादी के आन्दोलन के दौर में सर्वसमावेशी एकता की वजह से दलित समाज भी अपनी मुक्ति की अलग से माँग नहीं उठा पा रहा था। वह उस समय तक सदियों से चली आ रही ग़ुलामगीरी और मनुवादी व्यवस्था के बारे में सचेत भी नहीं था। क्लासिकल विचारधारा ने उसे भाग्यवाद और पूर्वजन्म के कर्मों के फल आदि में विश्वास रखने वाले मानवसमूह में जकड़ रखा था। जब भारत आज़ाद हुआ तो भारतीय संविधान ने 'समता' का मूल्य और अनुसूचित जातियों व जनजातियों के लिए विशेष प्रावधान का आश्वासन दिया, तो दलित चेतना का भी उदय हुआ। बाबा साहब आंबेडकर की वैचारिकी का असर भी राजनीति और बौद्धिक विमर्श में दिखाई पड़ने लगा। नवशिक्षित दलित समूहों ने अब सदियों से चली आ रही उस ग़ुलामगीरी के बारे में सोचना शुरू कर दिया, जिसकी जकड़बन्दी में वे सब कभी अपनी मुक्ति की आवाज़ तक नहीं उठा पाए, कभी उस ग़ुलामगीरी की चुभन अभिव्यक्त करने के बारे में सोच भी नहीं पाए। आज़ादी के बाद शिक्षा और ज्ञान के प्रसार ने दलित समाज को भी वाणी प्रदान की। अपना दर्द व्यक्त करने की भाषा का माध्यम भी दलित समाज ने अर्जित किया। बहुत से ग़ैरदलित रचनाकारों ने भी उनकी ग़ुलामगीरी की त्रासद हालत अपनी रचनासंवेदना में महसूस करके अपनी रचनाओं में उतारी, और फिर दलित रचनाकारों ने ख़ुद अपनी निज की अनुभूति और सदियों के दंश को अपनी लेखनी से चित्रित किया।

ग़ैरदलित रचनाकारों में जगदीश चन्द्र ने उसी परम्परा को आगे बढ़ाया जो निराला के 'चतुरी चमार' और प्रेमचन्द्र के *रंगभूमि* उपन्यास से शुरू हुई थी, मगर एक अन्तर भी है जिसे हम दलित सौन्दर्यशास्त्र की वैचारिकी से ही देख सकते हैं। आज़ादी के पहले के दौर में हीरा डोम की कविता में जो इस समाज से शिकायत है, उसमें जो वर्णचेतना है, वह चेतना निराला और प्रेमचन्द के दलित पात्रों में है ही नहीं। चतुरी चमार अपने दलित होने से दुखी नहीं है, यानी वह वर्णचेतस नहीं है, जबकि निराला की लगभग सारी कहानियों में ब्राह्मण अपने ब्राह्मण होने पर गर्व महसूस करता है। कई बार रचना पाठक को यह बताती है कि वाचक ब्राह्मण है, मगर वह चतुरी चमार का शोषण नहीं करता, उसकी यथासम्भव मदद करता

है। 'दलित जन पर करो करुणा' का सामन्ती फ़लसफ़ा वहाँ भी मौजूद है। मुंशी प्रेमचन्द के यहाँ भी दलित सूरदास 'करुणा' का पात्र है। वह भी वर्णचेतस नहीं है, उसके आसपास रहने वाले अन्य दलित और ओबीसी भी वर्णचेतस नहीं हैं। सब अपनी-अपनी तरह से कुछ कमा लेते हैं और अपनी ग़रीबी में मस्त हैं। दलित सूरदास ज़मीन का मालिक होकर भी भिखारी बने रहने में सुख का अनुभव करता है। वह गांधी जी का आदर्श 'वैष्णवजन' है जो पीर पराई जाने रे। मुंशी प्रेमचन्द के उपन्यास के सभी पात्र क्लासिकल विचारधारा की सीमा में बँधे हैं।

जगदीश चन्द्र ने दलित जीवन को केन्द्र में रखकर उपन्यास लेखन साठोत्तरी बरसों में शुरू किया, मगर उनका चर्चित उपन्यास, 'धरती धन न अपना' 1972 में छपकर आते ही चर्चा के केन्द्र में आ गया। उसी के दलित कथानायक, कालीदास को केन्द्र में रखकर उन्होंने एक उपन्यास त्रयी की रचना की जिसमें *धरती धन न अपना, नरककुंड में वास* और *ज़मीन अपनी तो थी*, शामिल हैं। इन तीन उपन्यासों के ज़रिये जगदीश चन्द्र ने दलित समाज की आधारभूत समस्या और उससे जुड़े जटिल यथार्थ को पहचानकर उसे हिन्दी पाठक के सामने पेश किया।

आज़ादी के बाद दलित समाज के उत्थान के लिए शिक्षा और सरकारी नौकरियों में आरक्षण की आंशिक व्यवस्था तो की गई, मगर उत्पादन के साधनों में हिस्सेदारी सुनिश्चित नहीं की गई। पूँजीवादी विकास के रास्ते पर देश को आगे ले जाने की ज़िम्मेदारी अवाम ने कांग्रेस को दी, जो मुख्यतया इज़ारेदार पूँजीपतियों और बड़े भूस्वामियों के गठजोड़ के हितों की नुमाइंदगी करती थी। इसलिए सामन्ती वर्णव्यवस्था को भी पाल-पोस रही थी। जैसाकि मैंने पीछे बताया कि हमारे पहले राष्ट्रपति 1951 में काशी में 201 ब्राह्मणों के पैर धोकर 'चरणामृत' पी रहे थे, जिसका मज़ाक़ आर.के. लक्ष्मण ने एक कार्टून बनाकर उड़ाया था, राममनोहर लोहिया और बाबा साहब आंबेडकर ने भी इसकी आलोचना की थी। नेहरू जी भी अपने नाम के साथ 'पंडित' लगाए जाने पर कोई आपत्ति नहीं करते थे। सरकारी आयोजनों में हिन्दू सामन्ती विधि-विधान से पूजा पर भी एतराज़ नहीं जताते थे। गौरी लंकेश का एक लेख 29 अगस्त, 2016 को 'बंगलोर मिरर' नामक अख़बार में छपा जो इंटरनेट पर भी मौजूद है। उसमें उक्त घटना समेत ऐसी तमाम घटनाओं का उल्लेख है जिनसे पता चलता है कि मनुवादी व्यवस्था हमारे आज़ाद देश में कितनी गहरे तक धँसी है।

देश में दलित समाज का बड़ा हिस्सा भूमिहीन था, अब भी है। उसे भूमि की मिल्कियत दिलाने की देशव्यापी मुहिम चलाने वाला राजनीतिक नेतृत्व नदारद था। दिखावे के लिए ज़मींदारी उन्मूलन क़ानून बना, मगर उससे दलितों को ज़मीन की मिल्कियत तो नहीं मिली। विनोबा भावे ने 'भूदान' आन्दोलन चलाया, उससे भी दलितों को कोई भूमि नहीं मिली। अफ़सोस यह भी कि दलितों के

महान नेता बाबा साहब आंबेडकर ने भी इस मुद्दे पर दलितों को संगठित नहीं किया, क्योंकि वे ज़मीन पर किसी की भी मिल्कियत के ख़िलाफ़ थे। इसलिए दलितों को भी ज़मीन दिलाने की बात उनके मन में थी ही नहीं। उन्होंने अपनी सारी ताक़त उन्हें बौद्ध बनाने में लगाई। बाक़ी दलित राजनीतिक नेतृत्व ने भी सत्ता में आने के बाद दलितों को ज़मीन दिलाने का कोई ठोस क़दम कभी नहीं उठाया। वह मुद्दा उनके एजेंडे पर भी कभी नहीं आया। इस पर गम्भीरता से मार्क्सवादियों ने अपने शासनकाल में पहलक़दमी की। उनके अलावा शेख़ अब्दुल्ला ने कश्मीर में सबसे पहले इस तरह के भूमिसुधार किये और केरल, प. बंगाल और त्रिपुरा में वाममोर्चे की सरकारों ने मौजूदा पूँजीवादी-सामन्ती व्यवस्था के भीतर यथासम्भव भूमिसुधार ज़रूर किये, मगर बाक़ी देश के विशाल भूभाग में दलित भूमिहीन ही रहे, और आज भी उनकी आबादी का बड़ा हिस्सा भूमिहीन है। जगदीश चन्द्र ने इसीलिए इस बुनियादी पहलू पर अपनी उपन्यास त्रयी में रोशनी डाली। वे दलित समाज की आत्मा की इस चुभन को दोहराते हैं कि 'धरती धन न अपना'। यह हैरान करने वाली बात है कि यह चुभन दलित राजनीतिक नेतृत्व को क्यों कभी महसूस नहीं हुई।

बाबा साहब आंबेडकर के विचार ज़मीन के निजी स्वामित्व के ख़िलाफ़ थे। वे 'सामूहिक खेती' या 'सहकारी खेती' के पक्षधर थे। कंवल भारती ने अपने एक लेख, 'ज़मीन के सवाल और डॉ. आंबेडकर', (फ़ारवर्ड प्रेस, 17 अप्रैल, 2017 वेबसाइट पर उपलब्ध) में बताया है :

> ज़मीन के सवाल पर डॉ. आंबेडकर इस क़दर गम्भीर थे कि 1946 में उन्होंने 'आल इंडिया शेड्यूल्ड कास्ट फ़ेडरेशन' की ओर से संविधान सभा को भूमि के राष्ट्रीयकरण की माँग को लेकर ज्ञापन दिया था। यह ज्ञापन 'स्टेट्स एंड मायनारिटीज़' नाम से आज उपलब्ध है। इसमें उन्होंने दलित वर्गों और अल्पसंख्यकों के संवैधानिक अधिकारों की माँग के साथ-साथ भारत के आर्थिक ढाँचे को भी संविधान द्वारा निर्धारित करने की माँग रखी थी। यह आर्थिक ढाँचा राज्य-समाजवाद का था, जिसमें उन्होंने भूमि, शिक्षा, बीमा और उद्योगों का राष्ट्रीयकरण करने पर ज़ोर दिया था। ज़मीन के सम्बन्ध में, इस ज्ञापन में उन्होंने कहा था कि कृषि राज्य उद्योग होगा, जो इस आधार पर संगठित किया जाएगा कि राज्य भूमि को मानक आकार के फ़ार्मों में विभाजित करेगा और उन्हें गाँव के निवासियों को जाति या पंथ के भेदभाव के बिना पट्टे पर इस रीति से देगा कि कोई ज़मींदार न रहे, कोई पट्टेदार न रहे और न कोई भूमिहीन मज़दूर रहे। फ़ॉर्म पर सामूहिक खेती की जाएगी और पानी, उपकरण, बीज और खाद आदि की व्यवस्था राज्य करेगा।

डॉ. आंबेडकर के ये विचार अपने समय से बहुत आगे के थे। भारत तो पूँजीवाद के विकास के शुरुआती दौर में ही था जिसमें निजी सम्पत्ति की चाह केन्द्रीय रोल अदा करती है जो पूँजीवाद को इज़ारेदारी की मंज़िल तक पहले ही ले आई थी। इसलिए दलित समाज के भीतर भी निजी सम्पत्ति की चाह पनप रही थी जिसे डॉ. आंबेडकर अनदेखा कर रहे थे। वे ज़मीन पर राज्य का स्वामित्व चाहते थे। वे न दलितों को ज़मीन देने के पक्ष में थे, न ज़मींदारी के पक्ष में। उस दौर में यह एक अव्यावहारिक सपना था। सदियों से निजी सम्पत्ति के अधिकार से वंचित दलित समाज को भी भूमि की मिल्कियत के दौर का अनुभव कराना ज़रूरी था। सीधे समाजवाद में प्रवेश कराना देशकाल की वस्तुगत परिस्थिति के प्रतिकूल था। इसीलिए शायद वे अपने ही समाज से कट गए थे। उन्हें 1951 के आम चुनाव में और पुन: 1954 में एक लोकसभा सीट के लिए हुए मध्यावधि चुनाव में बुरी हार का सामना करना पड़ा। उन्हें दलित समाज ने भी वोट नहीं दिया, क्योंकि वे मतों की गिनती में चौथे नम्बर पर थे। वे कभी लोकसभा के सदस्य नहीं बन पाए।

दलित समाज को आर्थिक बदहाली से राहत दिलाने के लिए और देश के विकास के लिए भी भूमिहीनों को ज़मीन का मालिकाना हक़ दिलाना सबसे पहली प्राथमिकता होना चाहिए, मगर अभी तक यह बुनियादी काम दलित राजनीति के एजेंडे पर है ही नहीं। शिक्षा, सरकारी नौकरी में आरक्षण तक ही मिली राहत से शायद वे सन्तुष्ट हैं, जिससे दलितों के बीच एक निम्न-मध्यवर्ग ज़रूर पैदा हो गया है जो अपनी सोच, अपनी महत्त्वाकांक्षा, अपनी रोज़मर्रा की ज़िन्दगी में सवर्ण मध्यवर्ग की ही तरह स्वकेन्द्रित, सर्वसंशयवादी, स्वार्थलोलुप हो चला है। अपने पीछे छोड़ आए दलित समाज की मुक्ति के लिए वह किसी वैज्ञानिक वैचारिकी की तलाश में भी नज़र नहीं आता। वह आंबेडकर को भी शायद भूल गया है। वह फ़ासिस्ट 'हिन्दू राष्ट्र' की संघी वैचारिकी से भी संघर्ष करता दिखाई नहीं देता जिसे डॉ. आंबेडकर समाज के लिए सबसे अधिक घातक मानते थे। आज अन्तर्राष्ट्रीय वित्तीय पूँजी के वर्चस्व के नीचे कॉरपोरेट घरानों की ग़ुलामी करती संघी वैचारिकी तमाम सरकारी उपक्रमों का तेज़ी से निजीकरण कर रही है। दलितों व कमज़ोर समूहों को मिलने वाला आरक्षण लगभग ख़त्म हो चला है। कॉरपोरेट घराने किसी को आरक्षण नहीं देते। उनका माई-बाप तो अधिक से अधिक पूँजी संचित करना और समाज का शोषण करना है। ऐसे में दलित समाज को गम्भीरता से अपनी वैचारिकी को वैज्ञानिक आधार पर विकसित करके व्यापक मुक्तिकामी वैचारिकी के साथ मिलकर मुक्ति की नई लड़ाई लड़नी होगी।

दलित कथानायक कालीदास पर केन्द्रित जगदीश चन्द्र के तीनों उपन्यास समकालीन दलित समाज के भीतर और बाहर की इसी दशा और दिशा का बेहतरीन चित्र पेश करते हैं। मुंशी प्रेमचन्द की ही तरह वे भी काफ़ी कुछ तटस्थता बरतते हैं,

बल्कि इस त्रयी में कोई भी 'वाद' उनके नज़रिये पर हावी नहीं होता जैसाकि *रंगभूमि* के सूरदास के चित्रण में, कुछ हद तक, गांधीवाद मुंशी प्रेमचन्द में झलकता दिखाई दे जाता है, बाक़ी 'वाद' *रंगभूमि* में शब्द की तरह उल्लिखित ज़रूर हैं, मगर वे अमल में नहीं हैं। जगदीश चन्द्र की इस त्रयी में सारे 'वाद' मज़ाक़ का विषय हैं। 'धरती धन न अपना' में कम्युनिस्ट डॉ. बिशनदास को हर वक़्त क्रान्ति की लफ़्फ़ाज़ी करते हुए चित्रित किया गया है। उसका कामरेड नेता टहलसिंह भी आपदा के वक़्त दलितों की मदद करने के बजाय मीटिंग करके ग़रीबों में क्रान्तिकारी भावना भर देना चाहता है। मुक्ति का कोई सामूहिक या आन्दोलनात्मक रास्ता कहीं नहीं दिखाई देता क्योंकि वह समाज में भी लेखक ने कहीं व्यापक तौर पर नहीं देखा। इसलिए दलित जन व्यक्तिगत स्तर पर अपनी-अपनी कुछ जुगाड़ करके अपना जीवनस्तर सुधार सकते हैं। कालीदास का भी जीवन स्तर इसी तरह थोड़ा बेहतर हुआ है। अन्त तक उसका एक लड़का आइ.ए.एस. हो गया है, एक डॉक्टर। काली फिर भी एक तरह का आत्मनिर्वासन का जीवन जी रहा है। वह पुराने सामन्ती शोषण से ज़रूर ख़ुद को मुक्त कर पाया है, लेकिन उसका अपना पूरा समाज तो जस का तस बना हुआ है। उसकी कोई चुभन या पीड़ा या मुक्ति की सामूहिक कामना ऐसे किसी भी 'अधर्मी' या चमार जाति के व्यक्ति में नहीं दिखाई है जो अपनी मेहनत या जुगाड़ से अपना जीवनस्तर औरों से बेहतर बना चुका है। यह एक सामाजिक यथार्थ भी है जिसे जगदीश चन्द्र ने पूरी लेखकीय ईमानदारी से अपनी इस त्रयी में चित्रित किया है। जगदीश चन्द्र ने ख़ुद यह बात 'धरती धन न अपना' उपन्यास की भूमिका में स्पष्ट कर दी थी :

> अपने जातिगत संस्कारों तथा सामाजिक मान्यताओं की कठोर जकड़न के कारण मैं हरिजनों के जीवन की कटुताओं को स्वयं तो नहीं भोग सका, फिर भी मुझे अपने दुस्साहस के कारण उनके जीवन को बहुत निकट से देखने का अवसर अवश्य मिला है। मैंने सर्वथा निरपेक्ष रहकर भारतीय जीवन के इन कटे हुए सन्दर्भों का चित्रण किया है और कहीं भी अपना मत थोपने अथवा अपनी विचारधारा को लादने की चेष्टा नहीं की है।

'धरती धन न अपना' उपन्यास का कथानायक, कालीदास, जाति से चमार है। कानपुर में छह साल एक मिल में नौकरी करके वह पंजाब के अपने गाँव घोड़ेवाहा में वापस लौटता है, जहाँ उसकी चाची प्रतापी है जिसने उसे अपने बेटे की तरह पाला है। उसके मुहल्ले, चमादड़ी में सारे मकान कच्चे हैं। वह कानपुर में अर्जित अपनी कमाई से अपना कच्चा मकान पक्का बनवाना चाहता है। इसी घटनाक्रम में उसे पता लगता है कि चमारों की अपनी कोई ज़मीन नहीं है। वे जिन घरों में रहते हैं, वह ज़मीन भी उनकी अपनी नहीं है। गाँव में ज़मींदार जाट चौधरी हैं, चमार एक तरह से उनके 'दास' हैं। चौधरी आए दिन उन पर अत्याचार करते हैं, उनका शोषण

करते हैं, मगर चमार उनका प्रतिरोध करने की हालत में नहीं हैं क्योंकि उनके पास अपना कोई आजीविका का साधन नहीं है, वे चौधरियों पर ही हर तरह से निर्भर हैं। चौधरी हरनाम सिंह के खेत में मक्का की फ़सल कुछ जानवरों ने बरबाद कर दी तो वह चमारों पर दोष लगाते हुए एक-एक को जूतों से पीटता है और कोई उसे रोकने की हिम्मत नहीं दिखाता। जीतू नामक निर्दोष युवा चमार की चौधरी बेरहमी से पिटाई करता है, कोई प्रतिवाद नहीं करता। चौधरी का मुँहलगा मंगू चमार अपनी ही जात के लोगों को पिटवाता है। उसी ने जीतू का नाम ले दिया, मगर उसकी बहन ज्ञानो चौधरी को अन्याय व जुल्म करते देख क्रोध से गालियाँ देती है। उपन्यासकार ने काली से इसी ज्ञानो का प्यार चित्रित कर दुख की दारुण कथा में रोमांस का थोड़ा सा पुट भी लगा दिया है। जीतू और काली में अच्छी दोस्ती हो जाती है।

काली जब अपना मकान पक्का बनवाने का इरादा छज्जू शाह के सामने प्रकट करता है और कुछ रुपये उधार माँगता है, तो छज्जू शाह आनाकानी करता है। जब काली अपने उस कच्चे घर की ज़मीन रेहन रखने की बात करता है, तब छज्जू शाह उसे जो यथार्थ बताता है वही इस उपन्यास की थीम है। वही देश के दलित समाज की आधारभूत त्रासदी है जिसकी ओर न तो दलित नेतृत्व का ध्यान जाता है और न दलित वैचारिकी का। छज्जू शाह कहता है :

> कालीदास, जिस ज़मीन की तुम बात कर रहे हो वह ज़मीन भी तुम्हारी नहीं है। वह शामलात...ज़मीन है। जब तक तू या तेरे वारिस इस गाँव में रहेंगे, ज़मीन का वह टुकड़ा रिहायश के लिए तुम्हारा है। बाद में उसका मालिक गाँव होगा। वह तेरी मालकियती ज़मीन नहीं है, मौरूसी ज़मीन है। (*धरती धन न अपना*, पृ. 55, राजकमल पेपरबैक्स, 2009)

ब्राह्मणवादी व्यवस्था ने सदियों से 'दास' को सम्पत्ति के अधिकार से वंचित रखा है। मनुस्मृति में यहाँ तक कहा गया कि दास को मिला धन भी मालिक का ही होगा, दास का नहीं :

> *भार्या पुत्रश्च दासश्च त्रय एवाधऽमाः स्मृताः।*
> *यत्ते समधिगच्छन्ति यस्य ते तस्य तद्धनम्॥*
> *विस्रब्धं ब्राह्मणः शूद्राद् द्रव्योपदानमाचरेत्।*
> *न हि तस्यास्ति किंचित्स्वं भर्तृहार्यधनो हि सः॥*

> ('भार्या, पुत्र और दास ये तीनों धन के स्वामी नहीं होते, इनका धन उसी का होता है जिसके अधीन वे होते हैं। ब्राह्मण को शूद्र का धन बिना विचार किये ले लेना चाहिए। उसका धन उसके मालिक का ही होता है, उसका अपना नहीं।') (मनुस्मृति, अध्याय 8, श्लोक 416-417)

इस सबके बावजूद कालीदास अपने उस कच्चे घर की ज़मीन पर ही कुछ कच्चा, कुछ पक्का सा मकान बनाने की कोशिश करता है, लेकिन उसी की छत पर मिट्टी की मोटी परत लीपने के दौरान उसकी माँ-समान चाची बीमार पड़ जाती है और अन्ततः मर जाती है। काली रोता है और अकेला, बेसहारा महसूस करता है। ज्ञानो से उसका प्यार भी त्रासदी का शिकार हो जाता है। वह गर्भवती हो जाती है और इस समस्या का निदान न कर पाने की वजह से काली गाँव छोड़कर भाग जाता है। गाँववाले यह समझते हैं कि वह कहीं मर गया। ज्ञानो का गर्भ गिराने की तमाम कोशिशों के बाद जब उसकी माँ जस्सो को सफलता नहीं मिली तो उसने दिल कड़ा करके उसे संखिया खिला दिया और इस तरह ज्ञानो मर गई। काली पहले ही गाँव छोड़कर भाग गया था।

जगदीश चन्द्र अपनी इस त्रयी के दूसरे उपन्यास, *नरककुंड में वास* में कालीदास को फिर से सामने लाते हैं। यहाँ वह पहले से कहीं ज़्यादा बेबस, बेसहारा और टूटा हुआ दिखाया गया है। वह न अब 'चतुरी चमार' है, न *रंगभूमि* का सूरदास, न *धरती धन न अपना* का संघर्षशील 'बाबू कालीदास'। थोड़ी सी बची-खुची रक़म ('एक रुपया और दो आने', पृ. 15) के अलावा उसके पास कुछ नहीं है। वह सब कुछ पीछे छोड़ आया है, निपट अकेला नये शहर जालंधर में जहाँ रोज़गार की सम्भावनाएँ बहुत ही सीमित हैं। इधर-उधर भटकता हुआ वह बस अड्डे पर सामान उतारने या रखने के काम में जुटे मज़दूरों को देखकर उनसे काम माँगता है तो उनका मुखिया बरकत उस पर दया करके अपना साथी बना लेता है और उसकी मदद करता है। अड्डे पर ही सोने की व्यवस्था करा देता है। इस तरह तिनके का सहारा भर मिल जाता है, मगर वही बरकत उसे अड्डे में न ठहरने देने के लिए बाध्य कर देता है।

बस अड्डे से विस्थापित होकर वह शहर में भटकते हुए रेहड़ा खींचने वाले दो लड़कों के सम्पर्क में आता है, जिनका एक साथी बीमार हो गया है। इसलिए उसकी जगह काली को वे साथ ले लेते हैं और धीरे-धीरे दोस्त बन जाते हैं। रेहड़े में जुतने के काम में लगे जब तीनों लड़के एक साथ काम पर आ जाते हैं, तो काली को काम दिलाने के लिए उन्हीं तीनों में से एक माँझा नामक लड़का अपने गाँव के लड़के किशना के पास चमड़ा साफ़ करने की फ़ैक्टरी में ले जाता है जहाँ उसे नये नरककुंड में वास का अनुभव होता है। जब फ़ोरमैन उसका अता-पता पूछता है तो माँझा जो कहता है वह उसी टीस का संकेत देता है जिसका ज़िक्र इस लेख में मैं बार-बार कर चुका हूँ :

> काली परेशान हो उठा। उसे कुछ सूझ नहीं रहा था। उसकी परेशानी भाँप माँझा बोला, 'फ़ोरमैन जी, ग़रीब आदमी का क्या अता-पता हो सकता है। अता-पता तो ज़मीन-जायदाद से बनता है। (*नरककुंड में वास*, द्वि. आवृत्ति, 1998, पृ. 131, राजकमल प्रकाशन)

नई जगह काली को कच्चे चमड़े को धोने-सुखाने का जो काम मिला है, वह सचमुच नरककुंड से कम नहीं है। किशना जब अपने चाचा नंजू के पास काली को ले जाता है, तो नंजू यही कहता है कि 'कारख़ाना क्या, पूरा नरक है।' (वही, पृ.178) उपन्यासकार ने बहुत ही मार्मिक चित्रण द्वारा काली का वह दुखदायी जीवन चित्रित किया है। चार जमात तक पढ़ा होने की वजह से उसे जब अस्थायी मुंशीगीरी मिल जाती है, तो वह अपने साथियों से कट जाता है। वह किशना के आग्रह पर उसके घर आने-जाने लगता है। उसके परिवार से घुल-मिल जाता है। किशना के भाई कल्लू से बातचीत के दौरान जब कालीदास उसके गाँव में बिरादरी के लोगों के बारे में पूछता है कि 'अपने लोगों के पास ज़मीन भी है...?' तो किशना का भाई बताता है, 'ना, ज़मीन किसी के पास भी नहीं है। सब सेपी, खड्डी, जूते सीने का काम करते हैं।' (वही, पृ. 194)

किशना से प्रगाढ़ मैत्री भी अन्त तक टूट जाती है क्योंकि किशना ग़लतफ़हमी का शिकार होकर काली को शक की नज़र से देखने लगता है। वह सोचता है कि उसकी घरवाली को काली ने पटा लिया है, जबकि ऐसा कुछ भी नहीं है। शराब में धुत्त होकर वह काली को गालियाँ देकर अपमानित करता है, दोस्त को दुश्मन बना लेता है। कालीदास निपट अकेला महसूस करता है। कारख़ाने में भी उसका कोई साथी नहीं। फ़ोरमैन इस उम्मीद में सहानुभूति दिखाता है कि काली उसकी बदसूरत कन्या से शादी करके घरजमाई बनने के प्रस्ताव को शायद स्वीकार कर ले। मगर कालीदास इन हालात में वहाँ से चले जाने का निश्चय कर लेता है। वह अस्थायी मुंशीगीरी से इस्तीफ़ा फ़ोरमैन को सौंपकर बिरादरी के सेठ रामप्रकाश से मिलने जाता है, तो उनसे मुलाक़ात हो नहीं पाती। हर तरह से टूटा हुआ और नाउम्मीदी लिये हुए वह एक पेड़ के नीचे बैठ जाता है तो वहाँ से ताँगे से जाते हुए उसके अपने गाँव के चाचा नन्दसिंह उसे पहचान लेते हैं और ताँगे से उतरकर उसके पास आते हैं तो वह फूट-फूटकर रोने लगता है। उसके हालात जानकर चाचा नन्दसिंह पूरे प्यार से उसे अपने साथ अड्डे के पास अपने घर ले जाते हैं। वे भी घोड़ेवाही गाँव की अपमानजनक ज़िन्दगी से तंग आकर इसी शहर के पास आ बसे हैं और मोची का काम अपने ही घर में दुकान खोलकर कर रहे हैं। इस तरह काली का नरककुंड का वास यहाँ आकर ख़त्म होता है।

इस उपन्यास त्रयी की आख़िरी किताब *ज़मीन अपनी तो थी* वहीं से शुरू होती है जहाँ दूसरी किताब ख़त्म होती है। कालीदास नन्दसिंह के घर पहुँचकर जीवन का एक नया अध्याय शुरू करता है। गाँव में नन्दसिंह अपनी मुक्ति के रास्ते मज़हब बदलने में तलाशता रहा था। सिख धर्म अपनाया, तो भी जाति वही रही। ईसाई बना तो भी चौधरियों ने उसे चमार ही बनाकर रखा। यह यथार्थ भी है कि धर्म बदलने से दलितों की दशा नहीं सुधरती, न उनकी जाति बदलती है। बाबा साहब आंबेडकर

ने जिन दलितों को बौद्ध बनाया था वे भी इस शोषण-पाप के परम्पराक्रम से मुक्त नहीं हो पाए क्योंकि उनकी आजीविका तो भूस्वामीवर्ग की सेवा से जुड़ी रही। यदि दलित भी सवर्णों की तरह उतनी ही ज़मीन के मालिक होते तो अपनी आजीविका के लिए वे भूस्वामियों पर निर्भर नहीं रहते। वे आर्थिक बदहाली के शिकार नहीं होते तो सामाजिक न्याय के बाक़ी पहलू भी हासिल करने में आसानी होती। इस समस्या की ओर आज भी दलित राजनीति और दलित बुद्धिजीवियों का ध्यान नहीं है।

जगदीश चन्द्र ने वैज्ञानिक सोच के तहत इसीलिए अपनी इस त्रयी में यह दिखाया कि दलित अगर चौधरियों की ज़मीन का दास यानी भूदास होकर ही रहेगा तो उसकी हालत में कोई अन्तर नहीं आएगा। यदि वह अपनी ज़मीन हासिल कर ले तो उसकी मुक्ति उस जहालत की ज़िन्दगी से काफ़ी हद तक मुमकिन है। कालीदास और नन्दसिंह की ज़िन्दगी तभी बेहतर होती दिखाई देती है जब वे चौधरियों के शोषणचक्र से भाग निकलते हैं। कठोर जीवन जी कर भी और थोड़ी सी ज़मीन की मिल्कियत हासिल करके भी वे बेहतर इनसानी जीवन जीने लायक़ हो जाते हैं। इस त्रयी की आख़िरी किताब, 'ज़मीन अपनी तो थी', अपने शीर्षक से ही पहली किताब के शीर्षक का एंटीथीसिस बन जाती है, शायद यही सन्देश देने के लिए कि थोड़ी ही सही, ज़मीन अपनी तो थी।

नन्दसिंह ने काली को घर पर लाकर जब अपनी पत्नी ठाकरी को बुलाया तो उसकी बेटी पाशो ने पहले ही देखकर माँ को बता दिया कि यह आदमी तो काली है। नन्दसिंह की पत्नी तब निकलकर आई तो हैरत में पड़ गई क्योंकि गाँव में तो प्रीतो ने काली के मरने की कई अफ़वाहें फैला रखी थीं। जब वह आश्वस्त हो गई कि काली भूत नहीं, सचमुच वही कालीदास है, तब उसकी आवभगत की। नन्दसिंह ने कालीदास की इस बीच की ज़िन्दगी के बारे में सुना और अपने उन हालात के बारे में बताया जिनकी वजह से उसे भी पुश्तैनी गाँव छोड़ना पड़ा क्योंकि गाँव में मुंशी चौधरी का छोकरा पाशो के पीछे पड़ गया था, इसलिए अपनी इज़्ज़त-आबरू बचाकर नन्दसिंह वहाँ से भागकर शहर में बस गए। इसी बातचीत के बाद उपन्यासकार लिखता है :

> काली सोचने लगा कि उनके लिए पुश्तैनी क्या है। ज़मीन की मौरूसी मिल्कियत के टुकड़े पर कच्चा कोठा और पुश्त-दर-पुश्त उनकी मेहनत पर चौधरियों का अधिकार। उसे महसूस हुआ कि नन्दसिंह और उसने गाँव छोड़कर शोषण और दासता की प्रथा के विरुद्ध विद्रोह किया है...
> (*ज़मीन अपनी तो थी,* पहली आवृत्ति, 2010, पृ. 14, राजकमल प्रकाशन)

इसी सोच के साथ जगदीश चन्द्र की उपन्यास-त्रयी की आख़िरी रचना, ज़मीन अपनी तो थी जो उनके मरणोपरान्त ही प्रकाशित हो सकी, शुरू होती है। कालीदास

की जीवनयात्रा का यह हिस्सा नई उम्मीदों और बेहतर भविष्य के सपने के साथ आगे विकसित होता है। नन्दसिंह की पत्नी ठाकरी और उसकी बेटी पाशो घर में आए इस नये मेहमान के अतीत के ज्ञानो-कांड की वजह से घर में रखने के पक्ष में नहीं, उससे दूरी बनाए रखते हैं। मगर नन्दसिंह काली के निर्दोष होने की सफ़ाई जब अपनी पत्नी और बेटी के सामने पेश करते हैं तो वे किसी तरह काली को अपना सहायक रख लेने के लिए राज़ी हो जाती हैं और इस तरह काली नन्दसिंह से जूते बनाने के काम में दक्ष होकर नन्द सिंह की आमदनी बढ़ाने में मददगाार साबित होता है। वह परिवार के सभी सदस्यों से घुल-मिल जाता है, सभी के सुख-दुख का ख़याल रखता है। नन्दसिंह अपनी बेटी पाशो के लिए काली को एक उपयुक्त वर समझकर अड्डे के एक नाई, सुरजन से अपने मन की बात कह देता है तो सुरजन मध्यस्थ बनकर काली और पाशो की शादी करवा देता है। पाशो की माँ नहीं चाहती कि काली घरजमाई बनकर उनके साथ रहे। इसलिए नन्दसिंह पास के ही गाँव की चमादड़ी में अपने दोस्त की मदद से नरैणसिंह के ख़ाली मकान को किराए पर दिलाकर अपनी बेटी और दामाद काली को वहाँ बसा देता है। इस तरह जीवन सुखमय चलता है। नन्दसिंह ने काली को बताया कि अपने पास भी ज़मीन होनी चाहिए :

> 'इस ज़मीन पर प्लाट कट रहे हैं। बड़े और छोटे सरदार जी से बात हो गई है। सड़क के साथ उनके चार खेत हैं। आठ-दस मरले का टुकड़ा मुझे भी मिल जाएगा।'
>
> 'चाचा, तुम्हें जगह किसलिए चाहिए?'
>
> 'तू अभी नहीं समझेगा। है ज़रूरत,' नन्दसिंह ने काली का कन्धा थपथपाया, 'यहाँ प्लाट ज़रूर लेना है।'
>
> (*ज़मीन अपनी तो थी,* वही, पृ. 54-55)

यही रिहायशी प्लाट पाशो व काली के रहने के लिए नन्दसिंह ने ले लिया। उपन्यासकार इस पूरी कहानी में 'ज़मीन' को केन्द्र में रखता है और उसी मूल समाधान को रेखांकित करता है जिसकी उपेक्षा दलित राजनीति ने हमेशा की, यानी भूमिहीन दलित को भूमि की मिल्कियत दिलाना।

एक घटना याद आ रही है जिसे अपने पाठकों के साथ शेयर करना यहाँ ज़रूरी लगता है। बात 1978 की है, दिल्ली यूनिवर्सिटी के एक हॉल में मार्क्सवादी नेता हरेकृष्ण कोनार का एक भाषण इसी विषय पर सुना था। उनकी एक किताब भी मेरे पास है। उनका मानना था कि भूमिहीन आबादी को भूमि की मिल्कियत देना देश के विकास के लिए पहली ज़रूरत है। उन्होंने तरीक़ा बताया कि किस तरह थोड़ी ज़मीन पर साल भर में चार फ़सलें उगाई जा सकती हैं और कृषि उत्पादन

चौगुना हो सकता है जिससे भूमिहीन आबादी की क्रयशक्ति बढ़ सकती है और इस तरह अर्थव्यवस्था में गति आ सकती है। दूसरे, ज़मीन पर मिल्कियत से दलितों की भूस्वामियों पर निर्भरता और उनकी ग़ुलामी से भी निजात मिल सकती है। जगदीश चन्द्र इस समाधान की सारी पेचीदगियों को अपने इस उपन्यास में पेश करते हैं। उपन्यास को रोचक बनाने के लिए उसमें रोज़मर्रा की ज़िन्दगी के बहुत से स्लाइस डाले हैं, मगर केन्द्रीय मुद्दा ज़मीन की मिल्कियत हासिल करने का ही है।

जीवन के विकासक्रम में काली के पास अपनी दुकान है, अपना मकान बन जाता है। उसका वैवाहिक जीवन सुखमय है। दो होनहार बच्चे हैं जो बड़े होकर पढ़ाई-लिखाई में मेहनत करके अच्छी नौकरी पाते हैं। बड़ा लड़का ज्ञानप्रकाश पहले बैंक में नौकरी पा जाता है, फिर आइ.ए.एस. की परीक्षा पास करके ज़िला मजिस्ट्रेट बन जाता है। छोटा सतप्रकाश डॉक्टर बन जाता है। यह सब दिखाने के बावजूद उपन्यासकार अपनी कहानी के केन्द्र में 'ज़मीन' को ही रखता है।

सरकार की ओर से यह ऐलान होता है कि भूमिहीन दलितों को पाँच-पाँच एकड़ ज़मीन मिलेगी तो काली को विश्वास नहीं होता। लेखक लिखता है :

सुरजन ने जब काली को यह ख़बर दी कि सरकार दलितों को ज़मीन दे रही है तो उसे लगा कि सुरजन उससे मज़ाक़ कर रहा है। तब सुरजन ने कहा :

> 'न काली, मैं ठट्ठा नहीं कर रहा। आज का सारा अख़बार इसी ख़बर से भरा पड़ा है कि सरकार ने अधर्मियों, मज़हबियों और ऐसी जातों को खेती के लिए ज़मीन देने के बारे में क़ानून बना दिया है। दिल्ली से मंजूरी मिलते ही लागू हो जाएगा।' (वही, पृ. 133)

जगदीश चन्द्र ने दिखाया है कि किस तरह इस क़ानून से भूस्वामीवर्ग की फ़ालतू ज़मीनें सरकार हासिल ही नहीं कर पाई। पटवारी चूनीलाल के माध्यम से इस कलई को खोला गया है :

> पटवारी दुकान के बाहर झाँक मुँह बाबू रामनाथ के कान के बहुत निकट ले गया, 'बाबूजी बात अपने तक ही रहे। नब्बे-पंचानवे फ़ीसदी ज़मींदार तो इस क़ानून के दायरे से बाहर हैं ही। जो पाँच-सात फ़ीसदी रह गए, उन्होंने फ़ालतू ज़मीनें सँभाल ली हैं। समझो कि क़ानून बनने से पहले ही उसे फ़ेल कर दिया।' (वही, पृ.139)

> पटवारी चूनीलाल बताता है कि 'भाखड़ा पैंग (बाँध) बनने से सतलुज और व्यास की दरिया बुर्द बाढ़ की मार से बच गई है। अब सरकार उस ज़मीन पर नाजायज़ क़ब्ज़े हटा रही है। वही ज़मीन बाँटेगी उनमें।' (वही, पृ. 140)

काली के बेटे ज्ञानप्रकाश की दिलचस्पी इस ज़मीन में नहीं है। उसे तो नौकरी मिली हुई है, इसलिए वह अपने बाप से सवाल करता है कि 'ज़मीन मिल गई तो क्या खेती करोगे?'

> 'काका, खेती बाद की बात है। ज़मीन की मिल्कियत रीढ़ की हड्डी समान है। मरा-बुझा आदमी भी तीर की तरह सीधा खड़ा होता है। चमार-चमोटे से चौधरी बन जाता है', काली ने एक-एक शब्द पर ज़ोर दिया। (वही, पृ. 152)

नन्दसिंह और उस इलाक़े के बहुत से दलित उस ज़मीन के लिए अपनी-अपनी अर्ज़ी दे देते हैं। उन्हें ज़मीन आवंटित हो जाती है, तो चालाकी से एक दलित अफ़सर कुलतार सिंह जो नरैणसिंह का बेटा है अपने नाम करा लेता है। वह अपने नाम के साथ 'जौहल' लगा लेता है जिससे उसकी दलित अस्मिता लुप्त हो जाती है और जाट चौधरी जैसा सम्मान पाता है। अड्डे पर मुरारीलाल काली को बताता है :

> 'जिस कुलतार सिंह का तुम लोग ढोल-मंजीरे बजाकर गुणगान करते नहीं थकते थे, वह तुम्हारी ज़मीनें हड़पकर सौ किल्ले के फ़ॉर्म का मालिक बन गया है। दो फ़सलें भी ले चुका है।' (वही, पृ. 165)

उसके अपने ही गाँव-परिवार के लोगों को उसकी साज़िश का पता चलता है तो वे उसके पास जाकर प्रतिरोध करते हैं। उसका चाटुकार दलाल रामगोपाल उन दलितों को समझा-बुझाकर उन्हें उनकी ज़मीन की क़ीमत के तौर पर साढ़े सात सौ रुपये देकर ख़ुश कर देता है और वे उन पैसों से उसी तरह मौज-मस्ती करते नज़र आते हैं जैसे मुंशी प्रेमचन्द की 'कफ़न' कहानी के घीसू-माधव।

मगर काली पैसा लेकर समझौता नहीं करता। वह अपनी ज़मीन हासिल करने के लिए लम्बे समय तक संघर्ष करता है। वह अपनी बिरादरी के नेता रामप्रकाश से मदद माँगता है, मगर निराशा हाथ लगती है। वह केस दायर कर देता है। जिन दिनों काली और पाशो अपने आइ.ए.एस. बेटे ज्ञानप्रकाश के बँगले में उसके साथ रह रहे होते हैं तब वह अपने बेटे पर ज़ोर डालता है कि वह अपने जिगरी सहपाठी दोस्त राजीव और संजीव के पिता पंडित मनोहरलाल शर्मा एडवोकेट के माध्यम से केस की पैरवी कराए, जिससे वह कुलतारसिंह से अपनी ज़मीन हासिल कर सके। वाचक कहता है :

> ज्ञान को अपने पिता की सादगी पर हँसी आ गई, 'डैडी, जब वह क़ानून की गिरफ़्त में नहीं आया, तो मैं क्या कर सकता हूँ? वैसे आप ज़मीन के पीछे क्यों पड़े हैं। अगर मिल भी जाए तो क्या आप उस बंजर में खेती करने जाएँगे?'

'काका, बात खेती की नहीं, मिल्कियत की है। वैसे खेती भी कर सकता हूँ। अपनी मिट्टी से जूझने का अपना ही सुख होता है,' काली उत्तेजित हो गया।

'मैं तो यही कहूँगा कि आप इस मामले को भूल जाएँ,' ज्ञान अपने कमरे की ओर बढ़ गया। (वही, पृ. 213)

काली और पाशो बहुत दिन तक अपने अफ़सर बेटे के साथ उसके बँगले में नहीं रह सके। पीढ़ियों का अन्तराल, रहन-सहन का अन्तराल, अफ़सर बेटे के रुतबे की रक्षा की समस्या और अजनबीपन काली और पाशो को बेचैन करने लगा। पूरी कथा के अन्त में एक छोटी सी घटना एक ग़ैरदलित लेखक के भीतर बैठे ब्राह्मणवाद को भी उजागर कर देती है। इसकी पहचान दलित सौन्दर्यशास्त्र की वैचारिकी से ही की जा सकती है। वह घटना इस प्रकार है—बँगले के लॉन में ज्ञानप्रकाश के कई दोस्त गपशप कर रहे हैं, काली भी उन नौजवानों के साथ शामिल हो जाता है। उसका एक दोस्त जॉर्ज पैर हिला रहा है :

जॉर्ज ने पैर हिलाने की रफ़्तार और तेज़ कर दी। काली से चुप नहीं रहा गया। उसने उनकी बातचीत को बीच में ही टोंक बूट की ओर इशारा करते हुए पूरी व्यावसायिक प्रवीणता का परिचय देने के लिए अधिकारपूर्ण स्वर में कहा, 'काका, अपने दाएँ बूट की जल्दी से जल्दी मरम्मत करवा लो...बारीक टाँके लगवाना। वरना यह बढ़िया और क़ीमती बूट एकदम पूरा मुँह खोल बेकार हो जाएगा।'

अपने पिता की बात सुन ज्ञानप्रकाश हतप्रभ रह गया। गुस्से और शर्म से उसका चेहरा और कपोल सुर्ख़ हो गए। (वही, पृ. 214)

अकेले में ज्ञानप्रकाश अपने बाप काली को डाँट पिलाता है। उसे लगता है कि उसके बाप ने उसके दोस्तों में उसकी दलित अस्मिता उजागर कर दी है। वाचक कहता है :

काली को देखते ही ज्ञान भड़क उठा। वह आवाज़ को दबाता हुआ गुस्से में बोला, 'मेरे दोस्तों को क्या यह बताना ज़रूरी कि तुम चमार हो, मोची का काम करते हो?'

...

ज्ञान ने फुंकारते हुए ज़ोर से पाँव पटका, 'यह जूतों की दुकान नहीं, आइ.ए.एस. अफ़सर की कोठी है।' (वही, पृ. 214)

उक्त घटना से ग़ैरदलित लेखक भी जाने-अनजाने उस रूढ़ि का शिकार हो जाता है जो सवर्णों में घर किये बैठी है कि चाहे जो हो जाए, ये रहेंगे वही जो ये हैं।

अपने बेटे के व्यवहार से क्षुब्ध काली और पाशो अन्ततः 'पुराने कपड़ों का बोझ उठाए' अपने अड्डे पर घर लौट जाने का निश्चय कर लेते हैं। इस तरह उपन्यास बहुत ही अर्थगर्भित संकेत के साथ ख़त्म होता है :

> और वे चुपचाप अपने बेटे के वर्तमान और भविष्य से बाहर हो सिरों पर पुराने कपड़ों का बोझ उठाये बस अड्डे की ओर चल दिये। (वही, पृ. 215)

ओमप्रकाश वाल्मीकि की रचना : 'जूठन'

साहित्य का दलित सौन्दर्यशास्त्र जिस वैचारिकी पर निर्मित है उसके आधार पर अब तक मैंने देश-विदेश की कुछ चुनी हुई रचनाओं का आकलन, यह रेखांकित करने के लिए किया कि यह सिर्फ़ हिन्दी के चन्द दलित रचनाकारों की कृतियों के आकलन का औज़ार नहीं है, इसकी एक सार्वभौमिकता है। हिन्दी के जिन रचनाकारों की कृतियों पर इसका प्रयोग किया, वे सभी ग़ैरदलित ही थे। अब बानगी के तौर पर कुछ दलित रचनाकारों की कृतियों का आकलन भी किया जाना ज़रूरी लग रहा है। इस समय तक हिन्दी में ही दलित रचनाकारों का इतना विपुल साहित्य प्रकाशित हो चुका है कि उसका संक्षिप्त परिचयात्मक इतिहास ही कोई लिखे तो कई विशालकाय पोथे उसके खंडों के रूप में सामने आ सकते हैं, एक पूरी लाइब्रेरी भर सकती है। इसलिए बानगी के तौर पर चन्द रचनाएँ ही ली जा सकती हैं। मैं शुरुआत ओमप्रकाश वाल्मीकि की आत्मकथा *जूठन* (1997) से करना चाहता हूँ। यों तो कालक्रम के अनुसार हिन्दी में प्रकाशित दलित आत्मकथाओं में यह रचना दूसरे नम्बर पर आती है। पहली दलित आत्मकथा, मोहनदास नैमिशराय की *अपने-अपने पिंजरे* (1995) मानी जाती है। फिर भी जूठन को काफ़ी शोहरत और मक़बूलियत हासिल है, शायद सबसे ज़्यादा। कई विश्वविद्यालयों के हिन्दी और अंग्रेज़ी साहित्य के कोर्स में भी इसे शामिल किया गया है। यह कृति प्राकृत यथार्थवाद की अनूठी रचना है जिसमें हमारे समाज के सबसे निचले पायदान पर फेंके गए, सदियों की मनुवादी ग़ुलामगीरी करते इनसानों की ज़िन्दगी की तस्वीर पेश की गई है। ऐसे मनुवादी समाज में जन्म लेकर एक रचनाकार किस तरह जीवन-संघर्ष करता हुआ अपनी शिक्षा-दीक्षा और जीवनयापन की सम्मान-योग्य हैसियत हासिल करता है, किस तरह साहित्य की कलात्मक अभिव्यक्ति के अनूठे शीर्ष तक पहुँचता है, ओमप्रकाश वाल्मीकि की यह कृति एक मिसाल पेश करती है।

ओमप्रकाश वाल्मीकि की रचना पर बात करने से पहले, एक गम्भीर सवाल मेरे मन में बार-बार कौंधता है कि दलित लेखकों ने उपन्यास विधा की जगह 'आत्मकथा' जैसी विधा को क्यों चुना, जिसमें कल्पना की स्वच्छंद उड़ान सम्भव

नहीं, जिसमें रचनात्मकता का स्तर मात्र 'लिरिकल' यानी 'निजबद्ध' होकर रह जाता है। क्या दलित लेखक इस सिद्धान्त से अपरिचित रहे हैं कि निजी अनुभूतियों को साहित्यिक रचना में ढालने के लिए अपनी कल्पनाशक्ति से एक 'आब्जेक्टिव कोरिलेटिव' का आविष्कार करना होता है जिससे वह 'निजी' न रहकर वस्तुगत बन जाए, वह रचना 'प्रगीतात्मक' न होकर 'नाटकीय' स्वरूप धारण कर ले, वह दोयम दर्जे की रचना न होकर एक परिपक्व विश्वदृष्टि से लैस उत्तम कोटि की साहित्यिक कृति बन सके और वह देशकाल की सीमाओं का भी अतिक्रमण कर सके। आख़िरकार दलित लेखकों ने इस दौर में उच्च शिक्षा हासिल की है। उन्हें वे सारे 'टूल्स' अब मिले हुए हैं। सूचना-विस्फोट के इस ज़माने में सारी दुनिया का साहित्य उनके लिए हस्तामलकवत् है। वे किसी गुरु के मोहताज नहीं हैं। वे थोड़ा अतिरिक्त समय और श्रम देकर उन तमाम तकनीकों को अर्जित कर सकते हैं जो ललित साहित्य कही जाने वाली रचनाओं में इस्तेमाल होती हैं। 'आत्मकथाओं' में वर्णित सारा कच्चा माल उपन्यासों, नाटकों और अन्य विधाओं में उर्वर कल्पना के श्रमसाध्य प्रयत्न से पुनर्रचित किया जा सकता था, जैसाकि ग़ैरदलित लेखक जगदीश चन्द्र ने आठवें दशक के शुरू के ही दिनों में कर दिखाया। मगर हुआ यह कि दलित लेखकों ने उस आत्माभिव्यक्ति को जस का तस लिख डाला। इस तरह हिन्दी में दलित साहित्य (और नारी साहित्य में भी) 'आत्मकथाओं' की बाढ़ सी आ गई। इस परिघटना का मूल कारण क्या हो सकता है, इस पर विद्वानों ने अभी शायद माथापच्ची नहीं की है। मेरे ख़याल से इस गुत्थी पर बात ज़रूर करनी चाहिए, इससे दलित साहित्य का भावी विकास भी नये तरीक़े से सम्भव होगा।

मेरा विचार है, मैं ग़लत भी हो सकता हूँ, कि दलित रचनाकारों ने उसी दौर में 'आत्मकथाएँ' लिखनी शुरू कीं जिस दौर में समूचे हिन्दी साहित्य में 'जड़ों की ओर' लौटने की प्रवृत्ति हावी हो रही थी जिसकी आलोचनात्मक व्याख्या करते हुए मैंने एक लेख लिखा था जो स्वतंत्र भारत अख़बार में 14 मार्च, 1993 के अंक में छपा था। दरअसल, देश के मनुवादी शोषक-शासक वर्गों ने उस दौर में यानी बाबरी मस्जिद के ध्वंस के बाद के समय में, अतीत को ही मुख्य एजेंडा बना दिया था। उस लेख का समापन करते हुए मैंने लिखा था :

> ऐसे वातावरण में जहाँ अतीत ही वेताल की तरह विक्रम के कन्धे पर लदा हो तो अतीत के सवाल ही हर बार सामने आएँगे, चाहे वह लोकसभा हो या साहित्य, अख़बार हों या टेलिविज़न। जब तक समाज इस वेताल से मुक्त नहीं होता, भविष्य का कोई सपना या 'विज़न' नहीं देखा जा सकता क्योंकि शोषकों ने अतीत को ही फ़िलहाल सबका एजेंडा बना दिया है और सारे राजनीतिक, सामाजिक, सांस्कृतिक कर्म का अखाड़ा

> अतीत बना हुआ है। ऐसी स्थिति में हमारा कथा साहित्य और कुछ हद तक कविता भी अतीतोन्मुखी हो उठे तो इसमें हैरानी की बात नहीं। (*स्वतंत्र भारत,* 14 मार्च, 1993)

याद करें, पहली हिन्दी दलित आत्मकथा, मोहनदास नैमिशराय की, *अपने-अपने पिंजरे* 1995 में प्रकाशित हुई थी, उसके बाद ओमप्रकाश वाल्मीकि की जूठन 1997 में और कौशल्या बैसन्ती की दोहरा अभिशाप 1999 में छपी थी। इन आत्मकथाओं की व्यापक स्वीकृति के कारण उनकी देखा-देखी अनेक दलित रचनाकारों ने बाद में आत्मकथाएँ लिख डालीं।

उसी दौर में लिखे कई लेखों में मैंने अतीतमोह के उभार का यथार्थपरक विश्लेषण किया था। एक लेख, 'समकालीन हिन्दी उपन्यास में अतीतमोह' में विस्तार से नई उभरती हुई प्रवृत्ति की व्याख्या मैंने की थी, जिसकी शुरुआत में ही यह लिखा था कि 'इधर के दस बरसों के दौरान लिखे गए हिन्दी उपन्यासों में एक ख़ास प्रवृत्ति देखने को मिलती है, वह है अतीतमोह की।' (*कथा-क्रम,* अप्रैल 1999)

यह अकारण नहीं है कि उसी दौर में शिवप्रसाद सिंह अचानक नीला चाँद में सन् 1060 ई. की काशी में पहुँच जाते हैं, 'उस समय की काशी है यह यानी ई. 1060 की'। वे अपनी मंशा भी लिख देते हैं कि 'मैं मध्यकाल की वह काशी देखना चाहता था जो विदेशी आक्रांताओं के पहले थी'। उपन्यास का संवेदनात्मक उद्देश्य कथा की शुरुआत में ही मिल जाता है, उनकी भाषा पर ग़ौर करें :

> गठीले बदन, प्रलम्ब बाहु और प्रौढ़ावस्था का आगन्तुक धीरे-धीरे चलते हुए उस व्यक्ति के पास पहुँचा—'राजकुमार।' वह काँपते हुए स्वर में बोला—'सब कुछ महाकाल को समर्पित कर दीजिए।'

मनुवादी सोच के रचनाकार को यह मालूम ही नहीं था कि उपन्यास विधा का जन्म ही साहित्य को इन 'राजकुमारों' की गिरफ़्त से बाहर लाना था। यूरोप में जब साहित्य से साधारण जन बहिष्कृत था और फ्रांस की क्रान्ति ने साधारण जन की ताक़त को सारी दुनिया के सामने पेश कर दिया था तो उस समय साधारण जन को नायकत्व प्रदान करने के लिए नई विधा की ज़रूरत पड़ी थी। वह नई विधा उपन्यास ही थी जिसमें अपने-अपने समय और समाज के ग़रीब, उपेक्षित, दलित-वंचित जन ही नायक बनकर दुनिया के सामने आए थे। यूरोप की तरह भारत में भी पूँजीवाद के उदय के साथ इस साधारण जन को साहित्य में लाने की ज़रूरत महसूस हुई, और हमारे यहाँ भी इसी कारण उपन्यास विधा का सूत्रपात हुआ। मुंशी प्रेमचन्द उपन्यास सम्राट इसी वजह से कहे जाते हैं क्योंकि उन्होंने

उस 'गँवई गाँव गँवार' को अपने उपन्यासों का नायक बनाया जिसे रीतिकालीन कवि इसलिए हिक़ारत की नज़र से देखते थे कि उसे इत्र की सराहना करनी नहीं आती थी।

मगर यह कैसी बिडम्बना देखने को मिली कि 1992 के बाद के दौर में अतीत के वे ही 'राजकुमार' फिर से अपनी महाकाव्य की ज़मीन छोड़कर जिसे पंडितों ने उनके लिए रिज़र्व कर रखा था उस उपन्यास विधा की स्पेस घेरने लगे जो उनके लिए नहीं बनाई गई थी। मज़ेदार बात यह है कि नीला चाँद हमारी शोषक-शासक व्यवस्था द्वारा पुरस्कृत भी कर दिया गया और यह देखा ही नहीं गया कि वह कृति आज़ादी के दौर के उस मानव-मूल्य पर आघात करती है जिसे हम धर्मनिरपेक्षता कहते हैं और जो हमारे देश के संविधान की एक प्रतिज्ञा भी है। मधुरेश ने ठीक ही लिखा था कि 'लम्बे अन्तराल के बाद शिवप्रसाद सिंह की यह रचनात्मक सक्रियता उन्हें हिन्दू पुनरुत्थानवाद और सामन्ती मूल्यदृष्टि के पक्ष में ही खड़ा करती है।' (*हिन्दी उपन्यास का विकास*, पृ. 205) शिवप्रसाद सिंह ने और अधिक पीछे जाकर वैदिक काल पर भी वैश्वानर लिख डाला। यह हिन्दी का दुर्भाग्य ही है कि हमारे उपन्यासकार अपने समय से मुँह चुराकर अतीत के गुफागेह में जाकर उन दिनों कुंडली जाग्रत करने लगे थे।

इतिहास ही नहीं, उस दौर में मिथकीय नायकों को भी हिन्दी उपन्यास में गौरवान्वित किया जाने लगा था। यदि शिवप्रसाद सिंह ने काशी के उद्धार के लिए अपनी उपन्यास कला समर्पित कर दी, तो भगवान सिंह ने अयोध्या के लिए। यह काम नरेंद्र कोहली तो पहले से कर ही रहे थे, राजनीतिक रूप से भी वे फ़ासीवादी मुहिम में शरीक होकर साम्प्रदायिक एजेंडे के लिए काम कर रहे थे और लेखन में भी वे उपन्यास के लिए मिथकीय नायकों का इस्तेमाल कर रहे थे। भगवान सिंह ने नये सिरे से रामकथा को उपन्यास का रूप देने की कोशिश इसी दौर में की, हालाँकि ऐतिहासिक उपन्यास लिखने की ललक उनमें पहले से ही थी। वे उस ज़माने में भी महाभिषग की रचना कर रहे थे जिन दिनों जगदीश चन्द्र 'धरती धन न अपना' लिख रहे थे। महाभिषग में गौतम बुद्ध नायक थे, अतीतमोह के दौर में लिखे अपने-अपने राम में मिथकीय राम नायक हैं। हालाँकि लेखक का अपना मन्तव्य अपने उपन्यास को ब्राह्मणवादविरोधी विचारधारा की रचना बनाने का था, मगर वह रचना वस्तुगत रूप में एक और मनुवादी रामकथा बनकर रह गई जिसमें राम उसी तरह आदर्शीकृत और दैवत्वप्राप्त नायक हैं जैसे कि अन्य रामकथाओं में या सामन्ती समाजों के महाकाव्यों में मिलते हैं। भगवान सिंह के इस उपन्यास में राम में वे सारे गुण दिखाए गए हैं जो ब्राह्मणवाद को सुदृढ़ करने वाले महाकाव्यों के धीरोदात्त महानायकों में पहले ही दिखाए जाते थे। लेखक के साथ अन्याय न हो जाए, इसलिए इस तथ्य को सप्रमाण बताना

ज़रूरी है। भगवान सिंह ने 'अपने-अपने राम' पुस्तक में राम के चरित्र-चित्रण में यह कोशिश लगातार की कि राम को 'देवता' न माना जाए, लेकिन वस्तुगत रूप में राम मानव न रहकर देवता ही बन गए क्योंकि उनमें सिर्फ़ गुण ही गुण हैं। वे उन तमाम गुणों का प्रतिनिधित्व करते हैं जिन्हें गीता में कृष्ण देवता बनने के लिए ज़रूरी मानते थे :

वीतरागभयक्रोधा मन्मया मामुपाश्रिताः।
बहवो ज्ञानतपसा पूता मद्भावमागता॥ (अध्याय-4,10)

इन्द्रप्रस्थभारती पत्रिका के जनवरी-मार्च 1993 के अंक में भगवान सिंह की रामकथा की आलोचना लिखते हुए मैंने विस्तार से राम की अलौकिकता के सबूत पेश किये थे। कथाकार ने यह लिखा कि 'राम को क्रोध नहीं आता।' (पृ. 100), फिर पृ. 215 पर राम के इस अलौकिक गुण की दुबारा चर्चा है जब शत्रुघ्न से वाल्मीकि यह सवाल करते हैं कि 'क्या उन्हें क्रोध नहीं आता?'

नहीं, महाराज को क्रोध नहीं आता, मुनिवर। कहते हैं, 'मुझे तो रावण पर भी क्रोध नहीं आया था, जिसने मेरी सीता का हरण किया था। उसका वध करते समय भी क्रोध नहीं आया था।'

कथा के इसी स्थल पर वाल्मीकि जाबालि द्वारा दी गई शिक्षा याद करते हैं जिन्होंने कहा था, 'समस्त ज्ञान और समस्त तप का सार यही है : अपने राग और क्रोध पर विजय'। इसी तरह राम को भय भी नहीं लगता। राम कहते हैं कि 'हमें किसी से डर नहीं लगता।' जब एक पात्र यह सवाल करता है कि 'शेरों और चीतों से भी नहीं?' तो वे जो कहते हैं वह वही है जिसे तुलसीदास के राम कहते हैं, 'केवल कपटी और छली व्यक्तियों को मैं सहन नहीं करता। (पृ. 186) तुलसी के राम कहते हैं कि 'निरमल मन जन सो मोहि पावा/ मोहि कपट छल छिद्र न भावा।' इस तरह का अलौकिक चरित्र राम का तो है जबकि ख़ुद वाल्मीकि इस 'विजय' को हासिल नहीं कर पाए, इसकी ग्लानि उन्हें है। पूरी कथा में राम की कोई दुर्बलता सामने नहीं आती। इस तरह के लोकोत्तर राम तो किसी भी अन्य कथा में नहीं मिलेंगे। उपन्यास विधा ऐसे चरित्रों के लिए नहीं बनी है।

इस दौर में अन्य उपन्यास भी अतीत को व्याख्यायित करते हुए सामने आए, भले ही वे चर्चित न हो पाए हों। सुरेश कांत का धम्मं शरणम् और विश्वंभरनाथ उपध्याय का जोगी मत जा भी सुदूर अतीत को लेकर लिखे गए। कमलाकांत त्रिपाठी ने अपने दो उपन्यासों, पाहीघर और बेदख़ल, में भारत के मुक्ति संग्राम के दो दौर के यथार्थ को चित्रित करने की कोशिश की। छोटी-मोटी अन्य रचनाएँ भी इतिहास की गहन गुफा से अपना मसाला लाईं, जिनका उल्लेख यहाँ सम्भव नहीं। असग़र वजाहत के उपन्यास, सात आसमान में एक पात्र अतीत से जुड़ने की कामना व्यक्त

करता है। ज़मीन के एक टुकड़े को लेकर जो मुक़दमा चल रहा है, वह दस हज़ार की होगी, उसके लिए कथानायक कहता है :

> मेरे ख़याल से दस हज़ार रुपये की आमदनी के लिए इतना परेशान होने की ज़रूरत न थी। लेकिन मैं ये भी जानता था कि ज़मीन अब्बा के लिए महज़ ज़मीन नहीं थी, वह उन्हें एक लम्बे अतीत से जोड़ती है और पीछे जाने का सफ़र करने का एक बिन्दु है। (सात आसमान, पृ. 242)

लम्बे अतीत से जुड़ने की और पीछे जाने की यह ललक अलका सरावगी के उपन्यास, कलि कथा : वाया बाईपास, में भी है जिसके कथानायक किशोर बाबू भी अपने लिए अतीत में सुकून तलाश करते हैं। वे अपने युग का और इस शताब्दी का एक आलोचनात्मक जायज़ा भी लेते हैं। अपने युवाकाल के साथियों से नई सदी में मिलने का संकल्प शायद इसी प्रयास का हिस्सा है। मगर इन साथियों में से अमोलक बाबरी मस्जिद की रक्षा में शहीद हो गया, दूसरा अपने पिता की जायदाद का वारिस बनकर उच्च मध्यवर्ग में अपनी अस्मिता विलीन कर चुका और ख़ुद किशोर बाबू अपने सिर की गाँठ (शायद कुंठा) या चोट से उस अतीत को पुनः जीने को अभिशप्त हैं जो अब नहीं है। वे एक साधारण आदमी की हैसियत से इतिहास का हिस्सा बनना चाहते हैं। कथाकार ने लिखा :

> इतिहास मामूली आदमियों की कथा नहीं कहता, पर हर इतिहास मामूली आदमियों से पटा पड़ा होता है जो इस इतिहास से जूझते हुए जीवन काटते हैं। इसलिए किशोर बाबू इतिहास के अनकहे को कहकर अपनी कथा के लिए इतिहास के स्तर तक उठ जाने की आकांक्षा पाले हुए हैं। (पृ. 27-28)

निम्न-मध्यवर्ग के ग़ैर दलित कथाकार जहाँ अतीतमोह से ग्रस्त थे, वहीं दलित लेखक के पास कोई समृद्ध अतीत या इतिहास तो था नहीं जिसे वह कल्पना से सजा कर पाठकों को देता। मनुवादी व्यवस्था के इतिहास को वह अपनी रचना का विषय बनाता भी क्यों? उसके पास तो आज़ादी के बाद अर्जित भाषा और अपना ख़ुद का ही छोटा सा दुखभरा इतिहास था, उसी को चित्रित करने की ईमानदार क्षमता उसके पास थी। उसी का इस्तेमाल करने की लालसा से तुरत-फुरत तो 'आत्मकथा' ही लिखी जा सकती थी। उपन्यास में ख़ुद के दुखों को ढालना बहुत मेहनत और रचनात्मक कौशल से ही सम्भव हो सकता था। शायद इसी लेखकीय सीमा की वजह से अभिव्यक्ति का प्रगीतात्मक (आत्मपरक) माध्यम यानी 'आत्मकथा' का माध्यम सम्भव हुआ। मगर उस युग के असर में सवर्ण और दलित सभी उस दौर में 'जड़ों की ओर' चल दिये थे।

दरअसल, इस बदली हुई चेतना का एक कारण यह भी था कि हिन्दी लेखकों के सामने पहले समाजवादी व्यवस्था का एक सपना रहता था। समतावादी समाज एक सम्भावना है, सम्भावना ही नहीं, 'वह भवितव्य अटल है/ इसको अँधियारे में झोंक न सकते'। इस तरह की मान्यता से आगे भविष्य की ओर उन्मुख रचनाकार सदा नित नये प्रयोगों से रचनारत रहता था। वर्तमान में वर्गसंघर्ष में अपना योगदान करता हुआ आगे की सोचता था। तब वह जनप्रतिबद्धता से निजबद्ध नहीं रहता था। सोवियत संघ के ढह जाने से इस भविष्योन्मुखी चेतना को एक धक्का लगा। रचनाकार से उसकी स्वप्नशीलता छिन गई। शोषणपरक वर्तमान से उसे सन्तोष नहीं था, भविष्य का कोई नक्शा नहीं रह गया, तो फिर अतीत की ओर लौटना स्वाभाविक ही था, और हिन्दी साहित्य में उस दौर में यही हो रहा था। पढ़े-लिखे नवोदित दलित लेखकों की वर्गीय स्थिति भी बदल गई थी, इसलिए वे भी अन्य निम्नवर्गीय लेखकों की तरह 'अस्मिता की खोज' यानी 'पहचान' की खोज कर रहे थे। ओमप्रकाश वाल्मीकि ने ईमानदारी से जूठन में इस यथार्थ को रेखांकित किया था :

> दलितों में जो पढ़-लिख गए हैं, उनके सामने एक भयंकर संकट खड़ा हआ है—पहचान का संकट, जिससे उबरने का वे तात्कालिक और सरल रास्ता ढूँढ़ने लगे हैं। अपने वंशगोत्र को थोड़े ही संशोधन के साथ अपने नाम के साथ जोड़ने लगे हैं... इन सबके पीछे पहचान की तड़प है, जो 'जातिवाद' की घोर अमानवीयता के कारण प्रतिक्रियास्वरूप उपजी है। दलित पढ़-लिखकर समाज की मुख्यधारा से जुड़ना चाहते हैं। (*जूठन*, पहला सं., राधाकृष्ण प्रकाशन, पृ. 152)

आत्मकथाएँ भी इसी दौर के असर का नतीजा थीं। आगे जब कभी समतावादी समाज के लिए क्रान्तिकारी हालात पैदा होंगे तो दलित रचनाकार भी निजबद्धता से मुक्त होकर उपन्यास रचने के लिए प्रेरित होंगे, जैसा हर देश में हुआ। यह मेरा विश्वास है।

ओमप्रकाश वाल्मीकि ने अपनी रचना, जूठन के पहले ही पृष्ठ पर अपनी उलझन व्यक्त करते हुए बताया कि 'कुछ मित्रों की राय थी, आत्मकथा के बजाय उपन्यास लिखो।' मगर राजकिशोर के आग्रह पर शुरुआत जब आत्मकथा से हो गई तो इस रचना का रूप स्वरूप वही बना रहा। ओमप्रकाश वाल्मीकि हिन्दी के एक प्रतिभाशाली रचनाकार थे। वे एक कवि, कहानीकार, नाटककार, विचारक और एक्टिविस्ट भी थे। उनकी आत्मकथा में उनकी सारी गतिविधि का पुट लगातार दिखाई देता है। उसे पढ़ते समय यही आभास होता है कि हम एक बेहतरीन उपन्यास पढ़ रहे हैं। उसमें पात्र हैं, कथारस है, वाद-संवाद हैं, रूखा-सूखा गद्य नहीं।

दलित लेखकों की आत्मकथाएँ पढ़ते समय, चौदहवीं सदी के इटली के कवि दांते के महाकाव्य, डिवाइन कॉमेडी के पैटर्न की याद आती है। इधर दांते के महाकाव्य को एक आलोचक, माइकेल डिरडा ने 'पहली आत्मकथा' कहा है (देखें, Michael Dirda, Introduction to *Auerbach's Dante: Poet of the Secular World* : New York Review Books, 2007) दांते का महाकाव्य तीन खंडों में विभाजित है, नरक-कुंड (Inferno), शोधनगिरि (Purgatorio), स्वर्ग (Paradiso)। दांते यह दर्शाता है कि इनसान की आत्मा पहले नरककुंड में कष्ट भोगती है, शोधनगिरि पर उसके कष्ट दूर होने लगते हैं, और अन्त में स्वर्गिक आनन्द हासिल होता है। जगदीश चन्द्र ने अपनी उपन्यास त्रयी में कालीदास की जीवनयात्रा भी इसी तरह दिखाई थी! उनकी त्रयी में एक उपन्यास का शीर्षक ही था, 'नरककुंड में वास'। दलित लेखक भी अपनी-अपनी आत्मकथाओं में नरककुंड में पाई गई यातनाओं के विवरण पेश करते हैं, फिर अपनी शिक्षा-दीक्षा और मेहनत से हासिल संसाधनों से जीवनसंघर्ष करते हुए मुक्ति की ओर बढ़ते हैं, अन्त में एक मानवीय सुखमय जीवन उन्हें जी पाने का अवसर मिलता है, हालाँकि संवेदनशील लेखक होने के नाते जाति का दंश उन्हें पीड़ा पहुँचाता रहता है, क्योंकि भारत में मनुवादी वर्णव्यवस्था का आधार अभी तक बना हुआ है।

ओमप्रकाश वाल्मीकि की *जूठन* का पूर्वार्द्ध एक तरह से नरककुंड में वास है। उनकी पुस्तक का पहला पन्ना ही उसकी तस्वीर पेश कर देता है। लेखक अपने घर के चारों तरफ़ के वातावरण की हालत बयान करते हुए बताता है कि वहाँ गाँव-भर की औरतें खुले में शौच करने आती थीं, इसलिए 'चारों तरफ़ गन्दगी भरी होती थी। ऐसी दुर्गंध कि मिनट भर में साँस घुट जाए। तंग गलियों में घूमते सुअर, नंग-धड़ंग बच्चे, कुत्ते, रोज़मर्रा के झगड़े, बस यह था वह वातावरण जिसमें बचपन बीता।' (पृ. 11) जगदीश चन्द्र ने अपनी उपन्यास-त्रयी में भी ऐसी गन्दगी के अनेक चित्र दलित बस्तियों में दिखाए, नरककुंड में बास में तो 'बास' यानी 'दुर्गंध' आख्यान का केन्द्र ही है। कालीदास भटकते-भटकते चमड़ा साफ़ करने के जिस कारख़ाने में काम पाता है, वहाँ पहले ही दिन तेज़ दुर्गंध की वजह से उसे उल्टियाँ होने लगती हैं। वह कहता है, 'किशने भा जी, ज़िन्दगी में इतनी गन्दगी में काम करना तो एक तरफ़, कभी ऐसी गन्दगी देखी भी नहीं थी।' (पृ. 134) दूसरे दिन का हाल बयान करते हुए वाचक कहता है, 'काली ने खाल को ऊपर उठाया तो बदबू का एक बड़ा झोंका उमड़ पड़ा...' (पृ.135) ओमप्रकाश वाल्मीकि और जगदीश चन्द्र जिस गन्दगी और बदबू का उल्लेख अपनी-अपनी कृतियों में करते हैं वह एक तरह से मनुवादी व्यवस्था की भी गन्दगी और बदबू है जिसके यथार्थ को हम साहित्य के दलित सौन्दर्यशास्त्र से ही देख सकते हैं।

हिन्दी की पहली आत्मकथा, मोहनदास नैमिशराय की *अपने-अपने पिंजरे* (1995) में भी इसी तरह की गन्दगी का चित्रण है :

> जगह-जगह कूड़े के ऊँचे-ऊँचे पहाड़ सरीखे ढेर थे। उन पर तेनसिंह, हिलेरी की तरह एवरेस्ट विजय करने की सनक में सूअर अपनी-अपनी थूथनी से कूड़े के ढेरों को बिखेरते हुए लौट आते। नज़दीक ही गन्दे नाले में मक्खी, मच्छरों के साथ बीमारियाँ और उसी परिवेश से घिरी मिठाई की दुकानें, जिन पर तेली की तरह चिक्कट कपड़ों में भिनभिनाती मक्खियाँ उड़ाते थुलथुले बदन सँभाले हलवाई। (*अपने-अपने पिंजरे* (भाग-1), वाणी प्रकाशन, प्रथम संस्करण 2000, पृ. 10)

जूठन के शुरुआती भाग में ही रचनाकार ने बताया कि प्राइमरी स्कूल में बालक ओमप्रकाश को पढ़ाने के बजाय हेडमास्टर कलीराम गन्दी गालियाँ देता हुआ पूरे स्कूल की गन्दगी साफ़ करवाने का काम उसी से लेने लगा। उनके पिताजी ने देखा तो साहस से हेडमास्टर का सामना किया, प्रधान से मदद माँगी तब जाकर बालक की पढ़ाई शुरू हो पाई।

रचनाकार अपने बचपन के दिन याद करते हुए उस यातना को भी महसूस करता है जो उसे अपनी माँ, बहन व अन्य परिवारजनों के सफ़ाई कर्म को देखकर मिलती थी, जिसमें उन्हें भी जगदीश चन्द्र के नरककुंड की बास या दुर्गंध झेलनी पड़ती थी। इसके अलावा वातावरण भी 'गन्दगी' से भरा दिखाया गया है। जूठन में एक जगह वाचक बताता है :

> बरसात के दिन नरक से कम नहीं थे।...कीचड़ में सूअरों की गन्दगी भरी रहती थी, जो बारिश रुकने के बाद गँधियाने लगती थी। (वही, पृ. 30)

इस नरककुंड का बिम्ब वाचक की चेतना पर गहरे तक अंकित है। इसका वर्णन आगे फिर मिलता है :

> साहित्य में नरक की सिर्फ़ कल्पना है। हमारे लिए बरसात के दिन किसी नारकीय जीवन से कम न थे। हमने इसे साकार रूप में जीते जी भोगा है। ग्राम्य जीवन की यह दारुण व्यथा हिन्दी के महाकवियों को छू भी नहीं सकी। कितनी बीभत्स सच्चाई है यह। (वही, पृ. 35)

माँ-बहिन तगाओं के मलमूत्र और पशुओं के गोबर उठाने का काम करती थीं, इस काम में 'बड़ी भाभी...दो भाई माँ का हाथ बँटाते थे।' (पृ. 18-19) इसी तरह पशुओं के बँधने के स्थान पर 'दुर्गंध' का फिर चित्रण है : '...दालानों में भरी दुर्गंध से गोबर ढूँढ़-ढूँढ़के निकालना बहुत तकलीफ़देह होता था, तकलीफ़

से सिर भिन्ना जाता था।' (वही) इस कड़ी मेहनत के बदले दोपहर को हर घर से भूसीमिली एक-एक सूखी रोटी मिलती थी, 'कभी-कभी जूठन भी भंगिन की टोकरी में डाल दी जाती थी।'

प्रतिदिन मिलने वाली जूठन के साथ रचनाकार यहीं पर उस जूठन का उल्लेख करता है जो शादी-ब्याह या अन्य प्रीतिभोजों के अवसर पर वाल्मीकि समाज को आज भी मिलती है। उन अवसरों पर मिले पूड़ियों के टुकड़े सुखा लिये जाते थे और बाद के दिनों में उनसे कुछ न कुछ बनाकर काम चलाया जाता था। इस प्रथा पर रचनाकार टिप्पणी करता है :

> आज जब मैं इन सब बातों के बारे में सोचता हूँ तो मन के भीतर काँटे उगने लगते हैं, कैसा जीवन था? दिन-रात मर-खपकर भी हमारे पसीने की क़ीमत मात्र जूठन, फिर भी किसी को कोई शिकायत नहीं, कोई शर्मिंदगी नहीं, कोई पश्चात्ताप नहीं।...(वही, पृ. 20)

रचनाकार ने जूठन के सम्बन्ध में एक और घटना का उल्लेख किया। सुखदेव सिंह तगा (त्यागी) की लड़की की शादी के अवसर पर ओमप्रकाश के पिता और माँ दोनों ने दस-बारह दिन पहले से रोज़ मेहनत के अनेक काम किये और शादी वाले दिन महाभोज के बाद जब उनकी माँ ने घर के बच्चों के लिए थोड़ा भोजन माँगा, तो सुखदेव सिंह ने कहा, 'टोकरा भर तो जूठन ले जा री है, ऊपर से जाकतों के लिए खाना माँग री है? अपणी औकात में रह चूहड़ी। उठा टोकरा दरवाज़े से और चलती बन।' (वही, पृ. 21) वाचक बताता है कि यह अपमान माँ को सहन नहीं हुआ, उसने जूठन का टोकरा वहीं बिखेर दिया और 'उसके बाद माँ कभी उनके दरवाज़े पर नहीं गई और जूठन का सिलसिला भी उस घटना के बाद बन्द हो गया।' (वही, पृ. 21)

वाचक यहीं से नरककुंड से बाहर निकलने की प्रक्रिया बयान करता है। एक तरह से डिवाइन कॉमेडी का 'शोधनगिरि' खंड शुरू होता है। जब बड़े भाई सुखबीर की भरी जवानी में मृत्यु हो जाती है, दलित समाज में प्रचलित प्रथा के अनुसार उसकी विधवा का विवाह छोटे भाई जसबीर से कर दिया जाता है और घर का सारा भार भी उसी के सिर आ जाता है। जसबीर को 'तीरथराम एंड कंपनी' में नौकरी मिल जाती है और वह बंगाल चला जाता है। घर में सभी ग़रीबी की मार झेल रहे हैं। वाचक पाँचवीं पास कर चुका है, मगर छठी कक्षा में दाख़िला ले पाने में समर्थ नहीं है। उसकी भाभी अपनी पाजेब गिरवी रखवाकर कुछ रुपयों का प्रबन्ध करवाती है जिससे ओमप्रकाश की आगे पढ़ने की इच्छा पूरी हो सके। इस तरह रचनाकार की अपनी जीवनयात्रा आगे बढ़ती है।

छठी कक्षा में दाख़िला के बाद कई ग़ैरदलित सहपाठियों से वाचक की मित्रता हो गई, हालाँकि वाल्मीकि होने का दंश तो सालता रहा, लेकिन अध्ययन से वह

नारकीय यातना से बाहर निकलने लगा था। उस समय भी घर-परिवार के लोग ग़रीबी की मार झेल रहे थे। उनका समुदाय भी बहुत सी रूढ़ प्रथाओं, टोने-टोटकों, भूत-भूतनियों में विश्वास आदि के पिछड़ेपन का शिकार था। रचनाकार ने अपने स्कूली जीवन के दौर में घटित ऐसी कई घटनाओं का उल्लेख किया है। शादी के अवसर पर दूल्हा-दुलहिन को साथ-साथ सवर्णों के दरवाज़े पर ले जाकर 'सलाम' कराने की प्रथा थी जिसका वाचक ने विरोध किया जिसकी वजह से उसके परिवार ने उस प्रथा को त्याग दिया। वाचक की पढ़ाई-लिखाई का दौर एक तरह से डिवाइन कॉमेडी के दूसरे खंड यानी 'शोधनगिरि' से गुज़रने का दौर था।

वाचक की स्मृति में स्कूली जीवन की सुख-दुख देने वाली अनेक घटनाएँ इसी दौर की प्रतीक हैं। विस्तार भय से उन घटनाओं की व्याख्या करना यहाँ सम्भव नहीं, केवल संकेत के तौर पर मरे हुए बैल की खाल उतारने में चाचा का साथ देने की घटना, मास्टर फूलसिंह त्यागी का वरला इंटर कॉलेज में आतंक और वाचक के ममेरे भाई सुरजन सिंह की अकारण पिटाई का दृश्य, मास्टर बृजपाल सिंह त्यागी के गाँव से उनके लिए गेहूँ लाने के लिए कॉलेज के मेहतर भिक्खूराम के साथ की गई साइकिल यात्रा में झेले गए कष्टों का औपन्यासिक चित्रण देखा जा सकता है। इस घटना में साइकिल के दुर्घटनाग्रस्त हो जाने से वाचक को एक रात मुज़फ़्फ़र नगर में वेदपाल नामक रोडवेज़ क्लर्क के घर मजबूरी में ठहरना पड़ा, जहाँ रात को एक आदमी एक औरत ले आया जिसका यौनशोषण वेदपाल और उस आदमी ने रात-भर किया। वाचक ने लिखा :

> मुज़फ़्फ़र नगर की घटना मेरे मन में हमेशा सवाल बनकर खड़ी रही। बारह-तेरह वर्ष की उम्र का यह अनुभव मेरे लिए पीड़ादायक रहा है। (वही, पृ. 70)

इस दौर में उसने मास्टरों के अमानवीय व्यवहार को भी झेला, लेकिन इन कष्टों से वाचक की जीवनशक्ति और अधिक मज़बूत हुई। इसीलिए मैं इस दौर को *डिवाइन कॉमेडी* के दूसरे चरण, 'पर्गेटरी' यानी 'शोधनगिरि' का दौर कहता हूँ। हाई स्कूल की परीक्षा इसी दौर में पास की और उसी समय की एक ख़ुशगवार घटना का उल्लेख भी रचनाकार ने किया। उसके गाँव के चमनलाल त्यागी का लड़का उसका सहपाठी था। परीक्षा उत्तीर्ण करने पर चमनलाल ख़ुद वाचक के घर बधाई देने आए। वे जातिविरोधी थे। उन्होंने वाचक को घर बुलाकर खाना भी खिलाया, बर्तन भी नहीं उठाने दिये। वाचक के मन पर उनके प्रति आदर का भाव मौजूद है। यहीं पर कुछ किताबों का ज़िक्र भी इस रचना में मिलता है जिन्हें उसने लाइब्रेरी से लेकर पढ़ा। इस तरह साहित्य की ओर उसका रुझान विकसित हुआ। चमनलाल त्यागी ने वाचक से *रामचरितमानस* भी पढ़वाई और उसके पिता को बताया कि

उनका बेटा रामायण भी पढ़ लेता है। इसी तरह वाचक एक बार जब अपने पिता के साथ बाज़ार जाता है तो वहाँ किताबों के ढेर में से एक किताब उसे दी जाती है, वह किताब थी, गीता। वाचक के किशोर मन में गीता के दार्शनिक पक्षों को लेकर बहुत सी शंकाएँ उठ रही थीं, जिनका हल सुझाने वाला कोई नहीं था। उस किताब में अन्तर्विरोध दिखाई दे रहे थे, जिनका तर्कसंगत वर्णन रचनाकार ने किया। यह संकेतक है कि किस तरह ब्राह्मणवादी दर्शन बचपन से ही शिक्षा-दीक्षा के साथ बालमन पर अंकित हो जाता है। इसी दौर में होने वाले कुछ सकारात्मक परिवर्तन भी दर्ज हैं। वाचक कहता है :

> मेरे हाईस्कूल कर लेने के बाद बस्ती के बच्चों में पढ़ने-लिखने की रुचि बढ़ गई थी।...कुछ बदलाव के संकेत भी दिखने लगे थे, बावजूद आर्थिक जर्जरता के। (वही, पृ. 76)

अब वाचक को पढ़ाई की एक और मंज़िल पार करनी थी, इसे 'शोधनगिरि' का आख़िरी सोपान कहा जा सकता है। यह पढ़ाई इंटर की थी जिसमें साइंस के विषय ले रखे थे। इंटर की कक्षाओं में भी ओमप्रकाश वाल्मीकि को जातीय उत्पीड़न झेलना पड़ा। वरला इंटर कॉलेज के अध्यापक जातिवादी पूर्वग्रहों से बुरी तरह ग्रस्त थे जिनकी वजह से वाचक को भारी यातना हुई। ये वही मास्टर बृजपाल सिंह थे जिनके गाँव से गेहूँ लाने के लिए कॉलेज के मेहतर के साथ वाचक गया था। वे काफ़ी क्रूर और नकारात्मक सोच के अध्यापक थे। उन्होंने रसायनशास्त्र की प्रयोगशाला में इस छात्र को एक तरह से प्रवेश ही नहीं करने दिया, बारहवीं में सभी विषयों में अच्छे नम्बर होने के बावजूद रसायनशास्त्र के प्रैक्टिकल और मौखिक टेस्ट में वह फेल हो गया। वाचक के सामने पढ़ाई का यह नया संकट उपस्थित हो गया। इस संकट से उबारने में ओमप्रकाश के भाई जसबीर ने मदद की। वह देहरादून में 'सर्वे ऑफ़ इंडिया' में नौकरी कर रहा था। उसने हौसला बढ़ाया और देहरादून ले जाकर डी.ए.वी. इंटर कॉलेज में दाख़िला करा दिया। वहाँ शहरी छात्रों ने परेशान किया। वहाँ उनके साथ उनका ममेरा भाई सुरजन था और उसके कुछ दबंग सहपाठी भी थे जिन्होंने परेशान करने वालों को धमकाकर उन्हें भयमुक्त किया जिनकी वजह से वे सुरक्षित महसूस करते रहे, फिर नये मित्र बने।

ओमप्रकाश वाल्मीकि जिस दलित कॉलोनी, इन्द्रेशनगर में अपने मामा और भाई जसबीर के साथ रहते थे, वहाँ के खट्टे-मीठे अनुभव भी अपनी इस गाथा में रचनाकार ने जोड़े। कॉलोनी में एक तरफ़ वाल्मीकि समुदाय के लोग और दूसरी तरफ़ जाटव रहते थे। दलित होते हुए भी दोनों समुदायों में भयंकर दुश्मनी जैसा भाव रहता था। मनुवादी व्यवस्था ने इस तरह का ग़ैरबराबरी का भाव स़ारे समुदायों में और फिर उनके गोत्रों के बीच भरा हुआ है। रचनाकार को वहाँ कई दोस्त मिल

गए थे जिनकी वजह से ज़िन्दगी के तनावपूर्ण क्षणों में कुछ राहत मिल जाती थी। ओमप्रकाश वाल्मीकि लिखते हैं :

> धीरे-धीरे मैं उस माहौल में रमने लगा था। स्वयं को एडजस्ट भी कर लिया था। कुछ दोस्त भी बन गए थे। अब मैं अकेला नहीं था। मेरा देहातीपन अब मुझे कमज़ोर और दब्बू नहीं बना रहा था। (वही, पृ. 87)

डिवाइन कॉमेडी के दूसरे चरण, 'शोधनगिरि' की यह यात्रा कई सुखकर और अप्रीतिकर अनुभवों से गुज़रती हुई लेखक को 'पैराडाइसो' यानी स्वर्गिक चरण की ओर ले जा रही थी। यह चरण तब शुरू होता है जब रचनाकार अपनी स्वयं की आजीविका का सहारा हासिल कर लेता है। वह आर्डिनेंस फ़ैक्टरी देहरादून में एक लिखित और मौखिक परीक्षा पास करके एप्रेंटिस बन जाता है, वहीं से उसकी नई यात्रा शुरू होती है।

इन्द्रेश नगर दलित कॉलोनी में रहते हुए उनकी दोस्ती हेमलाल जाटव से हो गई। उसी दोस्त के माध्यम से ओमप्रकाश वाल्मीकि ने डॉ. आंबेडकर के बारे में ज्ञान हासिल किया और धीरे-धीरे पुस्तकें उनकी दोस्त बन गईं। फ़ुरसत के समय में वे अध्ययन में लगे रहते थे। नौकरी मिल जाने से उनकी पढ़ाई बीच में ही छूट गई थी। उसी नौकरी में एक बरस प्रशिक्षण लेने के बाद प्रतियोगी परीक्षा पास करके ओमप्रकाश वाल्मीकि उच्च प्रशिक्षण के लिए जबलपुर आर्डिनेंस फ़ैक्टरी प्रशिक्षण संस्थान, खमरिया दो बरस के लिए भेज दिये गए। यहीं से सुखकर जीवन का नया सोपान शुरू हुआ। अपने परिजनों से विदा लेकर जब वे नये प्रशिक्षण संस्थान की ओर रवाना हुए, तो उस क्षण का चित्र नई मंज़िल की ओर जाने का संकेत देता है :

> एक नई और अनजान दुनिया की ओर हमारी गाड़ी चल पड़ी थी। परिचित सब पीछे छूट गए थे। रह गई थीं सिर्फ़ कुछ स्मृतियाँ। (वही, पृ. 100)

जबलपुर में बिताए बरस बहुत सी मधुर यादें समेटे हुए थे। वे बताते हैं कि 'नये परिवेश और नये वातावरण में पहुँचकर एक नया ही अनुभव हुआ था।' वहीं उनका परिचय कुछ मार्क्सवादी छात्रों से हुआ, जिनकी संगत में रहकर मार्क्सवादी साहित्य पढ़ा। मैक्सिम गोर्की की रचना, 'माँ' भी तभी पढ़ी। चेख़व की कहानियाँ तभी पढ़ीं। गोविन्द मौर्य नामक एक अध्ययनशील छात्र ने अनेक किताबें ओमप्रकाश वाल्मीकि को पढ़वाईं जिनमें राही मासूम रज़ा और यशपाल के उपन्यास भी शामिल थे। राजेन्द्र यादव का उपन्यास, सारा आकाश तो उन्हें मेज़ की दराज में ही मिल गया था, जो पहले का कोई छात्र छोड़ गया होगा।

वहाँ ओमप्रकाश वाल्मीकि की साहित्यिक रुचि का परिष्कार हुआ। उन्होंने कविताएँ लिखना शुरू किया। उन्होंने एक थियेटर ग्रुप भी बनाया और कई नाटक

मंचित किये। इस तरह की साहित्यिक सांस्कृतिक गतिविधियों ने रचनाकार को एक तरह से नया व्यक्तित्व प्रदान किया था, जिसे मैं उसके 'पैराडाइसो' के खंड में की जाने वाली जीवनयात्रा की तरह व्याख्यायित करता हूँ। ख़ुद रचनाकार ने अपनी इस नई ज़िन्दगी के बारे में लिखा है :

> जबलपुर में बिताए दिनों ने मुझे बदलकर रख दिया था। मेरी बोलचाल बदल गई थी। उठने-बैठने का रंग-ढंग बदल गया था। कई ऐसे मित्र बन गए थे जो लगातार समसामयिक विषयों पर बहस-मुबाहिसे करते थे। मैं गोष्ठियों और सांस्कृतिक कार्यक्रमों में सक्रिय. हो रहा था। (वही, पृ. 104)

इसी तरह ओमप्रकाश वाल्मीकि फिर एक प्रतियोगिता की परीक्षा पास करके ऑर्डिनेंस फ़ैक्टरी ट्रेनिंग संस्थान, अंबरनाथ, मुंबई चले गए। डिवाइन कॉमेडी के 'पैराडाइसो' का यह एक और नायाब सोपान साबित हुआ। वहाँ के छात्रावास के बारे में रचनाकार ने लिखा है :

> छात्रावास अंबरनाथ की पहाड़ी की तलहटी में एक ख़ूबसूरत स्थान पर था। ऑर्डिनेंस फ़ैक्टरी में इस संस्थान और इसके छात्रावास की एक विशिष्ट पहचान थी।...छात्रावास में शाम बेहद जीवंत होती थी। जिमनास्टिक, इंडोर गेम आदि की सुविधाओं के साथ स्विमिंग पूल एवं पुस्तकालय, वाचनालय भी थे। (वही, 106)

रचनाकार को यहाँ तमाम साहित्य पढ़ने के लिए उपलब्ध था। अध्ययनशील होने की वजह से उन्होंने बहुत से लेखकों की रचनाएँ पढ़ डालीं। नाटकों में जो दिलचस्पी जबलपुर में थी, उसके कारण बम्बई में नाटक देखने जाने से लेकर अपना एक नाट्यग्रुप गठित करने तक का रचनात्मक काम यहाँ भी कर लिया। वहाँ उन्हें कई मशहूर नाट्य निर्देशकों के साथ काम करने का अवसर भी मिला था। रचनाकार इस आनन्दमय जीवन के बीच भी सामाजिक सरोकारों को नहीं भूला था। उन्होंने लिखा कि 'छात्रावास के मस्ती भरे दिनों में भी जीवन की कटु और दुर्दम्य सच्चाइयों को महसूस कर रहे थे।... उन तमाम कार्यक्रमों में हम शामिल थे जो सामाजिक बदलाव की प्रक्रिया तेज़ करें।' (वही, पृ.111)

लगभग सभी आत्मकथाओं में पठनीयता के तक़ाज़े की वजह से शायद प्रेम प्रसंग भी दिये गए हैं। सभी के प्रेमप्रसंग उपन्यास कला से सजाए सँवारे हुए देखने को मिलते हैं क्योंकि उनमें ये रचनाकार हृदय के कोमल भावों को पुनर्रचित कर रहे होते हैं। एक प्रेमप्रसंग ओमप्रकाश की आत्मकथा में भी है। अंबरनाथ में प्रशिक्षण के दौरान ओमप्रकाश वाल्मीकि से एक कुलकर्णी ब्राह्मण लड़की प्रेम कर बैठी। उसके माता-पिता भी इस प्रेम को प्रोत्साहित कर रहे थे क्योंकि वे ओमप्रकाश को

महर्षि वाल्मीकि के गोत्र के ब्राह्मण ही समझे बैठे थे। रचनाकार ने अपने जन्म के बारे में जब सत्य बता दिया तो उस बेचारी ब्राह्मण लड़की के भीतर सदियों से भरी गई मनुस्मृति की चेतना ने उसके सपने चकनाचूर कर दिये। उसके बाद ओमप्रकाश का उस परिवार से मिलना-जुलना बन्द हो गया। उन्हें अंबरनाथ प्रशिक्षण के बाद चन्द्रपुर ऑर्डिनेंस फ़ैक्टरी में पक्की नौकरी मिल गई और वे नई जगह चले गए। यह 'पैराडाइसो' के अगले सोपान पर पहुँचने का संकेत है, जहाँ से पीछे मुड़कर देखने की ज़रूरत नहीं पड़ती। इस सोपान पर पहुँचकर सारे दलित लेखक 'वर्ण' से 'वर्ग' में तब्दील हो जाते हैं। उनके भीतर की रचनाशीलता और प्रतिभा ठीक तरह से प्रस्फुटित होने लगती है। वे भले ही यह बताते हों कि 'दलित चेतना की अद्‌भुत तेजस्विता के दर्शन मैंने इसी क्षेत्र में किये थे...' मगर आन्तरिक तौर पर उनकी जीवनयात्रा एक ऐसी मंज़िल में पहुँच गई थी जहाँ वे ख़ुद को रचना में ढाल सकते थे। वे व्यक्तित्वान्तरित हो चुके थे। इस मंज़िल पर पहुँचकर वे एक भरे-पूरे महान रचनाकार बने। उनकी ख्याति देश ही नहीं, विदेशों तक पहुँची। उनके इस व्यक्तित्वान्तरण को हम साहित्य के दलित सौन्दर्यशास्त्र की नज़र से ही देख सकते हैं।

तुलसीराम की आत्मकथा : 'मुर्दहिया' और 'मणिकर्णिका'

जूठन के बाद, दलित साहित्य की एक अन्य महत्त्वपूर्ण रचना तुलसीराम की दो खंडों में प्रकाशित आत्मकथा, मुर्दहिया और मणिकर्णिका पर भी विचार करना चाहता हूँ। साहित्य का दलित सौन्दर्यशास्त्र यहाँ भी एक कसौटी की तरह होगा, उसी के पैमाने पर इन रचनाओं को देखने-परखने की कोशिश होगी।

तुलसीराम की कृति मुर्दहिया, उनकी आत्मकथा का पहला खंड है। इसमें उनके निजी जीवन के एक हिस्से का कच्चा चिट्ठा है जिसमें कल्पना की उड़ान की कोई गुंजाइश नहीं होती, रचनाबद्ध करने में सिर्फ़ स्मृति से काम चलाया जाता है। दलित लेखकों ने सदियों से ग़ुलामगीरी, उत्पीड़न, अलगाव, अशिक्षा और दुर्गति का दंश झेला है। इसलिए आज़ादी के बाद भारतीय संविधान ने जो सीमित अवसर प्रदान किये, उनसे भाषा-ज्ञान और अभिव्यक्ति की थोड़ी-बहुत सामर्थ्य हासिल करके भारत की लगभग सभी भाषाओं में दलित साहित्य का अंकुर फूट पड़ा। पहले कुछ गिने-चुने दलित अपनी संवेदनाओं की अभिव्यक्ति लोकभाषाओं में या वाचिक परम्परा में ज़रूर करते थे, लेकिन वे रचनाएँ पाठकों के सामने सवर्ण सौन्दर्यशास्त्रीय पूर्वग्रहों की वजह से नहीं आ पाती थीं, छपती ही नहीं थीं। इधर बहुत से शोधों के माध्यम से वे उपेक्षित रत्न भी प्रकाश में आ रहे हैं। अब हीरा डोम या अछूतानन्द आदि के अलावा भी ऐसे बहुत से उदाहरण चर्चा में देखे जा सकते हैं जिन पर ख़ुद दलित लेखक और विद्वान गम्भीर लेखन कर रहे हैं।

आइए, तुलसीराम की रचना, मुर्दहिया पर साहित्य के दलित सौन्दर्यशास्त्र की नई वैचारिकी के आधार पर ग़ौर करें। लेखक ने अपनी आत्मकथा के पहले भाग को यह नाम तब दिया जब परिवर्तन की तेज़ रफ़्तार ने उस जगह का अस्तित्व ही मिटा दिया। तुलसीराम इस कृति की भूमिका में बताते हैं :

> सबसे ज़्यादा दुखित करने वाली बात दिल्ली में रह रहे मेरे गाँव के कुछ प्रवासी मज़दूरों से मालूम हुई। पचास-साठ साल पहले की जिस 'मुर्दहिया' का वर्णन मैंने किया है, वह पूर्णरूपेण उजड़ चुकी है। सारे जंगल कटकर

खेत में बदल चुके हैं, जिसके चलते गिद्धों जैसे अनगिनत पक्षियों तथा साही, सियारों और ख़रगोशों जैसे पशुओं का विलोप हो चुका है।

इस वक्तव्य से यह स्पष्ट हो रहा है कि तुलसीराम अपने गाँव के सम्पर्क में लम्बे अरसे से नहीं थे, बदलाव की ख़बर 'मेरे गाँव के कुछ प्रवासी मज़दूरों से मालूम हुई।' यह समझ में नहीं आ रहा कि तुलसीराम के लिए मुर्दहिया के उजड़ने की ख़बर 'सबसे ज़्यादा दुखित करने वाली बात' क्यों लगी? यह अतीतमोह किसलिए?

पूरी रचना ऐसा प्रभाव छोड़ती है कि दलित भी ब्राह्मणवादी विचारसरणि के दास थे और उस समाज में परिवर्तन की कोई आकांक्षा नहीं थी। परिवार में सबसे बड़े चाचा जिनका नाम सोम्मर था, 'बारह गाँवों के चमारों के चौधरी' थे, तो उन्हें सम्मान मिला हुआ था। उनके पिताजी के दो भाई शिवनारायण पंथ के 'धर्मगुरु' थे, 'इन दोनों गुरुओं के अलग-अलग दर्जनों चेले थे।' इसका मतलब, उन्हें भी सम्मान मिला हुआ था। इसी पंथ के एक आयोजन से यह भी पता लगता है कि तुलसीराम के घर वालों के पास अतिदलितों जैसा धन का अभाव भी नहीं था, वे लिखते हैं :

हमारे घर में शिवनारायण पंथ की परम्परा में साल में तीन अवसरों पर समारोह होता...ये तीन अवसर, होली, दीवाली तथा जन्माष्टमी के दिन आते।

'ढेर सारी अगरबत्तियाँ भी जलाकर रखी जातीं।'

...साथ ही एक बड़े कड़ाहे में दूध, घी, सूजी, गुड़ तथा किशमिश आदि के मिश्रण से ढेर सारा प्रसाद पकाया जाता, जिसका वितरण गादी समाप्त होने पर किया जाता। (मुर्दहिया, राजकमल प्रकाशन, प्रथम सं. 2010, पृ. 18)

इसी तरह एक अन्धविश्वास के असर में 'भूतबाबा को ख़ुश करने के लिए हम लोग साथ में एक हँड़िया दूध, एक सेर चावल, तथा कुछ भेली ले गए थे।' एक अति ग़रीब इतना ख़र्च वहन कैसे कर सकता था? इसके अलावा तुलसीराम के प्रसिद्ध सोम्मर चाचा, जब कोढ़ रोग से ग्रस्त हो गए तो उनकी बीमारी दूर करने के अनेक अन्धविश्वासों पर आधारित उपायों पर भी अपार धन ख़र्च हुआ जिसमें बकरे की बलि से लेकर परभू चौबे के सुझाये गए यज्ञ का उपक्रम भी किया गया और जिसमें शिवलिंग पर ग्यारह सौ एक कमल के फूल चढ़ाने, नौ दिन तक लगातार गायत्री जाप और 501 ब्राह्मणों को भोज कराने तक का आयोजन शामिल था। पुरोहित परभू चौबे को हर रोज़ 'सिद्धा' यानी आटा, घी,

दाल आदि सामान दिया जाता था। तुलसीराम लिखते हैं : 'चूँकि हमारे चौधरी चाचा की बारहगाँवा में बड़ी इज़्ज़त थी, इसलिए सैकड़ों की संख्या में ब्राह्मण उस भोज में आए थे।...कुल मिलाकर 501 से ज़्यादा ही ब्राह्मण भोज में आए थे।' (वही, पृ. 122) गाँव के सारे ब्राह्मण और बिरादरी के लोगों को मिला दें तो यह एक 'महाभोज' रहा होगा। स्पष्ट है कि इस सबका ख़र्च वहन करने की क्षमता तुलसीराम के परिवार में थी।

तुलसीराम यह भी लिखते हैं कि 'हमारी दलित बस्ती में बहुत ग़रीबी थी'। वे अपने परिवार के बारे में यह असलियत बता भी देते हैं कि उनके परिवार के पास थोड़ी-बहुत ज़मीन थी, 'मेरे दादा-परदादा गाँव के ब्राह्मण ज़मींदारों के खेतों पर बँधुवा मज़दूर थे। उन ज़मीदारों ने कुछ खेत उन्हें दे दिया था। गाँव के अन्य दलित भी उन्हीं ज़मींदारों के यहाँ हरवाही (हल चलाने का काम) करते थे।' (वही, पृ. 14) तुलसीराम ने यह भी बताया कि उनके पिताजी हरवाही ही करते थे जिसे धर्मान्ध होने के कारण वे 'पवित्र कार्य' मानते थे। उनके बाक़ी चार भाई हरवाही नहीं करते थे। उनके बेटे आसनसोल की कोयला खदानों में और कलकत्ता के जूट मिलों और लोहे के कारख़ानों में मेहनत-मज़दूरी करते थे। तुलसीराम की दादी के पास रानी विक्टोरिया के ज़माने के चाँदी के सिक्के, 'बिस्टौरिया' थे, जिनके बारे में वे लिखते हैं कि 'मेरी बुढ़िया दादी के पास उक्त बिस्टौरिया वाले सैंतीस सिक्के न जाने कितने वर्षों से पड़े हुए थे।' इन खुलासों से यह संकेत तो मिलता है कि उनका परिवार भीषण और मारक ग़रीबी और शोषण का शिकार नहीं रहा था। उन्होंने अपने परिवार के बारे में लिखते समय यह द्वंद्वात्मकता स्पष्ट भी कर दी :

> इस तरह हमारा परिवार संयुक्त रूप से बृहद होने के साथ-साथ वास्तव में एक अजायबघर ही था, जिसमें भूत-प्रेत, देवी-देवता, सम्पन्नता-विपन्नता, शकुन-अपशकुन, मान-अपमान, न्याय-अन्याय, सत्य-असत्य, ईर्ष्या-द्वेष, सुख-दुख आदि-आदि सब कुछ था, किन्तु शिक्षा कभी नहीं थी। (वही, पृ. 21)

तुलसीराम 1949 में पैदा हुए थे। उनका जीवन आज़ादी के बाद के भारत के सामाजिक परिवेश में गुज़रा था। उनकी आत्मकथा से उत्तर भारत के गाँवों का वह पिछड़ा समाज तो चित्रित हुआ ही है, उनकी अपनी शारीरिक और सामाजिक सीमाएँ और शक्तियाँ भी उजागर हुई हैं। तीन साल की उम्र में चेचक से एक आँख के प्रभावित होने से वे 'अपशकुन' के पात्र बन गए। वे लिखते हैं कि 'ऐसी श्रेणी में मेरा भी प्रवेश मात्र तीन साल की अवस्था में हो गया। अत: घर से लेकर बाहर तक सबके लिए मैं 'अपशकुन' बन गया।' तुलसीराम एक ब्राह्मण जंगू पांडे और

एक पंडिताइन के प्रति समाज के इसी तरह के व्यवहार की पीड़ा सामने लाते हैं। यहाँ वे किसी जातिगत आग्रह से लोगों को नहीं देखते, इनसानियत की नज़र से इन ब्राह्मणों की वेदना के साथ ख़ुद को जोड़ते हैं। इसी तरह बचपन में पढ़ाई के दौरान भी ठाकुरों के दो लड़कों ने उनके साथ जो दोस्ताना सलूक किया उसे भी वे सकारात्मक तरीक़े से चित्रित करते हैं। उनमें से एक संकठा सिंह ने एक अच्छे दोस्त की तरह उन्हें अक्षर लिखना सिखाया :

> संकठा सिंह मेरे गाँव के पूरब में क़रीब तीन कि.मी. दूर स्थित बारी गाँव के एक बड़े ज़मींदार के बेटे थे। उनकी उम्र भी मेरे ही बराबर क़रीब पाँच-सात की थी, किन्तु वे बहुत ही समझदार और दयालु स्वभाव के थे। वे बहुत जल्दी लिखना सीख गए थे। उस समय स्कूलों में भी छुआछूत का प्रचलन बहुत ज़्यादा था और सवर्ण छात्र प्राय: दलित छात्रों से नहीं मिलते-जुलते थे। किन्तु संकठा सिंह अपवाद थे। उन्होंने ही मुझे एक तरह से मजबूर करके लिखना सिखाया था। (वही, पृ. 25)

पाँचवीं कक्षा में पहुँचने पर उन्हें हेडमास्टर परशुराम सिंह से भी प्रेरणा मिली। वे लिखते हैं कि 'पढ़ाई के दृष्टिकोण से हेडमास्टर परशुराम सिंह मेरे सबसे बड़े प्रेरणास्रोत थे।' इन्हीं के एक भतीजे चिन्तामणि सिंह ने भी नौवीं कक्षा में अपने सहपाठी तुलसीराम को अपना दोस्त बना लिया था। पढ़ाई में कमज़ोर होने और मिर्गी की बीमारी की वजह से उन्हें कक्षा में पढ़ाया हुआ याद नहीं रहता था, इसलिए उन्होंने तुलसीराम से हर रोज़ शाम को पढ़ाई में मदद करने का अनुरोध किया। बाद में वे तुलसीराम को अपने ही गाँव में रात को ठहराते और अच्छा भोजन कराते। इस तरह की व्यवस्था से तुलसीराम को काफ़ी राहत मिली। इसी तरह नौवीं कक्षा में पहुँचने पर उनकी सहायता सुग्रीव सिंह नामक अध्यापक ने की जिन्होंने तुलसीराम के पास धन के अभाव में दसवीं कक्षा की फ़ीस ख़ुद जमा करवा दी। एक पीटी टीचर रामवृक्ष सिंह ने भी सहायता की पेशकश की। इन दोनों के बारे में तुलसीराम ने लिखा, 'उस चिन्ताजनक संकट की घड़ी में ये दोनों अध्यापक मेरे लिए बहुत बड़े प्रेरणा के स्रोत सिद्ध हुए।' इन घटनाओं से यह संकेत मिलता है कि आज़ादी के आन्दोलन ने जो नये मानव-मूल्य पैदा किये थे उनका असर तुलसीराम के इलाक़े के सवर्णों पर और दलितों पर ख़ूब पड़ा था। जहाँ दलित अपनी मुक्ति की कामना के प्रति सचेत हो रहे थे, वहीं कुछ सवर्ण भाईचारे के नये मानव-मूल्य आत्मसात् कर रहे थे।

तुलसीराम के बचपन के दिनों में ही भारत एक नया गणराज्य बनकर उभरना शुरू हुआ था। आज़ाद भारत में आरक्षण की संवैधानिक सुविधा से तुलसीराम को अच्छी शिक्षा हासिल करने और अपनी सर्वांगीण उन्नति करने में सुविधा मिली।

इससे उनकी वर्णचेतना वर्गचेतना में बदल गई। यह प्रक्रिया उन सभी दलित रचनाकारों के साथ घटित हुई जो दलित लेखन करने और आत्माभिव्यक्ति के रूप में 'आत्मकथाएँ' लिखने में समर्थ हुए। वे सभी निम्न-मध्यवर्ग के हिस्से बन गए और अपनी 'अस्मिता' की खोज में अपने निजी सुख-दुख कच्चे-पक्के रूप में पेश करने लगे। लोकतांत्रिक मानव-मूल्यों में आस्था रखने वाले सभी साहित्यकारों ने उनके इस नये रचनात्मक प्रयास की सराहना की, क्योंकि उसमें छिपी 'भोले भाव की करुणा' का सारतत्त्व जनोन्मुखी था, उस लम्बी साहित्यिक परम्परा का ही हिस्सा था जो वाल्मीकि के समय से शोषित-उत्पीड़ित दलित जन के प्रति करुणा का अहसास कराती आ रही है। हालाँकि दासयुग और सामन्ती युग में उस पर ब्राह्मणवादी वैचारिकी हावी रही और पूँजीवादी युग में आधुनिकतावादी आत्मग्रस्तता उभारने वाली 'अस्तित्ववाद' की वैचारिकी, जो शीतयुद्ध के दौरान सर्वहारावर्ग की वैचारिकी के ख़िलाफ़ 'कांग्रेस फ़ार कल्चरल फ्रीडम' के माध्यम से इस्तेमाल की गई थी। जाने-अनजाने दलित लेखक भी बाक़ी निम्न-मध्यवर्गीय रचनाकारों की तरह 'आत्मग्रस्तता' की परिधि में ही रचनारत हो पा रहे थे। यहाँ एंगेल्स का यह कथन कि किसी भी युग में शासकवर्गों की विचारधारा ही सभी पर हावी होती है, सही ठहरता है। यह सनातन सत्य तुलसीराम की आत्मकथा भी प्रतिबिम्बित करती है। उन्होंने पैबन्द की तरह 'डांगे' या 'नम्बूदिरीपाद' जैसे कम्युनिस्ट नेताओं का नामोल्लेख भी किया है, कम्युनिस्ट पार्टी के चुनावी अभियान का ज़िक्र भी है। तब वे एक बच्चा थे, और राहुल सांकृत्यायन का उल्लेख उस दौर का है जब वे एक विद्यार्थी थे। बाबा साहब आंबेडकर का भी इसी तरह उल्लेख है, मगर बचपन में *रामचरितमानस* से जो प्रेम अंकित है, वह किसी अन्य ग्रंथ का नहीं। यह प्रेम चौथी कक्षा से ही शुरू हो गया था जब उनके मुनेस्सर चाचा अकाल के समय में कलकत्ता से धार्मिक पुस्तक के रूप में *रामचरितमानस* लाए थे और तुलसीराम से उसे बाँचने के लिए कहा था। 'सुन्दरकांड' बाँचने से शुरुआत हुई। उन्होंने लिखा, 'शुरू के कुछ महीनों तक रोज़ ही शाम को मज़दूरी करके वापस आने के बाद थोड़ी देर तक लोग मुझसे रामायण सुनते, सम्भवतः इस विश्वास के साथ कि उन्हें भूत अब तंग नहीं करेंगे।' (वही, पृ. 78)

इसी तरह *गीता* का पाठ भी तुलसीराम ने ख़ूब किया। वे बताते हैं कि 'मैं जब भी मुर्दहिया पर गोरू चराने जाता, गीता हमेशा साथ रहती थी। इस तरह मैंने घर से हमेशा के लिए भागने से पूर्व तीन साल से भी ज़्यादा का समय... *गीता* पढ़-पढ़ कर बिताया।' (वही, पृ. 119-20)

मुर्दहिया तुलसीराम के प्रारम्भिक जीवन के देशकाल की आंशिक तस्वीर पेश करती है। उसमें अपने गाँव में जन्म से लेकर आज़मगढ़ में बारहवीं कक्षा की पढ़ाई तक के दौर का सघन चित्रण है। उसमें अनेक गाँव, क़स्बे, शहर आते हैं। उसमें

हर तरह की मानवीय क्रियाशीलता, अनेक तरह के विश्वास, अनेक तरह के उत्सव, अनेक तरह की राजनीति, उनकी विचारधाराएँ, उनके नेता आदि के हवाले हैं।

इस तरह तुलसीराम की कृति *मुर्दहिया* उनके भीतर बन रही एक ऐसी वैचारिकी और विश्वदृष्टि का घालमेल प्रतिबिम्बित करती है जो अपने वर्गीय सारतत्त्व में पूरे भारतीय समाज के निम्न-मध्यवर्ग की वैचारिकी है। वे उन्हीं लेखकों में से एक हैं जो अपने मूल से कट जाने के बाद अपनी एक नई अस्मिता बनाने की अपार मेहनत करते हैं। इस तरह अपनी अस्मिता की नई खोज करते हैं। उन्हें वे भूले-बिसरे पल याद ज़रूर आते हैं, लेकिन गड्डमड्ड वैचारिकी में उलझे रहने की वजह से वे मुक्तिबोध के 'ब्रह्मराक्षस' बनकर रह जाते हैं। उन भूले-बिसरे चित्रों में इसी वजह से अनेक पात्र आते हैं, उन पात्रों के अन्धविश्वास, अनेक कुरीतियाँ, अज्ञान, पोंगापंथ से बाहर न निकलने की अवरुद्ध चेतना सभी कुछ की झलकियाँ इन चित्रों में मिल जाती हैं। इसी सबके बीच कुछ चित्र आधुनिक उभरते हुए समाज के भी, ख़ासकर चुनावी प्रणाली की हलचलों के बहाने दिखाए गए हैं, या दोस्ती के नाते आए असर के तहत उस क्षेत्र की वाम राजनीति का भी सकारात्मक उल्लेख है।

तुलसीराम ने अपनी आत्मकथा के दूसरे खंड का शीर्षक रखा : *मणिकर्णिका*। दोनों खंडों के शीर्षकों में अन्तस्तत्त्व की एक समानता यह है कि दोनों नाम उन स्थलों से जुड़े हैं जहाँ मुर्दे जलाए जाते हैं। 'मुर्दहिया' उनके गाँव का श्मशान थी, दाह-संस्कार की स्थली, 'मणिकर्णिका' वाराणसी के गंगातट पर मुर्दे जलाने वाले एक घाट का नाम है। यह एक रहस्य ही है कि उनका 'आब्सैशन' श्मशानों को लेकर क्यों था, वे अच्छे-भले स्वस्थ मानसिकता के विद्वान थे, उन्हें आनन्दमय जीवन जीने का अवसर मिल चुका था, जीवन की जगह 'मृत्यु' में आसक्ति, वह भी मृत हो गए कालखंडों की स्मृति में रची-बसी क्यों थी! इसका उत्तर शायद महादेवी के एक गीत के इस पदबंध में छिपा हो :

अब न लौटाने कहो
अभिशाप की वह पीर,
बन चुकी स्पन्दन हृदय में
वह नयन में नीर।
अमरता उसमें मनाती है मरण-त्योहार।

'मृत्यु' में आसक्ति भी रचनाकार को अमरता की ओर ले जाती है, बशर्ते वह उस मृत्यु में अपना जीवन रच डाले, अपना कायाकल्प कर ले। तुलसीराम ने यही किया। मृत्युबोध से लैस वे ख़ुद को दोबारा रचने लगे, भौतिक जीवन को रचना में ढालने लगे, अमर होने का यह अस्तित्ववादी प्रयोग सफल रहा।

मुर्दहिया में तुलसीराम के जन्म से लेकर सोलह-सत्रह बरस के जीवन की झलकी थी जो आज़मगढ़ तक की सीमित दुनिया को समेट पाई थी। उसे पीछे छोड़ वे 'मध्य अप्रैल 1966' रोडवेज़ की बस से आज़मगढ़ से वाराणसी चले गए जहाँ दूसरे ही दिन वे 'मणिकर्णिका' घाट देखने पहुँच गए। अपनी आत्मकथा के इस दूसरे खंड की भूमिका में उन्होंने लिखा, 'बनारस की 'मणिकर्णिका' किसी के भी अस्तित्व को हमेशा के लिए मिटा देती है। किन्तु मेरे साथ एकदम उलटा हुआ है। बनारस में मेरा जीवन ही वहाँ से शुरू हुआ।' इस जीवन की शुरुआत को मैं डिवाइन कॉमेडी का 'पैराडाइसो' कहता आया हूँ, जैसाकि ओमप्रकाश वाल्मीकि की जूठन में उनका महाराष्ट्र में गुज़रा जीवन 'पैराडाइसो' था।

तुलसीराम बनारस में गौरीगंज मोहल्ले में एक मकान में सबसे पहले पहुँचे जहाँ उनका इन्तज़ार तपसीराम और मुन्नीलाल कर रहे थे जो बीएचयू में पढ़ रहे थे। उन्हीं ने उन्हें आश्वस्त किया था कि वे बीएचयू में उनका दाख़िला करवा देंगे। लेखक ने अपने शुरू के दस दिनों की हर रोज़ की यात्रा का ऐसे विवरण दिया है जैसे वह एक पर्यटक के रूप में बनारस भ्रमण पर निकला हो। उसने वहाँ की गलियों, मुहल्लों और घाटों का विवरण अंकित किया। बनारस के घाटों में सबसे पहले 'मणिकर्णिका' घाट देखा, फिर दूसरे घाटों का वर्णन है। एक दिन सारनाथ का भ्रमण अंकित है, जहाँ गौतम बुद्ध के दार्शनिक चिन्तन पर लेखक ने अपने विचार भी साथ-साथ पिरो दिये हैं। बनारस के गली-मुहल्लों में हुई छोटी-छोटी घटनाओं तक को तुलसीराम ने टीप दिया है, चाहे वह घटना अपने मित्र मुन्नीलाल के साथ वेश्याओं के मुहल्ले में जाकर बिरयानी खाने की हो, या गौरीगंज में बच्चों का हर शाम इकट्ठा होकर 'छागला मुर्दाबाद' के नारे से मनोरंजन करने की घटना। वे अपने जीवन में घटी घटनाओं के विवरण देते समय इतिहास की किसी घटना का, ख़ासकर बौद्ध युग का उल्लेख ज़रूर करते हैं, यहाँ तक कि एक महिला के चालीस पैसे स्नानघर की दीवार पर से उठा लेने की घटना को भी बुद्ध के समय से जोड़ दिया है। इस तरह इन अंशों से लगता है कि उन पर बुद्ध का जादू छाया हुआ है। वे यह स्पष्ट भी कर देते हैं कि बाद में उन्होंने 'एक श्रीलंकाई भिक्षु से बौद्ध दीक्षा 21 मार्च, 1988 को ली थी...' (पृ. 21)

मणिकर्णिका में तुलसीराम शुरू में धन के अभाव की चर्चा करते हैं, मगर जातिउत्पीड़न या दलित चेतना का कहीं भी इज़हार नहीं करते जैसाकि अन्य दलित रचनाकारों ने किया, हालाँकि 'पैराडाइसो' की मंज़िल में दाख़िल होने पर अन्य रचनाकार भी अपने दलित होने के दंश को स्वाभाविक रूप से भुला देते हैं क्योंकि उस मंज़िल पर पहुँचकर वे 'वर्ण' से निकलकर 'वर्ग' में तब्दील हो जाते हैं। वे तमाम निम्नपूँजीवादी लेखकों की चेतना को आत्मसात् करके 'व्यक्तिकेन्द्रित' मनोकोष में दाख़िल हो जाते हैं। उनमें से ज़्यादातर अपने गाँव और परिवार से दूर

अपने नये 'घेटो' में शहरी जीवनयापन की दौड़ में शामिल हो जाते हैं। नये रिश्ते, नये दोस्त और अपनी छोटी सी नई दुनिया में विचरण करते हैं। इसी दुनिया को मैं दलित आत्मकथाओं के अन्दर का 'पैराडाइसो' कहता हूँ। तुलसीराम की आत्मकथा का यह खंड भी मेरी इस मान्यता का अच्छा सबूत है। इसमें निहित संवेदनात्मक उद्‌देश्य को साहित्य के दलित सौन्दर्यशास्त्र की वैचारिकी से बख़ूबी पहचाना जा सकता है।

धन के अभाव को दूर करने के लिए तुलसीराम ने बनारस से आसनसोल और वहाँ से कोलकाता की यात्रा की जहाँ वे अपने चचेरे भाइयों से मदद की उम्मीद लेकर गए। इस यात्रा के लिए उन्हें तपसीराम ने बीस रुपये दिये। आसनसोल के पास नीघा कोयला खदान में मज़दूरी करने वाले चचेरे भाई, चुरई के पास वे इसी अभिप्राय से पहुँचे, मगर हर महीने मदद करने का कोई वादा करने की हालत में चुरई भैया नहीं थे। दस दिन वहाँ रहकर वे चले तो उन्होंने भी बीस रुपये दिये जिनसे तुलसीराम कोलकाता के लिए रवाना हुए जहाँ उनके दूसरे चचेरे भाई सोबरन रहते थे। वहाँ दो रुपये रोज़ पर एक आयरन कम्पनी में डेढ़ महीने काम किया। वहाँ से विदा होते समय सोबरन भैया ने एक कमीज़ और पैंट दी, 25 रुपये भी दिये। वहीं एक ममेरे भाई नन्दलाल ने भी मदद की, चलते समय सौ रुपये दिये। कोलकाता से वापसी का रोचक वर्णन इस खंड में है।

इन सभी जगहों पर जाने के अनुभव तुलसीराम ने बहुत बारीकी से दिये हैं। लगता है कि वे अपनी आत्मकथा के इस खंड को औपन्यासिक रूपरंग देना चाहते थे। इसलिए हर जगह किसी न किसी लड़की या महिला का तल्लीनता से चित्र ज़रूर खींचते हैं, शायद पठनीयता को आकर्षक बनाने का लोभ इसके पीछे काम कर रहा हो। कोलकाता से लौटकर बीएचयू में पढ़ाई का दौर पूरे विस्तार से चित्रित है। वहाँ उनकी मदद तपसीराम और मुन्नीलाल ने ही की जिनके पास वे शुरू में ही आकर ठहरे थे। बीएचयू में दाख़िला भी तपसीराम ने करा दिया। जुलाई 1966 में दाख़िला होने के बाद का शुरू का एक साल कष्टप्रद रहा क्योंकि दलित होने की वजह से रहने के ठिकाने बार-बार बदलने पड़े, जाति गुप्त रखनी पड़ी। वाराणसी प्रवास का एक साल भूख और ग़रीबी से भी पीड़ादायक रहा। भूखे रहने का मार्मिक चित्रण इस खंड में है, जब शेक्सपियर के नाटक की किताब बेचकर भूख बुझानी पड़ी। फिर अकेलेपन का दौर आया। तपसीराम की पढ़ाई ख़त्म हुई तो वे कोलकाता चले गए, जहाँ उन्हें नौकरी मिल गई। मुन्नीलाल भी इसी तरह दिल्ली चले गए जहाँ प्रकाशन विभाग में उन्हें भी नौकरी मिल गई। अकेलेपन और भूख के चित्रण के साथ ही तुलसीराम ने बीएचयू के छात्र आन्दोलन का इतिहास भी अंकित कर दिया है जिससे पाठकों को यह जानकारी मिल सके कि किस तरह छात्र विभाजनकारी मुद्‌दों पर आन्दोलित किये जाते रहे, कभी उत्तर भारतीय

बनाम दक्षिण भारतीय क्षेत्रवाद से, तो कभी 'हिन्दू बनाम मुस्लिम' साम्प्रदायिकता के ज़हर से।

बीएचयू में पढ़ाई करने के दौर के अनेक पीड़ादायक क्षण इस खंड में चित्रित हैं, वहीं ऐसे क्षण भी शामिल हैं जिनमें दोस्ती, अपनत्व और प्रेम भी तुलसीराम को हासिल हुआ। इस तरह की आत्मीयता उन्हें एक गुजराती ब्राह्मण टी.एन. नागर के परिवार से तब हासिल हुई जब उनकी बेटी संगीता नागर को दसवीं कक्षा की अंग्रेज़ी पढ़ाने की ट्यूशन मिली। वे सितारवादक म्यूज़िक प्राध्यापक अमृतलाल नागर के ख़ानदान के थे। तुलसीराम ने इस आत्मीयता के बारे में लिखा है :

> मेरे सामाजिक जीवन में नागर जी का परिवार एक ऐतिहासिक मोड़ था। मेरे अपने छूटे हुए परिवार की कमी को इसने सम्पूर्ण रूप से पूरा कर दिया था। (पृ. 52)

बीएचयू में बिताए दिनों के चित्रों में वहाँ के राजनीतिक माहौल का भी अच्छा वैचारिक उल्लेख है। कम्युनिस्ट पार्टी की उपलब्धियों, आर.एस.एस. की हिंसात्मक कार्रवाइयों आदि का हवाला तुलसीराम की चेतना के विकास का ही प्रतिबिम्ब है। सन् 1968 की पहली जून का एक वाक़या दर्ज है जिसमें वे राहुल सांकृत्यायन की किताब, भागो नहीं दुनिया को बदलो के मिलने और उसे पढ़ने के बाद हुए व्यक्तित्वान्तर का उल्लेख करते हैं। वे लिखते हैं कि—

> सचमुच में इस किताब ने मेरी दुनिया हमेशा के लिए बदल दी और मैं कम्युनिस्ट हो गया। (पृ. 61)

राहुल जी की अन्य किताबें पढ़कर उनकी दिलचस्पी बौद्ध-धर्म में हुई। उनका कहना है कि इसी ज्ञानविकास की प्रक्रिया में वे पूर्णरूपेण नास्तिक हो गए। अपने ज्ञान को बढ़ाने के लिए उन्होंने अनेक पुस्तकें पढ़ डालीं। उन्होंने लिखा—

> इस सन्दर्भ में एक अन्य पुस्तक, जिसके सौन्दर्यशास्त्रीय दृष्टिकोण से मेरे ऊपर अत्यन्त गहरा प्रभाव पड़ा, वह थी राहुल सांकृत्यायन की ही वोल्गा से गंगा। ऐतिहासिक भौतिकवाद पर आधारित बीस कहानियों का यह संग्रह उनकी सर्वश्रेष्ठ साहित्यिक रचना है। (पृ. 64)

व्यक्तित्वान्तर के बाद तुलसीराम ने सी.पी.आइ. से अपनी संबद्धता, कैंपस में सक्रियता, गोरख पांडेय से मित्रता आदि के हवाले दिये हैं। जातिवादी दंश के प्रकरण जैसे कमरा ख़ाली करने की धमकियाँ, मन्दिर प्रवेश के कारण पिटते-पिटते बचना आदि उस दौर के सामाजिक यथार्थ की झलक देते हैं। आर.एस.एस. और अन्य साम्प्रदायिक शक्तियों के षड्यंत्रों का प्रामाणिक उल्लेख इस खंड में मिलता है। बीएचयू में बीते काल पर लिखते हुए तुलसीराम ने वहाँ के प्रमुख व्यक्तित्वों पर

ही ज़्यादा रोशनी डाली। सी.पी.आइ. के संघर्षों, चुनावी गतिविधियों की चर्चा भी व्यक्तिकेन्द्रित ही है, शायद उपन्यास की तरह इस कृति को रोचक बनाने के लिए उन्होंने ऐसा किया हो, पर उस दौर का राजनीतिक-सामाजिक विश्लेषण करने की क्षमता इस रचना में नहीं दिखाई देती। गोरख पांडेय पर बहुत कुछ लिखा है। हज़ारी प्रसाद द्विवेदी की आर.एस.एस. के वाइस चांसलर से समझौतापरस्ती की एक छोटी सी घटना का भी उल्लेख है, उसे भी गोरख पांडेय की क्रान्तिकारिता से जोड़ दिया है। गोरख पांडेय के अतिवादी स्वभाव की एक कमज़ोर सी व्याख्या वहीं पर दर्ज है। बनारस में बिताए दिनों का विवरण देते समय तुलसीराम उस दौर में यानी 1967-69 में हुए राजनीतिक घटनाक्रमों का भी उल्लेख करते हैं। ये घटनाएँ अब इतिहास का हिस्सा बन चुकी हैं। उनकी कोई तात्त्विक व्याख्या नहीं की गई है। लेखक ने अपनी पक्षधरता ज़रूर मुखर की है। कांग्रेस में विभाजन होने पर सी.पी. आइ. ने इंदिरा कांग्रेस को 'नेशनल बुर्जुआज़ी' की नुमाइंदगी करने वाला धड़ा मानकर उसके साथ वर्गसहयोग करने की जो नीति अपनाई, डांगे उसका प्रचार देशभर में करते रहे। उसे तुलसीराम ने सही क़रार देते हुए लिखा, 'इस तरह राष्ट्रीय तथा अन्तर्राष्ट्रीय कम्युनिस्ट आन्दोलन में नेशनल बुर्जुआज़ी की अवधारणा का मैं प्रबल प्रचारक बन गया और जिस पर मैं आज भी क़ायम हूँ। (पृ. 81) यानी 2014 तक तुलसीराम अपनी ग़लत अवधारणा से चिपके रहे, क्योंकि सारे तथ्य और आँकड़े यह बताते हैं कि इंदिरा कांग्रेस भी इज़ारेदार पूँजीपतिवर्ग के हितों की नुमाइंदगी करती थी जिसने सामन्तवाद से गठजोड़ किया हुआ था और साम्राज्यवाद से समझौता भी। इसलिए उसे 'नेशनल बुर्जुआज़ी' यानी राष्ट्रीय पूँजीपतिवर्ग की पार्टी समझना सिरे से ग़लत था। उसके द्वारा लगाये गए आपातकाल का समर्थन और जनता के जनवादी अधिकारों को छीने जाने पर सी.पी.आइ. का मौन भला किस कम्युनिस्ट को सहन हो सकता था, तुलसीराम ने इस पर शायद गहराई से सोचा नहीं।

बीएचयू में अध्ययन के दौर में हासिल किये गए अनेक अनुभव व्यक्तिकेन्द्रित ही रहे। गोरख पांडेय का चित्र विस्तार के साथ उकेरा गया है। उनके साथ के वैचारिक प्रभाव भी तुलसीराम ने अर्जित किये। गोरख पांडेय ने सार्त्र पढ़ा तो तुलसीराम ने भी पढ़ लिया। दोनों अस्तित्ववाद की वैचारिकी से प्रभावित हो गए। ग़ालिब की जन्मशती आई तो ग़ालिब की तरह मदिराप्रेमी हो गए। साहित्यिक अभिरुचि उसी काल में पैदा हुई। गांधी की जन्मशती पर ख़ान अब्दुल गफ़्फ़ार ख़ान को देखा, तो उनकी हुलिया का वर्णन बहुत ही कुरुचिपूर्ण तरीक़े से किया, उनकी नाक को 'गिद्ध के ठोर जैसी' लिखते समय उन्हें यह ख़बर ही नहीं रही कि वे कैसी उपमा प्रयोग में ला रहे हैं। बीएचयू में घटित तमाम घटनाओं के लेखे-जोखे में बार-बार कुछ व्यक्ति आते हैं, यह चेतना शायद उन्हें सी.पी.आइ. की सोच से मिली थी क्योंकि सी.पी.आइ. भी उन दिनों राजनीतिक गतिविधि में वर्गविश्लेषण की जगह

व्यक्तिविश्लेषण से काम चलाती थी, मसलन, कांग्रेस में कौन 'प्रगतिशील' और कौन 'प्रतिक्रियावादी' है। कांग्रेस में विभाजन की व्याख्या भी इसी व्यक्ति आधारित चेतना से की गई थी। तुलसीराम ने भी उसे अपने इस खंड में शामिल किया है। वे व्यक्तियों के सम्पर्क में आते ही यदि प्रभावित हो गए तो उसकी वैचारिकी भी हासिल कर लेते थे। यही वजह है कि वे नक्सलवाद के प्रभाव में भी आ गए। इस पर पूरा अध्याय इस खंड में है। यह प्रभाव भी सुखनन्दन राम नामक व्यक्ति के संसर्ग से हुआ, बस उसी संसर्ग से कानू सान्याल के बारे में जानकारी मिली और फिर लिखा, 'एक तरह से मैं कानू सान्याल का भक्त सा बन गया, बार-बार मेरे दिमाग़ में यह बात आती कि कानू सान्याल की तरह ही कन्धे पर बन्दूक रखकर निकल जाना चाहिए। दूसरी तरफ़ माओ की रेड बुक पढ़ने को मन लालायित हो उठा।' (पृ. 94) यहाँ यह ध्यातव्य है कि तुलसीराम इससे पहले पृष्ठ 65 पर यह बता चुके हैं कि उन्होंने लेनिन की किताब *लेफ़्टविंग कम्युनिज़्म : एन इनफ़ेंटाइल डिसऑर्डर* पढ़ रखी थी जो कि नक्सलवाद की वैचारिकी की धज्जियाँ उड़ाती है, उसे बचकाना मर्ज़ बताती है। फिर भी तुलसीराम सुखनन्दन राम के संसर्ग में आते ही नक्सलवादी बन गए। दरअसल, उनके भीतर एक जिज्ञासु बालक हमेशा बैठा रहा जो तरह-तरह के खिलौने देखकर उन्हें पाने के लिए ललचाता रहा, फिर जब ऊब गया तो फेंक दिया। उन्होंने ख़ुद यह स्वीकार किया कि विचारधारा के मामले में वे 'कनफ़्यूज़्ड' रहे, 'मैं दिन में सी.पी.आइ. वाला रहता, और रात में नक्सलवादी हो जाता।' बाद में पूरा नक्सलवादी बनने के चक्कर में वे एक महीने की छुट्टियों में कोलकाता भी गए। वहाँ जिन-जिन नक्सल नेताओं से मिले उनका सारा हवाला इस खंड में विस्तार से दिया है। नक्सलवाद पर अमल करने का एक अवसर एक गुंडे की हत्या की योजना के रूप में मिला, मगर हत्या या हिंसा का विचार आते ही बुद्ध के उपदेश सामने आ गए और वह रास्ता उन्होंने छोड़ दिया। इस तरह के भटकावों के चित्र बार-बार सामने आते हैं। बीएचयू के छात्रजीवन के दौर में घटित अनेक राष्ट्रीय और अन्तर्राष्ट्रीय घटनाओं का ज़िक्र है, मगर सारी कथा के बीच गोरख पांडेय मौजूद हैं, वह अध्याय विस्तार से उन्हीं की कथा कहता चलता है।

आत्मकथा के इस खंड में एक अध्याय 'वैचारिक द्वंद्व' नाम से है। जैसाकि मैंने ऊपर लिखा है कि उनके भीतर एक जिज्ञासु बालक हमेशा बैठा रहा, उसी की स्वीकृति इस अध्याय के प्रारम्भ में ही तुलसीराम ने लिपिबद्ध कर दी है :

> मैं हर किसी नई विचारधारा के सम्पर्क में आता और उसी से प्रभावित हो जाता था। बुद्धिज़्म तथा मार्क्सवाद के बीच माओवाद तथा अस्तित्ववाद से संघर्ष करता रहा। मेरे लिए बीएचयू में निवास का यह दशक 'बन्दरकुदान' जैसा था।

दरअसल, यह समय ही वैचारिक उथल-पुथल और राजनीतिक उथल-पुथल का था जिसे तुलसीराम उस समय समझ पाने में असमर्थ थे। वे सी.पी.आइ. से जुड़े अवश्य थे, मगर भावात्मक स्तर पर ही। उसमें काम भी ख़ूब किया, मगर तर्कशील होकर कभी राजनीतिक विश्लेषण नहीं किया। इसी वजह से इमरजेंसी जैसे तानाशाही क़दम का भी समर्थन कर दिया और उसके लिए जी-जान से प्रचार में भी जुटे रहे। वे बुद्ध को भी बार-बार याद करते हैं, मगर उनकी सबसे सारगर्भित समझ पर अमल नहीं कर पाते, कि 'अप्प दीपो भव'। उन्होंने पटना में 25 नवम्बर, 1985 को शुरू हुए तीन दिवसीय फ़ासिस्ट विरोधी सम्मेलन का विस्तार से लेखा-जोखा दिया और उसी को सी.पी.आइ. के साथ अपनी 'अन्तिम राजनीतिक गतिविधि' बताया। (पृ. 169)

इसके बाद तुलसीराम ने वर्ग और जाति के मसले पर अपने विचार रखे हैं और दलित प्रश्न और जातिव्यवस्था पर कम्युनिस्टों की समझ को आलोचनात्मक तरीक़े से पेश किया है जिसमें काफ़ी कुछ सचाई है। मगर उनका नज़रिया स्व-केन्द्रित है, जिसकी वजह से वे लिखते हैं कि 'उस समय मेरी समझ में आने लगा था कि वर्गसंघर्ष के माध्यम से भारत में समाजवादी व्यवस्था लागू होना असम्भव सा है।' (पृ. 172) फिर यह भी जोड़ दिया कि 'वर्गसंघर्ष का फ़ार्मूला यहाँ फ़िट नहीं बैठता।' वे यह भूल गए कि जिस तरह 'जाति' एक यथार्थ है, उसी तरह 'वर्ग' भी एक जीता-जागता यथार्थ है। उससे आँखें मूँद लेना सामाजिक सचाई से ही आँखें मूँद लेना है, 'मूँदहु आँखि कतउ कोउ नाहीं।' इस सन्दर्भ में भी वे अनेक पात्रों से अपने अच्छे-बुरे रिश्तों का खुलासा करते हैं, यानी वे अपने विश्लोषण को 'व्यक्तिकेन्द्रित' करते हैं, वस्तुगत यथार्थ में गहरी पैठकर पाने में वे असमर्थ लगते हैं। सी.पी.आइ. की बनारस इकाई के एक व्यक्ति से अनबन हो गई थी तो उसकी शिकायत 'कंट्रोल कमीशन' से की और तुलसीराम को वहाँ से न्याय मिला। फिर भी गाँठ पड़ ही गई थी, सो उसी के कारण वे बनारस छोड़कर 21 जनवरी, 1976 को दिल्ली के लिए रवाना हो गए। वे तब भी सी.पी. आइ. के होलटाइमर थे, शायद तब उन्हें केन्द्रीय नेतृत्व के साथ काम करने का कोई दायित्व मिला होगा। गोरख पांडेय भी उनके साथ चल दिये, गहरे दोस्त के नाते ही। मणिकर्णिका में उनकी इतनी ही जीवनगाथा अंकित है। तीसरा खंड भी शायद आता, मगर कैंसर रोग ने उनकी जीवनयात्रा को विराम लगा दिया और वह सम्भावना ख़त्म हो गई।

तुलसीराम अपनी इस रचना को रोचक बनाने के लिए ही बहुत से पात्रों को बीच-बीच में लाते हैं। इससे पात्रों की भरमार हो गई है। वे बार-बार यह लिखते हैं, 'एक रोचक घटना' या एक 'रोचक बात', इसलिए इस आत्मकथा को अपने निज के जीवन पर कम केन्द्रित करते हैं, गोरख पांडेय जैसे पात्रों पर ख़ूब लिखते हैं।

अपनी इस रचना को और अधिक रोचक बनाने के लिए अन्य दलित रचनाकारों की ही तरह उन्होंने भी अन्त में 'प्रीति करै ना कोय' अध्याय में तीन प्रेम प्रसंग अंकित कर दिये हैं, तीन प्रेम कहानियों की तरह।

तुलसीराम की आत्मकथा के दोनों खंडों को विश्लेषित करते हुए यह तो साफ़ नज़र आता है कि कम्युनिस्ट पार्टी के सदस्य के रूप में उनका व्यक्तित्व एक नया रूप हासिल कर लेता है, जो उनकी दलित अस्मिता से उन्हें ऊपर उठा देता है, काश निम्न-मध्यवर्ग में तब्दील हुए अन्य लेखक भी इस तात्त्विक सत्य को समझ पाते।

दलित कविता का वर्तमान : नया निकष

आइए महसूस करिए ज़िन्दगी के ताप को
मैं चमारों की गली तक ले चलूँगा आपको।

—अदम गोंडवी

दलित कविता अब हिन्दी साहित्य में इतनी अधिक मात्रा और गुणवत्ता में लिखी जा चुकी है कि उसके आकलन के लिए विशालकाय ग्रंथमाला तैयार हो सकती है, किसी बड़ी लाइब्रेरी का एक संभाग भर सकता है। दलित साहित्य में गहरी पैठ रखने वाले विद्वान बजरंग बिहारी तिवारी ने सही ही कहा है कि 'साहित्य की अन्य विधाओं की अपेक्षा हिन्दी की दलित कविता ज़्यादा विविधतापूर्ण और समृद्ध है. वरिष्ठ पीढ़ी से लेकर युवतर पीढ़ी तक सर्जना के इस क्षेत्र में सक्रिय है। हिन्दी के धाकड़ प्रकाशनगृहों से दलित काव्य-संग्रहों का छपना इस बात का सबूत है कि पाठकीयता में परिवर्तन से लेकर प्रकाशन बाज़ार तक स्थिति निरन्तर बेहतर होती जा रही है।' ('दलित कविता', समालोचन, 24 जनवरी, 2018) मेरा मक़सद इस दलित कविता के विशाल महासागर का मंथन करने का नहीं है, उस मंथन की क्षमता भी नहीं है। साहित्य का दलित सौन्दर्यशास्त्र जिस वैचारिकी पर मैंने सिरजा है, उसमें काव्यवस्तु की परख, गुलामगीरी और मनुवाद के प्रति बरते गए रुख़ और उसके वस्तुगत अन्तर्निहित रुझान से करने पर बल दिया गया है। इस नये सौन्दर्यशास्त्र से दलित कविता का ही नहीं, विश्व की किसी भी कविता का कथ्य और रूपपक्ष परखने की कोई मेथडोलॉजी विकसित करने की हड़बड़ी मैं नहीं करना चाहता क्योंकि उसमें कवि की अपनी मेहनत, काव्यकला का सार्वभौमिक ज्ञान और वस्तु के अनुरूप कलाबिम्बों और प्रतीकों और संकेतों का सृजन करने का कौशल काम आता है। कई बार ऐसा कौशल एकदम नई प्रतिभाओं में दीप्त हो उठता है। मैंने इसी पुस्तक के एक अध्याय में अंग्रेज़ी कविता की इसी नये सौन्दर्यशास्त्र से बानगी लेते हुए एक अश्वेत ब्रिटिश कवि कालेब फ़ेमी (जन्म : 1990) की एक कविता का विश्लेषण किया था। हिन्दी की दलित कविता का वर्तमान ऐसे अनेक उदाहरणों से भरा है। फिर भी आज की हिन्दी दलित कविता

में उभर रही जो नई सौन्दर्यचेतना मुझे बार-बार अपनी ओर खींचती है, उस पर बात किये बग़ैर नहीं रहा जा सकता। मैं यहाँ दो उदाहरण देना चाहता हूँ। यहाँ यह स्पष्ट कर दूँ कि जो उदाहरण मैंने चुने हैं उनमें से मैं किसी युवा कवि से अभी तक नहीं मिला हूँ। उनमें से पहला, अश्वेत ब्रिटिश कवि कालेब फ़ेमी से उम्र में तीन साल छोटा है, उसकी निजी ज़िन्दगी के बारे में मुझे क़तई जानकारी नहीं। मैंने उसकी कई कविताएँ ज़रूर पढ़ी हैं, उन्हीं में से एक कविता जो मुझे बेहद पसन्द है, अपने पाठकों के साथ साझा करना चाहता हूँ। कविता का शीर्षक है : 'मेरे ख़ून का एक संक्षिप्त इतिहास' और कवि का नाम है : पराग पावन। कविता यों है :

मेरे पुरखे
वहाँ, जंगल के उस पार
टीलों और पहाड़ों पर
अपने ढोर लेकर गए थे
और नहीं लौटे हैं
शाम गाढ़ी होती जा रही
यह बेला अँधेरे में डूबने वाली है
घिर आए हैं बादल
खोने लगी हैं दिशाएँ
और मेरे पुरखे नहीं लौटे हैं

आकुलता के शबाब में लिपटा
अजीब मनहूस मौसम है
रोशनी की हार पर रोने वाले हैं बादल
जंगल के रास्ते अभी डूबकर मर जाएँगे पानी में
रास्तों की मौत से पहले
कबूतर लौट आए हैं घोंसलों में
मुर्ग़ियाँ लौट आई हैं दड़बों तक
हिरन, घोड़े, गाय, बाघ, भेड़िये
सब लौट आए हैं जंगल के इस पार
पर मेरे पुरखे टीलों पर बैठकर
बाँस की टोकरी बना रहे
बनाते ही जा रहे
शाम ख़त्म हो चुकी है

और वे
नहीं लौटे हैं

इसी देश में
मैंने मेमनों को हत्यारा साबित होते देखा
और हत्यारों को प्रधानमंत्री घोषित होते देखा
इसी देश में
ईमान की देवी को
जल्लाद की बैठक में नाचते देखा
और जल्लाद को
अहिंसा पर शोध-पत्र पेश करते देखा

मेरे भीतर की आग
किसी और दिन के लिए
क्रोध में आकाश हुई मेरी चीख़
किसी और दिन के लिए
म्यान से निकल आई मेरी तलवार की यह थरथराहट
किसी और दिन के लिए

आज
यह अँधेरी शाम की बेला
घिरे हुए बादल
सन्नाटा ओढ़े जंगल
और मेरे पुरखे
अभी तक नहीं लौटे हैं।

यह कविता एक मोहक सादगी और दिल को छू लेने वाली संवेदना से परिचालित है, मगर कथन भंगिमा सीधे-सीधे आक्रोश कह डालने की नहीं है, वह आक्रोश, वह आग 'किसी और दिन के लिए।' छोटे से कैनवस पर चित्रित सब कुछ हमारे 'उत्तर-सत्य' युग में, हमारे देशकाल में घटित यथार्थ ही है, मगर उसके लिए एक आत्मीय चिन्ता, एक सरोकार बिम्ब के रूप में अंकित कर दिया है, 'मेरे पुरखे/अभी तक नहीं लौटे हैं'। इतना भर कह देने से मनुवादी-फ़ासीवादी सत्ता के द्वारा ग़रीबों, दलितों और अल्पसंख्यकों पर बरपा हिंसा का दौर उभर आता है। पशु-पक्षी सब सुरक्षित लौट आते हैं, शाम को अपने-अपने सुरक्षित स्थलों पर, 'मेरे पुरखे/अभी

तक नहीं लौटे हैं'। फिर इतने सारे बिम्ब अपना-अपना अर्थ लिये हुए वाचक की चिन्ता को और अधिक सघन बना रहे हैं। जिस तरह निराला 'राम की शक्ति-पूजा' में रावण से हार रहे राम की चिन्ता को सघन अन्धकार के बिम्ब से चित्रित करते हैं, 'है अमानिशा; उगलता गगन घन अन्धकार/खो रहा दिशा का ज्ञान', उसी तरह यहाँ भी वाचक कहता है :

यह बेला अँधेरे में डूबने वाली है
घिर आए हैं बादल
खोने लगी हैं दिशाएँ
और मेरे पुरखे नहीं लौटे हैं

फिर एक बात और, कविता के रूप-सौन्दर्य को निखारने के जो भी 'टूल्स' दुनिया में उपलब्ध हैं, वे सब इस छोटी सी कविता में देखे जा सकते हैं। यही वजह है कि इसे पढ़ते ही इसका जादू पाठक की चेतना पर छाने लगता है। इससे लगता है कि दलित कविता अब नये उत्कर्ष की ओर चल पड़ी है। जिस तरह प्रगतिवादी कविता के शुरू में बहुत ही नारेबाज़ी और कच्ची संवेदना से युक्त रचनाएँ सामने आ रही थीं, बाद में मुक्तिबोध और शमशेर जैसे कवियों ने उसे नई कलात्मकता से सजाकर नई ऊँचाइयाँ दीं। उसी तरह लगता है कि इतिहास ख़ुद को दुहरा रहा है। वही दलित कविता के साथ होता दिख रहा है। दलित कविता का वर्तमान ऐसे शुभ लक्षण का संकेत दे रहा है।

पराग पावन की ही तरह दूसरा कवि, विहाग वैभव की रचनात्मकता में उसी तरह का निखार अभी से दिखाई पड़ता है। फिर कह दूँ, मेरी जान-पहचान न तो इंग्लैंड के अश्वेत कवि कालेब फ़ेमी से है, न उनके हमउम्र हिन्दी कवि पराग पवन और विहाग वैभव से। बीसवीं सदी के आख़िरी दशक में जन्मे इन कवियों में से किसी से भी कोई मुलाक़ात नहीं, इनमें से शायद ही कोई मुझे जानता हो। मगर इनकी कविताएँ जिस सामाजिक सरोकार और मानवीय चिन्ता को अभूतपूर्व काव्य-कौशल से व्यक्त करती हैं, वह देखते ही बनता है। इसीलिए इन्हें अपने नये सौन्दर्यशास्त्र के विमर्श का हिस्सा बनाना मुझे ज़रूरी लगा।

पराग पावन की कविता में दलित समाज की चिन्ता पूरे शोषित समाज की चिन्ता की तरह उभरी है। विहाग वैभव की कविता का फलक एक रणक्षेत्र की तरह है जहाँ वर्गसंघर्ष और वर्णसंघर्ष की झलक नारेबाज़ी की तरह नहीं, कविता के तमाम उपलब्ध 'टूल्स' और संवेगों के ताप से रची दिखाई देती है। वैसे तो मैं इस कवि की कई कविताएँ यहाँ देना चाहता था, लेकिन बानगी के तौर पर दो कविताएँ जिनमें एक छोटी और एक लम्बी कविता है, यहाँ दे रहा

हूँ। मक़सद तो इनमें निहित नये सौन्दर्यबोध से पाठकों को परिचित कराना है। तो पहली कविता पेश है :

इस देश की नागरिकता की नई अर्हताएँ

अपनी आत्मा को ख़ूब सुखा दो पहले
फिर अपनी रीढ़ की हड्डी निकालकर सौंप आओ
हत्यारों, आतताइयों और धार्मिक उन्मादियों के हाथ
अपने मस्तिष्क में धर्म का धुआँ भर लो इस क़दर कि
तुम अपनी बेटियों, पत्नियों और माँओं के लिए
कुतिया, रंडी और छिनाल जैसे संबोधनों का समर्थन कर सको
और सोच सको कि
मेरा प्रधानमंत्री इसके समर्थन में है
तो अवश्य ही अपूर्व गौरव की बात है

अपने हृदय को
फूल से बच्चों की जली लाश की राख से लीप लो
कर लो बिलकुल मृत्यु-सा काले रंग में
और इन बच्चों की हड्डियों में
वह रंग विशेष का झंडा लहराकर
पूरे हृदय से भारत माता को करो याद
अपने कानों में ठूँस लो हत्या समर्थन के सभी तर्क-पुराण
और उन गला सुजाकर रोती माँओं की चीख़ को
भजन या राष्ट्रगान की तरह सुनो

जिनके ईश्वर जैसे बच्चे
स्कूल और अस्पताल से नहीं लौटे आज की शाम
ज़ुबान को काटकर रख आओ सत्ता के पैरों पर
आँखों का पानी बेच आओ सम्प्रदाय की दुकान में
आने के पहले थोड़ा लाश हो जाओ
थोड़ा-थोड़ा हो जाओ पत्थर
फिर तो स्वागत है तुम्हारा इस देश में
एक देशभक्त और सम्मानित नागरिक की तरह।

जहाँ पराग पावन की कविता में 'पुरखे नहीं लौटे हैं', विहाग वैभव की उक्त कविता में 'ईश्वर जैसे बच्चे/स्कूल और अस्पताल से नहीं लौटे आज की शाम।' दोनों ही कविताएँ फ़ासीवादी-मनुवादी शोषक-शासक शक्तियों की हत्यारी मुहिम को सांकेतिक भाषा में व्यक्त करती हैं, कुछ इस तरह कि काव्यात्मक कथन हमारी मानवीय संवेदनाओं को उकेर देता है। विहाग वैभव की दूसरी कविता भी देखिए :

मोर्चे पर विदागीत

उसके होंठ चूमना छोड़ते हुए
उसके चेहरे को भर लिया अँजुरियों में
और उसकी आँखों को पीते हुए मैंने कहा
मैं मिलूँगा तुमसे
तुम मुझे भूल मत जाना
दिन, महीने, साल लाँघकर
आऊँगा एक रोज़ अचानक
तुम्हें गोदी में उठा लूँगा
तब तुम्हारा चेहरा यक़ीनन
किसी पहाड़ी फूल-सा ताज़ा और चमकदार हो जाएगा
वह मुझे पनियाई आँख से देखती रही बस
जैसे किसी को आख़िरी बार देखा जाता है

मैंने उसे अपनी देह से छुड़ाते हुए सच कहा
मैं जा रहा हूँ उस युद्ध में
जिसकी घोषणा किसी मौसम ने नहीं की
जिसके बारे में कोई पीढ़ी नहीं सुनाएगी कहानियाँ
जिसकी वीरता के क़िस्से
सिर्फ़ शहीद हुए सिपाही कहेंगे और सुनेंगे

यह युद्ध मेरे और मेरे राजा के बीच है
मेरा उन्मादी राजा
दुनिया की हर ख़ूबसूरत चीज़ को
नेस्तनाबूद कर देने की योजनाओं में व्यस्त है
हर प्रकार की स्वतंत्रता को वह चबा लेना चाहता है

मनुष्यों को धर्म में बदल देना चाहता है
लोगों के सिर से उनका मस्तिष्क ऐसे निकाल ले रहा है कि
ख़ुद उन्हीं को कोई ख़बर नहीं हो रही

राजा जिस भी रास्ते से गुज़र रहा है
उधर की हवाओं में वही दुर्गंध फैल जा रही है
जो लाखों-लाख इनसानों की लाशों के एक साथ जलने से आती है

राजा ने एक ऐसे जानवर को गोद ले रखा है
जो अपने अपूजकों की हत्या
अपने स्पर्श भर से कर देने की क़ाबिलियत के लिए
मशहूर हो रहा है

इतना ही नहीं
मेरा क्रूर राजा
तुम जैसी बेक़सूर प्रेमिकाओं को
क़ैद करके
किसी अनंत अँधेरे में फेंक भी देना चाहता है
सदियों-सदियों के लिए
कि प्रेम कोई जघन्य अपराध हो

मेरी बातों से वह और भी उदास हो गई
उसका गला रुँधने लगा
और उसकी ख़ूबसूरत आँखें भरभरा गईं
वह समझ गई कि मैं न लौटने के लिए माफ़ी माँग रहा हूँ

जब मैं कह रहा हूँ
मैं मिलूँगा तुमसे
मैंने उसे हिम्मत बँधाई
नहीं, वे मेरी हड्डियों में बारूद भर देंगे
निकाल लेंगे मेरी आँखें
कानों में उबलता तेल डालेंगे
मेरे नाख़ूनों में कील ठोंककर तुम्हारा नाम पूछेंगे
उस आख़िरी घड़ी में मैं तुम्हें याद करूँगा

हृदय की असीम पवित्रता की दीवाल पर
तुम्हारी मुस्कुराती तस्वीर देखकर
वे बार-बार पूछेंगे नाम तुम्हारा
और मैं मर जाऊँगा पर नहीं बताऊँगा

तब वे जान जाएँगे
यह अन्त नहीं है
मेरा जैसा दूसरा आएगा
तीसरा, चौथा, पाँचवाँ और न जाने कितने आएँगे
जो अपनी प्रेमिका के लिए
अपनी कल्पनाओं जितनी ख़ूबसूरत दुनिया चाहते हैं
वह अब फफक उठी और धम्म से मुझसे चिपक गई

मैंने मुस्कुराते हुए
अपनी कलम उठाई
किताबों को पहना
और कविताओं को पीठ पर लाद
क़स्बा छोड़ने के पहले कहा,
मैं नहीं भी लौटा तो मेरे जैसा दूसरा लौटेगा
तुम उसे मेरे जितना ही प्यार करना
वह उसका हक़दार होगा
यूँ तो
मैं मिलूँगा तुमसे

साथियो। मेरा विदागीत यहीं ख़त्म होता है
इस पेड़ को शुक्रिया कहो और चलो उठो
हमें राजा को उसकी वहशी योजनाओं समेत दफ़्न कर देना है
और समय रहते लौटना भी तो है
अपनी-अपनी प्रेमिका की बाँहों में
यह इतना कठिन भी नहीं है।

दलित कविता का यह है परिमार्जित और विकसित स्वरूप।

हमारा यह विमर्श अधूरा ही रह जाएगा, अगर दलित महिलाओं की लिखी रचनाओं पर बात न हो। दलित महिलाएँ जहाँ पुरुष लेखकों की संवेदना में

रचे-बसे उत्पीड़न के दर्द अपने भीतर समेटे हैं, वहीं अपने पुरुष समाज के दासत्व की अतिरिक्त पीड़ा वे भी उसी तरह झेल रही हैं जिस तरह मनुवादी चेतना से आप्लावित सवर्ण पुरुषों के अधीन जीवन जी रहीं सवर्ण समाज की महिलाएँ। इस दर्द की अतिरिक्त अभिव्यक्ति दलित कवयित्रियों की रचनाओं में इधर काफ़ी देखने को मिल रही है। ऐसी रचनाओं का गम्भीर विश्लेषण दलित साहित्य के मर्मज्ञ बजरंग बिहारी तिवारी के लेखों में हम देखते हैं। उन्होंने दलित कवयित्रियों की रचनाओं को सार्वभौमिक महिला मुक्ति आन्दोलनों के परिप्रेक्ष्य में देखा-परखा है।

हमारे यहाँ दलित विमर्श और महिला विमर्श साथ-साथ ही चले हैं और उन्हें मैं साझा जनवादी आन्दोलन का ही एक हिस्सा मानता हूँ। दलित और महिला हमारे समाज में मनुस्मृति, गीता और अन्य समुदायों के धर्मग्रंथों में दिये गए सामन्ती मर्दवादी निर्देशों से उत्पीड़ित आज भी हैं। जब से पितृसत्तात्मक वर्गविभाजित (वर्णविभाजित भी) समाज की स्थापना हुई, निजी सम्पत्ति की अवधारणा वजूद में आई। तभी से दास और नारी ग़ुलामी की ज़ंजीर में जकड़ दिये गए। दोनों को स्वामी ने अपनी निजी सम्पत्ति माना। इस ग़ुलामगीरी को 'दैवी विधान' बताकर शोषणचक्र जारी रखा गया, और आज भी चल रहा है। यह चौंकाने वाला तथ्य है कि मनुस्मृति के दसवें अध्याय में नारी की तुलना 'खेत' से की गई है जिसमें अच्छा सवर्ण 'बीज' डालने का निर्देश है। ठीक यही तुलना *क़ुरान शरीफ़* के सूरः 2 : अल-बक़रः की आयत 224 में है। इससे स्पष्ट है कि धर्मग्रंथों में ही नारी को 'सम्पत्ति' मानने की हिदायत दी गई और वह आज भी प्रचलन में है। पुरुष वर्चस्व के तहत नारी की 'पिटाई' करने की मानसिकता भी इन धर्मग्रंथों में अंकित है। तुलसी की चौपाई, 'ढोल गँवार सूद्र पसु नारी' तो जगप्रसिद्ध है, नारी के बारे में इसी तरह का विधान *क़ुरान शरीफ़* में सूर : 4, अन-निसा : आयत 34 में भी है।

आधुनिक समय में जैसे-जैसे मुक्ति आन्दोलन शुरू हुए तो मुक्ति की यह आकांक्षा नारी समाज में भी पैदा हुई। दलित लेखन के उभार के साथ ही पढ़ी-लिखी आधुनिक चेतना सम्पन्न दलित लेखिकाओं ने भी अपनी वेदना का इज़हार करना शुरू किया। पिछले कुछ दशकों में 'दलित स्त्रीवाद' एक स्वायत्त रूप धारण कर चुका है। इस आन्दोलन की सारगर्भित विवेचना बजरंग बिहारी तिवारी ने की है और इसके विकास की सम्भावनाओं को सही नज़रिये से देखा है। उसे यहाँ दुहराने की ज़रूरत मैं महसूस नहीं करता। यह सर्वविदित सत्य है कि दलित नारी भी अपने घर में ग़ुलामगीरी की शिकार है, यही चेतना उसे 'दलित स्त्रीवाद' की ओर ले जा रही है। मर्दवादी मानसिकता का शिकार दलित लेखक भी है। यह सचाई आज दलित विमर्श में चल रही बहसों में उजागर हो रही है। दलित

लेखिकाएँ सोचती हैं कि कहीं उनकी आवाज़ दबा न दी जाए, इसके लिए उन्हें ख़ुद को ही संगठित होना पड़ेगा, वे संगठित होकर अपनी स्वायत्तता हासिल कर रही हैं। इस स्वायत्तता की चाह उनकी कविताओं में स्पष्ट रूप में झलक रही है। रजनी तिलक 'सांकल' शीर्षक कविता की चार पंक्तियों में कितनी बेबाक़ी से इस चाह को बयान कर देती हैं :

चारदीवारी की घुटन
घूँघट की ओट
सहना ही नारीत्व तो
बदलनी चाहिए परिभाषा

रजनी तिलक दलित स्त्रीवाद की जुझारू आवाज़ थीं जिनकी संगठनात्मक प्रेरणा से अब उनकी आवाज़ में अनगिनत आवाज़ें घुल-मिल रही हैं। उन सब आवाज़ों का लेखा-जोखा यहाँ सम्भव नहीं है। उन सभी में दलित मुक्ति की चाह, नारी मुक्ति की चाह और बेहतर सम्मानयुक्त ज़िन्दगी की चाह झलकती है। दलित महिला कवि अपने जीवन यथार्थ को अब स्पष्ट रूप में लिख डालना चाहती है। सुशीला टाकभौरे की 'स्त्री' शीर्षक कविता इसी का साक्ष्य है :

एक स्त्री
जब भी कोई कोशिश करती है
लिखने की बोलने की समझने की
सदा भयभीत-सी रहती है
मानो पहरेदारी करता हुआ
कोई सिर पर सवार हो
पहरेदार
जैसे एक मज़दूर औरत के लिए
ठेकेदार
या ख़रीदी सम्पति के लिए
चौकीदार
वह सोचती है लिखते समय कलम को झुकाकर
बोलते समय बात को सँभाल ले
और समझने के लिए
सबके दृष्टिकोण से देखे
क्योंकि वह एक स्त्री है!

उपसंहार

प्रिय पाठको, जैसाकि मैंने शुरू में ही कहा था, कि सिर्फ़ दलित साहित्य के लिए अलग क़िस्म का सौन्दर्यशास्त्र निर्मित करना एक वैचारिकी का घेटोकरण, संकुचन जैसा प्रयास साबित हो सकता है। ऐसे प्रयास कुछ मेधावी दलित रचनाकारों ने जल्दी में कर डाले। कई किताबें दलित साहित्य का सौन्दर्यशास्त्र रचने का प्रयास करती हुई बाज़ार में फटाफट आ गईं। उनका विश्लेषण करने पर पता लगा कि उनमें नया कुछ भी नहीं। उन लेखकों की शिक्षा-दीक्षा और अध्ययन में वही सब कुछ समाहित था जो पहले से मौजूद था। दलित साहित्य के लिए तैयार किये गए सौन्दर्यशास्त्र का विश्लेषण मैंने कथादेश में प्रकाशित एक लेख में और इस पुस्तक के शुरू में किया। मुझे लगा कि सौन्दर्यशास्त्र को घेटोकरण से मुक्त करके 'साहित्य का दलित सौन्दर्यशास्त्र' रचा जा सकता है, जो सिर्फ़ दलित साहित्य को जाँचने-परखने और उसकी मार्केटिंग करने का औज़ार नहीं होगा। मुझे लगा कि जोतिबा फुले, बाबा साहब आंबेडकर की नई वैचारिकी के साथ शोषित-वंचित सर्वहारा की वैज्ञानिक वैचारिकी के सम्मिश्रण से दलित सौन्दर्यशास्त्र की रचना हो सकती है और उससे दुनिया के हर साहित्य को विश्लेषित किया जा सकता है, 'गुलामगीरी' के पक्ष में या उसके प्रतिरोध में रचे गए साहित्य की जाँच-परख की जा सकती है। अपने इसी प्रयास को इसी अर्थ में मैंने 'साहित्य का दलित सौन्दर्यशास्त्र' नाम दिया है।

विचार जगत में इस तरह की जिरह बहुत पहले से होती आई है। फ्रांस के एक दार्शनिक प्रूधों (Pierre-Joseph Proudhon 1809-1865) ने एक किताब लिखी थी, द *फ़िलॉसफ़ी ऑफ़ पावर्टी,* यानी 'दारिद्र्य का दर्शनशास्त्र'। कार्ल मार्क्स ने उसकी आलोचना करते हुए उसके शब्द आगे-पीछे करके एक किताब लिखी, उसे नाम दिया, *दर्शनशास्त्र का दारिद्र्य*। हिन्दी में भी लक्ष्मीकांत वर्मा ने एक किताब लिखी *नई कविता के प्रतिमान* जिसमें एक तरह से नई कविता की वकालत और उसकी मार्केटिंग की कोशिश थी। यह भी एक तरह से कविता का 'घेटोकरण' ही था। नामवर सिंह ने उस संकुचन का विरोध करते हुए उस नाम को उलट दिया और अपनी मशहूर किताब लिखी *कविता के नये प्रतिमान,* जिसमें

उन्होंने अमेरिकी रूपवादी आलोचना द *न्यू क्रिटिसिज़्म* (1941) की अवधारणाओं को हिन्दी कविता पर आरोपित करके 'नई समीक्षा' को यूनिवर्सल बनाने की कोशिश की।

दरअसल, आज़ादी के बाद हमारे यहाँ के साहित्य में, लगभग सभी भाषाओं में 'आधुनिकतावाद' का बोलबाला हो गया था, उसे 'नया' विशेषण जोड़कर प्रचारित किया गया था। चूँकि देश नई सामाजिक व्यवस्था की रचना में लगा था, नया संविधान बना था, नई-नई योजनाएँ, नई-नई संस्थाएँ बनाई जा रही थीं, तो रचनाकारों ने 'नई' कविता, 'नई' कहानी वग़ैरह का नारा देकर अपने-अपने साहित्य को सजाया, सँवारा। अमेरिकी संस्था, सी.आइ.ए. ने नये रचनाकारों को एक नई आकर्षक वैचारिकी 'आधुनिकतावाद' के नाम से थमा दी जो अपने सारतत्त्व में जनविरोधी थी, प्रगतिवाद की वैचारिकी से उसकी दुश्मनी थी। मुक्तिबोध ने इस घटनाविकास को सही तरीक़े से समझा था और उसकी असलियत खोली थी, लेकिन उस दौर में उनकी आवाज़ सुनने वाला कोई नहीं था। नई कविता, नई कहानी के अन्दर कुछ रचनाकारों को छोड़कर लगभग सभी उस जनविरोधी वैचारिकी के असर में आ गए थे। अज्ञेय उस मुहिम के अगुआ थे। उस वैचारिकी का एक तरह से तब वर्चस्व स्थापित हो गया था। यह मुहिम शीतयुद्ध के असर में शोषित-दलित मानव के विरोध में चली थी। संगठित जन को 'भीड़' बताकर वह शोषक सत्ता के पक्ष में अस्मिताखोजी लेखकों को ले जा रही थी। नामवर सिंह भी अपनी प्रगतिशील वैचारिकी से अलग हटकर उसी मुहिम का हिस्सा बन गए थे। यह वैचारिकी उग्र रूप धारण करके 'अकविता','अकहानी' आदि के नाम से सर्वनिषेधवाद की ओर मुड़ गई, उसका सारतत्त्व वही रहा। वे भी 'भीड़' को, समाज को, जनपक्षधर राजनीति को गालियाँ बक रहे थे। असली शोषक की पहचान धूमिल करने में सत्ता के हिस्से बन गए थे।

इस सारे कुहासे को छाँटने में सत्तर के दशक में उभरे युवा रचनाकार प्रवृत्त हुए जो सर्वहारा की दार्शनिक वैचारिकी यानी मार्क्सवाद-लेनिनवाद को आत्मसात् करके और मुक्तिबोध की परम्परा अपनाकर वैचारिक संघर्ष में तर्कशीलता की रोशनी से 'रूपवादी' विचारप्रणालियों का विखंडन करने में कामयाब हुए। मेरा प्रयास भी मेरी आलोचना पुस्तक *जनवादी समीक्षा : नया चिन्तन, नये प्रयोग* (1979) में मूर्त रूप में सामने आया। तब से लेकर अब तक मेरी अपनी वैचारिक सोच दलित, शोषित जन के पक्ष में रची वैचारिकी से ही परिचालित रही है। उसी वैचारिकी से इस पुस्तक की रचना हो गई है। इसका वस्तुगत आकलन तो पाठक ही करेंगे, 'बात बोलेगी, हम नहीं'।

आज सब जानते हैं कि हिन्दी में दलित लेखन को प्रेरणा मराठी के दलित लेखन और दलित पैंथर की राजनीति से मिली। यों तो हर तरह के मानव-मूल्यों की थोड़ी-

बहुत उपस्थिति अतीत में होती ही है, मगर एक ख़ास देशकाल में नये मानव-मूल्य बनकर उनका उभार आन्दोलन की शक्ल अख्तियार कर लेता है। यह सम्भव तभी होता है जब उसके लिए ज़मीन उर्वर होती है। सन् 1970 के बाद भारतीय पूँजीवाद संकट के दौर में फँस गया था। बांग्लादेश के बनने में भारत की जो भूमिका थी, उससे उसका बहुत सा धन ख़र्च हो गया था। नये-नये टैक्सों से जनता ग़रीबी के बोझ से दबी जा रही थी। इसी वजह से पूरे देश में जन-आन्दोलनों की बाढ़ आ गई थी। 1974 की रेल हड़ताल इस आक्रोश की ऐतिहासिक अभिव्यक्ति थी। देशभर में युवाओं में विस्फोटक अक्रोश था। यही आक्रोश महाराष्ट्र में 'दलित पैंथर' की शक्ल में उसी दौर में उभरा था। उत्तर भारत में जयप्रकाश नारायण ने 'सम्पूर्ण क्रान्ति' के नारे के तहत सारे युवा आक्रोश को समेट लिया। हिन्दी साहित्य में इस हलचल को वाम रुझान के रचनाकारों ने पहचाना और जनवादी साहित्य आन्दोलन को नये सिरे से शुरू किया जिसकी अभिव्यक्ति 1973 में 'बाँदा सम्मेलन' में देखी जा सकती है।

बाँदा सम्मेलन के बाद हिन्दी में लेखकों के आक्रोश को संगठित करने के अनेक प्रयास होते रहे। पूँजीवादी-सामन्ती व्यवस्था के गहराते संकट से उभरे जनआक्रोश को दबाने के लिए 1975 में इमरजेंसी लगा दी गई। अभिव्यक्ति की आज़ादी और संगठित होने के मौलिक जनवादी अधिकार भी छीन लिये गए। मगर इमरजेंसी के हटते ही नये सिरे से शोषित अवाम के पक्ष में खड़े रचनाकारों ने अपने को संगठित करने की नई शुरुआत की। 1980 में इंदिरा कांग्रेस की वापसी के बाद जनवाद के लिए ख़तरे की आशंका फिर बढ़ गई और अवाम के अनेक हिस्सों में नये संगठन बनने लगे। शोषित-दलित अवाम के पक्षधर लेखकों में भी संगठित होने की भावना तीव्रतर होती गई। जनवादी लेखकों में बड़ी संख्या उन लेखकों की थी जो इस देश व समाज को हर तरह के शोषण से मुक्ति के लिए सर्वहारा के वैज्ञानिक दर्शन यानी मार्क्सवाद-लेनिनवाद की वैचारिकी को आधार मानते थे। वे इस आन्दोलन में दलित समाज को भी अपना हिस्सा मानकर चल रहे थे।

यही वह दौर था जब देश के कई भागों में अस्मितामूलक आन्दोलन शुरू हो गए थे। इनमें कई आन्दोलन साम्राज्यपरस्त अलगाववादी मुहिम का भी हिस्सा थे, जिनसे देश की एकता और अखंडता के लिए भी ख़तरा पैदा हो गया था। इसी दौर में दलित राजनीति का उभार शुरू हुआ और हिन्दी में दलित लेखन की मुखर अभिव्यक्तियाँ सामने आने लगीं। इस उभार को वाम राजनीति के भीतर एक हिस्से ने विभाजनकारी 'आइडेंटिटी पॉलिटिक्स' के रूप में देखा, तो दूसरे हिस्से ने इसे भी जनवादी उभार का हिस्सा माना। मेरी अपनी मान्यता भी यही रही है कि दलित लेखन उन्हीं लोकतांत्रिक मूल्यों के लिए हो

रहे व्यापक आन्दोलन का ही एक अंग है जो अब अपनी उपस्थिति उसी तरह दुनिया भर में दर्ज करा चुका है जैसे 'ब्लैक लिटरेचर' ने अपनी जगह बना ली है। जनमुक्ति के तमाम संघर्षों की कड़ी के रूप में दलित लेखन को देखते हुए मैंने उसकी वैचारिकी से उभरे साझा सौन्दर्यशास्त्रीय चिन्तन की सार्वभौमिकता की पहचान कराने की कोशिश यहाँ की है। इस साझा सौन्दर्यशास्त्रीय चिन्तन में जोतिबा फुले, बाबा साहब आंबेडकर और सर्वहारादर्शन मार्क्सवाद-लेनिनवाद की वैचारिकी शामिल है।

परिशिष्ट

बाईस बरस पहले प्रिय मित्र मुद्राराक्षस के आग्रह पर एक लेख मैंने लखनऊ से प्रकाशित होने वाली पत्रिका, कथा-क्रम के 'दलित साहित्य विशेषांक' के लिए लिखा था, उसी पत्रिका में वह नवम्बर 2000 में छपा था। उसे इस परिशिष्ट में दे रहा हूँ, ताकि सनद रहे।

—चंचल चौहान

दलित साहित्य : विवादों के घेरे

मराठी साहित्य में दलित उभार के बाद इधर कुछ वर्षों में हिन्दी में भी दलित साहित्य अपनी एक विशिष्ट पहचान बनाता हुआ उभरा है और अपने उभार के साथ ही विवादों के घेरे में आ गया। सदियों से विरासत में मिली सवर्ण मानसिकता उस वक़्त भयंकर रूप से आक्रामक होने लगती है जब कोई कवि ब्राह्मणवाद को चुनौती देता है। कबीर की वाणी ने जब वर्णवाद और अवतारवाद को चुनौती दी, तो तुलसीदास ने परोक्ष और अपरोक्ष रूप से उस पर हमला बोला और ब्राह्मणवाद की पुनर्स्थापना करते हुए दलितों को गालियों से विभूषित किया। कबीर ने भी सीधे-सीधे अकविता की भाषा में ब्राह्मणवाद को चुनौती दी और कहा कि—

जे तूं बाभन बभनीं जाया। तो आंन बाट होइ काहे न आया॥

(*कबीर ग्रंथावली*, सं. डॉ. पारसनाथ तिवारी, पद 182)

उन्होंने कई पदों में पंडितों की ऐसी-तैसी की—

पंडित वाद बदै सो झूठा (वही, पद 179)
जौ पै बीजरूप भगवान
तौ पंडित का कथसि गियांन। (वही, पद 180)

वर्णवाद के साथ ही उन्होंने अवतारवाद को भी चुनौती दी और कहा कि—

नां जसरथ घरि औतरि आवा
नां लंका का राव सतावा
देवै कोखि न अवतरि आवा।
नां जसवै लै गोद खिलावा
नां वो ग्वालन के संगि फिरिया
गोबरधन लै नां कर धरिया
बावन होइ नहीं बलि छलिया
धरनीं वेद लै न ऊधरिया

गंडक सालिगराम न कोला
मच्छ कच्छ होइ जलहिं न डोला
बद्री बैसि ध्यांन नहिं लावा
परसराम ह्वै खत्री न सतावा
द्वारावती सरीर न छाँड़ा
जगन्नाथ लै पिंड न गाड़ा
कहै कबीर बिचारि करि, ए ऊले ब्यौहार
याहीं तैं जो अगम है, सो बरति रहा संसार। (वही, रमैनी, 3)

तुलसी ने रामचरितमानस में ब्राह्मण को ऊँचा और पूज्य कहकर असमानता का सामन्ती मूल्य दोहराया—

सापत ताड़त परुष कहंता। विप्र पूज्य अस गावहिं सन्ता।

या

पूजिअ विप्र ग्यान गुन हीना सूद्र न गुनगन ग्यान प्रवीना।

कलियुग की विशेषताएँ गिनाते वक़्त तुलसी ने यह भी कहा कि—

सूद्र द्विजन्ह उपदेसहिं ग्याना। मेलि जनेऊ लेहिं कुदाना।...
बादहिं सूद्र द्विजन्ह सन हम तुम्ह ते कछु घाटि।
जानहि ब्रह्म सो बिप्रवर आँखि देखावहिं डाँटि

(उत्तरकांड, दोहा : 99-ख)

तुलसी अवतारवाद के प्रति शंका जताने वालों पर रामचरितमानस में प्रहार करते हैं। जिस किसी ने शंका की, उसी की शामत आई। पार्वती जब अवतारवाद के बारे में शंका करती हैं तो शिव कहते हैं—

एक बात नहिं मोहि सुहानी। जदपि मोह बस कहेहु भवानी॥
तुम्ह जो कहा राम कोउ आना। जेहि श्रुति गाव धरहिं मुनि ध्याना॥
कहहिं सुनहिं अस अधम नर ग्रसे जे मोह पिसाच।
पाखंडी हरि पद बिमुख जानहिं झूठ न साँच॥

(*बालकांड*, दोहा, 114)

दरअसल, यह कबीर से ही भिड़ंत है। अन्ततः तुलसी के माध्यम से साहित्य में एक बार फिर ब्राह्मणवाद का वर्चस्व क़ायम हो गया। सामाजिक आधार में सामन्तवादी व्यवस्था की गहरी जकड़बन्दी के कारण निर्गुण पंथ भी अवतारवाद के

घेरे में आ गया और जिन कुरीतियों और अन्धविश्वासों के ख़िलाफ़ कबीर, दादू, नानक आदि लड़े थे और जिन्होंने उस समय की जो 'सम्यता समीक्षा' की थी, उसकी परिणति भी मठों और मंदिरों की स्थापना में और उन कवियों को भगवान के अवतार के रूप में बदल देने में हुई।

अवतारवाद और पुनर्जन्म की धारणाएँ हमारे समाज में सामन्तवाद की रक्षा के लिए अमोघ हथियार साबित हुईं और आज तक इन्हीं के कारण सवर्ण इस समाज पर अपना विचारधारात्मक वर्चस्व बनाए हुए हैं। इन धारणाओं को पुख़्ता करते रहने के लिए सैकड़ों कथावाचक देश भर में प्रचार में लगे रहते हैं। कथावाचक श्रोताओं के आर्थिक हितों को भी इन्हीं अवधारणाओं में विश्वास करते रहने से जोड़ देते हैं। तुलसी ने भी बहुत चतुराई से अपने रामचरितमानस के हर कांड में कहीं न कहीं यह दुहराया है कि इस कथा के सुनने से भौतिक सुख और सम्पदा अपने आप मिलती है—

जिमि सरिता सागर महुँ जाहीं। जद्यपि ताहि कामना नाहीं॥
तिमि सुख सम्पति बिनहिं बोलाएँ। धरमसील पहिं जाहिं सुभाएँ॥

(*बालकांड,* दोहा-293 के बाद)

या फिर लिखा—

जे सकाम नर सुनहिं जे गावहिं। सुख सम्पति नाना बिधि पावहिं॥
सुर दुर्लभ सुख करि जग माहीं। अन्तकाल रघुपति पुर जाहीं॥

(*उत्तरकांड,* दोहा-14 ख के बाद)

हमारे पूरे हिन्दी प्रदेश में रामचारितमानस की ही तरह, 'जय जगदीश हरे' के लोकप्रिय होने का कारण भी यही है क्योंकि उसमें भी इसी तरह की पंक्ति आती है कि 'सुख-सम्पत्ति घर आवे कष्ट मिटे तन का'। अब इतना भर गा लेने से अगर 'सुख-सम्पत्ति' आ जाए तो भला कौन इस उपाय को नहीं आज़माना चाहेगा। रामचरितमानस का अखंड पाठ पुत्र लाभ से लेकर मुक़दमा जीतने और नौकरी मिल जाने आदि सभी सांसारिक लाभों के लिए इस इलाक़े में कराया जाता है। तुलसी के अन्य ग्रंथ इतने लोकप्रिय नहीं हैं।

ऐसी हालत में सामन्ती मूल्य व्यवस्था की भयंकर जकड़बन्दी किसी भी सामाजिक सुधार और वैज्ञानिक चेतना के प्रसार के रास्ते में यहाँ आड़े आती है। वर्णव्यवस्था का जघन्य रूप इस क्षेत्र में अभी तक मौजूद है जिसकी जड़ में असमानता और ऊँच-नीच की भावना गहरे तक बैठी हुई है और उसे वैधता मिली हुई है। उत्पादन के साधनों का बड़ा हिस्सा भी सवर्णों के ही क़ब्ज़े में है, चाहे वह ज़मीन हो या कारख़ाने। दलितों का बड़ा हिस्सा आज भी न तो

ज़मीन का मालिक है और न ही कारख़ानों का। नौकरियों में भी सबसे ज़्यादा दलित सफ़ाई कर्मचारी या अस्पतालों में उसी से मिलते-जुलते काम में लगे हैं। भारतीय संविधान में आरक्षण की व्यवस्था से दलितों को ऊँची नौकरियों में बहुत ही छोटा हिस्सा मिल पाया है, उनमें भी एक ख़ास जाति के लोग लाभान्वित हुए हैं। सिर पर मैला ढोने वाले परिवारों से शायद ही कोई आइ.ए.एस. होकर निकला हो। विश्वविद्यालयों में उनको नौकरियों में आरक्षण देने के सवाल पर कांग्रेस और भाजपा के प्राध्यापक गुटों ने भयंकर विरोध किया और आज भी जबकि 21वीं सदी शुरू हो चुकी है वे लोग दलितों को उच्च शिक्षा के पदों पर नौकरी के आरक्षण के ख़िलाफ़ देश की राजधानी में हस्ताक्षर अभियान चलाते रहे हैं। सब जानते हैं कि विश्वविद्यालयों में इस मामले में भारतीय संविधान का उल्लंघन बरसों होता रहा और प्राध्यापक के पद पर किसी दलित की नियुक्ति शायद ही हुई हो। जब इस ग़लती को सुधारने के लिए संघर्ष हुआ तो सवर्णों और उनके राजनीतिक गुटों द्वारा आरक्षण का विरोध होने लगा और जनवादी समझ के अध्यापकों को इसी आधार पर अलग-थलग करने की मुहिम चली। प्राइवेट सेक्टर के उद्योगों में आरक्षण देने के लिए क़ानून बनाने का ज़िक्र करते ही सारे अख़बार और बुद्धिजीवी आक्रामक होकर विरोध में खड़े दिखाई देते हैं। पत्रकारों के बीच भी दलितों की संख्या नगण्य है। सिर्फ़ सरकारी क्षेत्र की नौकरियों में ही दलितों को आरक्षण की सुविधा मिल पाई, निजी क्षेत्र की नौकरियों में तो उनके लिए जगह अब भी नहीं। यह है सवर्ण मानसिकता का सबसे जघन्य रूप। आर.एस.एस.-भा.ज.पा. के नेतृत्ववाली गठबन्धन सरकार ने अपने शासनकाल में सरकारी क्षेत्र को देशी-विदेशी पूँजीपतियों के हाथों बेचकर निजी क्षेत्र का विस्तार किया, जिसके कारण दलितों के नौकरी के अवसर पर भी कुठाराघात हुआ। उदारीकरण और निजीकरण तथा भूमंडलीकरण के दौर में सरकारी नौकरी में लगे लोग उलटे निकाले जा रहे हैं और नई टेक्नोलॉजी के कारण नई भरती होनी बन्द हो रही है क्योंकि जहाँ एक काम पचास मज़दूर करते थे, अकेले एक टेक्नीशियन नई मशीन से कर लेगा। ऐसे में सवर्णों को तो भले ही प्राइवेट सेक्टर में नौकरी या सेठ की ग़ुलामी हासिल हो जाए, दलितों के लिए नौकरियों के अवसर लगातार कम होते जाएँगे। तब रामचरितमानस से भी सुख-सम्पत्ति या तनख़्वाह घर आने वाली नहीं, उस वक़्त कबीर का 'भरम विधूसन' (भ्रम विध्वंस या 'डिकंस्ट्रक्शन'।) खंड का वह पद ही सही साबित होगा कि—

पंडित बाद बदै सो झूठा
राम कहैं दुनिया गति पावै खांड़ कहैं मुख मीठा?
पावक कहैं पाँव जे दाझै जल कहैं त्रिखा बुझाई?

भोजन कहैं भूख जे भाजै तौ सब कोई तिरि जाई।
नर के संगि सुवा हरि बोलै हरि परताप न जानै
जौ कबहूँ उड़ि जाइ जंगल मैं बहुरि सुरति नहीं आनै।
बिनु देखैं बिनु अरस परस बिनु नांम लिएं का होई?
धन के धनिक जो होई तो निरधन रहै न कोई।

(*कबीर ग्रंथावली*, वही, पद 179)

यह पद तुलसी की उस चौपाई का विखंडन है जिसमें कहा गया था कि—

भायं कुभायं अनख आलसहूँ। नाम जपत मंगल दिसि दसहूँ॥

जिस तरह कबीर ने झूठ पर आधारित व्यवस्था को चुनौती देते हुए अपना एक सामाजिक और ऐतिहासिक दायित्व निभाया, उसी तरह दलितों के बीच पढ़े-लिखे और रचनात्मकता की इच्छा से परिचालित कुछ निम्न-मध्यवर्ग के स्तर तक उठ पाए लेखकों ने भी साहित्यिक अभिव्यक्ति को एक सामाजिक ज़िम्मेदारी मानकर हज़ारों सालों से चली आ रही शोषण और दमन की प्रक्रिया को एक नये नज़रिये से पेश किया। यह आकस्मिक नहीं है कि डॉ. धर्मवीर जैसे प्रबुद्ध और विद्वान दलित लेखक ने कबीर से अपना नाता जोड़ा और 'हिन्दी साहित्य में जो कबीर के आलोचक' हुए हैं उनकी सवर्णवादी आलोचना-दृष्टि का दो टूक विश्लेषण किया और कबीर के बारे में प्रचारित झूठ को विखंडित किया। भक्ति आन्दोलन के दौर में निर्गुण धारा ही दलितों का असली प्रतिनिधित्व करती थी। उसके बाद लम्बे समय तक ऐसी अभिव्यक्ति का विस्फोट तब तक देखने को नहीं मिलता, जब तक आज़ादी के दौर में समाज के अलग-अलग हिस्से ब्रिटिश साम्राज्यवाद से भारत की मुक्ति के लिए आन्दोलित नहीं होते। जब बालगंगाधर तिलक ने यह घोषणा की कि 'आज़ादी हमारा जन्मसिद्ध अधिकार है', तो समाज के सभी हिस्सों में मुक्ति की आकांक्षा बलवती हो गई। यह परिदृश्य वैसा ही था जैसा फ्रांस की क्रान्ति के समय के तीन जनवादी नारों—समता, स्वतंत्रता और बन्धुत्व—ने यूरोप में पैदा कर दिया था जिसकी वजह से उन देशों में मुक्ति की संवेदना के आधार पर बेहतरीन सामन्तवाद विरोधी रोमांटिक साहित्य रचा गया जिसमें ग़रीब जन साहित्य के केन्द्र में आया जबकि उससे पहले साहित्य में रीतिकाल की ही तरह वहाँ भी 'गँवई गाँव गँवार' का साहित्य में प्रवेश वर्जित था। हमारे यहाँ चूँकि ब्रिटिश साम्राज्यवाद के ख़िलाफ़ भारतीय समाज के सारे हिस्सों को मुक्ति के लिए आन्दोलित करने की ऐतिहासिक ज़िम्मेदारी कई कारणों से नवोदित पूँजीपतिवर्ग के हाथों आ गई थी, जिसका प्रतिनिधित्व गांधी जी कर रहे थे, इसलिए यहाँ 'समानता' का नारा

नहीं प्रचारित किया गया, 'विरुद्धों का सामंजस्य' या 'विविधता में एकता' को ही ज़्यादा कारगर समझा गया।

डॉ. आंबेडकर ने इस छल को पहचाना था, और इसीलिए उन्होंने दलित समाज की मुक्ति की आवाज़ अलग से उठाई। चूँकि उस दौर में राष्ट्रीय एकता को तोड़ने वाले हर नारे से ब्रिटिश साम्राज्यवाद का हित साधन होता था, इसलिए आंबेडकर ने भी अलगाववाद का रास्ता छोड़कर गांधी जी के साथ मुक्ति आन्दोलन में पूरा साथ देने के लिए भारत की जनता की सर्वांगपूर्ण एकता का सही मार्ग अपनाया और अन्त में उनसे समझौता किया। भारतीय पूँजीपतिवर्ग ने उन्हें इस एकता के पक्ष में करके आज़ादी के बाद दलित समाज को सामाजिक न्याय और बराबरी का दर्जा देने का वादा किया। मगर भारतीय पूँजीपतिवर्ग जिसकी रहनुमाई उस वक़्त कांग्रेस कर रही थी सामन्तवाद के साथ चुपके से साझा मोर्चा बनाकर सत्ता में आ गया और साम्राज्यवाद के साथ भी उसने सहयोग का रिश्ता क़ायम रखा। इस तरह पूँजीपतिवर्ग ने हमारे समाज को पूँजीवादी विकास के रास्ते पर धकेल दिया। दलित समाज को आरक्षण के अलावा दिये गए बाक़ी सारे वादे नये शासकवर्ग भूल गए, उलटे सामन्तवाद से गठजोड़ और कर लिया जो कि दलित समाज का सबसे बड़ा दुश्मन है।

सामन्ती ढाँचे को नष्ट किये बग़ैर दलित समाज की आर्थिक मुक्ति सम्भव नहीं और आर्थिक मुक्ति के बाद ही सामाजिक-सांस्कृतिक मुक्ति हासिल करने में आसानी होगी, यह अटल सत्य है। हम चाहें तो इस प्रक्रिया को अपनी आँखों से आज भी देख सकते हैं। दलित साहित्य में सांस्कृतिक मुक्ति की आवाज़ जो रचनाकार उठा पा रहे हैं वे वही हैं जो स्वतंत्र भारत में आरक्षण जैसी मामूली सी रियायत मिलने की वजह से आर्थिक रूप से अपने पैरों पर खड़े हो सके हैं, बाक़ी विशाल समुदाय तो सामन्ती कृषिसम्बन्धों के कारण भूदास का जीवन ही जी रहा है। उसे वह सांस्कृतिक मुक्ति भला कैसे मिल सकती है जो दलित समाज के बीच उभरे आर्थिक रूप से नवोदित निम्न-मध्यवर्ग को हासिल हो गई है? विशाल दलित-शोषित समुदाय की मुक्ति का ऐतिहासिक दायित्व अब पूँजीपतिवर्ग पर नहीं, सर्वहारावर्ग पर है क्योंकि वही वर्ग अपनी मुक्ति के साथ दलित समाज को भी उत्पादन के साधनों में हिस्सेदारी देकर उसे आर्थिक ग़ुलामी से मुक्त कराएगा और तभी ऊँच-नीच की अवधारणा के ख़िलाफ़ संघर्ष को तर्कसंगत मंज़िल तक पहुँचा पाना सम्भव होगा।

उत्तर भारत में दलित चेतना के इस नये उभार का यह प्रारम्भिक दौर है जिसका प्रतिबिम्ब आज हम हिन्दी के दलित साहित्य में देखते हैं। वर्णवाद और असमानता पर आधारित समाज व्यवस्था के प्रति इसमें जो आक्रोश और क्षोभ है, वह बहुत ही सम्भावनापूर्ण और सकारात्मक घटनाविकास है। इसमें जनवादी भावना के

विकास की ही नहीं, रचनात्मकता की भी बहुत बड़ी गुंजाइशें छिपी हैं। ओमप्रकाश वाल्मीकि ने अपनी एक कविता, 'मुट्ठी भर चावल' में, एक तरह से यह संकेत दिया भी है :

सख़्त हाथों पर पड़ी खरोंचें
रिसते लहू के साथ
विरासत में दे गई हैं
ढेर-सी यातनाएँ
जो उगानी हैं मुझे इस धरती पर
हरे नीले लाल फूलों में

(*दलित चेतना : कविता*, सं. रमणिका गुप्ता, पृ. 5)

दलित समाज में उग रहे इन 'हरे नीले लाल फूलों' की मोहक सुगंध भी बहुत से सवर्ण लेखकों और आलोचकों को रास नहीं आ रही। वे इस बात पर बहस कर रहे हैं कि दलित साहित्य उसे ही क्यों माना जाए जिसे ख़ुद दलित परिवार में जन्मे रचनाकार ने लिखा हो। वे अक्सर यह तर्क देते हैं कि मुंशी प्रेमचन्द और निराला से लेकर नागार्जुन और जगदीश चन्द्र तक ऐसे बहुत सारे रचनाकार हैं जो दलित परिवार में पैदा तो नहीं हुए, मगर उन्होंने दलित साहित्य लिखा। डॉ. नामवर सिंह ने मज़दूरवर्ग की चेतना से दलित चेतना की तुलना करते हुए कहा कि 'लेनिन ने सिद्धान्त दिया कि मज़दूरवर्ग में पैदा होने से ही कोई मज़दूर चेतना का वाहक नहीं हो जाता। यह वैज्ञानिक विचारधारा है।' (*नया पथ*-26, जनवरी, 1998, पृ. 13) हमारे आलोचक यह भूल जाते हैं कि कोई व्यक्ति मज़दूर जन्म से नहीं बनता, बड़ा होकर ही वह मज़दूर बनता है, जबकि दलित और स्त्री के प्रति जन्म से ही एक भिन्न प्रकार का रवैया बन जाता है। यह रवैया उन्हें हीन और नीचा मानने का सामन्ती रवैया होता है और सामन्तवाद हमारे समाज में बहुत गहरे तक बैठा हुआ है, सामन्तवाद के ख़िलाफ़ हमारे समाज में कोई निर्णायक संघर्ष हुआ भी नहीं। आज भी हम राजा, रानियों और राजकुमारों के रूप में ही महानताओं की कथाएँ कहते हैं और उन्हें औदात्य प्रदान करते हैं। हमारे घरों में बचपन में इस तरह खेल खेले जाते हैं कि 'राजा राजा ऊपर, भंगी भंगी नीचे'। आज भी ग्राम समाज में दलित समाज के किसी व्यक्ति को सवर्ण लोग अपनी चारपाई या तख़्त पर अपने साथ नहीं बिठाते। दलितों के प्रति अच्छे व्यवहार की मंशा ज़ाहिर करने वाले ज़्यादा से ज़्यादा 'करुणा' का आह्वान करते हैं जैसाकि निराला ने किया था :

दलित जन पर करो करुणा।
दीनता पर उतर आए

प्रभु तुम्हारी शक्ति अरुणा।

देख वैभव न हो नत सिर
समुद्धत मन सदा हो स्थिर
पार कर जीवन निरन्तर
रहे बहती भक्ति वरुणा। (1939)

'करुणा' एक सामन्ती मूल्य है जिसके गर्भ में किसी न किसी का उत्पीड़ित होना ज़रूरी है, वह मूल्य आधुनिक समता के मूल्य के विपरीत जाता है। दलित जन उत्पीड़ित भी बना रहे और उदारमना संवेदनशील सवर्ण अपनी 'करुणा' उस पर उड़ेलते रहें। तुलसी ने तो साफ़-साफ़ कहा ही था कि—

सासत करि पुनि करहिं पसाऊ। नाथ प्रभुन्ह कर सहज सुभाऊ॥

यानी पहले पिटाई करो फिर करुणा दर्शाओ, यही प्रभुवर्ग का सहज स्वभाव है।

सुबह को मय पी शाम को तौबा कर ली।
रिंद के रिंद रहे हाथ से जन्नत न गई॥

आज का दलित जन इसीलिए इस 'करुणा' और हमदर्दी के भी ख़िलाफ़ है, क्योंकि इससे यथास्थिति को, सामन्तवादी नाबराबरी की मूल्यव्यवस्था को ही बल मिलता है। आधुनिक दलित कवि नहीं चाहता कि 'रहे बहती भक्ति वरुणा', वह 'भक्ति' की नहीं, कबीर की तरह 'ज्ञान' की ज्योति जलाना चाहता है। आज़ादी के दौर में यह कहना भले ही ठीक रहा हो कि 'देख वैभव न हो नत सिर', मगर आज तो सारी लड़ाई इस 'वैभव' या सम्पत्ति के बँटवारे की ही होगी, सिर झुकाने का तो कोई मतलब ही नही, सिर झुकाने या न झुकाने से वैभवशाली की सेहत पर क्या फ़र्क़ पड़ेगा, असली फ़र्क़ तो उत्पादन के साधनों (खेत और कारख़ाने) की मिल्कियत में हिस्सेदारी से पड़ेगा। यह बात आज का दलित समझता है। सवर्ण मानसिकतावाले आलोचकगण इस बारीक अन्तर को समझे बग़ैर दलितों की इस बात के लिए लानत-मलानत करते हैं कि देखो, उन्होंने निराला, प्रेमचन्द और फलाँ-फलाँ आचार्य के बारे में यह कह दिया। नामवर सिंह तक ने इस पूरे उभार को परोक्षतया 'फ़ोर्ड फ़ाउंडेशन से संचालित' कहकर साम्राज्यवादी साज़िश के रूप में ही पेश किया है। (देखें *नया पथ*, वही, पृ. 11)

गहरे तक धँसी सवर्ण मानसिकता इस नये उभार को समझने में बाधक बनती है, और इस भूतबाधा से बहुत से मार्क्सवादी भी पीड़ित हैं जो इस घटनाविकास को कांशीराम-मायावती की अवसरवादी राजनीति से जोड़कर देखते हैं, जबकि ज़रूरत

इस बात की है कि इसे एक सामाजिक हलचल के रूप में देखा और समझा जाए। यह सच है कि कांशीराम-मायावती की पार्टी का वर्गचरित्र वही है जो अन्य पूँजीवादी-सामन्ती पार्टियों का है। यह अकारण नहीं है कि बसपा ने सत्ता में आने पर भूमिहीन दलितों को भूमि देने की कोई पहलक़दमी नहीं की और एक बार राज्यसभा के लिए किसी हरिजन बुद्धिजीवी या दलित कवि को मनोनीत करने के बजाय एक इज़ारेदार पूँजीपति, मलहोत्रा को चुना, सर्वहारावर्ग की विचारधारा के ख़िलाफ़ तो उसके पूँजीपरस्त नेता बोलते ही हैं। यह एक वर्गीय लड़ाई है जिसमें पूँजीपतिवर्ग भी अपने शासन को बरक़रार रखने के लिए दलितों को अपने पक्ष में रखना चाहता है, पहले वह कांग्रेस के माध्यम से भी यही चाल चल रहा था, अब उसने बसपा को इस काम के लिए थाम लिया है। भाजपा ने भी अपने गठबन्धन में कुछ दलित नेताओं को शामिल करके यही कूटनीति अपनाई है। अंग्रेज़ साम्राज्यवादियों ने भी अपना राज बरक़रार रखने के लिए यही चाल बीसवीं सदी के शुरू के दशकों में चली थी। उन दिनों ब्रिटेन के सारे अख़बार दलितों के उत्पीड़न और शोषण पर मगरमच्छी आँसुओं से भरे रहते थे। दलितों के उत्पीड़न पर लिखी अनेक पुस्तकें भी उसी दौर में आई थीं। इस हमदर्दी के पीछे ब्रिटिश साम्राज्यवाद की 'फूट डालो और राज करो' की कूटनीति ही काम कर रही थी। हिन्दी के लेखकों ने ब्रिटिश साम्राज्यवाद की इस चाल को समझा था, गांधी जी को तो बाद में होश आया। डॉ. कांतिमोहन ने अपनी पुस्तक, प्रेमचन्द और अछूत समस्या में ठीक ही लिखा है कि 'साम्राज्यवादियों की यह कूटनीति इतने सूक्ष्म ढंग से चल रही थी कि 1931 से पहले कांग्रेसी नेतृत्व इसे पूरी तरह समझकर इसकी काट नहीं कर पाया।' (पृ. 87) जबकि लेखकों ने हिन्दी की पत्र-पत्रिकाओं में दलितों की पीड़ा को वाणी देना पहले ही शुरू कर दिया था। हीरा डोम की कविता 'अछूत की शिकायत' सरस्वती में सितम्बर 1914 में छपी थी। उसके बाद तो लगातार दलितों की समस्याओं पर हिन्दी की पत्रिकाओं में लेख और कविताएँ छपती ही रहीं। मई 1927 में चाँद का 'अछूतांक' निकला, उसके बाद तो विशाल भारत में लगातार सामग्री छपी। कांतिमोहन ने अपनी उक्त पुस्तक में बहुत ही विस्तार से इस साहित्यिक हलचल का विश्लेषण किया है।

आज़ादी हासिल करने से भारतीय समाज के विकास की एक महत्त्वपूर्ण मंज़िल ज़रूर पूरी हुई, मगर यह दौर मूलत: इज़ारेदार पूँजीवाद के विकास का दौर ही रहा। भारत की बहुसंख्य जनता उत्पीड़ित और शोषित ही रही। उसमें भी दलित समाज की हालत आज भी बद से बदतर है क्योंकि दलित दुहरे शोषण का शिकार हैं। इसलिए भारत को विकास की एक नई मंज़िल में ले जाना होगा। यह तभी सम्भव होगा जब दलितों समेत भारत की बहुसंख्य शोषित-दलित जनता उस नई मंज़िल के बारे में राज़ी हो, जिस तरह आज़ादी के लक्ष्य के लिए सब लोग राज़ी हुए थे।

जब तक लक्ष्य साफ़ नहीं था, तब तक ब्रिटिश साम्राज्यवाद ने भारतीय समाज को ग़ुलाम रखा और जमकर शोषण किया। स्मरण रहे कि उन्नीसवीं सदी के अन्त में जाकर भी भारतीय समाज को अपने विकास की नई मंज़िल की साफ़ पहचान नहीं हो पाई थी, मुक्ति का एजेंडा तय नहीं हो पाया था। भारतेन्दु हरिश्चन्द्र सिर्फ़ इतना कह पा रहे थे कि 'अंग्रेज़ राज सुख साज सजे सब भारी। पै धन विदेश चलि जात इहै अति ख्वारी।' भारत की दुर्दशा तो दिखाई दे रही थी, मगर उसका हल उस समय तक भारतीय समाज के सामने स्पष्ट नहीं था। ज़्यादातर लेखक अंग्रेज़ी राज की तारीफ़ ही कर रहे थे, विक्टोरिया के गुणगान करने वाली कविताएँ और लेख भी उस ज़माने में ख़ूब लिखे गए थे।

भारत की मुक्ति का एजेंडा ऐतिहासिक तौर पर दो नवोदितवर्ग यानी भारतीय पूँजीपतिवर्ग या उसी से जुड़ा औद्योगिक मज़दूरवर्ग ही निर्मित कर सकते थे। प्रथम स्वाधीनता संग्राम के विफल होने का यही कारण था क्योंकि तब तक ये नवोदित वर्ग हरकत में नहीं आए थे, नेतृत्व सामन्तवाद के हाथों में था जो कि पुरानी समाज व्यवस्था को वापस लाना चाहता था, वह संसाधनों और चेतना दोनों ही स्तरों पर साम्राज्यवाद से काफ़ी पीछे था। (लेनिन ने साम्राज्यवाद को पूँजीवाद की चरम विकसित अवस्था कहा था) इसलिए भारत की मुक्ति की लड़ाई या तो नवोदित भारतीय पूँजीपतिवर्ग के नेतृत्व में तर्कसंगत निष्कर्षों तक पहुँच सकती थी क्योंकि उसे भारत का विशाल बाज़ार अपने तईं मुक्त कराना था और जिसके लिए 'राष्ट्रवाद' की नई भावना जगानी थी, या फिर सर्वहारावर्ग उस संग्राम की अगुआई कर सकता था जिसे हर प्रकार के सामाजिक शोषण के ख़ात्मे की सबसे ज़्यादा ज़रूरत है और इसीलिए इतिहास ने हर देश में उस पर सामाजिक विकास की नई मंज़िल हासिल करने की ज़िम्मेदारी सौंपी है। भारत में जैसे ही पूँजीपतिवर्ग थोड़ा तगड़ा हुआ और बाज़ार को अपने लिए हासिल करने की ज़रूरत उसमें बलवती हुई, आज़ादी की लड़ाई का नेतृत्व उसके हाथ में आ गया। कांग्रेस के सक्रिय होने और 'आज़ादी हमारा जन्मसिद्ध अधिकार है' का नारा देने के पीछे पूँजीपतिवर्ग की बढ़ती शक्ति ही थी। भारत में सर्वहारावर्ग बाद में संगठित हो पाया और उसने अपनी पार्टी और अपनी विचारधारा पर अमल बाद में शुरू किया। चीन में पूँजीपतिवर्ग तगड़ा होने की हालत में नहीं था, इसीलिए उसे 'दलाल पूँजीपति' कहा गया था। वहाँ आज़ादी की पहलक़दमी सर्वहारावर्ग और उसकी पार्टी के हाथ में आनी ही थी, इसलिए वहाँ जनता की जनवादी क्रान्ति सम्भव हो सकी। हमारे यहाँ इज़ारेदार पूँजीपतिवर्ग को सत्ता का हस्तान्तरण हो गया। सामन्तवर्ग जो कि पहले ब्रिटिश शासकों से गठजोड़ किये हुए था, चालाकी से उभरते हुए नये शासकवर्गों से भी मिल गया और भारत के आज़ाद होने की सम्भावना देखते ही उसने पाला बदल लिया और सत्ता में

उसका गठजोड़ इज़ारेदार पूँजीपतिवर्ग से हो गया जिसने कि साम्राज्यवाद से भी अपना मेल-जोल बनाये रखा। यही गठजोड़ आज़ादी के बाद से भारतीय समाज पर क़ाबिज़ है। उसने अपने हितों के लिए बहुत सी पूँजीवादी-सामन्ती पार्टियाँ बना रखी हैं जिससे कि अगर जनता एक पार्टी से नाराज़ हो जाए तो उन्हीं वर्गों की दूसरी पार्टी या मोर्चा सत्ता में आता रहे और शोषकों का राज बरक़रार रहे। इस तरह कभी कांग्रेस और कभी भाजपा के नेतृत्व में शोषण का चक्र चलता रहे।

ऐसे में इन शोषकों से मुक्ति की ज़िम्मेदारी अब ऐतिहासिक तौर पर सर्वहारावर्ग और उसकी पार्टी पर ही है। इसलिए भारतीय समाज के विकास की अगली मंज़िल तय करने की और उसे तर्कसंगत निष्कर्ष तक पहुँचाने की ऐतिहासिक ज़िम्मेदारी भी सर्वहारावर्ग और उसकी पार्टी पर ही है। समाज के विकास की अगली मंज़िल तर्कसंगत ढंग से वही होगी जिसमें समाज का सबसे बड़ा शोषकवर्ग यानी इज़ारेदार पूँजीपतिवर्ग और उसके साथ नाभिनालबद्ध बड़ा भूस्वामी वर्ग उत्पादन के साधनों पर क़ाबिज़ न रह सके और उसके गठजोड़ के पास राजनीतिक सत्ता भी न रह सके। इसके लिए वर्गों की नई क़तारबन्दी होना ज़रूरी है। इन दो वर्गों के अलावा भारतीय समाज के बाक़ी सारे वर्गों को सर्वहारावर्ग (जिसमें दलित समाज भी शामिल है) और उसकी पार्टी अपने साथ लेकर जनता का जनवादी मोर्चा बनाये और जनता के जनवादी गणराज्य की स्थापना करे। ऐसे गणराज्य में उन सभी भूमिहीनों को भूमि दी जाएगी जो सदियों से वंचित रहे हैं। इससे एक नई कृषि क्रान्ति सम्भव होगी, दलित समाज को विशेषतौर पर आर्थिक-सामाजिक-सांस्कृतिक समता हासिल कराई जाएगी, तभी पूरे देश की समृद्धि भी वास्तविक होगी और तब सामाजिक न्याय भी साकार हो सकेगा।

मगर दिक़्क़त यह है कि क्या समाज के विकास की अगली मंज़िल के बारे में हमारे मध्यवर्गीय बुद्धिजीवी कुछ सोच भी रहे हैं? इन बुद्धिजीवियों में दलित समाज से उभरे बुद्धिजीवियों को भी शामिल किया जा सकता है। डॉ. आंबेडकर आज़ादी के दौर के चिन्तक थे, इसलिए उनका एजेंडा आज़ादी और उसके लिए एक सर्वसम्मत संविधान रच देने के बाद ख़त्म हो गया। गांधी जी का एजेंडा भारत की राजसत्ता ब्रिटिश साम्राज्यवादियों के हाथ से निकालकर भारत के इज़ारेदार पूँजीपतिवर्ग और सामन्तवर्ग के हाथों सौंपने का था, सो वह काम पूरा हो गया। अब समाज की नई मंज़िल के बारे में कोई सर्वसम्मत राय बनानी ज़रूरी है या नहीं? अगर जो है वही ठीक है, और इसी में जोड़-गाँठ करके काम चलाया जा सकता है, तो फिर नया सपना लेने की ज़रूरत नहीं है। अगर यह समाज व्यवस्था बदलनी है तो नये का सपना भी तो लेना होगा। अभी इस सवाल पर मध्यवर्गीय बुद्धिजीवियों की हालत वैसी ही है जैसी उन्नीसवीं सदी के अन्त में भारतेंदु बाबू

हरिश्चन्द्र की थी, 'अँगरेज राज सुख साज सजे सब भारी' जैसी। अब इसकी जगह इतना कर दीजिए कि 'पूँजीपति राज सुख साज सजे सब भारी'। ज़ाहिर है, इसमें मुक्ति का मुकम्मल सपना शामिल नहीं है। इस दौर का सत्य यही है कि हमारे कवि, कलाकार से सपना रचने की ताक़त भी सत्ताधारीवर्गों ने छीन ली है। उसे 'विचारधारा का अन्त', 'इतिहास का अन्त' आदि नारों से निहत्था कर दिया गया है। उसे अनेक तरीक़ों से शोषकवर्ग ने अपनी गोद में बिठा लिया है। जाने-अनजाने उसी गोद में बैठे-बैठे वह मार्क्सवादियों को नसीहतें पिलाये जा रहा है, या मार्क्सवाद को व्यर्थ क़रार दे रहा है। वहाँ बैठकर वह चीं-चीं, पें-पें तो कर सकता है, उस गोद से उठकर एक नई समाज व्यवस्था रचने का सपना नहीं ले सकता। इस दौर में अनेक मध्यवर्गीय बुद्धिजीवियों की त्रासदी यही है। मगर ऐतिहासिक सचाई यह है कि सर्वहारावर्ग भी इन बुद्धिजीवियों के बग़ैर यानी सिर्फ़ अपने बूते पर विकास की अगली मंज़िल के अपने सपने को व्यापक अभिव्यक्ति प्रदान नहीं कर सकता। 'अन्याय जिधर है उधर शक्ति'। इसलिए शक्ति-सन्तुलन बदलने के लिए शक्ति की एक और 'मौलिक कल्पना' करनी होगी जिसमें मध्यवर्ग की शिरकत एक अनिवार्यता है।

इस 'मौलिक कल्पना' के रचने में दलित साहित्य का भी सकारात्मक योगदान होगा, यह तथ्य बहुत से हिन्दी साहित्यकार और आचार्य भूल जाते हैं। इसलिए वे दलित साहित्य को 'गुणवत्ता' के आधार पर ख़ारिज करने पर उतर आते हैं। 'गुणवत्ता' का यह स्थायी मानदंड कब और कहाँ बना, इसे कोई आचार्यप्रवर बताने की तकलीफ़ गवारा करेगा? नई रचनाशीलता को हमेशा ही किसी न किसी डंडे से ख़ारिज किया जाता रहा है। रामचन्द्र शुक्ल ने छायावादी कविता को 'लोकमंगल' के डंडे से ख़ारिज कर दिया, रस और अलंकारवादियों व तुक्कड़ों ने नई कविता को ख़ारिज कर दिया था। नई कविता वालों ने गीत और ग़ज़ल को ख़ारिज कर दिया। प्रगतिवादी कविता को नारेबाज़ी कहकर आधुनिकतावादियों ने ख़ारिज कर दिया। अकवियों ने कविता की सारी परम्परा को ख़ारिज कर दिया। तो फिर दलित साहित्य के लिए कौन सी 'गुणवत्ता' की बात की जा रही है? सन् 1914 में महावीर प्रसाद द्विवेदी ने हीरा डोम की 'अछूत की शिकायत' छापी थी, तो उसमें कोई तो 'गुणवत्ता' रही होगी, मैथिलीशरण गुप्त की सपाट तुकबन्दियों से तो वह कविता लाख दरजे अच्छी आज भी लगती है। प्रो. परमानन्द श्रीवास्तव को दलित लेखकों से जो शिकायत है उसकी उनकी 'गुणवत्ता' का ज़रा जायज़ा लीजिए :

> इधर मराठी के चलन पर हिन्दी दलित लेखकों द्वारा कुछ आत्मकथाएँ लिखी जा रही हैं। यहाँ भी विचार करना चाहिए कि क्या ये सचमुच

आत्मकथाएँ हैं या कि इनके भी कुछ 'टोटेम्स' बन गए हैं। जैसे जानवर के गोबर को धो-छान कर मिला हुआ अन्न खाना, जैसे कि वर्णसंकरता, रखैलपन, शारीरिक अतिचार। इन्हीं 'टोटेम्स' का हर लेखक इस्तेमाल करता है। अपना निजी जीवन, निजी परिस्थितियाँ कुछ नहीं हैं। लगता है कि एक ही तरह की घटनाएँ सारे लेखकों के जीवन में घट रही हैं। (*नया पथ*, 26, पृ. 13-14)

इसमें प्रोफ़ेसरप्रवर ने 'टोटेम्स' शब्द का इस्तेमाल रूढ़ि के अर्थ में किया है, दलित लेखकों को अपने अंग्रेज़ी-ज्ञान से आतंकित करने के लिए। मगर 'टोटेम्स' शब्द का यह अर्थ दुनिया के किसी भी कोने में किसी शब्दकोश में नहीं पाया जाता और न प्रचलन में है। 'टोटेम' आदिवासी समाज में किसी इष्ट वस्तु या पशु को माना जाता है जिससे वे अपना उद्गम या अपनी वंश परम्परा जोड़ते हैं, उसे पूजते हैं। हमारे यहाँ भी जैसे 'वत्स' या बछड़ा 'टोटेम' है, किसी के लिए 'पीपल' टोटेम है। उस पशु या पेड़ को वे समाज आदर करते हैं। अगर किसी दलित लेखक ने इस शब्द का ग़लत इस्तेमाल किया होता तो ये प्रोफ़ेसर उस पर पिल पड़ते, मगर हिन्दी के इन आचार्य महोदय को किसी भी 'सिंह' ने नहीं टोका, पास बैठे नामवर सिंह या दूधनाथ सिंह या सुधीरकुमार सिंह ने भी नहीं। चलो, शब्द के ग़लत प्रयोग को छोड़ भी दें, तो भी उक्त वक्तव्य काफ़ी कुछ असत्य पर आधारित है। ओमप्रकाश वाल्मीकि की 'जूठन' कृति को जिन्होंने पढ़ा है, वे उक्त वक्तव्य के मन्तव्य से शायद ही सहमत हों।

हिन्दी की प्राध्यापकीय आलोचना की दुर्बलता यही है कि वह कृति को रचनाकार के जीवन की हूबहू प्रतिलिपि के रूप में व्याख्यायित करने की अवैज्ञानिक आदत से बाज़ नहीं आती। वह रचनाकार को कुछ भी कल्पित करने की छूट नहीं देती, यह सारी छूट वह अपने पास ही रखना चाहती है। उक्त वक्तव्य में भी प्रोफ़ेसर प्रवर ने यह छूट अपने तईं ली है। दलित लेखकों को वे यह छूट नहीं देना चाहते कि वे 'मैं' शैली अपनाकर कल्पना की मदद से समाज में व्याप्त उत्पीड़न और शोषण की तस्वीर खींच सकें। परमानन्द श्रीवास्तव कहते हैं कि 'इन्हीं टोटेम्स का हर (दलित) लेखक इस्तेमाल करता है। अपना निजी जीवन, निजी परिस्थितियाँ कुछ नहीं हैं।' देखिए, है न 'निजी जीवन' पर ज़ोर। ये 'प्रा-लोचकगण' आत्मकथाओं में ही नहीं, दलित और ग़ैरदलित कवियों की कविताओं में भी मुर्ग़े की तरह गोबर में 'निजी जीवन' के दाने तलाश करते हैं, सामाजिक जीवन नहीं। यह हिन्दी की प्राध्यापकीय आलोचना की उबाऊ रूढ़ि बन गई है। इस पर मैंने डॉ. राजेंद्रकुमार की अभिप्राय पत्रिका के निराला विशेषांक में सप्रमाण विस्तार से चर्चा की थी। जो प्राध्यापक सवर्ण रचनाकारों की रचनाओं के साथ

भी इसी तरह का अनाचार करते रहते हैं, उन्हें दलित लेखकों को लतियाने में कितनी देर लगती है?

इस स्तर पर दलित साहित्य विवादों के घेरे में है, और यह एक तरह से अच्छा भी है क्योंकि इससे सवर्ण सामन्ती मानसिकता की गहरी परतें खुलकर सामने आ रही हैं। इसका श्रेय दलित साहित्य को जाता ही है। हमारे समाज के सांस्कृतिक विकास के लिए यह बहुत ज़रूरी प्रक्रिया है।